日本古代国家の農民規範と地域社会

坂江　渉

思文閣出版

序　章　本書の課題と構成
一　研究潮流と今日的通説……3
二　吉田孝説への疑問と方法視角……11
三　本書の構成……22

第Ⅰ部　日本古代国家の農民規範と浮浪人

第一章　日本古代の力田について
はじめに……37
一　古代中国における力田……38
二　日本古代における力田……45
三　力田政策の思想的背景……54
おわりに……61

第二章　律令国家の農民規範と浮浪・逃亡
はじめに……68
一　古代中国の農民規範と分業論的社会編成原理……70
二　日本古代の農民規範と浮浪・逃亡……81
三　力田的な農民規範の担い手と地域社会の現実……97
おわりに……103

第三章　律令国家の社会編成原理の転換と浮浪人認識
――「不論土浪」策の登場――
はじめに……116
一　律令国家の浮浪人認識と「不論土浪」策の登場……122
二　律令国家の社会編成原理の転換とその前提……142
三　伊治公呰麻呂の「蜂起」と人民的交通……149
おわりに……156

第Ⅱ部　古代の共同体と地域社会

第一章　古代女性の婚姻規範――美女伝承と歌垣――
はじめに……173

一　根日女と引田部赤猪子の説話……175
二　歌垣と女性の婚姻規範……186
三　「皆婚」規範の形成と古代の生活環境……207
おわりに……213

第二章　人を取り巻く自然・社会環境と古代の共同体
はじめに……227
一　古代の歌垣……235
二　婚姻と出産（生殖）をめぐる共同体行事……248
三　生命・生存の維持をめぐる村の自立性……259
おわりに……263

第三章　「国占め」神話の歴史的前提——古代の食膳と勧農儀礼——
はじめに……280
一　「国占め」神話の全体的特徴……285
二　「国占め」の食膳儀礼……294
三　「国占め」のための勧農行事……299
おわりに……305

第Ⅲ部　古代の水陸交通と境界の呪術・祭祀

第一章　古代国家とミナトの神祭り
はじめに……321
一　ミナトの呪術・祭祀伝承……321
二　ミナトの自然環境と信仰の場……324
三　古代国家の海洋祭祀と海部の編成……334
四　神戸・西摂地域から明石海峡の海人とその動員編成……340
おわりに……343

第二章　古代国家と敏売崎の外交儀礼
はじめに……348
一　敏売浦と敏売崎の外交儀礼……348
二　神酒と肴の共同飲食……353
三　古代国家にとっての神戸・西摂地域……357
おわりに……360

第三章　『播磨国風土記』からみる地域間交通と祭祀
――出雲国と王権との関連で――
はじめに……365
一　出雲国の関連説話の特徴……366
二　六世紀後半以降の出雲―播磨間交通と往来者による境界祭祀……377
三　境界祭祀の重層性と出雲の「荒ぶる神」……388
おわりに……392

終　章　日本の律令国家と地域社会
一　日本律令国家による社会編成……399
二　律令制下の地域社会と共同体……413
三　今後の課題……424

初出一覧
あとがき
索引（事項／史料名／研究者名）

日本古代国家の農民規範と地域社会

序章　本書の課題と構成

本書は、日本古代国家の特質、および当時の社会のあり方を考察し、両者の関係を解明することを課題とする。なかでも律令国家の農民規範と浮浪人認識をめぐる問題を取りあげ、交通論の視座を重んじながら、おもに八〜九世紀代の社会統治原理の特徴と変遷を明らかにする。また民間祭祀やそれに関わる神話・伝承にもとづき、地域社会や共同体の実像の究明をめざす。

一　研究潮流と今日的通説

(1)出発点としての一九七〇年代初頭

近年の日本の古代国家論や地域社会論の枠組みが形成される直接の出発点は、一九七〇年代初め頃に求められる。原秀三郎・石母田正・井上光貞・青木和夫ら各氏によって、次々とすぐれた問題提起がなされた。個々の捉え方や結論には少なくないズレや違いがある。しかしそこでは律令体制の重要性や、「完成された国家」としての律令国家成立の意義の大きさなどが強調された(1)。

たとえば、のちに大きな影響を与える在地首長制論の提起をおこなった石母田氏は、律令国家の成立の重要性を喚起し、つぎのように述べている。

国家の成立についての諸問題が全面的に提起されるのは、古代国家の完成される時期においてであって、七・八世紀、すなわち推古朝から大化改新を経て律令制国家の成立にいたる時期こそ、国家の成立を総括的に問題にし得る基本的な場でなければならない。(2)

このように一九七〇年代初頭頃の古代史研究の世界では、律令国家を古代国家の完成形態と見なし、戸籍・計帳を基本とする統治体制を、前代と比べ、より高度で成熟した社会編成システムとみる点ではほぼ一致していた。しかしながら国家と社会をめぐる通説的な理解は、こののち石母田氏の在地首長制論を基軸にして大きく転換していく。

石母田首長制論の大きな特徴は、律令制下の基本的な生産関係が、郡司層(国造層)に代表される在地首長と農民との間にあったと考える点にある。石母田氏は農民の地縁的組織としての村の存在を否定しない。しかしそれが一個の法的主体として自立的な共同体であったとは認めない。(3)むしろ共同体の共同性が、ゲルマン社会のような「民会」ではなく、首長によって代表されるというアジア社会の構造により、法的に自立した共同体は、郡司によって率いられる郡レベルの共同体だけであったと指摘する。

それゆえ当時の基本的な生産関係は、この郡司層と農民との間に求めざるを得ず、こうした伝統的な関係に依存する形で、律令国家の主要な収取・支配制度(租庸調および雑徭制)が成り立っていたと説く。(4)石母田氏は、律令制下の雑徭制が、あらかじめ大化前代から存在した在地首長の広汎で単一な賦役賦課権を前提とし、それを統一的に制度化させた「二次的な生産関係」であることを繰り返し述べている。

このように石母田説では、在地首長制が一次的で本源的な生産関係であることが強調されるものの、国家と農民との関係も、二次的な生産関係として措定されていた。しかも二つの生産関係における、階級的な支配関係の視点は明確に維持されていた。しかし石母田説を襲った後継の学説では、この点をめぐり、つぎの二つの相異なる方向性が示されることになる。

その一つは、首長制の実像解明をさらに徹底化し、主要な生産関係を郡司層レベルよりもっと下位の、村落首長と農民との間に求め、また村落共同体の存在も認めようとする見解である。これは吉田晶氏[5]や大町健氏[6]などによって代表される考え方で、一般に村落首長制論といわれる学説である[7]。

筆者自身も、律令制下の地域社会において、この村落首長制が一つの完結した生産関係として機能していたとはみないまでも、史料上、「村首」[8]「社首」[9]などとしてあらわれる、村レベルの族長層が担う共同体機能の問題やその支配関係の存在を重視する立場に立つ。ただし吉田晶氏らの村落首長制論を、その後さらに批判的に発展させた総合的な議論は登場しておらず[10]、今日ほとんど正当に活かされていない状況にあるのではなかろうか。

これに対して、もう一つの方向性は、石母田氏の生産関係論の視点を後景に退け、在地首長制の関係を、事実上、首長層に体現される人格的な共同体的機能の問題に置き換え、それにもとづく社会論や古代国家論を組み立てようとする流れである。

これが現在でも大きな影響力をもっている見方で、古代史研究における通説的理解になっているといっても過言ではない。そうした議論の方向性を決定づけたのが、一九八三年に刊行された吉田孝氏の『律令国家と古代の社会』である[11]。

(2) 吉田孝『律令国家と古代の社会』の登場

本書の中で吉田氏は、日本の律令国家を「首長制」と「律令制」の二重構造で理解しようとする。このうち首長制は、石母田氏のような生産関係論としては構築されていない。社会人類学の首長制理論が取り入れられ、広義の親族組織として捉えられる。古代の氏族関連史料にみえる親族呼称やインセスト・タブー（近親相姦をめぐる社会的禁忌）などの分析にもとづき、それが中国のような父系制（家父長制）的な原理ではなく、双系制的な構造をもっていたことが説かれる。

吉田氏によると、双系制の原理の社会では、律令制を支える自立的な村落共同体は存在しなかった。この見方は基本的に戦前来の石母田説を継承した考え方である。しかし吉田氏は、基礎単位となる夫婦と未婚の子供から成る小家族について、それが共同体的機能を体現する在地首長（郡司層レベル）の「オホヤケ」（大宅＝公）の構造に強く依存していたという。そして全体として八世紀前後の日本の基層社会は、双系制的原理にもとづく流動的で不安定な社会であり、中国と比べて「未開な社会」であったことが強調される。

他方、このような社会のあり方にもとづき、七世紀後半以降に継受された律令制やそれにもとづく統治技術も、実際の運営面において、中国型の「成熟した社会」（父系制原理）に対応した統治原理として機能していなかった。それは日本の貴族層が中国から「早熟的に先取り」した国制上の「青写真」にすぎず、日本の律令国家は、天皇を首長とする畿内政権が、地方豪族を支配する体制であったと氏は説く。

ところが八世紀半ば近くの天平時代になると、「文明としての律令制」と「基層にある未開な社会（原生的共同体）」との間の交流が始まる。その交流の進展、すなわち先取りされた文明が内実化し、それにより、建て前としての小帝国意識（＝民夷間と土浪間の区別・差異意識）が希薄化していくことを通じ、やがて平安時代前期に一つの安定したレジームができあがる。この時期こそが、日本の歴史・文化にとって「古典文化」[12]が形成される時代だったなどの点が提起される。

このように吉田説においては、石母田首長制論の巧みな継承と読み替えがおこなわれ、それに代わって社会人類学と日中律令（法制）比較の方法が取り入れられた。これにより律令国家を古代国家の完成形態とみなすそれまでの通説的理解は否定され、中国と比較した「未開な社会」に対応した「青写真としての律令制」、いわば外見上とは別の、「遅れた形の古代国家」という見方が示された。また、これまでの古代国家論で議論されてきた国家形成と内的矛盾との関わり、あるいは国家形態と社会との関連性をみる視角は、事実上、捨象されるに至る。

その一方で、「文明」(律令制)と「未開」(首長制・共同体)の交流という新たな歴史理解の方法が持ち込まれ、それにより古代国家の完成(=日本の「古典文化」の形成)を、もっと遅くみる見通し(平安前期説)も打ち立てられた。

(3)吉田孝説以降の研究動向

このように吉田説は、一定のダイナミズムをそなえた古代史理論となっている。しかもそれまでの通説と一八〇度異なる新しい見方が含まれていた。それゆえに多くの古代史研究者を惹きつけ、現在に及ぶまでたくさんの継承者を生み出した。この吉田説以降の研究動向をながめると、いくつかの傾向を読み取ることができる。それらの特徴として、以下のような点がある。

第一に、吉田氏の提起を受け、とくに一九九〇年代以降、氏に倣った日唐比較律令研究や比較国制史研究が盛んになった事実がある。

そこでは律令条文・礼制・畿内制・都城制・財政制度など、日唐間に共通する法や制度に光があてられ、そのズレや修正・改変の問題をめぐり、稠密な実証成果が蓄積されている[13]。二〇〇〇年代になって刊行された歴史学研究会・日本史研究会共編の日本史講座第二巻『律令国家の展開』では、日唐律令の比較研究を試みた坂上康俊論文「律令国家の法と社会」が、その冒頭に配された[14]。

筆者は比較史の方法を批判するわけではない。しかし気にかかるのは、各論考の結論部分についてである。とくに日中間の制度や法制上のズレや改変の要因分析等に関してみると、基本的に吉田理論の枠組みを越えていない所説が多い。結果的に吉田氏のいう「畿内政権的国制」「伝統的国制」や、日本の社会そのものの「未開性」が強調されるだけの場合が少なくない[15]。

ズレや改変の原因を何に帰するかは、もっとオープンに議論・検討されてよいはずであるが、大勢としてはこのような傾向が生まれている。そのこと自体、吉田説の影響力の大きさのあらわれと評価できるであろう。

第二に、吉田説の提起により、律令国家の統治システムの根幹をなす戸籍・計帳分析や、それにもとづく家族史、共同体研究が、それ以前の時期と比べ、下火になった事実を指摘できる。

もともと戸籍・計帳史料を用いる研究スタイルは、早く一九五二年の岸俊男氏の「郷戸＝法的擬制」説[16]や、一九六九年の安良城盛昭氏の「編戸擬制」説[17]の提唱により、一般に慎重になる傾向が強かった。

ところが吉田氏は、中国（唐）戸令との相違点として、日本の戸令体系の中で、自然村落に対し、公法的な地位が与えられなかった事実に注目する。その理由として、日本の古代社会には、律令体制を支える基礎的単位としての、自立的な村落共同体が存在しなかったからだと指摘した。前述のとおり、これは戦前から『日本の古代国家』（一九七一年）の刊行に至るまで、石母田氏が強く主張してきた論点の一つである。

石母田説を踏まえた吉田孝氏は、さらに浦田（義江）明子説を取り入れて[18]、編戸・造籍にもとづく日本の戸のシステム（里―保―戸の行政組織）が、政治的かつ人為的に編成されており、基本的に「軍団組織」と密接して構想されていたと主張する[19]。このように旧説とは違う角度から編戸や造籍の政治性や人為性を強調する氏の見解が、以前にもまして籍帳史料にもとづく家族史研究などから研究者を遠ざける要因になったと思われる[20]。

それに代わって脚光を浴びだした史料群が、吉田氏が社会の実態解明の際に多用した『日本霊異記』や『今昔物語集』などの仏教説話集である。[21] とくに古代家族や婚姻の実態解明をすすめる女性史研究の分野では、[22] そうした説話類が基本的な分析史料として用いられることになった。

第三に、これは二点目とも密接に関わるが、吉田氏の律令制下の地域社会論は、それまで盛んに議論されてきた古代村落論や共同体研究に一定の「区切り」をつけさせ、その後の研究のあり方を大きく転換させた面がある。

吉田説のうち、とくにその骨格部分をなす「未開な社会」論に関しては、筆者は、あくまで中国との単純比較のなかから導き出された一つの理論的仮説であって、その「未開性」は相対的なものにすぎないと考える。しかし社会の階級性（非和解性）や家父長制的要素の進展を強調する旧来の学説との対比、あるいは仏教説話などを用いた斬新な研究手法が鮮やかであったので、氏の地域社会論は少なくない研究者の共感を呼び起こし、学界の研究者のなかに、一時期、「在地社会の問題はもはや決着済み」のごとき空気が流れた。それに加えて一九九〇年代初頭前後には、社会情勢の変化も起こり、吉田説批判どころか、地域社会分析を正面に据えた研究がおこなわれなくなった。

その傾向は基本的に現在も続き、地方官衙研究、文字資料（墨書土器・木簡等）分析、女性史研究などは別にして、[23] 古代村落論や共同体研究は、以前の時代と比べ停滞的であるといえるであろう。[24] もちろんその責任を吉田氏に求めるわけではないが、このような研究状況にあること自体、吉田説が受け入られていることの証しといえるだろう。

第四に、古代史の研究者があつかう時代の問題に関していうと、吉田氏以降、いわゆる大化前代史、前律令時代への分析や関心が希薄になったことを指摘できる。

大化前代史研究については、吉田説の登場以前でも、すでに津田左右吉以来の『古事記』『日本書紀』に対する史料批判の問題や、[25]「大化改新否定」論などの盛行により、[26]東アジア史の視点も取り入れた石母田氏の研究などをのぞき、[27]そう盛んではなかったといえる。

しかし吉田氏が律令国家の「成熟度」に疑問を投げかけ、また「古典文化」の形成期として平安時代前期を評価したことなどにより、その傾向にさらに拍車がかかった。研究者の関心はより新しい時代の歴史にシフトしていった。その間、考古学者の都出比呂志氏の「初期国家論」の提唱などにより、いくぶん大化前代史研究も活性化をみせてきた。[28]しかし文献史学における取り組みは、こうした考古学の分野と比べ、あまり芳しくないといえるだろう。[29]

以上の四つの点が、吉田孝説の提起以降の研究動向の特徴である。全体として古代史研究の分野では、地域社会研究やそれとの関わりで古代国家の形成過程を描こうとする研究が少なくなり、代わって比較史や律令・平安時代史研究が目立つようになったと整理できる。

結果的にこのような動向をもたらした吉田説への全面批判を試みた理論研究は、一部をのぞき、[30]ほとんどあらわれていない。前述のとおり、本説が現時点においても、古代史研究の一つのパラダイムになっていることはたしかであろう。

しかしながら、このような吉田氏の方法や見解は、はたして有効なのであろうか。筆者はこうした吉田氏の理解の仕方に対し違和感をもつ。なかでも疑問に感じる点は、日唐比較史の研究成果にもとづき展開された、八世紀以降の国制論、およびその根底にある地域社会の捉え方に関してである。吉田氏とは異なる方法と視角で検討を加えれば、これとは違う見方が導き出せるのではなかろうか。

そこで以下、吉田氏の方法に対する疑問点をより詳細に指摘し、また吉田氏より前に蓄積された研究史にも学びながら、それに代わる筆者自身の視角や方法を述べてみたい。

二　吉田孝説への疑問と方法視角

（1）一国史の方法と地域世界史の立場

第一に、そもそも吉田氏の大きな方法的拠り所の一つとして、日唐の比較法制研究・比較国制研究の立場がある。それが日本古代＝「未開な社会」論を提唱する基盤にもなっている。

前述のように、筆者は比較史の方法そのものを批判するわけではない。しかし吉田説の問題点として感じられるのは、日唐双方の国制や社会を単純に横に並べて比較するやり方をとっている点である。これは事実上、「一国史」の立場に立つ比較史の方法といえるのではないか。

八世紀の日中双方の社会を輪切り状にして切り取り、中国を基準にして比較する方法をとる限り、「先進」＝中国、「後進」＝日本という見方は、ある意味当然得られる結論であろう。いったい吉田説の場合、八世紀はもとより、それ以前の段階から、それぞれの社会を構成している諸集団・諸身分がおこなってきた交通、あるいは倭王権が大陸諸国などと相互に交わしてきた交流が、その後の双方の社会や国制に与えた影響の問題を、どのようにみるのであろうか。

吉田説以前の歴史学界を遡ってみると、こうした一国史的な見地に立つ比較史の方法は、すでに一九六〇年代、「世界史の基本法則」的理解から脱却するために議論された「地域世界史」の構想の中で、一つの批判対象になった方法であった。

その頃の歴史学界では、上原専禄氏などの提起を受け(31)、それまでの一国史的な単系発展説やヨーロッパ中心史観、あるいは文明圏的な歴史理解の克服をめざし、帝国主義の「現実」から歴史を振り返ろうとする共同討議がおこなわれた。そこには日本古代史や中国史のみならず、日本の中世から近現代史、朝鮮史、ヨーロッパ史などの数多くの研究者が参加していた。

その到達点を示す遠山茂樹氏の試案では、世界史は「発展段階、社会構成体を異にする諸民族の歴史の構造的複合体」[32]と理解された。そして近代帝国主義の成立により、文字どおり、世界が一体化される以前、「東アジア世界」「インドを中心とする世界」「地中海世界」など、構造的な地域的世界が二〇以上並存していたこと[33]、またそれぞれの世界では、構造体の基本的変化を指標として、何段階かの時期区分を設定できることなどが指摘された。

このうち各世界史の時期区分については、右の遠山試案では、①古代世界帝国の時代、②古代世界帝国の解体過程の時代、③資本主義の世界市場形成過程の時代、④帝国主義の時代、⑤帝国主義の崩壊過程の時代、という五つの時代区分が提起されていた[34]。

しかし古典古代史研究者の太田秀通氏は、これをもっと精密に吟味しなければならないと批判した。そして日本古代史研究にとっても重要な、つぎのような指摘をおこなっている。

例えば最初の階級社会として文明が形成される場合、その文明は周辺の未開人との間に、一つの歴史的世界としての構造的複合体を構成するのが当然であり、それは、いわゆる四大文明発生地に文明が形成された時だけでなく、インカ・マヤの文明形成期にも、現われる歴史的世界の構造に共通するものであり、当然一つの時代を劃すべき特徴をもっている。(中略)日本・朝鮮の文明化の場合にも第二次的文明形成と同様の問題が存在したはずである[35]。

こう述べたうえで太田氏は、遠山試案に代えて、つぎの六つの時代区分説を提起した。
①原始社会発展過程の時代
②古代世界帝国形成過程の時代

③古代世界帝国崩壊過程の時代＝封建国家確立過程の時代
④絶対主義的植民地帝国形成過程の時代
⑤帝国主義的世界支配体制形成過程の時代
⑥帝国主義的世界支配体制崩壊過程の時代＝社会主義世界体制形成過程の時代

⑥の時期区分については、一九六〇年代当時の「現状認識」を感じ取れる見方である。しかし太田氏がここで、②の「古代世界帝国形成過程の時代」を一つの時代区分として設定し、しかも日本を含む第二次的文明形成期においても、周辺の「未開人」との間で構造的な世界が形成されたとみる点は、現段階においても重視すべき視点といえる。本書でもこれを積極的に継承したい。

このように一九六〇年代の歴史研究者の間では、一国史見地を乗り越えることをめざし、一つの単位社会の歴史を、現存する「構造的、複合的な世界史」の中に位置づけ、しかもそれを段階的に捉え直そうとする構想が提起された。

ここでいう「構造的」や「複合体」などという見方は、世界史を単なる諸民族史の集積とみなしたり、その一方を先進、他方を後進などと評価して終わるような歴史認識ではない。また先進が後進を規制するとだけみる視点に立つものでもなかった。そもそも地域世界のあり方を、不均等、異質なものとして捉える。それを踏まえたうえで、先進（中心）―後進（周辺）相互間の有機的な関連、すなわち先進から後進への規制だけでなく、双方の制約、影響を重んじ、歴史的世界の現実を全体として眺め、さらにその移行のあり方を考えようとする視点である。

このような見方の提起について、前述の太田秀通氏は、「世界史の発見といってもよいほどの内容をもつ」(36)と高い評価を与えた(37)。また日本中世史家の黒田俊雄氏は、「社会構成の発展差を理由に相互の異質性や非共通性だけを強調するのではなしに、むしろ不均等性をもつがゆえに構造的である歴史的世界としてとらえていくことこそ、歴史学にとって固有の課題でなければならぬ[38]」と指摘している[39]。

このような立場からみると、吉田孝氏の方法は、事実上、日中両国を横並びの独立、孤立した存在とみなし、社会の発展段階差を指標にして、双方の国制の成熟度のズレを、「先進（文明）」―「後進（未開）」としてみようとする、六〇年代より前の時代の議論に近いといえるのではなかろうか[40]。「文明」中国―「未開」日本という現実は、早く紀元前後に倭の奴国王が漢に使者を派遣する以前から、所与の事実として横たわっていたと思われる。

ここで必要なことは、ことさら「発展段階の低さ」や「未開性」を強調する結論のみを引き出すことではない。むしろ黒田氏が指摘するように、不均衡であるがゆえに構造的になる複合体（東アジア世界）において、「未開」倭国が、「先進」中国・朝鮮諸国との間で取り結んだ関係を探るとともに、さらに太田氏が示唆したような、列島上の「周辺部」（エミシ集団など）との諸関係をも明らかにし、それぞれが倭国内部の国制や社会にどのような影響を与えたか、あるいはそれらとの交渉を通じて、どのような社会編成や統合がめざされたかを解明することであろう。こういう作業を試みることにより、初めて日本古代国家形成の歴史的位置や、社会と国家との関わりの問題が浮かびあがってくるのだと思う。

そうした複合体の構造の中身を、東アジア世界の歴史に即してどのように理解するか、また諸関係の展開とその移行のあり方をどうみるかについては、すでにいくつかの理論研究がある[41]。そのなかで吉田説を乗り越えていくため、改めて注目したいのが、そもそも吉田氏以前から提示されていた石母田正氏の「交通」論である。

この石母田氏の交通論については、実は吉田氏の前掲書の中に一部取り込まれている。そこでは日本の律令国家＝「交通を通した早熟的先取り国家」論という見方が打ち出されている。これもまた石母田説の巧みな読み替えだといえる。しかし石母田交通論は、そう単純に捉えきれない面をもっている。社会の階層性の問題を視野に入れ、重層的で歴史的な見方を組み込んでいる点が、大きな特色である。

(2)石母田「交通」論のもつ意味

石母田氏が日本の古代国家の形成と東アジアの全体的な歴史過程との不可分性について喚起し始めたのは、前述の世界史の議論が高まりだした一九六〇年代前半からであった[42]。また「不均等発展の理論」「歴史的世界における先進と後進の全体的把握」の問題については、それより早く、日本中世成立史の研究を試みた一九四〇～五〇年代の諸論文の中においても見出せる主張である[43]。

その中で氏は、一九六二年、有名な四世紀以降の倭王権＝「東夷の小帝国」論を提起し[44]、その翌年には古代東アジアの文明論や分業規範論について発表している[45]。さらにそれらを総括する形で、一九七一年の『日本の古代国家』第一章にみえる「国家成立史における国際的契機」論の構想に至っている。そうした一連の論文で、氏が徐々に練り上げ体系化していった論点が、東アジア世界に連なる倭国（日本）の国内外で展開した「交通」の重要性の問題である。

石母田氏は、古代の交通を、単なる対外交流、あるいは一方的・偶然的な文化思想の伝播とは理解しない。商品交換・流通・商業・生産技術の交流、戦争・外交、文字の使用、法の継受などを含む、経済的・政治的・精神的領域における人とモノの相互通交、交流の総体だと規定する[46]。そしてこの交通が、それ自身、不均等な東アジアの諸国家・諸民族・諸地域の相互間を結びつける不可欠な媒介項の役割を果たすと指摘する。

ただしこの媒介項としての交通は、自然発生的、偶然的なのものとして捉えられていない。従来この点について少なくない誤解があった。石母田氏の交通論は、単に外から働きかける「外的契機論」、あるいは一般的な

「海外情勢論」と同義に捉えられがちである。しかしそうではなく、倭国（日本）の場合も含め、各地の諸階級・諸集団による能動的・主体的な動きの重視、すなわち交通が東アジア世界では、階級闘争としての側面をもつと評価されている点に注意する必要がある。

氏によると、とくに共同体の「共同性」が首長によって代表されるアジア社会の初期の支配形態では、交通は首長によって独占される。これが首長制のもっとも本質的な構造だと氏は理解する。(47)その場合、交通の進展は一国内において、首長層における文明の急速な発展と古い共同体に制約されている人民との間の、不均等な発展としてあらわれる。結局それは両者間の階級的不均等性をますます先鋭化するように作用するという。そして日本の支配層は、交通を通じて、早くから他民族の歴史の達成物や経験を人民に対して先取りしており、後進国の支配層によるこの先取り現象は、階級闘争の一側面を特徴づけると強調している。(48)

ここでは「先取り」という語が、単なる時間的な先後の意味ではなく、あくまで人民や諸集団に先んじた支配層の階級的・能動的な動きをあらわす意味で使われている。これをみる限り石母田説では、交通が所与のものとしては理解されておらず、一国内（倭国内）の階級分化・支配形態・国家構造の問題と、密接不可分のものとして立論されていることが明らかである。

このような見方に立つと、吉田孝氏のいう倭国内部の社会の「未開性」は、決して自生的なものではなかったともいえる。早くから東アジアの「先進」諸国と結び、それにより社会や人民との隔絶性や階級的優位性をはかろうとした、倭国内の支配者集団の能動的・主体的な動きによってもたらされた面があることを見逃せない。いわば支配者層が、当初、交通機能の独占を試みることにより、結果として日本社会や人民の文明的「成熟度」は抑えられたとみることも可能であろう。(49)

こうした側面があるにもかかわらず、日本の国制や社会のある時代の断面を捉え、単純比較によってその質を論じたり、その後の国制の展開をみることは、あまり積極的な意味を有さないのではないか。古代日本の国制や社会のあり方をみる場合、他国・他地域との間で展開された多様な交通諸関係、およびその歴史性の問題に眼を向けることが重要であろう。

そこで本書では、石母田氏の交通論の視座に学びながら論をすすめるが、その際、つぎの二点に留意したい。

第一に、石母田氏の交通論は、平面的、一元的な視点では成り立っていない。すなわちそれは、国家や王権間の交流ややりとりをみる方法だけに留まってはいない。そのなかには、交通の「反作用」ともいうべき論点も提起されている点に注意すべきである。

氏によるとアジア社会の初期の支配形態では、交通は支配者層に独占される。しかしやがてそれが共同体内部での反作用を呼び、それとは異なる形の交通、すなわち人民的交通を生むことが想定できるという(50)。つまり石母田氏は、国際的な交通を階級闘争の一側面とみなすわけであるが、そうである以上、これを固定的にみず、歴史的・動態的な視点で理解しようと試みている。本書では、交通をめぐるこのような視点も重んじたいと思う。

第二に、古代の国際交通という場合の、「国際」の中身の問題である。石母田氏がそのおもな対象としてあつかったのは、倭国と東アジアの大陸諸国との諸関係であった。たとえば、これに関連して、つぎのような記述がみられる。

日本の支配層は、他民族の歴史の達成、経験の法的総括を、人民にたいして「先取り」しているのである。日本の支配層は、新しい国家の収奪がひきおこすであろう人民の多様な抵抗と闘争、その可能性にそなえて、それに対抗し得る諸手段を、みずからの経験からはただちに獲得できないような諸手段を、中国の先進的な経験から学び、それによってあらかじめ武装することができた。それは、律令制以前とは異なった階級関係の新しい局面をひらいたのである。（中略）先進的な民族と後進的民族、発展段階を異にした諸民族が、国際的な交通によって結ばれている場合に、後進国の支配層によるこの「先取り」現象は、階級闘争の一側面を特徴づけるが、日本における唐律令の「継受」は、その古代的な形態であった。[51]（傍点は引用者）

これは律令制の継受の問題をめぐる石母田氏の位置づけの文章である。それ以外の箇所をみても、氏が国際的交通の主たる関係を、中国を中心とする大陸諸国と倭国との関係に想定していることは明らかである。

しかし近年の研究によると、倭国の「周辺」部をなすエミシ集団との間において、六世紀後半頃から、戦争・交易・朝貢と饗給の服属儀礼など、多様な交通関係が展開し、それが日本古代国家の形成や大王権力の超越化の過程において、重要な役割を果たしていた事実が指摘されている。[52]先に紹介した太田秀通氏の提起、すなわち一つの階級社会としての「文明」が形成される時、必ずその「周辺」地域との間において、構造的な関係が築かれるという見方が、研究史上、より具体的に捉え始められているわけである。

しかも「蝦夷」と記される北方社会の人々の実態についても、これまでは、倭王権が設定した「疑似民族集団」的呼称とみるのが通説であった。[53]ところが今日、これに対しても大きな疑問が投げかけられている。蝦夷を形質的・文化的に倭人種と異なる集団だったとみる所説、[54]北方社会において、「現実に存在した文化・民族の立場」に即した探求などがすすめられている。[55]

これらの研究を踏まえ、本書では、列島上の倭国と北方エミシ諸集団との交流や結びつきも、広い意味での国際的交通の一つとして捉え直し、律令国家の支配形態やその変遷を考える際の重要な素材にしたい。

以上、交通論をめぐる二つの点に留意して、第Ⅰ部において、国家的な農民規範と浮浪人認識の問題を取りあげ、律令国家の社会編成原理の特徴とその変遷について検討を加えたい。

(3) 双系制社会論と古代の共同体

吉田説に対する二つ目の疑問点は、まさに吉田氏自身が「未開的」と評価するに至った、八世紀前後の古代社会の捉え方に関してである。

前述のように、その当時の社会が中国と比較して、さまざまな局面で「未開的」な要素を含んでいたことは、たしかであろう。だがそれはあくまで相対的なものであり、社会全体が「未開の海」によって覆い尽くされていたわけではない。社会の上層から下層までの各層で、未開と文明的要素が重層的にあらわれていたとみるべきである。

ところが石母田氏の在地首長制の全体像を、双系制的な親族組織として捉え直した吉田氏は、首長（郡司レベル）によって包摂される社会を、一面的に階級支配の欠落した共同体社会、すなわち「原生的共同体」と理解する[56]。

具体的にみると吉田氏は、当時の地域社会内部にある「家族」や「村」や「集落」などの社会組織が、双系制的な社会原理にしたがい、すべて流動的で不安定なものであったと考える。庶民同士の婚姻も漸次的で流動性が高く、際だった婚姻儀礼など存在しなかったという。これは女性史研究の成果を取り入れた見解である。また家族員の移住が、郡域を越えない範囲で頻繁におこなわれ、水田の開墾・荒廃・再開墾もほぼ日常的に起きていた。そこで、「当時の集落は、構成員も景観も、たえず変動していた[57]」と理解できるという。そして八世紀の社会には、中国のような自立的な村落共同体は存在せず、基礎単位となる夫婦と未婚の子供から成る小家族は、共同体機能を体現する郡レベルの在地首長の「オホヤケ」（大宅＝公）に依存して生活していた。この「オホヤケ」こそが共同体の機能を示す施設であり、同時に首長の「イヘ」でもあったことなどが指摘される。

氏の分析内容は多岐にわたっているが、一貫して中心に据えられているのは、双系制原理によって社会組織が流動的であったという理解[58]、および「郡」という集団の役割をかなり実態的に捉えようとする方法である。吉田氏はこの郡という規模においてのみ、共同体組織を想定し、そこに階級性を排した、一元的な共同体機能（オホヤケ）が集中していたと考える。それに対して、非自立的で流動的な農民の小家族は、あたかも郡内のあちこちをさまよいながら、究極的にこの郡レベルの共同体のオホヤケ機能によって農耕生活上の庇護を受けていたとみるわけである。

しかし郡を基軸にした一元的な共同体論や、その一方で村や集落などの社会組織を非自立的とみる議論は、はたして可能なのであろうか。このうち郡＝一元的な共同体論は、おそらく石母田氏の首長制の生産関係論に対する吉田氏の積極的なアンチテーゼの提示と考えられるが、それにしてもやや極端な見方といえるだろう。たしかに和訓表記の問題を切り口にした「オホヤケ」論は魅力的である。しかし実際それが郡規模の農業経営や共同体機能を果たしていたかどうか、実証的、具体的に証明されているわけではない。

吉田氏はその証明材料として、神祇令の季夏条の義解説[59]にみえる「宅神祭」（ヤカツカミノマツリ）の例を引用する。この祭りがヤケをもつ首長層を中心とする重要な農耕儀礼であると考え、ヤケと農耕との関わりの深さの証しとする[60]。しかしこれも音訓表記の問題に着目した推論の一つにすぎず、十分な補強材料となっていないように思われる。また、そもそも八世紀前後の地域社会における地縁的な組織の存在を否定し、すべてそれを親族・血縁組織に置き換えて理解し、しかも非自立的とみるのは、かなり無理があるだろう。

吉田氏は、当時の小家族の集合体からクニまでの、さまざまなレベルの集団の共同体関係や支配・従属関係は、「何らかの親族・血縁（もちろん擬制であってもよい）の関係のなかに翻訳され、それによって表現されていた[61]」と記す。つまり社会全体を、究極的に「血縁的な社会関係」とみなすわけであるが、はたしてこれは成り立つのであろうか。

そこで従来、この吉田説への批判として、郡より下位の単位である史料上の「村」や村落に眼を向け、そこに社会の基礎的組織となる地縁的な共同体が存在し、それが共同体機能を果たすとともに、首長による階級支配の場でもあったことを示そうとする研究が提起されてくる。前述の吉田晶氏や大町健氏らの村落首長制論をこの流れで捉えることができる。(62) また鬼頭清明・関和彦・小林昌二・山尾幸久ら諸氏の見解も、(63) 村の問題を重視し、郡レベルの首長制的な理解を否定的にみる所説のなかに位置づけられるであろう。筆者自身もそのような研究の方向性を支持する立場に立つ。

ただしこれまで積み重ねられてきた村や村落共同体論の多くは、村落レベルの族長層の支配構造の中身や、彼らと郡司層、あるいは古代国家との関係解明を主眼とするものがほとんどであり、共同体像を具体的に復元しようとする視点に欠けるところが少なくない。吉田孝氏が当時の集落について、地縁的な自立性を否定し、流動性が高く、構成員も景観もたえず変動していたとみる以上、それに代わるもっと具体性をもった共同体像を描き出すことが必要ではなかろうか。ところが従来の研究は、史料の僅少性にも規定され、関氏の研究などを除き、(64) この点が十分ではなかったように思われる。

さらに古代村落のあり方について、吉田孝氏やさらにそれに先行する石母田氏は、当時の地域社会における集落や民戸の地縁的結合体の存在を認めるものの、それが村落共同体として自立的な公法的な地位を占めていなかったと主張している。

とすれば、ここで第一義的に問われるべきは、この村落共同体の自立性をめぐる問題であろう。古代の村落はどのようなもので、何に対してどの面において自立的、あるいは自立的ではなかったのか、より具体的な形でみる必要があろう。

そこで本書では、今までとは少し視点を変えた検討を加えてみたいと思う。従来ほとんど着目されてこなかった、残存する各国風土記や『古事記』『日本書紀』にみえる地方伝承や神話、さらには民間歌謡などにスポットをあてる。これらを考察することにより、当時の人々の生業、生存や村の維持に関わって、どのような社会的規範が形成されていたのか、それは古代国家や族長層との関係でどのような意味をもつのか、さらには村落の共同体結合に対する族長層の支配構造や共同体機能の問題などについて、より具体的に考察したいと思う。

三　本書の構成

以上のような問題視角と方法に立って、本書では、第Ⅰ部から第Ⅲ部までの三部構成をとって考察をすすめる。

第Ⅰ部「日本古代国家の農民規範と浮浪人」では、おもに八世紀の律令国家によって奨励された農民規範と浮浪人認識の問題を素材として、石母田氏の交通論を筆者なりに咀嚼しながら、律令国家による社会編成の特質とその転換について検討する。第Ⅱ部「古代の共同体と地域社会」では、地方の民間神話・伝承・歌謡等から抽出できる社会的規範の問題を軸にしながら、八世紀前後の村落における農民結合やそれに対する支配のあり方の実像解明をめざす。第Ⅲ部「古代の水陸交通と境界の呪術・祭祀」では、第Ⅰ部と第Ⅱ部の議論を補うべく、古代の水陸交通と境界領域における神祭りと呪術儀礼の分析をめざす諸論考を配置する。

第Ⅰ部の第一章は、「日本古代の力田について」というテーマを掲げ、大宝律令の施行直後、八世紀初頭の和銅・養老年間に始まった律令国家の力田政策の本質を明らかにする。それが中国から取り入れられた新しい施策、すなわち国家的な農民規範の奨励策であったことを指摘し、従来の通説的理解を批判する。またそれが開始される前提にあった思想的、社会的背景についても言及する。

第二章「律令国家の農民規範と浮浪・逃亡」では、第一章で解明した日本の力田＝国家的な農民規範の問題を、律令制的な社会編成原理の問題のなかに位置づけ直し、その意義について考える。ここでは中国の力田政策の中身や社会編成原理との関わりについて分析し、それと比した日本の力田政策の特質を検討する。これらを通じて、日本の律令国家の社会編成原理の類型的特質などについて明らかにする。

第三章「律令国家の社会編成原理の転換と浮浪人認識――「不論土浪」策の登場――」は、律令制的社会編成原理の転換について検討を加える。古代国家の浮浪人認識の変遷をおさえたうえで、八世紀末の延暦年間に新たに始まった「不論土浪」策の登場の意義を考える。またそれが開始された社会的要因について、従来とは異なる視点、なかでも日本列島上の北方社会との新たな「交通」の問題を視野に入れた分析を試みる。

＊　＊　＊

第Ⅱ部「古代の共同体と地域社会」では、近年の研究で明らかにされている古代の過酷な自然的・生活環境の問題に眼を向ける。婚姻や出産という社会の維持や人口の再生産に関わる史料群を中心にして、村レベルの共同体結集のあり方、あるいは族長層と農民間の支配―庇護関係の実像解明に迫る。

第一章は、「古代女性の婚姻規範――美女伝承と歌垣――」と題して、古代女性の婚姻規範の中身を検討する。『播磨国風土記』と『古事記』にみえる非常に似通った美女の伝承にスポットをあて、それらがどこで、なぜ作られたかを考える。これにより婚姻と出産をめぐる社会規範の内容を、当時の社会の生存条件や環境の問題とも結びつけて解明する。それとともに、古代の婚姻システムをめぐる通説的理解への批判を試みる。

第二章「人を取り巻く自然・社会環境と古代の共同体」は、前章で述べた古代女性の婚姻規範の問題をおもな素材にしつつ、古代共同体論の再構築をめざす。当時の祭祀行事と一体化しておこなわれた、共同体慣行やその内部での人々の役割などを具体的に復元し、あわせて古代の村落と族長層との関連、あるいは国家との関係を考える。それを通じ吉田孝氏の地域社会論、さらには石母田氏の古代村落論への批判を試みる。

第三章は、「「国占め」神話の歴史的前提——古代の食膳と勧農儀礼——」というテーマを立てる。『播磨国風土記』の中に多くみられる「国占め」に関する神話群に焦点をしぼり、古代の地域社会における勧農がどのようにおこなわれ、それが族長層の地域支配といかに結びついていたかについて検討を加える。

＊　＊　＊

第Ⅲ部「古代の水陸交通と境界の呪術・祭祀」は、第Ⅰ部と第Ⅱ部の補論をなす諸論考から成り立つ。

第一章「古代国家とミナトの神祭り」では、神戸・西摂地域を中心とするミナトをめぐる伝承・神話に焦点をしぼる。古代のミナトの自然環境や、そこでの海人たちの神祭りの実像解明を試みるとともに、それに対する古代国家の祭祀伝承が意味するところを考える。

第二章「古代国家と敏売崎の外交儀礼」では、古代の神戸地域にあった敏売浦近くの崎でおこなわれた特殊な外交儀礼に関する史料にスポットをあてる。その内容について新たな角度から考え直すとともに、古代国家にとってそれが何を意味するのか、当時の「帝国」認識形成の問題と結びつけて考察する。

第三章「『播磨国風土記』からみる地域間交通と祭祀——出雲国と王権との関連で——」では、八世紀前半の『播磨国風土記』にみえる地域間交流を示す神話・伝承をおもな素材とした考察をすすめる。当時の播磨と日本海諸国地域との交流の実態や道の復元をおこない、さらに古代の境界祭祀の実態解明をおこなう。

＊　＊　＊

終章「日本の律令国家と地域社会」では、以上の検討を踏まえた全体的結論を記し、残された二、三の課題を述べたいと思う。

註

（1）原秀三郎「律令体制の成立」（『講座日本史』一、東京大学出版会、一九七〇年）、石母田正『日本の古代国家』（岩波書店、一九七一年）、井上光貞「日本の律令体制」（『岩波講座世界歴史』六、岩波書店、一九七一年）、青木和夫ほか編『シンポジウム日本歴史4　律令国家論』（学生社、一九七二年）。
（2）石母田註（1）前掲書、はしがき、v頁。
（3）石母田註（1）前掲書、第四章。
（4）同前。
（5）吉田晶『日本古代村落史序説』（塙書房、一九八〇年）。
（6）大町健『日本古代の国家と在地首長制』（校倉書房、一九八六年）。
（7）この一方で石母田氏の在地首長制論を基本的に引き継ぐ学説があることはいうまでもない。石上英一氏は、「日本古代史研究にとって、「首長制の生産関係」の理論が、従来の社会構成史理論やそれを前提とした国家史認識に比し、日本古代社会の分析に、より有効である」（同「日本古代における所有の問題」〈同『律令国家と社会構造』名著刊行会、一九九六年〉、一六六頁。初出は一九八八年）と述べ、税制・法制・土地所有などを素材にした積極的な古代史研究を試みている。また吉村武彦氏も、「古代の政治的支配・隷属関係として在地首長制の概念は有効であり、生産関係としてはアジア的隷農制という第三の範疇で捉えることが適切である」（同『日本古代の社会と国家』〈岩波書店、一九九六年〉、二五頁）と記す。
（8）『日本書紀』（新編日本古典文学全集『日本書紀』。以下、本書では、『日本書紀』からの引用はこれを参照する）大化二年（六四六）正月甲子朔条、大化二年三月甲申条。
（9）儀制令春時祭田条集解古記説（新訂増補国史大系『令集解』後篇、七二三頁。以下、本書では、『令集解』からの引用はすべてこれによる）。
（10）その唯一の例外が、山尾幸久氏の『日本古代国家と土地所有』（吉川弘文館、二〇〇三年）である。
（11）吉田孝『律令国家と古代の社会』（岩波書店、一九八三年）。ただし基幹論文はそれ以前に発表されており、それを発表順に掲げると、つぎのとおりである。一九七二年の「公地公民について」(坂本太郎博士古稀記念会編『続日本古代史論集』中、吉川弘文館)、一九七六年の「律令制と村落」(岩波講座『日本歴史』三、岩波書店)、一九七八年の「ヤケについての基礎的考察」(井上光貞博士還暦記念会編『古代史論叢』中、吉川弘文館)。それぞれの論文は改稿のうえ、本書のⅠ章「「律令国家」と「公地公民」」・Ⅳ章「編戸制・班田制の構造的特質」、Ⅲ章「律令時代の氏族・家族・集落」、Ⅱ章「イヘとヤケ」として所収された。なお『律令国家と古代の社会』に示される吉田説の基本像の一端は、青木和夫ほか編註(1)前掲書の中の論考(報告)においてもうかがうことができる。

(12) 『律令国家と古代の社会』の刊行(一九八三年)から一四年後に公刊された吉田氏の『日本の誕生』(岩波新書、一九九七年)では、平安時代前期を日本の歴史文化の「古典文化」とみるという表現が、「ヤマトの古典的な国制と文化」(同書、一九四頁)という書き方に改められた。その理由として吉田氏は、「近代の「日本」にとって、平安時代の国制・文化は「古典的」ではなかった」(同書、一九五頁)からだと説明している。

(13) 代表的な研究成果として、池田温編『古代を考える　唐と日本』(吉川弘文館、一九九二年)に収められた大津透「唐の律令と日本――租庸調制の継受と特質――」、大隅清陽「唐の礼制と日本」、北村優季「都城――唐と日本」、丸山裕美子「唐と日本の年中行事」のほか、石上英一「比較律令制論――序論――」(『アジアのなかの日本史』Ⅰ、東京大学出版会、一九九二年)、笹山晴生先生還暦記念会編『日本律令制論集』上(吉川弘文館、一九九三年)に収められた春名宏昭「官人家の家政機関」、北村優季「条坊の論理――日本古代都市論覚書――」、大津透「唐日律令地方財政管見――館駅・駅伝制を手がかりに――」、大隅清陽「儀制令における礼と法――律令法系の構造的特質をめぐって――」などがある。また二〇〇八年には、大津透編による『日唐律令比較研究の新段階』(史学会シンポジウム叢書、山川出版社)が刊行され、合わせて一〇以上の個別論文が配されている。さらに水林彪氏による比較国制史の提起も(同「国制の比較史的研究のための枠組について」〈『歴史評論』五〇四、一九九二年〉)、直接の言及はないが、吉田孝氏の日中比較史の方法が大きな影響を与えていると思われる。

なお大津透氏は、みずからがすすめる日唐比較律令論の研究視角について、つぎのように述べている。

より簡明にいえば、日唐律令の比較を通じ、日本は中国法から何をとりいれ、何をとりいれなかったか、継受する際にどのような改変を加えたのかをあきらかにし、あわせてそこに日本独自の部分を見出し、日本の固有法の残存の発見をとおして日本古代国家の特色を見出す方法である。これにより律令法のなかの、中国から導入した部分と伝統的な前代以来の国制をひきついだ部分とを見極めることが可能となる。（池田温編前掲書、九八頁）

(14)『律令国家の展開』（日本史講座第二巻、東京大学出版会、二〇〇四年）。

(15) このうち笹山晴生先生還暦記念会編『日本律令制論集』上に所収された日中比較国制論の各論考の問題点と課題については、鷺森浩幸・吉川真司の両氏とともに『史学雑誌』上で書評をおこなった（坂江渉・鷺森浩幸・吉川真司「書評・笹山晴生先生還暦記念会編『日本律令制論集』（上・下）」〈『史学雑誌』一〇五―一一、一九九六年〉）。

(16) 岸俊男「古代後期の社会機構」（『新日本史講座』一三回配本、中央公論社、一九五二年）。のち、「律令制の社会機構」と改題して、同『日本古代籍帳の研究』（塙書房、一九七三年）に所収。

(17) 安良城盛昭「班田農民の存在形態と古代籍帳の分析方法――石母田＝藤間＝松本説対赤松＝岸＝岡本説の学説対立の止揚をめざして――」（『歴史学研究』三四五、一九六九年）。のち一部改稿して、安良城盛昭『日本封建社会成立史論』上（岩波書店、一九八四年）に所収。

(18) 浦田（義江）明子「編戸制の意義――軍事力編成との関わりにおいて――」（『史学雑誌』八一―二、一九七二年）。

(19) 吉田註(11)前掲書Ⅳ章「編戸制・班田制の構造的特質」。

(20) そのような中にあって徹底的な史料批判を踏まえた実証的な戸籍研究が、南部曻氏と杉本一樹氏によってすすめられた。その研究成果は、南部曻『日本古代戸籍の研究』（吉川弘文館、一九九二年）、杉本一樹『日本古代文書の研究』（吉川弘文館、二〇〇一年）として上梓された。また現存する大宝二年（七〇二）の美濃国戸籍に関する近年の総合的研究として、新川登亀男・早川万年編『美濃国戸籍の総合的研究』（東京堂出版、二〇〇三年）がある。さらにコンピューターの統計処理的手法を用いた新たな戸籍研究として、今津勝紀氏の一連の研究がある（同「日本古代の村落と地域社会」〈『考古学研究』五〇―三、二〇〇三年〉、同「大宝二年御野国加毛郡半布里戸籍をめぐって」〈『岡山大学内共同研究「自然と人間の共生」報告書』岡山大学文学部、二〇〇三年〉、同「古代の家族と共同体――関口裕子『日本古代家族史の研究』（上・下）によせて――」〈『宮城学院女子大学附属キリスト教文化研究所研究年報』三八、二〇〇五年〉など)。これらの成果にもとづき、近年、今津勝紀『日本古代の税制と社会』（塙書房、二〇一二年）が刊行された。

(21) 吉田氏は、古代における「父権」の実態や「家長」と「家口」の関係、あるいは市や交易の実態などをみる際の具体的な史料として、しばしば『日本霊異記』や『今昔物語集』などを用いている（吉田註(11)前掲書『律令国家と古代の社会』Ⅲ章「律令時代の氏族・家族・集落」、Ⅵ章「律令時代の交易」など）。

(22) 古代の女性史研究や婚姻論に大きな影響力を与えている関口裕子氏は、当時の婚姻形態を対偶婚であったと主張する。氏はその制度的特徴の一つとして、対偶婚下の婚姻が、「気の向く間のみ継続する」点を指摘する。その証明材料として用いた諸史料が、『古事記』『日本書紀』の神話・説話史料のほか、たくさんの仏教説話であった（同『日本古代婚姻史の研究』上〈塙書房、一九九三年〉第二編第三章）。

(23) このうち各地で発掘される文字関連資料をめぐる近年の研究成果として、荒井秀規「神に捧げられた土器」（栄原永遠男ほか編『神仏と文字』文字と古代日本4、吉川弘文館、二〇〇五年）、平川南『日本の原像』（全集日本の歴史第二巻、小学館、二〇〇八年）、笹生衛『日本古代の祭祀考古学』（吉川弘文館、二〇一二年）、高島英之『出土文字資料と古代の東国』（同成社、二〇一二年）などがある。

(24) 二〇〇五年に刊行された吉川真司ほか編『社会集団と政治組織』（列島の古代史3、岩波書店）に収められた論文「村落と民衆」の中で、著者の宮瀧交二氏は、日本古代の村落と民衆に関する研究状況について、「停滞状況」にあると述べている（同書、四五頁）。なおその前年の二〇〇四年、歴史学研究会・日本史研究会の共編で刊行された註(14)前掲の『律令国家の展開』には、合わせて一〇本の論考が収められている。それを所収順に掲げると、以下の通りである。1坂上康俊「律令国家の法と社会」、2鷺森浩幸「王家と貴族」、3浅野充「古代宮都の成立と展開」、4山口英男「地域社会と国郡制」、5櫛木謙周「生産・流通と古代の社会編成」、6西本昌弘「古代国家の政務と儀式」、7本郷真紹「奈良・平安時代の宗教と文化」、8大町健「東アジアのなかの日本律令国家」、9服藤早苗「古代社会の男女と老童」、10加藤友康「古代史料の特質」。

これをみるとわかるように、本書には律令制下の地域社会分析について、正面から取り組んだ論考は一つも含まれていない。地域や社会構造の問題については、「法」「宮都」「国郡制（地方官衙）」「生産・流通」「男女・女性論」との関わりで言及されるにすぎない。一九八四年に刊行された『講座日本歴史　古代2』（原秀三郎・佐藤宗諄編集担当、東京大学出版会）の中に、吉村武彦「古代の社会構成と奴隷制」、西山良平「律令制社会の変容」などの論考が含まれていたのと対照的である。

(25) 津田左右吉『日本古典の研究』上・下（岩波書店、一九四八年・五〇年）、同「大化改新の研究」（同『日本上代史の研究』岩波書店、一九四七年）など。

(26) 原秀三郎「大化改新論批判序説(上)——律令制的人民支配の成立過程を論じていわゆる「大化改新」の存在を疑う——」（『日本史研究』八六、一九六六年）、同「大化改新論批判序説(下)——律令制的人民支配の成立過程を論じていわゆる「大化改新」の存在を疑う——」（『日本史研究』八八、一九六七年）、同「律令国家の権力基盤」（同編『大系　日本国家史1』東京大学出版会、一九七五年）など。これらの論考は、のち改稿され、同『日本古代国家史研究——大化改新論批判——』（東京大学出版会、一九八〇年）に所収。

(27) 石母田正「古代史概説」（『原始および古代1』岩波講座日本歴史1、岩波書店、一九六二年）、同註(1)前掲書『日本の古代国家』第一章など。

(28) 都出比呂志「日本古代の国家形成論序説——前方後円墳体制の提唱——」（『日本史研究』三四三、一九九一年）、同「国家形成の諸段階——首長制・初期国家・成熟国家——」（『歴史評論』五五一、一九九六年）、鈴木靖民「日本古代の首長制社会と対外関係——国家形成の諸段階の再検討——」（『歴史評論』五五一、一九九六年）など。

(29) 近年、文献史学の立場から、王宮論、王名論の視点を重んじた古市晃氏の倭王権形成史研究が出されている（同「五・六世紀における王宮の存在形態——王名と叛逆伝承——」〈『日本史研究』五八七、二〇一一年〉、同「倭王権の支配構造とその展開」〈『日本史研究』六〇六、二〇一三年〉、同「古代播磨の地域社会構造——「播磨国風土記」を中心に——」〈『歴史評論』七七〇、二〇一四年〉など）。

(30) 今津氏の註(20)前掲書では、吉田孝説のみならず、石母田氏の在地首長制論そのものへの全面的批判が試みられている。
(31) 上原専祿『日本国民の世界史』(岩波書店、一九六〇年)、同『世界史における現代のアジア』(未来社、一九六一年)など。
(32) 遠山茂樹「世界史における地域史の問題」(『歴史学研究』三〇一、一九六五年)、四頁。なお同『戦後の歴史学と歴史意識』(岩波書店、一九六八年)のⅣ章8「世界史の主体的認識」も参照のこと。
(33) 上原専祿「歴史研究の思想と実践」(『歴史地理教育』一〇二、一九六四年)。
(34) 遠山註(32)前掲論文。
(35) 太田「思想としての世界史像」(『歴史評論』二〇〇、一九六七年、一七頁。のち、同『世界史認識の思想と方法』青木書店、一九七八年に所収)。
(36) 太田註(35)前掲論文、一七頁。
(37) 「先進(中心)」―「後進(周辺)」の諸地域・諸民族の歴史の有機的連関を重んじるという地域世界史の構想は、一面でウォーラーステインらの「世界システム」論と類似性をもつとの指摘がある(弓削達『ローマはなぜ滅んだか』〈講談社、一九八九年〉、小谷汪之「比較史の方法」〈『岩波講座日本歴史別巻1・歴史意識の現在』岩波書店、一九九五年〉など)。
(38) 黒田俊雄「日本中世の封建制の特質」(同『日本中世封建制論』東京大学出版会、一九七四年。三七〇頁。初出は一九七二年)。
(39) 北欧初期社会史研究者の熊野聰氏は、遠山氏や太田氏らの世界史構想について、何よりも帝国主義段階の「現実」から歴史を振り返ろうとする方法に大きな特徴があり、その点でマルクス主義歴史学は、これ以降、帝国主義段階の歴史学という意味で、「レーニン的段階」に入ったと述べている(熊野『共同体と国家の歴史理論』〈青木書店、一九七六年〉、一九六頁。初出は一九七四年)。
(40) かつて東洋史研究者の堀敏一氏は、一九六〇年代より前の時代の一国史的見地にもとづく「単系進化論」(世界史の基本法則説）を批判する立場から、単なる交渉史的見方のほか、単純な比較史の有する問題性も指摘して、それに代わる「全体としての古代東アジア像」「内面的な構造連関をもつ統一的な歴史的世界像」の構築の重要性を喚起している（同「東アジアの歴史像をどう構成するか――前近代の場合――」〈『歴史学研究』二七六、一九六三年〉、同「近代以前の東アジア世界」〈『歴史学研究』二八一、一九六三年〉）。

(41)　東アジア世界の秩序の大枠については、中国史の研究者らによる提起がある。たとえば、一九六二年の西嶋定生氏による「冊封体制」論がもっとも有名である（同「東アジア世界と冊封体制」〈『岩波講座日本歴史2・古代2』岩波書店、一九六二年〉。のち、同『中国古代国家と東アジア世界』〈東京大学出版会、一九八三年〉に所収）。同『日本歴史の国際環境』〈東京大学出版会、一九八五年〉など）。しかし西嶋説については、結局は「中国史の延長」論という批判がすでにあり（鬼頭清明『日本古代国家の形成と東アジア』第一部第二章「古代東アジア史への接近」〈校倉書房、一九七六年。初出は一九七五年〉、菊池英夫「総説――研究史的回顧と展望」〈唐代史研究会編『隋唐帝国と東アジア世界』汲古書院、一九七九年〉、李成市『東アジア文化圏の形成』〈山川出版社、二〇〇〇年〉など）、日本も含めた周辺諸民族・諸集団の側が、主体的・能動的に切り結ぼうとした動きや契機、あるいはその内部における重層的な諸関係がみえてこないという欠陥がある。

(42)　石母田註(27)前掲論文、同「日本古代における国際意識について――古代貴族の場合――」（『思想』四五四、一九六二年。のち、同『日本古代国家論　第一部』〈岩波書店、一九七三年〉に所収）。

(43)　石母田「中世成立史の二、三の問題」（歴史学研究会編『日本社会の史的究明』岩波書店、一九四九年。初出は一九四六年開催の講習会）、「古代末期の政治過程および政治形態――古代世界没落の一考察――」（『社会構成史体系』日本評論社、一九五〇年）など。のち、両論文とも『石母田正著作集』六（岩波書店、一九八九年）に所収。

(44)　石母田註(27)前掲論文、同註(42)前掲論文。

(45)　石母田正「古代社会と手工業の成立」（『古代史講座』九、学生社、一九六三年）、同「日本古代における分業の問題」（『古代史講座』九、学生社、一九六三年）。のち、両論文とも、石母田註(42)前掲書に所収。

(46)　石母田註(1)前掲書、一四頁。

(47) 石母田氏の首長制論は、従来、その一翼をなす在地首長制論と等値される傾向が強い。しかし氏の諸論考を読み解けば、対外的に東アジア諸国との国際交通の機能が首長によって独占される事実が、首長制のもっとも主要な構造であり、かつ出発点でもあると理解されていることがわかる。この点については、坂江渉「首長制」（歴史科学協議会編『戦後歴史学用語辞典』東京堂出版、二〇一二年）を参照のこと。

(48) 石母田註(42)前掲書Ⅱ章「官僚制国家と人民」、七六～七七頁、Ⅲ章「国家と行基と人民」一〇一頁など。

(49) たとえば、「文明化」の一つの指標とされる文字（漢字）は、すでに五世紀代の倭国には確実に継受されていた。ところが八世紀段階においても、それが一般庶民層に広く普及していたことを示す痕跡はない。なぜなら漢字はそもそも社会への便宜や、民衆間の意志疎通の円滑化をはかるために導入されたわけではなかったからである。支配者層の統治・支配の道具（とくに外交面）、あるいは威信財の一つとして受容され、さらに独占されていたことを見落とすことはできない（坂江渉「古代地域の文字資料――渡来人と九九算の普及――」〈神戸大学魚住和晃研究室編『誌上シンポジウム　現代社会の中の「書」と未来』同刊、二〇〇八年〉）。

(50) 石母田註(1)前掲書Ⅰ章、一七頁。

(51) 石母田註(42)前掲書Ⅱ章、七六～七七頁。

(52) 蓑島栄紀『古代国家と北方社会』（吉川弘文館、二〇〇一年）。

(53) 石上英一「古代東アジア地域と日本」（『日本の社会史』一、岩波書店、一九八七年）。

(54) 今泉隆雄「律令国家とエミシ」（『新版古代の日本』九、角川書店、一九九二年）、山尾幸久「古代国家と文字言語」（『歴史評論』五五五、一九九六年）、田中聡「民夷を論ぜず――九世紀の蝦夷認識――」（『立命館史学』一八、一九九七年。のち、同『日本古代の自他認識』〈塙書房、二〇一五年〉に所収）など。

(55) 蓑島註(52)前掲書序論「古代北方史研究の課題と視角――「交流」概念の有効性をめぐって――」。

(56) 吉田氏は註(11)前掲書の終章にあたるⅧ章で、「日本の律令国家は、未開な原生的共同体をその基盤に残したまま、その上に中国の古代文明に倣った支配機構を構築するという二重の構造をもっていた」と総括している（同書、四三七頁）。

(57)　吉田註(11)前掲書Ⅲ章、一五七頁。

(58)　吉田氏は、双系制的な集団原理にもとづく社会が、集団の構成員を変動させやすい構造をもつという。古代日本のように山や丘陵に区切られた小水系に依存することが多い水稲耕作社会では、とくにそのような集団構成システムが適合的であったと説いている（同註(11)前掲書Ⅲ章、一四四頁など）。

(59)　宅神祭については、宮中でおこなわれる月次祭を説明する際にあらわれ、義解には、「月次祭。謂。於㆓神祇官㆒祭。与㆓祈年祭㆒同。即如㆓庶人宅神祭㆒也」と書かれている（新訂増補国史大系『令義解』、七七頁。以下、本書では、『令義解』からの引用はすべてこれによる）。

(60)　吉田註(11)前掲書Ⅱ章、一〇八頁、Ⅲ章、一六二頁。

(61)　吉田註(11)前掲書Ⅲ章、一四五頁。

(62)　吉田晶註(5)前掲書、大町註(6)前掲書。

(63)　鬼頭清明「8世紀の社会構成史的特質――首長制論をめぐって――」（『日本史研究』一七二、一九七六年。のち、改稿して、同『律令国家と農民』〈塙書房、一九七九年〉に所収）、関和彦「日本古代の村落と村落制度」（『歴史学研究』一九七八年度大会別冊特集号、一九七八年。のち、同『風土記と古代社会』〈塙書房、一九八四年〉に所収）、小林昌二「日本古代における「村」と村首・村長」（『新潟史学』二二・二三、一九八九年。のち、同『日本古代の村落と農民支配』〈塙書房、二〇〇〇年〉に所収）、山尾註(10)前掲書。

(64)　関註(63)前掲論文、同『日本古代社会生活史の研究』（校倉書房、一九九四年）など。

第Ⅰ部

日本古代国家の農民規範と浮浪人

第一章　日本古代の力田について

はじめに

『続日本紀』以降の国史には、[1]「力田之人」「力田人」「力田」「力田之輩」などと書かれる一連の史料を見出せる（以下、便宜上「力田」と表記する）。これについては律令に何ら関連規定がなく、また史料件数もそう多くない。そういうこともあってか、これまでそれは、新たに成長を遂げた「富豪層」や「個別経営」などとして理解された。また律令国家がそうした社会的動向に対応する形で、彼らの体制的把握に努めたと説かれてきた。たとえば、この問題に先駆的な検討を加えた亀田隆之氏は、「力田者とは、たんに篤農家というだけでなく、多量の私財の蓄積をなしている富豪層を指す[2]」とし、彼らが単に八世紀の農村に広範に存在しているだけでなく、「新しい一つの階層[3]」として登場したと述べている。

また中田興吉氏は、養老期以降、首長制的な秩序を打破する、力田などの有力農民が台頭してきたと指摘し、国家は墾田を基礎にして営田と私出挙をおこなっている彼らに注目し、場合によって騎兵としての能力にも着目したと説いている[4]。

しかしながら古代の力田を新しく成長した一つの社会階層とみたり、あるいは戸田芳実氏らが提起した「富豪層」範疇に事実上包摂して解することは可能なのであろうか[5]。また律令国家の力田政策は、その社会的な台頭に応じる形でおこなわれたものなのであろうか。

本章では、国史にみえる力田のあり方について、まずは制度史的観点から再検討を加え、それが律令国家の政策上、何を意味するかを実証的に明らかにする。またあわせて力田政策の契機とその社会的背景について考察したいと思う。

ただしその際、留意したいのは、中国の力田に関してである。この点についてはすでに亀田氏による言及があるもの[6]の、それは唐代の力田の考察に留まっている。筆者は漢王朝の時代にまで遡って分析する必要があると思う。なぜなら力田の記事は、前漢時代の中国正史を初見史料とするし、またその後の中国歴代王朝の力田政策が、究極的には漢代のそれによって規定されていると考えるからである。

以上のことを指摘し、第一節では、中国における力田について検討する。

一　古代中国における力田

(1)漢代の力田について

表Ⅰ—1にみえるように、『漢書』本紀には、恵帝紀四年（前一九一）正月に、「挙二民孝・弟・力田者一、復二其身一」[7]（復は課役免除の意）とあるのを初見として、合計一八例の力田関連の史料がある。またそのほか一例だけ食貨志にも記事がみられる。さらに表Ⅰ—2は、『後漢書』本紀にみえる力田一覧表である。これらの史料から知られる漢代の力田の特徴はつぎの四点である。

第一に、漢代の力田はそもそも王権によって上から「置」かれた点を挙げられる。

たとえば、前漢・高后紀元年（前一八七）には、「初置二孝・弟・力田二千石者一人一」とあり、また文帝紀一二年（前一六八）には、「以二戸口率一、置二三老・孝・悌・力田常員一。令下各率二其意一以道上民焉」[8]と記されている。

これらは、本来力田が、ある特定の社会実態的な階層を示す言葉ではなく、三老や孝・悌と同様、国家的に設けられた一つの制度であることを物語っている(9)。

表I—1　『漢書』本紀にみえる力田一覧

皇帝・年(西暦)・月	記事	契機
①恵帝・恵帝　四(前一九一)・正	挙民孝弟力田者復其身。	—
②高后・高后　元(前一八七)・二	初置孝弟力田二千石者一人。	—
③文帝・文帝一二(前一六八)・三	其遣謁者労賜三老孝者帛人五匹、悌者力田二匹。廉吏二百石以上率百石者三匹。及問民所不便安。而以戸口率、置三老孝悌力田常員。令各率其意以道民焉。	—
④　・後元　七(前一五七)・六	賜諸侯王以下至孝悌力田金銭帛各有数。	遺詔
⑤武帝・元狩　元(前一二二)・四	賜県三老孝者帛人五匹、郷三老弟者力田帛人三匹。	立太子
⑥宣帝・元康　元(前　六五)・三	加賜鰥寡孤独三老孝弟力田帛。	祥瑞
⑦　・元康　四(前　六二)・三	加賜三老孝弟力田帛人二匹、鰥寡孤独各一匹。	祥瑞
⑧　・神爵　四(前　五八)・四	賜爵関内侯黄金百斤、及潁川吏民有行義者爵人二級、力田一級、貞婦順女帛。	—
⑨　・甘露　三(前　五一)・正	賜汝南太守帛百匹、新蔡長吏三老孝弟力田鰥寡孤独各有差。賜民爵二級。	祥瑞
⑩元帝・初元　元(前　四八)・四	賜三老孝者帛五匹、弟者力田三匹、鰥寡孤独二匹、吏民五十戸牛酒。	災異
⑪　・初元　五(前　四四)・四	賜三老孝者帛人五匹、弟者力田三匹、鰥寡孤独二匹、吏民五十戸牛酒。	災異
⑫　・永光　二(前　四二)・二	賜民爵一級、女子百戸牛酒、鰥寡孤独高年三老孝弟力田帛。	災異
⑬　・建昭　五(前　三四)・三	賜民爵一級、女子百戸牛酒、三老孝弟力田帛。	災異
⑭成帝・建始　元(前　三二)・二	賜三老孝弟力田鰥寡孤独銭帛各有差。	災異
⑮　・建始　三(前　三〇)・三	賜孝弟力田爵二級。	—
⑯　・河平　四(前　二五)・正	賜孝弟力田爵二級。	祥瑞
⑰　・綏和　元(前　　八)・二	賜三老孝弟力田帛各有差。	立太子
⑱哀帝・綏和　二(前　　七)・四	賜三老孝弟力田鰥寡孤独帛。	即位

表Ⅰ―2　『後漢書』本紀にみえる力田一覧

皇帝・年(西暦)・月	記事	契機
①明帝・中元　二(　五七)・四	賜天下男子爵人二級、三老孝悌力田人三級。	即位
②・永平　三(　六〇)・二	賜天下男子爵人二級、三老孝悌力田人三級。	立太子
③・永平一二(　六九)・五	賜天下男子爵人二級、三老孝悌力田人三級。	―
④・永平一七(　七四)・五	賜天下男子爵人二級、三老孝悌力田人三級。	祥瑞
⑤章帝・永平一八(　七五)・一〇	賜民爵人二級、為父後及孝悌力田人三級。	即位
⑥・建初　三(　七八)・三	賜爵人二級、三老孝悌力田人三級。	立后
⑦・建初　四(　七九)・四	賜爵人二級、三老孝悌力田人三級。	立太子
⑧・元和　二(　八五)・二	帝耕於陶。詔曰。三老尊年也。孝悌淑行也。力田勤労也。国家甚休之。其賜帛人一匹、勉率農功。	藉田
⑨和帝・永元　八(　九六)・二	賜天下男子爵人二級、三老孝悌力田三級。	立后
⑩・永元一二(一〇〇)・三	賜天下男子爵人二級、三老孝悌力田三級。	災異
⑪・元興　元(一〇五)・一二	賜天下男子爵人二級、三老孝悌力田人三級。	立太子
⑫安帝・永初　三(一〇九)・正	賜男子為父後及三老孝悌力田爵人二級。	皇帝元服
⑬・元初　元(一一四)・正	賜民爵人二級、孝悌力田人三級。	改元
⑭・延光　元(一二二)・三	賜民爵及三老孝悌力田人二級。	改元
⑮順帝・永建　元(一二六)・正	賜男子爵人二級、為父後三老孝悌力田人三級。	災異
⑯・永建　四(一二九)・正	賜男子爵及流民欲占者人一級、為父後三老孝悌力田人二級。	皇帝元服
⑰・陽嘉　元(一三二)・正	賜爵人二級、三老孝悌力田三級。	立后
⑱桓帝・建和　元(一四七)・正	賜男子爵人二級、為父後及三老孝悌力田人三級。	災異
⑲霊帝・光和　四(一八一)・七	賜新城令及三老力田帛各有差。	祥瑞
⑳献帝・建安二〇(二一五)・正	賜天下男子爵人一級、孝悌力田二級。	立后

第二の特徴として、力田は文帝や武帝時代から開始された王権の勧農策を、地域社会において積極的に担うことを期待される対象だったことを指摘できる。

これは「力田」という語義（＝田に力《つと》める者）からみて、当然のことかもしれない。たとえば、『漢書』食貨志の有名な「趙過《ちょうか》の代田制」（前一世紀前半）の施行に関する記事には、

武帝末年、悔二征伐之事一。乃封二丞相一為二富民侯一。下レ詔曰、方今之務、在二於力農一。以二趙過一為二捜粟都尉一。過能為二代田一。一毎レ田三甽《みぞ》。歳代レ処、故曰二代田一。古法也。（中略）過使下教田太常・三輔、大農置二工巧奴与従事一。為二作田器一。二千石遣二令長一、三老・力田及里父老善田者受二田器一、学中耕種養苗状上。[10]

とある。

これによると力田は、三老らとともに王権から「田器」（農具）を授けられ、あわせて耕種・養苗の状を学ぶべき対象として描かれている。[11]

またこれを遡る文帝期（前二世紀前半）には、後世の中国歴代王朝にも継承されていく国家的儀礼、「藉田《せきでん》・親《しん》桑《そう》」が始められた。[12] この儀式は、原則として「三春」（正月～三月）の時期、皇帝が多くの士や庶人を引き連れて「藉田」（籍田）に向かい、そこで自ら鋤き起こす所作などをおこなう。また一方、皇后も多数の公卿諸侯の夫人・妻妾などを前にして、採桑・養蚕に関わる一連の模擬行為をおこなう儀式である。

その最大のポイントは、王権の最高位に君臨する皇帝と皇后が、一対の夫婦として機能して、それぞれが農民男女に対して求められた労働のあり方、——すなわち「夫《ふ》耕婦《こうふ》績《せき》」を可視的に示そうとする点にあると指摘されている。[13]

関連史料によると、こうした藉田儀礼に際しては力田も参列し、天子・三公・諸侯らが耕した田において、実際に「種子を下す」役割を演じ、その後、宴や物の給付を受けたようである。[14]

これをみると力田が漢代の王権が推進し始めた勧農策、――具体的には農桑労働の奨励策の積極的な受け皿として期待されていたことは明らかである。

第三に、力田は三老・孝・悌・鰥寡孤独などとともに、賜帛・賜爵・賜銭帛・課役免除など、王権から全国的規模の褒賞や恩典を受けることが多い点を指摘できる。

たとえば、『漢書』本紀でみると、全一八例中のトップは賜帛で一一例。ついで賜爵・賜銭帛などの順になっている（表Ⅰ―1参照）。またその契機については、不明の場合もあるが、災異発生時、立太子・皇帝即位、祥瑞出現時、立后、改元など、特定の時期に集中する傾向がみられる（表Ⅰ―1、表Ⅰ―2参照）。

第四に、漢代の力田は、郷挙里選の「制挙」と密接な関連をもつ「賢者」（賢人）の一つであった。

周知のとおり、漢代から始まった郷挙里選の制は、後代の九品中正や科挙制度の前身として重要な意義をもつ中国最初の官吏登用法である。郷挙里選は、大別して孝廉・茂才などの定期的な推挙制度である「常挙」（常科・歳挙）と、臨時・非定期的な選抜法である「制挙」（制科・特挙）の二つから成り立つ。とりわけ後者は、天変地異の発生時を含む国家の大事や慶事に際し、中央・地方の官吏に命じて有能な人材を推挙（察挙）させ、さらに皇帝自身がその候補者を直接試問するという制度的特色をもつ。

従来の学説によれば、その完成時期はおおむね武帝時代（前一四〇～前八六年）の頃といわれる。「察挙」の科目は、いちおう賢良方正科や直言撲朴などに固まることが指摘されている[15]。したがって以降の『漢書』本紀には、いっさい力田の「挙」に関する記事は見当らない。しかしつぎの史料は、本来力田が官吏として登用されるべき対象であったことを示している。

『漢書』文帝紀一二年（前一六八）三月詔

詔曰。（中略）又曰。孝・悌、天下之大順也。力田、為レ生本也。三老、衆民之師也。廉吏、民之表也。朕甚嘉二此二三大夫之行一。今万家之県、云レ無レ応レ令。豈実二人情一。是吏挙レ賢之道未レ備也。其遣二謁者一、労下賜三老・孝者帛人五匹、悌者・力田二匹、廉吏二百石以上率二百石一者三匹上。及問三民所レ不二便安一。而以二戸口率一、置二三老・孝・悌・力田常員一。令下各率二其意一以道上民焉(16)。

この史料で着目すべきは、まず前半の傍線部の「今、万家の県、令に応ずべきもの無しと云ふ」である。「令」とは、『漢書』本紀の前段に直接該当する記事を確認できない。しかしおそらくこれ以前に下された力田や孝・悌らの「制挙」命令（＝臨時の推挙令）のことを示すものと思われる。

つぎに後半部の傍線にみえる「賢を挙《きよ》するの道」にも留意したい。「賢」とは賢者（賢人）のことを意味し、文脈上それは「この二、三の大夫」、すなわち孝者・悌者・力田・三老をさすと考えられる。また「挙」が、「制挙」や「察挙」などに通じることはいうまでもない。

さらに三つ目として、前半部の傍線で、力田が皇帝によって「大夫」と呼ばれている点にも注意を要する。漢代の「制挙」における「士」について考察した福井重雅氏によれば、そもそも士農工商の「士」とは、官吏もしくはそれに準ずる者を総称する用語であり、「士」が皇帝の親策を受ける場合、とくに「大夫」とも呼ばれたという(17)。こうしてみると、漢代の力田がそもそも三老や孝・悌らと並び、官吏の候補者として推挙されるべき対象、すなわち賢者と位置づけられていたことは明瞭であろう。

以上を整理すれば、力田を制度上初めて設けた漢代の中国王朝は、彼らを農桑奨励策の受け皿として期待し、祥瑞・王権の慶事・災異などの特定の時期、彼らを三老や孝・悌らと並び優遇する施策をとり、さらにその一環として、場合によって彼らを官吏候補者として推挙させるべき対象として位置づけていた。同時にこうした施策が、つねに三老や孝・悌らとセットになっておこなわれる点は、力田が儒教イデオロギーと密接に関わっていたことを示唆している。

中国正史をみると、このような特色をもつ漢代の力田政策は、基本的にはその後の歴代王朝にも引き継がれ、彼らが優遇され、時には「挙」されるべき対象である点では一貫していた。

闞尾史郎氏の研究によると、魏晋南北朝の場合、魏晋期で五例、南朝で三八例（宋八・斉三・梁一八・陳九例）、五胡十六国で七例、北魏以降で四例、総計五四例の関連記事を抽出できるという。[18]闞尾氏は、この時期の力田が、国家から賜爵・賜帛・負担減免の措置を受ける場合がほとんどで、時にはその「姓名」の「上聞」命令が出されることもあった事実を報告している。

さらに唐代に入ると、いちいちその実数を示さないが、正史ではもちろんのこと、それ以外の史料にも力田が数多く登場する。そこで唐代の力田について簡単にふれてみる。

(2)唐代の力田について

唐代の力田については、前述のとおり、すでに亀田隆之氏が若干の考察を試みている。[19]氏は、皇帝の即位、改元、あるいは大赦などに際する詔文に力田の記事がみられ、彼らが孝子・順孫らとともに、国家から恩典に預かっている事例を紹介している。したがって唐代の力田政策も、漢代以来のそれを踏襲していたとみられる。

その中で唐代で注目されるのは、孝・悌と並び力田の「制挙」（＝国家的大事に際する賢者の推挙令）が復活した事実である。この点を明らかにした福島繁次郎氏は、唐代における官吏登用法としては、一般に科挙制が知られているが、それとは別に漢代の遺制として、孝・悌や力田などの「挙レ人」（制挙）による官吏任用コースが存在したと指摘している。[20]もっとも氏は、それが多分に形骸化、儀礼化していたとも説いている。[21]いずれにせよ唐代の力田が、即位、改元、大赦などに際して、恩典給付や官吏候補者としての推挙など、何らかの優遇措置を被る対象であったことには変わりはなかった。

以上、中国の力田について概観した。次節では、日本の力田政策について検討する。

二　日本古代における力田

(1)律令国家の力田政策

日本古代の国史における力田の記事は、『続日本紀』の養老五年（七二一）四月癸卯条の「令㆔天下諸国挙㆓力田之人㆒」を初見史料として、合わせて一五件近くの事例を見出せる。ただし記事のあらわれ方は、中国と比較して特異である。その形式は、

(A)　中国と同じく王権が発令した全国的詔勅の中に力田の語句がみえるケース

(B)　力田の姓名、活動、褒賞の中身などを個別具体的に記した、中国の正史にみえない形式

という二つに分類できる。

そこでまず(A)と(B)を別々に考察し、そのうえで全体的特徴をつかんでみたい。

(A)型の詔勅は合計九回にのぼり、それを整理したものが、表I―3である。[22]

これによると、第一に、詔勅の発布はやはり祥瑞や天皇即位など国家的大事の時期に際している（表I―3の①の契機については本章第三節で後述）。またそれが多くの場合、全国的な租税免除、賑給、五位以上への賜物、あるいは孝子・順孫らへの褒賞命令などとセットになることも、中国のそれと共通している。

第二に、命令の内容は、「挙げしむ」と「名を上《たてまつ》らしむ」がそれぞれ一例ずつ、また陸奥国での黄金発見時に出された天平一八年（七四六）の勅以降の七例では、すべて叙位で一貫している。したがって全体として力田が、律令国家から特別視され、その優遇措置の対象であった点は、中国と変わりなかったと指摘できる。

ところで初見史料の命令（表I―3の①）については、若干説明を要する。なぜならこれは従来、律令国家が

表Ⅰ—3　国史にみえる力田の全国的推挙・褒賞命令一覧

天皇・年(西暦)・月・日	記事	契機
①元正・養老　五　(七二一)四・二七	令三天下諸国挙二力田之人一。	―
②聖武・天平一四　(七四二)八・　二	令下左右京四畿内七道諸国司等上中孝子順孫義夫節婦力田人之名上。	―
③聖武・天平一八　(七四六)三・　七	宜三天下六位以下皆加二一級一。孝子順孫義夫節婦及力田者二級。 (正六位上の戸の租の免除、祥瑞関係者への褒賞など)	祥瑞
④聖武・天平二一　(七四九)四・　一	孝義有人其事免賜〈比〉。力田治賜〈夫〉。 (天下六位已下に加一階、高年人に賑恤、陸奥国へ褒賞など)	祥瑞
⑤聖武・天平感宝元(七四九)五・二七	孝子順孫義夫節婦、表二其門閭一。終レ身勿レ事。力田人者、无位叙二位一階一。 (諸国田租免除、鰥寡孤独らへ賜物、陸奥国の三年間の調庸免除など)	祥瑞
⑥称徳・神護景雲元(七六七)八・一六	孝子順孫義夫節婦力田者賜二一級一、表二旌其門一。至二于終身一田租免給。 (改元、大赦、諸国田租半免、五位以上に賜物、鰥寡孤独へ賜籾、祥瑞関係者へ褒賞など)	祥瑞
⑦淳和・弘仁一四　(八二三)五・二〇	力田之輩、業超レ衆者、宜下叙二爵一階一。孝子順孫義夫節婦、表二其門閭一。終レ身勿カレ事。 (五位以上へ叙蔭階、僧尼へ賜物、高年百歳以上に賜穀など)	即位
⑧仁明・天長一〇　(八三三)三・　六	力田之輩〈乃〉其業超レ衆者〈尓〉賜二爵一階一〈布〉。 (仕奉人に加階、鰥寡孤独に賜物、高年僧尼へ施物など)	即位
⑨文徳・嘉祥　三　(八五〇)四・一七	力田之輩〈乃〉其業超レ衆者〈尓〉賜二爵一階一。 (仕奉人に加階、未納租税の免除、鰥寡孤独への賜物など)	即位

註1：各記事欄の丸括弧内は同じ詔勅にある他の命令を示す。①と②の契機については直接記されず。
2：出典は、①～⑥が『続日本紀』、⑦が『日本後紀』(『類聚国史』巻一八六)、⑧が『続日本後紀』、⑨が『日本文徳天皇実録』。

この頃台頭してきた富豪層の「把握」や、個別経営の「調査登録」を試みた記事などとして理解されてきたからである。しかし結論からいうと、やはりこの記事も優遇措置の一つとして捉えるべきである。初見史料にみえる「挙《きょ》」という語句は、厳密にみると、中国の郷挙里選における「制挙」や「察挙」に通じる言葉とみなす必要がある。日本における「挙」という語句の用例には、文字どおりの「あげる」や「動く」などの意味があるが、そのほかにも「推挙する」「取り上げて地位につける」などの意味として用いられることもある。[23] しかも、それがしばしば人事や官吏任用と結びついて使用されることを重視しなければならない。たとえば、『続日本紀』の用例では、大宝三年（七〇三）一一月一六日の太政官処分において、「太政官処分。巡察使所レ記諸国郡司等、有二治能一者、式部宜二依レ令称挙一。有二過失一者、刑部依レ律推断」[24]とある。また天平一四年（七四二）五月二七日の制では、「制。凡擬二郡司少領已上一者、国司史生已上、共知簡定。必取二当郡推服、比郡知聞者一、毎レ司依レ員貢挙」[25]とあり、いずれも官人の任命とセットになって使われている。

さらに律令の法的解釈においても、戸令三三・国守巡行条における「好学・篤道・孝悌」らの「挙而進之」という令文の集解各説では、義解が、「謂。挙二送其身一。非三唯申二奏事状而已一」[26]と注し、また釈説が、「此為レ貢二其身一也。但其身者、与二学生一共随二朝集使一赴集耳」[27]と解しており、「挙」の用例は、官吏としての出身に結びつく場合が少なくない。

したがって養老五年の記事を、官吏候補者として「力田の人」の推挙を命じた史料とみなす余地は十分にある。ただし史料によって、たとえば中国でも、「挙二民孝・弟・力田者一、復二其身一」（表Ⅰ―1の①）という形で、「挙」が官吏任用と直接結びつかず、課役免除とつながる場合もある。そこであえてその断定は避けたいと思う。しかし「挙」が、いずれにせよ何らかの優遇措置とつながっていることはたしかである。だからこの記事は、単に諸国の富豪層の実態把握をさせたとみるべきではなく、律令国家が何らかの優遇措置（官吏登用も含む）をおこなう目的で、諸国の国司に対し、「力田の人」の推挙を命じたものと解すべきであろう。

また天平一四年（七四二）の命令（表Ⅰ―3の②）も、その発令年が墾田永年私財法の施行の前年である点などから、同じく富豪層の把握を試みた記事の一つとして理解されてきた。しかし「名を上らしめた」対象の中には、力田と並んで孝子・節婦らも含まれている。記事全体から力田だけを切り離し、私財法と結びつけて解釈することは合理的な見方ではない。やはりこの場合も、何らかの優遇措置を意図した律令国家が、文字どおり、彼らの名前を全国的に上申させた記事と捉えるべきではないだろうか。

以上小括すれば、国史で確認できる日本の力田政策は、中国のそれをほぼ受け継いでおり、力田は国家的な優遇措置を受けるべき対象（形式上は官吏登用にも結びつく対象）として一貫していた。

(2) 農民規範としての力田

つぎに力田の個別事例に関する史料Ⓑは、『続日本紀』以降の国史を通じて、わずか四例しか数えることができず、しかも奈良時代では一例のみである（次頁の表Ⅰ―4参照）。全体として史料不足の点は否めない。しかしこれらの史料群の大きな特徴の一つは、中国の正史で確認できなかった力田の活動や存在形態を、ある程度具体的に捉えられる点である。

たとえば、それをうかがえる九世紀の二例（表Ⅰ―4の②③）によると、力田が貯蓄した「稲」や「私産」をもとにして、「困乏」「往還糧絶、風雨寄宿之輩」「窮民」などの、いわゆる社会的弱者の救済にあたっていたことが記されている。むろんこうした行為が可能になるためには、彼らが本来卓越した農業経営をおこなう階層であるとみなければならない。しかしここでのポイントはそれだけに留まらず、力田が自らの「稲」「私産」などを「傾け尽くす」（表Ⅰ―4の③）などして、社会的弱者の救済行為をおこなった点が、主な褒賞理由になっている事実である。

第二に、合計四例八名の力田は、いずれも被褒賞者であることがわかるが、その具体的な中身はすべて叙位である。しかも記事の年紀が、いずれも天平六年（七三四）以降であることを参照すれば、当然ⒷとⒶの関連が予想される。

そこで具体例をみると、たとえば、(B)の渡来系力田の前部《ぜんぽう》宝公夫妻のケース（表I—4の①）では、夫が外正六位下から外従五位下へ加階され、その妻の無位の久米舎人妹女が外少初位上に叙位されている。これによりこの夫妻がこの時点で二階ずつ昇階したことが判明する。これはおそらく祥瑞献上を契機にして発せられた前年（天平一八年）三月七日勅の、「孝子順孫義夫節帰及力田者二級」（表I—3の③）という命令に照応する措置と思われる。

また天長一〇年（八三三）一〇月の安芸国の三人の力田の叙位（表I—4の②）は、その年三月の全国的褒賞命令（表I—3の⑧）、嘉祥三年（八五〇）七月の伊予国の力田二人の叙位（表I—4の③）は、その年四月の全国的褒賞命令（表I—3の⑨）と対応していると考えられる。

表I—4　国史にみえる褒賞された力田一覧

天皇・年(西暦)・月・日	対象者	褒賞理由	褒賞の中身
①聖武・天平一九(七四七)　五・一六	力田外正六位下前部宝公 其妻久米舎人妹女	(記載なし)	授外従五位下 授外少初位上
②仁明・天長一〇(八三三)一〇・　九	安芸国佐伯郡人力田伊福部五百足 同姓豊公 若桜部継常	所二耕作一田各卅町已上。貯積之稲亦四万束已上。並立性寛厚、周二施困乏一。往還糧絶、風雨寄宿之輩、皆得レ頼焉。	詔各叙一階
③文徳・嘉祥　三(八五〇)　七・　九	伊予国力田物部連道吉 鴨部首福主	道吉等、傾二尽私産一、賑二贍窮民一。故有二此賞一。	各叙位一階
④清和・貞観　四(八六二)　八・一五	和泉国和泉郡人白丁川枯首吉守	奨二力田一也。	叙位一階

註：出典は、①が『続日本紀』、②が『続日本後紀』、③が『日本文徳天皇実録』、④が『日本三代実録』。

つまり(B)は(A)を受けた結果ということになる。したがって力田が褒賞されるに至ったプロセスは、各国の国司らが中央政府へ上申することによって始まるのではなく、逆に全国レベルの詔勅が下されたことを契機にし、しかも国司らがそれをいったん受け取り、その後、初めてその該当者を探し出すという構造を有していたことを示す。

これが正しいとすれば、力田の記事＝富豪層の台頭とみなす従来の考え方は再考されなければならない。なぜなら、もしそうだとすると、論理的にみて(B)の個別事例は、(A)の詔勅に関係なくあらわれてもよいはずだからである。

ところが前述のとおり、実際には一つの例外を除き、(B)は(A)に直接対応し、しかも知りうる限り、(A)と(B)の時間的間隔は、最短の場合でも約三ヶ月、最長の場合では一年三ヶ月の時間を要している。これらの点は、先の図式が成立し難いこと、ひいては「富豪層」などの実態的な社会階層が、つねに力田として広く地域社会に存在していたわけではないことを示している。

もちろん筆者はこれをもって、営田と私出挙を軸にする有力な農民世帯が、当該期の社会において存在していたことを否定するつもりはない。(B)の実例を参考にすれば、力田と呼ばれる人々が、事実上そうした階層と一致することは十分ありうることである。しかしここで強調したいことは、日本における力田も、中国と同様、そうした社会経済的な範疇とはまったく別の次元で設定された一つの国家的な概念であったという点である。それでは力田を、いったいどのように規定したらよいのであろうか。

参照すべきは、国史の記事のあり方が、力田と同じく全国的詔勅と個別事例の二つの形式に分類でき、しかも両者が照応する関係にある孝子・順孫・義夫・節婦についてである(28)。

これに関してはすでに武田佐知子氏の研究がある。武田氏は、「律令国家は、我が国固有の家族道徳規範とは全く異質の、儒教的思想に裏づけられた家族道徳規範のもち込みを企図した。孝子・順孫・義夫・節婦の旌表がそれである」[29]と述べ、あわせてそれが日本の古代社会においては定着をみなかった旨を説いている。

いま武田説とこれまでの検討を踏まえれば、力田とは、律令国家が推挙・褒賞制度を通じて、地域社会に浸透をはかろうとした国家的な農民規範であると定義できるのではないだろうか。すなわち孝子・節婦らが中国の儒教思想を背景にして、上から持ち込まれた家族規範であるのと同様、力田も決して社会的な実態にもとづく概念ではなかった。そもそも儒教的イデオロギーを基盤にして、中国から継受され、国家によって上から導入されようとした農民規範であった。いわば日本の律令国家が地域社会に求めた「理想的な農民像」が力田であった。

もっとも、この農民規範が導入されようとした社会的理由については詳細に論ずる必要がある（次章参照）。とりあえずその直接的なねらいに関していうと、律令国家はこうした規範を実践する百姓を推挙させ、褒賞することを通じ、「理想的な農民」を社会的に定着・育成することを意図していたと理解できるであろう。そしてもちろんこれが、租庸調や力役の徴収など、国家財政の安定・強化策の一環をなしていたことはいうまでもない。

つまり律令国家にとっての力田とは、国家的支配の「対立者」ではなく、その安定化をもたらすべき存在であった[30]。

(3) 力田の規範要件

力田をこのように定義できるとすれば、つぎに問題となるのはその規範の具体的な基準である。もともと律令には、力田をめぐる関連規定は条文化されていなかった。したがって、(A)の詔勅の発令時において、もし参照すべき何らかの判断基準や要件が提示されていなければ、実際にそれを担当する諸国司らが力田の推挙・褒賞命令に応えられないからである。

とすればそれは、少なくとも(A)の最初の命令が下る養老五年（七二一）より前に提示されていたと考えるべきである。(B)の個別実例を参照して『続日本紀』をみると、注目すべきは、和銅五年（七一二）五月一六日付の太政官奏である。

太政官奏偁、郡司、（中略）。又百姓、精二務農桑一、産業日長、助二養窮乏一、存二活独惸一、孝悌聞レ閭、材識堪レ幹。（其三）。若有下郡司及百姓、准二上三条一、有レ合二三勾《こう》以上一者上、国司具レ状、附二朝集使一挙聞。奏可之。[31]

この施策は、『続日本紀』の同日条に、「初定下国司巡行并遷代時、給二粮・馬・脚夫一之法上。語具二別式一」とあることから、戸令の国守巡行条の職掌内容、すなわち、

凡国守、毎レ年一巡二行属郡一。（中略）部内有下好学・篤道・孝悌・忠信・清白・異行、発二聞郷閭一者上、挙而進之。[32]

という律令条文を、詳細かつ具体的な内容に改変したものと考えられる。つまりここでは、国司がこの年以降、毎年の部内巡行に際して、傍線の三勾（二句八字が一勾）すべてを実践する百姓を推挙（＝挙聞）することが命じられたわけである。

この三勾の要件のうち、まず二勾目の「窮乏を助け養ひ、独惸を存活す」（＝社会的弱者の救済）は、まさに先の力田の褒賞理由にみえる「周二施困乏一」「賑二贍窮民一」（表Ⅰ―4の②③）などと一致している。また一勾目の「農桑に精務して、産業日に長《ま》し」（＝農耕と養蚕労働への従事）については、同じく褒賞理由の中に書かれる「私稲」や「私産」の蓄積量の多さをもって、それを表しているのであろう。さらに一勾目については、天平一九年（七四七）、前部宝公と久米舎人妹女が夫婦一対で褒賞されている点が注目される（表Ⅰ―4の①）。ここでなぜ二人が褒賞されたかというと、それはこの両名が夫婦一対で、「夫耕婦績」という「精二務農桑一」の要件に合致する活動をおこなったと評価されたからであろう。

しかし三勾目の「孝悌聞《さと》に聞えて、材識幹《かん》に堪へむ」については、(B)の史料群の褒賞理由の中に、直接これに合致するような記述を見出すことができない。これをどのように考えたらよいか。

この要件の内容をわかりやすくいうと、「儒教的家族道徳の実践が地域社会で評判となり、しかもその才能や知識が官途に堪える」ということを意味する。とすると、この要件に関しては、(B)の個別の褒賞記事のうち、その褒賞内容がすべて「叙位」になっている点が関連するのではなかろうか。すなわち力田として推挙された人々は、まさに官途に堪える才能もあると認められ、その結果「叙位」を受けた人々を示すのであろう。

もしこれが正しいとすれば、日本の力田規範の具体的な基準は、すべて右の和銅五年の太政官奏の中に示された三勾の内容であったと理解できる。[33]つまり日本の力田は、

①農桑労働へ専念しつつ、

②社会的弱者を救済し、

③さらに儒教的家族道徳の実践が評判となり、その才能・知識が官途（出身）に堪える能力をもつ

という三つの規範要件をすべてクリアするという条件から成り立っていた。[34]律令国家は特定の時期に際し、この三つの要件を顕著に実践する農民世帯を推挙させ、それに官人登用も含む何らかの褒賞を与えることにより、その社会的普及をはかろうとしたのである。

力田の規範要件をこのように理解できれば、この和銅五年の太政官奏そのものは、力田政策との関連でどのように捉えたらよいのであろうか。というのも、この太政官奏には「力田」という言葉はみえないものの、事実上、その推挙命令としても解しうるからである。

しかし両者はそれがいつ、どのような形で実施されるかという点で、明確に区別されるべきである。太政官奏の命令は、前述のとおり、諸国の国司が毎年おこなう部内巡行に際して、いわば定期的におこなうべき職務内容

に関するものであった。

それに対して養老五年以降の力田の推挙命令は、中央政府の命令を直接の契機とし、しかも特定の時期に際して、いわば臨時に全国発令されたものである。中国の郷挙里選システムになぞらえていうと、前者は「常挙」、後者は「制挙」ということになる。つまり日本の律令国家は、養老五年以後、「常挙」と「制挙」の二本立ての力田的農民の推挙・褒賞策を始めたことを意味する。

このように両者を区別したうえで、最後に残された問題は、和銅五年以降、三勾の規範要件の実践者の推挙が、原則として毎年各国でおこなわれることになったにもかかわらず、なぜ王権は力田に関する(A)の詔勅を出し、またそれを特定の時期に集中させたかという点である。次節ではこの問題について考えてみたい。

三　力田政策の思想的背景

(1) 祥瑞・即位時の詔勅と力田

前節で述べたとおり、律令国家は力田に関する全国的な推挙・褒賞命令を合わせて九回出していたが（表Ⅰ―3参照）、その特徴としてつぎの二点を挙げることができよう。

第一に、それが単独の形で出されるのは最初の二回だけで、残り七回はすべて祥瑞・即位に際する詔勅文に含まれていた。第二に、それは賑給・賜物・租税免除・孝子らの推挙・褒賞など、さまざまな他の恩典給付命令とセットになって発令されていた。

したがって先の課題に迫るためには、それぞれの詔勅が全体としていかなる趣旨で実施されたかを確認しなければならない。

そこでまず祥瑞に際する詔勅でそれをみれば、たとえば、表Ⅰ―3の③に関わる天平一八年（七四六）の白亀

（大瑞）発見時の勅文では、「右京人尾張王、獲二白亀一頭一。（中略）祗対二天貺一、喜懼交懐。孤以二薄徳一、何堪二忝受一。百官共悦、良当二朕意一。宜三天下六位以下皆加二一級一。孝子・順孫・義夫・節婦及力田者二級。唯正六位上、免二当戸今年租一」(35)とある。

また表I—3の④に関わる天平二一年（七四九）の「黄金」献上時の宣命詔では、「是を以て、朕一人やは貴き大き瑞《しるし》を受け賜はらむ。天下と共に頂き受け賜はり、歓ぶるし理《ことわり》に在るべし」(36)とみえている。

さらに神護景雲元年（七六七）の「瑞雲」出現時の宣命詔の場合、「是を以て、奇しく喜しき大き瑞を頂に受け給はりて、忍びて黙在ること得ずしてなも、諸王たち臣たちを召して共に歓び尊び、天地の御恩を報び奉るべしとなも念し行すと詔りたまふ」(37)などと記されている。

これらをみると、祥瑞に際するⒶの詔勅が、祥瑞の出現を受けて、天皇が天下や百官・諸王などと「共に歓ぶ」（=喜びを分かち合う）という趣旨で出されたことは明らかである。全体としてさまざまな物質的な恩典給付措置をともないつつ、天皇と「共に歓ぶ」べき対象の一つとして力田が位置づけられていることがわかる。

ここでいう祥瑞とは、中国の前漢王朝において整備・確立された儒教的な天人相関思想にもとづくものであった。皇帝・君主などの王者が、徳治をおこなえば、天がそれを称讃して出現させるという考え方によっていた。

東野治之氏によれば、日本でも七世紀末の持統朝を境にして国史の祥瑞献上記事が多くなり、ついで八世紀に入り、養老年間においてそれが制度的に整備されたことが説かれている(38)。しかし、その本質的な機能が、天皇の徳治や王権統治を思想的に正統化させる点にあったことは変わりがないという。

したがって祥瑞に際する力田の推挙・褒賞命令が、こうしたイデオロギーにもとづき、天皇の徳や王権統治の正統性を物質的、視覚的な形で周知・強調させる政策の一環として出されたことは明白であろう。

つぎに新天皇の即位に際する詔勅においては、直接その全体的な趣旨を明記した文面は見あたらない。しかし天皇即位時の賑給に関する寺内浩氏の研究によれば[39]、やはりこれも新たに即位した天皇の有徳性や王権統治の継続の正当性を物質的・可視的に強化する政策の一環としておこなわれていたとみなしても差し支えないであろう。

このように祥瑞と即位時の七回の力田推挙令が、天皇や王権の徳治を強調する政策の一環として、いわば王権の側の政治的目的にしたがっておこなわれていたことが明らかになった。

そこで問題となるのが、一回目と二回目、とくに養老五年四月二七日に発令された最初の力田推挙令である。『続日本紀』の当該条をみる限り、これは単独命令の形をとって出されており、それが何を契機とし、またいかなる趣旨をもっているかを直接知ることはできない。

しかし前節でみたとおり、これが何らかの優遇措置をともなう推挙命令であったことを考慮すれば、この命令については、「祥瑞」の対局に位置する、もう一つの国家的大事、すなわち「災異」発生時の天皇の有徳政策として出されたものとして解せるのではなかろうか[40]。

(2)災異としての「浮逃」の打開策

周知のように、災異とは先に述べた祥瑞と同じく、儒教的な天人相関説にもとづくものであった。君主や天皇の政治に徳が欠けていれば、天が「咎徴」や「災異」を示すという思想に根ざしていた。したがって、これは場合によっては、王権統治そのものを脅かす理論にもなりうるわけである。

しかし留意すべき点は、こうした災異発生直後に発せられる皇帝・君主の施策そのものが、王権統治や財政基盤の安定期においては、むしろその逆に君主の徳性を強調する場、いわゆる「徳政」として意識されることである。

たとえば、この思想が初めて理論的に確立された中国の漢代においては、文帝から武帝期頃がその時代にあたるといわれる。影山輝國氏は、「災異」に対する皇帝一人の引責宣言について、「これとても臣下や人民に「徳」を施す積極的な政治攻勢であり、臣下や人民の側から君主権を抑制したものとは言い難い」(41)と述べている。また成沢光氏によれば、すでに日本でも文武朝（七世紀末〜八世紀初頭）以降、「除災」のためにさまざまな施策をおこなうことが君主の徳であるという観念が展開し始めたという(42)。

これを踏まえて養老年間の記事をみると、一般に長屋王が政権を主導した養老年間は、災異思想が隆盛した時代といわれる(43)。なかでも養老五年は、その傾向がきわめて著しい年であった。『続日本紀』をみると、たとえば正月から二月にかけて元正天皇は重ねて詔勅を発し（正月二七日、二月一六日、二月一七日）、「除災」のための臣下の「上表」を命じている。この年の王権内部において、災異の打開策（除災）の必要性が強く意識されていたことが判明する。

したがって、これをわずかに降る四月二七日の力田の推挙命令も、こうした政策の一環として下された可能性は高いと思われる。この点で注目すべきは、第一に、つぎに示す浮浪人政策に関わる天平八年（七三六）の勅に引用される養老五年格である。

勅。養老五年四月廿七日格云、見二獲浮浪一、実得二本貫一、如有レ悔レ過欲レ帰者、逓二送本土一者。更煩二路次一、宜下随二其欲一レ帰与レ状発遣上。又云、自余無レ貫編二附当処一者。宜下停二編附一、直録二名簿一、全輸二調庸一当処苦使上(44)。（傍線部が養老五年格）

ここに引用される養老五年格は、律令国家の浮浪逃対策の一つとして有名な、いわゆる「土《ど》断《だん》法」と呼ばれる施策である。ところがその発令日が「四月廿七日」とあるように、この日は、まさに前述の力田の最初の推挙命令日とまったく同じ日なのであった。

右の天平八年勅が引用する養老五年四月二七日格は、残念ながら取意《しゅい》文（抄文）で、両者の相互関係など、詳細な内容はまったく記されていない。しかし同日に下された点を重んずれば、力田の推挙・褒賞命令が、社会的な問題としては、当該期の浮浪・逃亡の増大現象と密接に関連し、その対応策としての側面をもっていたと理解できるであろう。

第二に注目されるのは、これを遡る同年二月一七日詔に、

詔曰。世諺云、歳在レ申年、常有二事故一。此如レ所レ言。去庚申年、咎徴屡見。水旱並臻、平民流没、秋稼不レ登。国家騒然、万姓苦労。遂則朝庭儀表、藤原大臣奄焉薨逝。(45) 朕心哀慟。今亦去年災異之余、延及二今歳一。亦猶風雲気色、有レ違二于常一。朕心恐懼、日夜不レ休。（後略）

と書かれている点である。

この史料は、三たび上表の提出を求めた元正天皇の詔の一部であり、その文中には、前年来の「咎徴」（災異）の内容がきわめて具体的に記されている。傍線部に「平民流没」とあるように、そこでは「平民」の「流没」（＝流宕と隠没）、すなわち公民の浮逃の増大という事実が、災異の一つとして列挙されているのである。これからみて、四月二七日の土断法は、「平民流没」という「災異」を取り除くための有徳政策と観念して出された可能性がきわめて高い。また同日の力田の推挙命令も、そうした政策と不可分のものとして意識されていたと理解できるのではなかろうか。

その現実的なねらいに関していうと、「土断法」に関する鎌田元一氏の見解が参考になる。鎌田氏によると、「土断法」の特徴は本貫地であろうと所在地（浮逃先）であろうと、いずれにせよ浮浪人を戸籍編附する点に求められるという。(46) とすれば、いずれの場所においても、浮浪人に対しては、戸籍編附によって口分田が給付されることになる。したがって力田の推挙命令は、それを前提としたうえで、口分田耕作への専念と、社会的弱者の

救済等を促進させる目的があったといえるであろう。

養老五年の命令をこのようにみると、国史上の力田の推挙・褒賞命令は、天平一四年（七四二）の一例を除き(47)、すべて王権統治の正統性や天皇の有徳性を、ことさら強調する政策の一環として出されていたことがわかる。

それではなぜ力田に対する推挙・褒賞が、あえてこのような天皇の有徳性を強調する策（徳政）に組み込まれていたのであろうか。最後にこの問題を考えてみたい。

(3)「賢者」としての力田

結論からいうと、その前提において、前漢以来の中国の伝統的な思想が大きく関与していたと指摘しなければならない。

その思想とは、第一に、本章第一節で述べたように、そもそも前漢以来の中国では、力田が三老、孝・悌などと並ぶ「賢者」であると意識されていたことである。

中国の戦国末から漢初の「賢」の観念について詳細に分析した江村治樹氏によれば、賢者（賢人）とは、単に機知や知能に富んだ人物という意味に留まらなかった。何らかの行為により郷里・郷党の人々に厚い信望を受けた人物、いわゆる任侠的な気質の人々のことをさすという(48)。つまり賢者の賢者たる所以は、ある行為を通じて、その人が郷里や地域社会の評判や、人望を受けた点に求められるわけである。

史料をみると、こうした側面は、日本の力田の中にも含意されている。わずか一例ではあるが、(B)の褒賞理由の中に、「周㆓施困乏㆒。往還糧絶、風雨寄宿之輩、皆得㆑頼焉」（四九頁の表Ⅰ―4の②）とあるのが、それに相当すると思われる。ここでは力田に認定された安芸国の伊福部五百足らが、蓄積した稲を「困乏」にあまねく施したことが、「奇特」な行為として、人々の信望を集めたことが記されているのであろう。

　したがって力田の賢者たる所以は、農桑労働に専念し、同時に社会的な弱者を救済し、さらに官途に堪える才能を発揮し、しかもそうした行動が郷里や人々の評判や信望を集めたところにあったといえるのである。

　第二に、中国ではそうした賢者たちを、皇帝即位や災異など、国家や王権の大事に際して、官吏として挙用したり、また何らかの形で優遇することを、「皇帝の責務」あるいは「君主の有徳性を示す行為」とみる思想があったこともきわめて重要である(49)。

　江村氏によると、この考え方は主として儒家的官僚の要求にもとづき、漢代の文帝から武帝時代にかけて確立されたという。さらに氏は、「賢良方正を挙げるのは、皇帝が即位や災異に際して賢者を求め、その直言を聞き入れることを天下に表明するためにほかならない。賢良方正察挙こそ、「求賢」と「諫争」の理念を結合した制度(50)」と記す。そのうえでとくに賢良方正科の察挙（制挙）システムの確立の意義を強調している。

　もちろんこれに異論はないが、これまでの考察を踏まえると筆者は、さらに賢者としての力田を重んじる思想が、その後の中国では恩典の給付や褒賞という形で生き続け、またそれが八世紀初頭頃の日本の律令国家にも受け継がれたと考えたい。

　つまり律令国家が、祥瑞や天皇即位時や災異の時に、力田の推挙・褒賞令を出したのは、「賢者としての力田を重んずることが君主の責務、あるいはその徳を広く示すものである」という中国の思想を背景にしていたといえるだろう(51)。また国司による毎年の部内巡行時の定期的な百姓の「挙聞」の制度が、基本的にこの思想によっていたことは、いうまでもない。

おわりに

以上、国史にみえる力田のあり方をめぐり、三節にわたって検討を加えてきた。その結果を示せば、つぎのとおりである。

一、古代の国史にみえる力田とは、富豪層など実態的な社会階層を直接示す概念ではなく、中国の政策を新しく学び取った日本の律令国家が地域社会に求めた儒教的な農民規範、「理想的な農民像」であると定義できる。

二、国史に具体的な姓名や褒賞理由などを含めて書かれる力田とは、王権の命令を受けた国司らが、あらかじめ定められた基準に照らし、それに該当すると判断した人々（の一部）を示す。

三、祥瑞・天皇即位・災異など、王権統治の正統性や天皇の徳をとくに強調すべき時に、力田の推挙・褒賞命令が下されていた。それは「賢者としての力田を優遇することが君主の責務である」という古代中国の考え方を背景にしていた。おそらくそれは系譜上、中国の郷挙里選における「制挙」に相当する。

四、和銅五年から具体的な基準をもっておこなわれることになった国司の部内巡行時の百姓の「挙聞」も、右と同様、賢者の「挙」の側面をもつ。これは郷挙里選における「常挙」の系譜を引くと考えられる。

五、日本の律令国家は、和銅・養老期にかけて、右のようなやり方で力田的農民の育成をはかり始めた。その社会的な要因としては、当時急速に増大した浮浪・逃亡が関連していた。力田政策は、当初それへの対応策としての側面を有していた。

次章ではこれを踏まえ、力田政策と社会との関わりについて、さらに検討を深めてみたい。

註

（1）『続日本紀』のテキストについては、以下、本書では、新日本古典文学大系『続日本紀』（岩波書店）を参照する。

（2）亀田隆之「「力田者」の一考察」（同『日本古代用水史の研究』吉川弘文館、一九七三年。初出は一九六四年）、三四六頁。

（3）亀田註(2)前掲論文、三四七頁。

（4）中田興吉「力田者の抬頭とその理由」（『古代文化』二八七、一九八二年）。このほか力田に関する専論ではないものの、太田愛之氏が力田の初見史料に関連して、「「家」という個別経営の存在が、この頃から政府の注目する所となったのであろう」（同「揺籃期の「家」――『日本霊異記』の説話にみえる「家」の構造モデル――」〈『社会経済史学』五七―四、一九九一年〉、二七頁）と記す。なお日本教育史の立場から、菅原征子氏は、力田の表彰について、「彼らの表彰は、そうした村の有力者が国家と無関係に存在しているのではないことを一般農民に納得させる契機ともなり、力田者を掌握することにより国家は村の農民生活に介入しようとしたのであろう」と述べている（同「律令国家の農民教化」〈『講座日本教育史1　原始・古代／中世』第一法規、一九八四年〉、七六頁）。

（5）もっとも戸田氏は、九世紀以降の「富豪層」が、「営田の巧者として「力田の輩」ともいわれた」と記している（戸田芳実「中世成立期の所有と経営について」〈『日本領主制成立史の研究』岩波書店、一九六七年〉、五〇頁。初出は一九六〇年）。しかしそれはあくまでも限定つき表現であって、氏は史料にみえる力田者＝富豪層と捉えてはいない。戸田氏の富豪層論の大きな特徴は、単なる富裕な階層論として提起されたのではない。政治的・軍事的な側面、すなわち彼ら自身が、律令制を克服・解体させる政治的な担い手として登場したとみる点にある。この点について多くの誤解があるように思われるので、ここに強調しておきたい。なお古代から中世への転換期の富豪層論をめぐる議論をまとめた大町健氏の論考がある（同「富豪「層」論」〈『日本歴史』七〇〇、二〇〇六年〉）。その中で大町氏は、史料にみえる「富豪」「富豪之輩」を、即座に「富豪層」という概念で捉えることは適切でないと述べている（同論文、四三頁）。

（6）亀田註（2）前掲論文、三四三頁。

（7）以下、本書で引用する『漢書』『後漢書』などの中国正史については、すべて中華書局版を用いる。

（8）本史料の解釈について、唐代の注釈家の顔師古は、「計二戸口之数一以率之、増二置其員一、広二教化一也」（『漢書』巻四、一二五頁）と注している。

（9）これらの記事をもって従来の中国史の学説は、漢代の力田のことを「郷官《きょうかん》」の一つと説いている（西嶋定生『中国古代帝国の形成と構造――二十等爵制の研究――』〈東京大学出版会、一九六一年〉第二章「民爵賜與の方法とその対象」、二〇二頁）。ただしその官吏としての性格は厳密なものではないらしく、鎌田重雄氏は、「これら三老・孝弟・力田は禄秩を受けず、わずかに若干の特権と時々の賜与を受けて郷党の教化に当るところの自治的性質を帯びた官であり、従って純然たる官吏ではない」（同『秦漢政治制度の研究』〈日本学術振興会、一九六二年〉、四二七頁）とする。また韓国の金燁氏は、これを「半官・半民的郷官」と解している（同「漢代の孝悌・力田について」〈『慶北大学校論文集　人文・社会科学篇』一〇、一九六六年〉。題名も含めて原文はハングル表記。翻訳は元神戸大学大学院生の李炳魯氏にお願いした）。

（10）『漢書』巻二四、食貨志。

（11）代田制については、渡辺信一郎『中国古代社会論』（青木書店、一九八六年）第二章を参照のこと。

（12）もっとも藉田儀礼は、すでに西周・春秋期にも実施された痕跡があるので（谷口義介「春秋時代の藉田儀礼と公田助法」〈『史林』六八―一、一九八五年〉。のち、同『中国古代社会史研究』〈朋友書店、一九八八年〉に所収）、正確には文帝期における再開というべきである。

（13）上田早苗「漢代の家族とその労働――夫耕婦績について――」（『史林』六二―三、一九七九年）。

（14）『後漢書』礼儀志。

（15）主として福井重雅氏の研究を参考にした（同「漢代の選挙と制科の形成」〈『社会科学討究』一八―三、一九七三年〉、同「漢代の制科における察挙の問題」〈『早稲田大学大学院文学研究科紀要』二四、一九七九年〉、同「漢代賢良方正科考」〈『東洋史研究』四三―三、一九八四年〉など。のち、同『漢代官吏登用制度の研究』〈創文社、一九八八年〉に所収)。
(16)『漢書』本紀、巻一。
(17)福井註(15)前掲論文「漢代賢良方正科考」。
(18)關尾史郎「魏晋南北朝期における「力田」者おぼえがき――制度概念としての「力田」者の検討――」(『上智史学』二四、一九七九年。第二八回上智大学史学会大会部会研究発表要旨)、同「北魏における勧農政策の動向――均田制発布以前を中心として――」(『史学雑誌』九一―一〇、一九八二年)。
(19)亀田註(2)前掲論文。
(20)福島繁次郎『中国南北朝史研究』(教育書籍、一九六二年)第二章。氏によると、玄宗皇帝の治世下の開元七年(七一九)から、孝悌力田科は常貢の科になったという(同書、一〇二頁)。
(21)福島氏は主に『文献通考』などの記述にもとづき、七世紀の貞観年中頃から八世紀前半にかけての孝悌力田の「挙人」(制挙)について、「官吏として真人物を期待する科目」ではなかったとしている(同註(20)前掲書、一〇三頁)。ただし八世紀半ばすぎの安史の乱以降、農村の荒廃化がすすむと、「策試」による実力考試の傾向がみられるようになるともいう(同書、一〇三頁)。
(22)なお『日本三代実録』の元慶五年(八八一)二月八日丙戌条にも、「力田之輩」という表記がみえている。これは全国向けの詔勅ではなく、いわゆる五畿内官田制の創設に関わる史料なので、(A)の史料群には含めなかった。当史料については、本書第Ⅰ部第三章にて詳述したい。
(23)小学館『日本国語大辞典』第一巻「挙げる」の項による。
(24)『続日本紀』大宝三年一一月癸卯条。
(25)『続日本紀』天平一四年五月庚午条。
(26)『令義解』戸令国守巡行条。
(27)『令集解』戸令国守巡行条。
(28)孝子・節婦らに対する全国的詔勅は、八世紀初頭から元慶年間に至るまで、合わせて三〇例の褒賞命令(終身の課役免除・賑給・叙位など）がみられる。その契機は祥瑞の一八例をトップにして、立太子・元服時の六例、即位時の四例の順になっており、このほか災異に際するものが一例だけ含まれている（『続日本紀』天平七年〈七三五〉閏一一月戊戌条）。また個別事例については、『続日本紀』だけで合計八事例一五名の被褒賞者をカウントでき、褒賞内容を詳細に検討すれば、少なくとも『続日本紀』段階では、両者は直接の対応関係にあることが判明する（その時間的間隔は最短の場合で約五ヶ月、最長の場合では約二三ヶ月である）。なお菅原征子「節婦孝子の表彰と庶民の女性像――古代を中心に――」（『歴史評論』五一七、一九九三年）も参照のこと。

（29）武田佐知子「律令国家による儒教的家族道徳規範の導入――孝子・順孫・義夫・節婦の表旌について――」（竹内理三編『古代天皇制と社会構造』校倉書房、一九八〇年）、二七～二八頁。

（30）これに対して八世紀末以降に活躍する富豪層は、浪人化して「党」を結成しつつ、「国務対捍」「官物略奪」「官衙放火」「武装反乱」など、集団的な闘争を展開する反体制派の階層である（戸田芳美「中世成立期の国家と農民」〈『初期中世社会史の研究』東京大学出版会、一九九一年〉。初出は一九六八年）。

（31）『続日本紀』和銅五年（七一二）五月甲申条。

（32）『令義解』戸令国守巡行条。

（33）日本の力田の規範要件と和銅五年の太政官奏との関連性については、すでに梅村喬氏による若干の言及がある（同「古代百姓観の展開」〈『愛知県立大学文学部論集（一般教育編）』三三、一九八三年〉）。

（34）本居宣長は、古代史料にみえる「力田」を分析し、「これも字音に読べし、漢国より取れる名目也、力は勤也、田の事に勤功ある者をいふ」という解釈を下している（『続紀歴朝詔詞解』巻二〈『本居宣長全集』第七巻、筑摩書房、一九七一年〉、二九六頁）。宣長がいうように「力田」の「力」という語句は、和語でいうと「ちから」や「いきおい」ではなく、「つとむ」（勤や務）に関わる言葉であろう。しかし日本の力田には、「田の事につとめること」に加え、残りの二つの要件も重んじられていたことを忘れてはならない。なお『延喜式』巻五〇の雑式には、「凡天下百姓。親勤二農業一、貯二積雑穀一、救二済孤独一、戸口増長、夫婦和順、名聞二郷里一、親疎相識者、長官歴レ門訪審。明知二虚実一、具録二姓名年紀一、附二便使一申二送官一」（新訂増補国史大系本）という条文がみえる。

(35)『続日本紀』天平一八年三月己未条。
(36)『続日本紀』天平二一年四月甲午朔条。
(37)『続日本紀』神護景雲元年八月癸巳条。
(38)東野治之「飛鳥奈良朝の祥瑞災異思想」(『日本歴史』二五九、一九六九年)。
(39)寺内浩「律令制支配と賑給」(『日本史研究』二四一、一九八二年)。
(40)本章第一節でみたとおり、中国では災異を契機とする力田推挙令が、前漢時代に総計一八例中、五例みられ、後漢時代でも二〇例中、三例あった(表Ⅰ—1、表Ⅰ—2参照)。また日本の孝子・節婦らの表彰命令でも、一例だけ災異に際するケースがあった(『続日本紀』天平七年閏一一月戊戌条)。
(41)影山輝國「漢代における災異と政治——宰相の災異責任を中心に——」(『史学雑誌』九〇—八、一九八一年)、六三頁。
(42)成沢光『政治のことば——意味の歴史をめぐって——』(平凡社、一九八四年)、七四頁。
(43)東野註(38)前掲論文。
(44)新訂増補国史大系『類聚三代格』(巻一二、隠首括出浪人事)、天平八年(七三六)二月二五日勅。以下、本書では、『類聚三代格』からの引用はすべてこれによる。
(45)『続日本紀』養老五年二月甲午条。
(46)鎌田元一「律令国家の浮逃対策」(同『律令公民制の研究』塙書房、二〇〇一年。初出は一九七二年)。
(47)断定はできないが、天平一四年のケースも災異を契機とする可能性が高いと思われる。
(48)江村治樹「「賢」の観念より見たる西漢官僚の一性格」(『東洋史研究』三四—二、一九七五年)。
(49)江村註(48)前掲論文、福井註(15)前掲論文「漢代賢良方正科考」。
(50)江村註(48)前掲論文、四六頁。
(51)力田に限らず、祥瑞・即位・災異時において、賢者一般を重んじるという思想は、奈良時代にも広がっていた。たとえば、藤原仲麻呂政権下の大和国の神山《みわやま》の「奇藤」の根に、虫が一六の文字を彫るという祥瑞があらわれた。

その時の記事に、「聖上挙レ賢、内任二此人一、昊天酬レ徳、命其大平者也」（『続日本紀』天平宝字二年〈七五八〉二月己巳条）と記される観念がそれである。また災異に際しては、『続日本紀』大宝三年（七〇三）七月甲午条に、「以二災異頻見、年穀不レ登。詔減二京畿及大宰府管内諸国調半一、并免二天下之庸一。又詔二五位已上一、挙二賢良方正之士一」という例がある。

第二章　律令国家の農民規範と浮浪・逃亡

はじめに

日本の律令国家が、地域社会の人々に対し「農桑労働」（＝農耕と養蚕労働）への専念を訴えていたことはよく知られている。当時の地方官である国守の職掌として、「勧二課農桑一」[1]（職員令七〇大国条）や「勧二務農功一」[2]（戸令三三国守巡行条）などと規定され、郡領についても、「勧二課田農一」（考課令五四国郡司条）という職掌が記されている[3]。さらに里長の場合にも、「課二殖農桑一」[4]（戸令一為里条）という任務が掲げられている。

じつはこれらの条文は、中国の唐令の該当箇所をほぼそのまま引き写したものである。たとえば、日本の国守にあたる唐代の刺史の職務について、「掌。清二粛邦畿一。考二覈官吏一。宣二布徳化一。撫二和斉人一。勧二課農桑一。教二諭五経一。（後略）」（『大唐六典』巻三〇、京兆河南太原牧及都督刺史条[5]、傍点は引用者）とある。ここからわかるように、「勧二課農桑一」は、各地の地方官吏が職務上、日常的に普及させるべきものとして法制化されていた。

これらをみる限り、律令国家が中国法の内容を直接模倣し、継受したことは明らかで、またそれは大宝令段階にも遡及できる可能性は高い[6]。そこで農桑労働への専念という労働規範の奨励を、律令制施行以来の一般的な勧農策の宣揚、あるいは実質的意味をもたない空文規定とみなすこともできる。

しかしながら当時の国家が、大宝令施行直後の和銅・養老期に入り、より具体的、意識的な形の農民規範の奨励に乗り出したことに注意しなければならない。それが前章で明らかにした力田の推挙・褒賞策である。

律令国家は、和銅五年（七一二）以降、毎年、各国国司の部内巡行時に、三つの具体的な規範要件に合致する百姓を探し出し、それを推挙・褒賞するシステムを義務づけた。また約一〇年後の養老五年（七二一）以降には、右の三要件に合致する百姓を「力田」と呼び、それを国家的大事や慶事に際し、諸国国司らを通して、臨時に推挙させる政策をとり始めた。その数は国史で確認できるだけで、九世紀半ばすぎの嘉祥年間に至るまで、合わせて九回に及んでいる(7)。

これら一連の政策は、そもそも古代の中国王朝（漢朝）の政策に起源を発し、それを日本の王権が国際交通の結果、新たに取り入れたものである。しかしここで重要な点は、日中双方の力田政策の子細をながめると、その中身において、多くの違いがみられることである。つまり日本の王権はこの時期、あえて中国のそれとは異なる独自の農民像の奨励に動きだしたわけであり、当然その前提には、何らかの社会的状況の進展があったとみる必要があろう。はたしてそれはいかなる状況で、また力田政策はそもそも日本の律令制的社会編成原理との関連でどのような意義をもつのであろうか。

本章ではこのような課題を設定し、まずは中国の力田政策のうち、とくにそれが本格的に始められた時期に焦点をしぼり、その政策の内容やそれが始まった社会的要因などを明らかにしたい。それとともに力田政策と国家的社会編成原理との関わりについて検討を加える。ついでこれを踏まえたうえで、日本の力田政策の開始期に眼を移し、右の課題に迫ってみたいと思う。

一　古代中国の農民規範と分業論的社会編成原理

（1）「力を耕桑に肆す」

古代中国の農民に求められたさまざまな規範意識のうち、もっとも重視されたのは、先にみた「農桑労働」への専念という概念であった。これは農夫単独に要請された労働モラルではなく、あくまで農民が、その世帯単位ごとに実現すべき分業倫理の一形態である。

唐朝の玄宗皇帝期の法制を集大成した『大唐六典』巻三には、つぎに示す、「天下之四人」＝士農工商に対する体系的な分業倫理が規定されている。

〔史料1〕

弁《わかつ》二天下之四人一、使三各専二其業一。凡習二学文武一者為レ士。肆二力耕桑一者為レ農。功作貿易者為レ工。屠沽興販者為レ商。（工商皆謂下家専二其業一、以求レ利者上。其織紝・組紃之類非也）。工商之家、不レ得レ預二於士一。食禄之人。不レ得レ奪二下人之利一。[8]

これをみればわかるように、農民に対して求められたものは、まさに農桑労働への専念であり、そこには「肆二力耕桑一」と記されている。

ここにいう「力《つとめ》を耕桑に肆《つく》す」とは、一般に「男耕女績」「夫耕婦績」の原理などと呼ばれ、理念上、夫婦一対で世帯を構える農民が、それぞれ男女別に農耕と養蚕労働に従事することをさす。つまり古代中国の王権にとって「理想的な農民像」は、その経営や労働が専ら世帯内男女の両性間分業によって担われている状態を意味する。農桑労働への専念の奨励は、その社会的促進をめざす行為にほかならない。

中国正史を概観すると、古代から後代に至るまでこれに関する記事が数多くみられる。そのうち「力を耕桑に肆す」理念を顕著に実践し、しかも郷党社会からも高い評価を得た世帯を、国家は「力田」と呼び重んじていた。

『漢書』恵帝紀四年（前一九一）正月条に「挙二民孝・弟・力田者一、復二其身一」(9)とあるのを初見史料としつつ、歴代の王朝は国家的な大事・慶事などに際し、この力田を推挙・褒賞させる命令をいく度となく発している。正史にみえる関連記事は、前漢期に一八例、後漢期に二〇例（いずれも本紀のみ）、魏晋南北朝では総計五四例、さらに、唐代に入ると正史はもちろんのこと、それ以外の史料に力田が数多く登場することは、前章で述べたとおりである。

　このように中国の力田政策は漢代から唐代に至る長い歴史をもつが、その画期ともいうべき本格的な開始期が、前漢の文帝期（前二世紀前半）であった。

(2)画期としての前漢文帝期――力田の定期的推挙――

　前漢王朝の農業政策については、代田制の実施などから、一般に武帝期（前二世紀後半～前一世紀前半）のそれが実効性をもつものとして高く評価されている(10)。しかしこの文帝期にも、注目すべきいくつかの勧農策が推進されていた(11)。その一つが、右にみた力田を定期的、日常的に推挙・褒賞するシステムの開始である。

〔史料2〕『漢書』文帝紀一二年（前一六八）三月詔

詔曰。道レ民之路、在二於務一レ本。朕親率二天下農一、十年于レ今。而野不レ加レ辟、歳一不レ登、民有二飢色一。是従レ事焉尚寡、而吏未レ加レ務也。吾詔書数下、歳勧二民種樹一。而功未レ興。是吏奉二吾詔一不レ勤、而勧レ民不レ明也。且吾農民甚苦。而吏莫二之省一、将二何以勧一焉。其賜二農民今年租税之半一。又曰。孝・悌、天下之大順也。力田、為レ生之本也。三老、衆民之師也。廉吏、民之表也。朕甚嘉二此二三大夫之行一。今万家之県、云レ無レ応

㆑令。豈実㆓人情㆒。是吏挙㆑賢之道未㆑備也。其遣㆓謁者㆒、労㆘賜三老・孝者帛人五匹、悌者・力田二匹、廉吏二百石以上率㆓百石㆒者三匹㆖。及問㆔民所㆑不㆓便安㆒。而以㆓戸口率㆒、置㆓三老・孝・悌・力田常員㆒。令㆘各率㆓其意㆒以道㆖民焉。[12]

右の二つの詔は、まったく同じ日に出されたか否かは別にして、互いに密接な関連性をもっている。

前半詔では、「道㆑民之路、在㆓於務㆑本㆒」という意図のもと、文帝自身が勧農政策（＝後述の藉田の儀）を率先してやり始めて一〇年経過したにもかかわらず、いまだ民の「従事」や「功」、すなわち農桑労働に専念する農民世帯数が少ないとの認識が示される。そして、こうした事態を招いた「吏」（地方官吏）の責任が問われ、結果的にその対策として、当年の農民「租税」の全国的な半減措置がとられている。

後半詔では、「今万家之県、云㆑無㆑応㆑令。豈実㆓人情㆒。是吏挙㆑賢之道未㆑備也」とあるように、今度は各地の県の役人が、これまで「賢者」たる三老・孝・悌・力田らの推挙令に応じてこなかった現状が追及される。そのうえで「謁者」の地方派遣をもとにして、傍線部にみえる二つの基本政策の執行が命じられる。

その一つである「労㆘賜三老・孝者帛人五匹、悌者・力田二匹、廉吏二百石以上率㆓百石㆒者三匹㆖」は、おそらくこれ以前にも発令されたこともある、力田や三老を優遇するための臨時の推挙・賜帛命令と考えられる。注目すべきは、その後半部の「以㆓戸口率㆒、置㆓三老・孝・悌・力田常員㆒」という箇所である。

従来、この部分に関して、力田を含む「郷官《きょうかん》」の常員設置（増設）記事と解釈され、たとえば西嶋定生氏は、「三老・孝悌・力田が郷官の常員として設置された」[13]と指摘した。

いくつかの史料をみると、古代中国の王権が、郷挙里選や貢挙制（＝いわゆる制挙）などを通じて、力田や孝・悌を官途推挙させようとする意図を有していたことはたしかである[14]。したがって筆者もこのような見方を否定するつもりはない。

ただし漢代の「郷官」については、鎌田重雄氏が、「わずかに若干の特権と時々の賜与を受けて郷党の教化に当るところの自治的性質を帯びた官」[15]と指摘するように、純然たる官吏とはいい難いものであった。

そこでむしろこの記事は、力田規範に合致する農民の定期的推挙（いわゆる常挙）、すなわち「農桑労働への専念を顕著に実践し、しかもそれが郷党社会から高い評価を得た世帯」の定期的推挙を命じ、さらに人口比率に応じた推挙目標数の定数化をはかったものと理解できる。

つまり文帝期の王権は、今後、地方の役人が管轄内で力田規範に該当する農民を見つければ、臨時の推挙命令の場合だけに限らず、年度内に随時それを中央政府に報告・推挙することを義務づけた。またそれぞれの地域での人口比率に応じた推挙目標数を設定させることにより、その促進化を期したことになるだろう。

もちろんこれが各地域において、どこまで有効に作用したかについては、不明な箇所が少なくない[16]。だがいずれにせよ、王権が、農桑労働への専念という規範の奨励をめぐり、前代にも増して、より積極的なスタンスをとり始めた点だけは確実であろう。

なお地方官による力田等の定期的・日常的な推挙・褒賞システムについては、その後、唐代においても、玄宗皇帝の治世下の開元七年（七一九）令戸令に法制化されている[17]。

『大唐六典』巻三〇の京兆河南太原牧及都督刺史条には、つぎのような規定がみえる。

〔史料3〕

（前略）毎㆑歳一巡㆓属県㆒、観㆓風俗㆒、問㆓百姓㆒。（中略）若孝子・順孫・義夫・節婦、志行聞㆓於郷閭㆒者、亦随㆑実申奏、表㆓其門閭㆒。若精誠感通、則加㆓優賞㆒。其孝・悌・力田者。考使集日。具以㆑名聞[18]。

これによると唐代の地方官吏である刺史らが、八世紀前半以降、原則として毎年の定期的な属県巡行時に、孝悌（あるいは孝者と悌者）とともに、力田を中央政府に推挙すべき職務を負わされていた事実がわかる[19]。

〔史料3〕の末尾にみえる力田らの「名」を上奏する役目の「考使」とは、日本の「朝集使」にあたるが、この使いは、毎年正月元旦、皇帝出御のもと開かれる「元会儀礼」への参加が義務づけられていた。渡辺信一郎氏の研究によると、各州から上京してきた考使は、尚書省の「考堂」に集合し、そこで皇帝に対し、「孝・悌」「力田」らの名前を書き上げて上奏するのが定例だったという[20]。

このように唐代の関連史料からは、力田らの定期的な推挙に関してかなり詳しい事実がみえてくるが、その淵源となるシステムが確立されたのが、右にみた前漢の文帝時代であった。

(3)画期としての前漢文帝期——藉田・親桑儀礼——

つぎに同じく文帝期に開始され、力田政策と密接な結びつきをもつ勧農策が、藉田（籍田）・親桑という国家的儀礼である。

『漢書』巻二四の食貨志によると、この直接の提案者は、文帝側近の賈誼であったといわれ、同書の本紀には、それぞれの制度的樹立を命じたつぎの二つの詔がみえる。

〔史料4〕『漢書』文帝紀二年（前一七八）正月丁亥条

詔曰。夫農、天下之本也。其開㆓藉田㆒、朕親率耕。以給㆓宗廟粢盛㆒[21]。

〔史料5〕『漢書』文帝紀一三年（前一六七）二月甲寅条

詔曰。朕親率㆓天下農耕㆒、以供㆓粢盛㆒。皇后親桑、以奉㆓祭服㆒。其具㆓礼儀㆒[22]。

この藉田・親桑儀礼は、漢代から隋唐期の王権はもちろんのこと[23]、最終的には清王朝の二〇世紀初頭までの歴代王朝に継承された国家的な儀礼である。

上田早苗氏の研究によると[24]、両行事とも原則として「三春」（正月～三月）の時期に催され、藉田に際して皇帝は、〔史料4〕に「朕親率耕」とあるように、多くの士や庶人を引き連れて「藉田」（東郊）に向かい、そこで自ら鋤き起こす所作などをおこなう。そのうえで、残りの田を他の参加者も耕し、その後、場を移して賜宴や賜物の儀が開かれるという。

他方、親桑儀礼の場合、〔史料5〕の「皇后親桑」という文言が示すように、皇后が多数の公卿諸侯の夫人・妻妾などを前にして、採桑・養蚕に関わる一連の模擬行為を演じる。終了すれば、参列者に対して糸などの下賜がおこなわれるのが決まりだった。

これをみると両儀礼が、農桑労働への専念という規範意識の奨励と深く関わっていたことは明らかである。その最大のポイントは、王権内の最高位にある皇帝と皇后が、一対の夫婦として機能して、それぞれが農民男女に求められた労働のあり方を、社会に対して可視的に示そうとする点にある。

史料によると、この藉田儀礼に際しては、力田に認定された農民も参列し、天子・三公・諸侯らが耕した田において、実際に「種子を下す」役割などを演じ、その後、宴や物の給付を受けたようである[25]。ここからはこの儀式と力田の定期的な推挙策との、不可分の結びつきを読み取ることができる[26]。前漢時代の王権は、文帝期に入り、こうした二つのビジュアルな政策を通じて、農桑労働への専念という規範意識の奨励に乗り出したといえるだろう[27]。

以上のように、前漢文帝の治世下では、基本的にこれ以降の中国王権にも継承された二つの政策、すなわち力田の定期的な推挙・褒賞制度と、藉田・親桑儀礼とが開始された。

筆者はこれをもって、当該期を、古代中国の農民規範の奨励策の展開をみるうえで、きわめて画期的な時代として位置づけたい。つぎに問題となるのはその要因である。文帝期の王権はいったいどのような課題に直面することにより、このような政策を始めたのであろうか。

(4)農民規範の奨励策の社会的要因

文帝期の王権が、右の二つの政策により、農桑労働への専念を強く打ち出した社会的理由としては、その前提において、農民自身の生活や労働のあり方をめぐり、新しい動向が生まれていたことがあると推測される。ただ残念なことに、『漢書』本紀の当該部分をながめても、直接これをうかがえる史料を見出せない。

しかし注目すべきは、同書の食貨志の中で、文帝に対して献策をおこなった二人の人物が、それぞれつぎのような主張をおこなったと記される点である。

第一に、まさに藉田儀礼の開設を訴えた賈誼が、文帝期の現状を、「今背レ本而趨レ末。食者甚衆、是天下之大残。淫侈之俗、日日以長。是天下之大賊也[28]」と捉えている点である。

このうち「食者甚衆」とは、おそらく消費のみに依存する階層（＝不生産者層）が増加傾向にあることを示し、また「淫侈之俗、日日以長」は、奢侈的風潮の蔓延をあらわすと考えられる。いずれにせよこの二つの現象は、賈誼にとってみれば、天下社会を損なわせるものにほかならない。

問題となるのは、こうした社会的弊害の根源とみなされている「今背レ本而趨レ末」である。結論的にいうとこれは、農民が「本務」である農業を放棄して、さらに「末業」たる商工業に従事することを示す[29]。つまりこの当時、相当数の農民が農業労働から離れる動きが顕在化し、しかもその受け皿として商工業に包摂される事実があったことが判明する。またそれが結果として、右の「食者甚衆」「淫侈之俗、日日以長」という認識につながっているのであろう。

第二に注目すべきは、文帝に対していわゆる「納粟授爵」制の導入を提起した晁錯《ちょうそ》の言説である（前二世紀半ば頃）。

『漢書』食貨志によると、彼は当該期の社会情勢について、つぎのように述べたという。

〔史料6〕『漢書』食貨志

而商賈大者、積貯倍レ息。小者、坐レ列販売。操二其奇贏一、日游二都市一。乗二上之急一、所レ売必倍。故其男不二耕耘一、女不二蚕織一。衣必文采、食必粱肉。亡二農夫之苦一、有二仟伯之得一。因二其富厚一、交二通王侯一。力過二吏勢一、以レ利相傾。千里游敖、冠蓋相望。乗レ堅策レ肥、履レ糸曳レ縞。此商人所三以兼二并農人一、農人所二以流亡一者也。[30]

晁錯によるこの現状分析は、賈誼の場合と比べて、より具体的で直截である。傍線部にみえるとおり、彼はやはりこの時期、多くの農民世帯の男女がそれぞれ農耕と養蚕労働に従事しない傾向にあることを語る。そしてこれだけに留まらず、さらに農民が「流亡」にまで追い込まれる事態がすすんでいることを説いている。

これを招来させたものはいったい何だったか。この文脈全体からいって、彼がその主たる原因を、商業資本の活動やその「兼并」行為に求めていることは明らかである。

いま、これら二つの史料を参照すれば、文帝時代の王権が、農桑労働への専念という規範奨励策に乗り出した社会的要因について、つぎのように理解できよう。

すなわち当時の社会にあっては、農・工商間分業の不均等発展、とりわけ商業資本の急速な進展にともなって、多くの農民が農業を離れ、あるいはそれを放棄せざるを得ない状況、さらには商工業に包摂される事態が広範にすすみつつあった。そして王権はその是正をめざす策の一つとして、先の力田政策と藉田・親桑儀礼を開始し、それにより農桑労働への専念を社会的に訴える必要があったと理解できるであろう。要するに社会的分業を固定化、均質化させる政策の一環として、国家が理想と考える農民の育成をめざす二つのシステムが創出されたわけである。[31]

とすればこの時期の王権は、なぜこのような形をとって社会的分業の固定化・均等化をはかる必要があったのであろうか。

最後にこの問題をみることにより、中国の力田政策と当該期の国家の社会編成原理との関わりについて考えてみたい。

(5)力田政策と分業論的社会編成原理

右の問題を考察するうえで重要な点は、そもそも古代中国の統一政権が、戦国期以来の社会的分業の発展に向き合う形で成り立っていたことであろう。

秦漢から隋唐期の国家の支配の正当性の問題を分析した渡辺信一郎氏によると、この時期の王権の政治支配イデオロギーは、基本的に荀子の礼制的国家論に置かれていたという。渡辺氏は、石母田正氏による荀子の国家論的研究を踏まえつつ(32)、礼制的国家論の本質について、つぎのように説いている。

荀子は、人倫―社会関係の中にあらゆる差等・区別を見、そうしてその差等・区別を客観的規準たる礼によって定立し、人倫・国家の秩序を維持することを理想とする。その本質は、均衡―称にあった(33)。

周知のとおり、戦国末頃の中国では、社会全体が四民（士農工商）によって構成されるという考え方が共通認識になるほど、社会的分業とそれを踏まえた商品経済が相当に発達していた。したがって氏によると、これを土台にして出現した秦漢期以降の統一国家は、この礼制的国家論にもとづき、分業の「称《つりあい》」、すなわちその維持・均衡を統治原理の基本に据えざるを得なかったという。

具体的には、士農工商の四民間分業（労働）のうち、もっとも重んじられたのは、当時の物質的な生産労働の担い手である百姓間の(34)、すなわち農・工商間の「分業の維持・均衡」の問題であった。

そこでこの時期の国家は、これを制度的に保障するため、まず第一義的に、百姓に対する編戸支配を、原則として職業（分業）別におこなった。

史料にもとづくと、農民を編戸する「郷戸籍[35]」のほか、これとは系統を異にする商工業者用の「市籍[36]」が作られたという。またこのほか士農工商の居住地規制や「雑処」の禁、感性的身分標識の制など、分業にもとづく社会編成を維持・補完するためのさまざまな制度も設けられた。

さらに隋唐期の律令制下に入ると、百姓間の利害対立を維持・調整する精神労働の担い手である士（官僚）の役割が、前代に比してより明瞭に位置づけられた。それとともに、〔史料1〕に「工商之家、不㆑得㆑預㆓於士㆒」とあるように、商工民の政権内部への参入（進士）が法的に禁止され、その営業活動が抑制されるようになった。

これらにもとづき渡辺氏は、隋唐期の律令体制に集大成される古代中国の政治的社会編成の特質について、「崇㆑本抑㆑末」（重農抑商）という表現を用い、「農民による商工業者の支配抑圧を副次的に包摂し、相対的に生産力基盤の弱い農業を基礎とする社会の再生産を維持する体制[37]」であったと記している。

そして最終的に渡辺氏は、このような体制に根本的転換をもたらしたものが、旧来の社会的分業の変貌であったと指摘する。唐朝の後半期になると、都市近郊の農民的流通の発達や商工階層の台頭など、新しい分業関係が展開していった。それにより律令体制は徐々に崩壊過程をたどり、やがて両税法と専売制を基礎とする国家体制が出現するという。このもとでの国家の成員は、それまでの体制とは異なり、農工商を問わず、すべてその資産の多寡や有無、経営規模による「戸等」によって編成されるようになった。結局、この体制の成立により、国家的な社会編成原理が、秦漢期以来の「分業」にもとづくものから唐宋変革期以降の「所有」を基礎とするものに大きく転化した事実などが指摘される[38]。

渡辺氏の研究にもとづくと、本章で問題にしている文帝期を含む秦漢から隋唐期の国家の社会編成原理は、基本的に分業にもとづくものであったことが判明する。国家の正統性は、一貫して社会的分業、とりわけ農民と商工業者との間の分業をめぐる社会的利害対立を調整・抑止する機能に求められていた。

したがって前漢文帝期に始められた力田政策と藉田親桑儀礼は、農・工商間の利害対立、とくに商業を抑制し、社会の基盤産業である農業と、その担い手である農民の積極的育成をめざそうとする、国家の基本政策の典型的事例の一つであると評価できるだろう。

結局のところ、力田の定期的な推挙・褒賞システムの創出は、秦漢期以降の国家的社会編成原理と密接に結びつき、それを補完・強化する役割を担う政策であったと理解することができる。

以上、本節では、中国古代の力田政策のうち、とくにそれが本格的に始められた前漢文帝期に焦点をしぼり、その政策の内容やそれが始まった社会的要因などを明らかにした。また力田政策と当該期の国家的社会編成原理との関わりなどについて検討を加えてきた。

それによると中国では、「力を耕桑に肆す」という理念を顕著に実践し、しかも郷党社会から高い評価を得た農民世帯を「力田」と呼び、それを定期的に推挙・褒賞する施策が文帝期から始まった。これが開始される前提には、その当時、農・工商間分業の不均等発展により、多くの農民が農業を離れる事態が広範にすすんでいる事態があった。それに対して王権が新たに打ち出した力田政策および、それと並ぶ藉田・親桑儀礼は、そうした事態の是正をめざし、社会の基盤的産業の担い手である農民層の育成・拡大をはかろうとする目的をもって始められたと理解できる。中国における「理想的な農民像」は、商工業者との対比のもとに定立され、その社会的奨励がはかられたのであった。

また力田政策と当該期の国家の社会編成原理との関わりについていうと、両者の間には密接不可分の結びつきがあった。力田政策は、秦漢から隋唐期の統一王権の分業論的な社会編成原理を補完し強化する施策の一環をなすのであった。

第二節ではこれを踏まえ、日本古代の力田政策について検討する。

二　日本古代の農民規範と浮浪・逃亡

本章の「はじめに」で述べたように、日本の律令国家が社会に対して、初めて意識的、具体的な農民規範の奨励、すなわち力田政策に乗り出した時期は、奈良時代の初頭頃、和銅から養老年間にかけてのことであった。この力田の推挙・褒賞という政策の基本的枠組みは、前節でみた中国のそれに倣ったものであるが、そもそも両者の間にはいくつかの相違点を見出せる。まずはこの点から始めてみよう。

(1)藉田・親桑儀礼の不実施

日中間のもっとも大きな違いの一つは、日本の王権は、力田政策に着手した和銅から養老期も含め、それと不可分の関係にあった中国の藉田・親桑儀礼を実施しなかった点である。

もちろん史料に即してみると、この儀礼の基礎にある「男耕女績」思想が中国から移入され、この当時の王権内や貴族層にも受容されていたことは確実である。

たとえば、『続日本紀』をみると、霊亀元年（七一五）一〇月詔に、「詔曰。国家隆泰、要在レ富レ民。富レ民之本、務従ニ貨食一。故男勤ニ耕耘一、女脩ニ紝織一、家有ニ衣食之饒一、人生ニ廉恥之心一。刑錯之化爰興、太平之風可レ致。（後略）[39]」とある。

またはるかに時代が降って、平安時代後期の貴族大江匡房も、傀儡《くぐつ》のあり方をめぐり、「傀儡子者、無ニ定居一、無ニ当家一。（中略）不レ耕ニ一畝田一、不レ採ニ一枝葉一。故不レ属ニ県官一、皆非ニ土民一。自限《ひとし》ニ浪人一[40]」という記述を残している。ここでは傀儡が「浪人」に等しいもので、それは彼らが「土民」のように、農耕と養蚕に従事していないからだという認識が示されている。

さらに籍田・親桑儀礼の実施そのものに関して、『日本書紀』に、古く雄略天皇の時代のこととして、「天皇、欲下使二后妃親桑一、以勧中蚕事上」(41)という記載がある。またついで、継体天皇の即位に際して、「詔曰。朕聞、士有二当レ年而不レ耕者、則天下或レ受二其飢一矣。女有二当レ年而不レ績者、天下或レ受二其寒一矣。故帝王躬耕而勧二農業《ナリハヒ》一、后妃親蚕而勉《すすむ》二桑序一」(42)という記事を確認できる。

これらの史料をそのまま信じれば、あたかもこのセレモニーが、かなり古い時代からおこなわれていた印象を受ける。しかしいずれの場合も、中国古典からの潤色記事とみなすのが妥当であろう(43)。

ただし従来の研究では、『万葉集』の大伴家持の和歌（巻二〇―四四九三）の前書(44)、および正倉院（南倉）宝物(45)などをもとにして、ただ一度だけ、八世紀半ばすぎの孝謙天皇の時代、これに該当する行事が実施に移されたとする見解がある(46)。そして一部には、この頃を中心にして、当行事がいわば年中行事化されたとみる研究者もいる(47)。

しかし丸山裕美子氏の分析によれば、これはもっぱら大陸風の文化を好んだ藤原仲麻呂の趣向によるところが大きく、その本格的な摂取とはいい難いものであった(48)。またこれがその後、継続的に開催された形跡はないに等しく、これに相当する宮中行事「お田植え」と「ご養蚕」が始まったのは、明治時代に入ってからのことである(49)。結局、古代の日本の朝廷においては、中国風の儀式である籍田・親桑は、制度として継受されなかったと理解できる(50)。

このように日本の古代国家は、明らかに中国の「男耕女績」理念を継受していたにもかかわらず、それを積極的にビジュアルな形の王権儀礼として実施に移すことはなかった。このことは、農桑労働への専念という規範要件そのものが、必ずしも中国と同じレベルで重視されていなかった点を明示するものであろう。

(2) 日本の力田政策の特質

つぎに中国の力田政策と比べた日本のそれの特質の二点目は、その規範要件の中身に少なくない違いがあったことである。

すでに簡単にふれたように、日本の律令国家は和銅から養老期に、つぎの二つのやり方、すなわち国司による力田の定期的推挙と、臨時の詔勅による力田の推挙の二通りでもって、力田政策を開始させた。

(イ) 国司による力田の定期的推挙

このうち前者については、和銅五年（七一二）、これ以降の毎年の諸国国司の部内巡行時に、①農桑労働への専念、②社会的弱者の救済、③儒教的家族倫理の実践をおこないその才能・知識が官途（出身）に堪える能力をもつ、という三つの規範要件に合致する百姓を探し出し、それを褒賞するため推挙するシステムを義務づけた。

つぎに示す〔史料7〕がそれである。

〔史料7〕『続日本紀』和銅五年（七一二）五月甲申条

[A]初定下国司巡行并遷代時、給二粮馬脚夫一之法上。語具二別式一。[B]太政官奏偁。郡司、有下能繁二殖戸口一、増二益調庸一、勧二課農桑一、人少二匱乏一、禁二断逋逃一、粛二清盗賊一、籍帳皆実、戸口无レ遺、剖断合レ理、獄訟无レ冤、在レ職匪レ懈、立レ身清慎上。（其一）。居レ官貪濁、処レ事不レ平、職用既闕、公務不レ挙、侵二没百姓一、請二託公施一、肆行二奸猾一、以求二名官一、田疇不レ開、減二闕租調一。籍帳多レ虚、口丁无レ実、逋逃在レ境、畋遊无レ度。（其二）。又百姓精二務農桑一、産業日長。助二養窮乏一、存二活独惸一。孝悌聞レ閭、材識堪レ幹。（其三）。若有下郡司及百姓、准二上三条一有レ合二三勾以上一者上、国司具レ状、附二朝集使一挙聞。奏可之。

この史料は全体として二つの施策によって構成され、相互に密接な関連をもっている。[A]まずこの日、諸国国司の部内巡行時と遷代時の食料等の給付法が、初めて具体的に法制化された[51]。[B]それとともにその部内巡行に際する、郡領と百姓の「挙聞」の規定が定められた。

この中で先の百姓の推挙・褒賞との関連で留意すべき部分が、Ⓑの傍線を付した箇所である。そこに列挙されている「精㆓務農桑㆒、産業日長」「助㆓養窮乏㆒、存㆓活独惸㆒」「孝悌聞㆑閭、材識堪㆑幹」という「三勾《こう》」（二句八字が一勾）が、それぞれ右に示した①②③に相当する。

つまり律令国家は、この年以降、地方の国司が毎年の部内巡行時に、これら三つの要件を満たす百姓を探し出し、それを朝集使に付して推挙させることを法制化した。ここには「力田」という語句は見られない。しかし事実上、各国国司による力田の定期的・日常的な推挙が命じられたと考えてよいであろう。

とすれば、これはまさに前節でみた前漢文帝期の施策に倣ったシステムの確立を意味する。ところがそれと大きく異なる点は、その規範要件の中身が、①の農桑労働への専念という要件のみならず、②と③も加えられていることである。

このうち③の「孝悌聞㆑閭、材識堪㆑幹」（＝儒教的家族道徳の実践が評判となり、その才能・知識が出身に堪える能力の保持）という条件は、中国でも、個々の推挙・褒賞命令の中において、「授爵」という形で示されることが多かった（三九、四〇頁の表Ⅰ―1、表Ⅰ―2を参照）。「爵」を与えよという命令を出すことにより、力田該当者が出身（進士）に堪えうる人物であるかどうかを吟味せよという考え方である。

こうしてみると、日中間の大きな差異は、結局、②の「助㆓養窮乏㆒、存㆓活独惸㆒」が含まれているか否かの点といえるだろう。つまり日本の力田の規範要件の大きな特質の一つは、社会的弱者の救済という条件が入っている点である。

(ロ) 臨時の詔勅による力田の推挙・褒賞令

つぎに、右の和銅五年（七一二）の施策から約一〇年経った養老五年（七二一）、さらに以下のような命令も下された。

〔史料8〕『続日本紀』養老五年（七二一）四月癸卯条

令三天下諸国挙二力田之人一。

きわめて簡略な史料であるが、これが国史における力田の初見記事である。前章の第二節で指摘したように、ここでは、〔史料7〕の「三勾」の要件に該当する百姓のことを力田と表記し、諸国に対しその臨時の推挙が命じられたとみるべきであろう。つまり律令国家は、諸国司らによる毎年の力田の推挙のほか、このように臨時に推挙させる施策も始めたわけである。国史をみると、この〔史料8〕を嚆矢として、合わせて九回の臨時の力田推挙令を確認でき、そのうち七回までが、新天皇の即位時や祥瑞の献上時を契機としていた（四六頁の表Ⅰ―3参照）。またさらにこれらの臨時の推挙令にもとづき、実際に挙げられた力田の記事もわずかながらみられ、それを一覧化したのが、四九頁の表Ⅰ―4である。

このように奈良時代の初頭頃の日本では、力田という言葉や制度は中国から摂取しつつ、内容上、中国のそれと相違した独自の農民規範の全国的な奨励策が推進され始めた。律令国家はなぜこの時期に、中国とは異なった独自の農民規範の奨励に乗り出したのであろうか。つぎにこの点を考えてみよう。

(3)日本の力田政策の社会的要因

(イ)　社会的分業と日本の律令国家

右の問題について、まず確認すべき点は、この時期の日本では、中国古代と同じような社会的状況の進展があったとは考えられないことである。

前節でみたとおり、中国の前漢文帝期の王権が、農桑労働への専念という農民規範の全国的奨励を試み始めたのは、基本的に農・工商間分業の不均等発展、とりわけ商工業の発展がすすむことにより、多数の農民が農業を放棄せざるを得ない状況が生まれていたからであった。

王権はそうした事態を是正・調整すべく、いわゆる「崇レ本抑レ末」の立場から、社会の基盤産業である農業と、その担い手である農民世帯の積極的育成をめざす。それが力田政策と藉田・親桑儀礼として確立された。またこれは、秦漢から隋唐期の国家の支配の正統性や、政治的社会編成のあり方（＝分業論的社会編成原理）の根幹にも関わる問題でもあった。

ところが和銅から養老期の日本の地域社会において、分業をめぐるこのような事態を想定することは不可能である。そもそも日本の律令国家の社会統治形態は、中国のような四民分業論的な社会編成原理にもとづいていなかった。

律令条文をながめると、士農工商（＝四民）別の分業規範を規定した中国の唐戸令二六条は、継受の際、意図的に削除されていた[52]。また国史において「士農工商」という用語は一例も確認できず、「四民」という語句が、修飾句表現としてわずかに登場しているだけである[53]。これまでの研究成果にもとづけば、日本における「士農工商」論の本格的な展開時期は、はるかに時代が降って、一七世紀の三〇～四〇年代であった[54]。

また中国では、原則として「四民」別に作られた戸籍についても、日本では中国の「郷戸籍」にあたる農民向けの戸籍しか編まれなかった[55]。これにもとづき日本の律令国家の統治形態が、編戸された農民を一元的に国―郡（評）―里（五十戸）の地域別に支配する社会編成原理で成り立っていたことは周知の事実である。また編戸によって作られた戸は、徴税と兵士を徴発する基礎単位としての性格をもっていた。

このように当該期の日本では、中国のような社会的状況は展開しておらず、また中国的な形で農民が離農する動きが生じる余地はなかった。藉田・親桑儀礼が日本古代では基本的に実施されなかったこと、力田の規範要件が農桑労働への専念という条件だけに一元化されなかった主な要因に、こうした社会的分業の未成熟という事実があったことは明白であろう(56)。

古代の社会的分業のあり方をめぐる問題をこのように理解すれば、日本の力田政策は、いったいどのような社会的動向に対応する形で始められたとみたらよいのであろうか。

これを考えるうえで大きな手がかりを提供するものが、日本の力田政策の内容上の大きな特質をなす、「助二養窮乏一、存二活独惸一」（＝社会的弱者の救済）という規範要件をめぐる問題である。これは中国の力田要件の中には原則としてカウントされておらず、日本において独自に組み込まれたものであり、それなりの重要さを読み取れる規範要件である。

実際に褒賞された力田の「褒賞理由」（四九頁の表Ⅰ―4参照）をみると、この要件に関わる褒賞事例がかなり目立つ。しかも注意を引く点は、「周二施困乏一。往還糧絶、風雨寄宿之輩、皆得レ頼焉」（表Ⅰ―4の④）などとあり、また事実上の力田的農民の褒賞記事とみられる『続日本紀』延暦三年（七八四）一〇月戊子条に、「蓄二稲十万束一、積而能施。寒者与レ衣、飢者与レ食。兼以脩二造道橋一、通二利艱険一。積レ行経レ年、誠令二挙用一」と記されることである（次節で詳述）。その具体的な褒賞理由として、交通路の整備・修築や、共同体外の往還者を保護する行為が、かなり強調されていることを重視すべきである。

こうした点は、「助二養窮乏一、存二活独惸一」という規範要件、ひいては日本の力田政策そのものが、当時の都鄙間交通の量的増大など、「人の移動」をめぐる問題への対処策として始められたことを示唆するのではないか。

(ロ)　都鄙間交通の増大と諸国役夫の窮乏

古代の関連史料をながめると、もともと律令国家より前の時代から、中央集権化の過程や王都・王宮の造営等の政治的要請にもとづき、人の移動や往来が相当高まりつつあったことを語る史料が少なくない。

八世紀前半に書き上げられた『播磨国風土記』には、出雲・但馬などの日本海側諸国の人々が播磨国内を通過したり、国内各地に逗留・侵入していたことを示す地名説話や神話が多くみられる[57]。また『日本書紀』の孝徳朝の記事には、都鄙間を往来する役夫たちの増大とそれをめぐる地域慣行の存在をあらわす史料があることはよく知られている（同書、大化二年三月甲申条）。そして七世紀末から八世紀初頭頃になると、都城建設のための力役徴発の拡大により、ますますそうした動きが強まっていった。

そうした状況のなか、この頃の交通をめぐる問題として注目されるのは、諸国役夫や調庸民の往還時の食糧問題が、相当大きな政治問題化していた事実である。

たとえば、まさに力田の定期的推挙が始まった年の和銅五年（七一二）の正月、「諸国役民、還レ郷之日、食粮絶乏、多饉二道路一、転二塡溝壑一、其類不レ少。国司等宜下勤加二撫養一、量賑恤上。如有二死者一、且加二埋葬一、録二其姓名一、報二本属一也[58]」という詔が出され、諸国司が帰郷する役民に賑給すべきことなどが命じられている。

また同年の一〇月には、「諸国役夫及運脚者、還レ郷之日、粮食乏少、无レ由レ得レ達。宜下割二郡稲一別貯二便地一、随二役夫到一任令中交易上。又令下行旅人必齎レ銭為レ資、因息二重担之労一、亦知中用レ銭之便上[59]」という詔の中で、諸国役夫・運脚夫・行旅人らの窮乏の救済のため、「郡稲」を割いて別置し、彼らが持参した和同開珎との「交易」を促進させる命が下された。

ついで翌年の和銅六年（七一三）の三月詔でも、律令国家はふたたび運脚夫に対して銭の携行を命じるとともに、今度は行路近くの「豪富の家」に募って米を売買させた。「宜下国郡司等、募二豪富家一、置二米路側一、任中其売買上。一年之内、売二米一百斛以上一者、以レ名奏聞[60]」とあるように、一年間で一〇〇斛（石）以上売った「豪富の家」の者の名を奏聞させる命を出している。

またその三年後の霊亀二年（七一六）四月には、「貢調脚夫」の入京時の所持品の多寡を、諸国司の考課規準の一つに加えるとの政策がみえ(61)、さらにそれ以降、養老四年（七二〇）や神亀元年（七二四）には、それぞれ「庸調運脚者」に対する官物支給(62)や、「向京担夫」の給粮(63)が立案されるまでになった。

これらを参照すると、当時の地域社会にあっては、都城建設や律令制的な貢納体制の整備・確立を契機とする急速な都鄙間交通量の増大にともない、いわゆる行路上の「行き倒れ人」や「行旅病死人」の発生など、諸国役民・運脚夫らの疲弊現象、とりわけその食糧問題が深刻な事態になっていたことがわかる。

また後世の史料だが、天平宝字三年（七五九）の五月の勅では、「諸国調脚、不レ得レ還レ郷。或因レ病憂苦、或無レ粮飢寒」ことにより、「至二于三冬間一、市辺多二餓人一」などと記されている(64)。この史料では、諸国から上京した調庸運脚夫が、食糧不足のため帰郷できず、そのまま平城京の「市辺」に滞留して「餓人」化している姿が語られている。これはあくまで都市部（都城）での話であるが、これと似通った状況は、行路沿いの地域社会でも、早い時期からみられたのではなかろうか。

こうした状況がすすむなか、和銅から養老期の律令国家が、力田の推挙・褒賞条件の中に、「助二養窮乏一、存二活独惸一」という要件も含めることにより、原則として諸国の百姓が、地域社会内部の弱者のみならず、交通路を往来する人々の保護・救済や食糧支援にあたることを期待したとみても、何ら不思議はなかろう(65)。

以上をまとめると、日本の力田政策は、まず第一に、律令制的な都鄙間交通の拡大がもたらす新たな社会動向、すなわち諸国役夫らの窮乏現象への対応策の一つとして始められた可能性を指摘できよう。

(ハ)　浮浪・逃亡の拡大と行基集団

つぎに和銅から養老期の人の往来や交通に関わる問題として、注目すべきもう一つの点は、この頃、盛んに浮浪・逃亡を抑止するための政策が実施されている事実である。

前述のとおり、新たな都城の造営や律令制的貢納制度の確立は、一方で諸国役民の往還時の疲弊現象を生み出していたが、さらにその延長線上において、律令国家にとってはより深刻な事態、すなわち役民らによる浮浪・逃亡という事態を招いた(66)。

早く平城京への遷都直後、和銅四年（七一一）九月、「勅。頃聞、諸国役民、労二於造都一、奔亡猶多。雖レ禁不レ止。今、宮垣未レ成、防守不レ備。宜下権立二軍営一、禁中守兵庫上。（後略）(67)」という勅が出された。造都役民の逃亡が、不穏な状況を招き、そのため宮内の「兵庫」を防守することが命じられている。

この後も百姓の浮浪・逃亡は増え続けていった。ついで四年後の和銅八年（七一五）の五月、以下のような総合的な浮逃対策がとられるに至った。

〔史料9〕『続日本紀』和銅八年（七一五）五月辛巳朔条

Ⓐ勅二諸国朝集使一曰。天下百姓、多背二本貫一、流二宕他郷一、規二避課役一。其浮浪逗留、経二三月以上一者、即云断輸二調庸一、随二当国法一。

Ⓑ又撫二導百姓一、勧二課農桑一、心存二字育一、能救二飢寒一、実是国郡之善政也。若有下身在二公庭一、心顧二私門一、妨二奪農業一、侵中蝕万民上。実是国家之大蠹也。宜下其勧二催産業一、資産豊足者為二上等一、雖レ加二催勧一、衣食短乏者為二中等一、田疇荒廃、百姓飢寒、因致二死亡一者、為中下等上。十人以上、則解二見任一。

Ⓒ又四民之徒、各有二其業一、今失レ職流散、此亦国郡司教導无レ方、其无レ謂也。有二如レ此類一、必加二顕戮一。自レ今以後、遣二巡察使一、分二行天下一、観二省風俗一。宜下勤二敦徳政一、庶中彼周行上。（後略）

これをみればわかるように、この日、諸国の朝集使に命じられた勅の内容は、ⒶⒷⒸの三項目に分かれ、それぞれが密接な関連をもっている。

Ⓐは、浮浪して課役を忌避する天下百姓の処置に関するものである。ここでは他郷に浮浪逗留して三ヶ月以上経た者は、もともとの本貫地の「国郡姓名」を記録・報告したうえ、その地（逗留地）での調庸輸納が命じられ

た[68]。

ついで(B)では、浮浪の発生に関わる国郡司の治政の良否が問われ、その良否の内容が、「上等」「中等」「下等」の三等に分けて具体的に提示されている。そしてこれは(C)の「巡察使」の評価基準、すなわち諸国の国郡司の治政の良否を視察するために派遣される、臨時の使者の任務基準になったと思われる。

つまり律令国家はこの年、天下百姓の浮浪に対してかなり具体的で厳格な処置に乗り出した。それとともに浮逃発生の責任を国郡司の治政のあり方に求め、各地に臨時の使者（＝巡察使）を派遣してまで、その改善をはかろうとした。この当時、このように大がかりな施策が立案されるほど、天下諸国の浮浪現象がすすんでいたとみるべきである[69]。

さらにこの後も、霊亀から養老年間にかけて頻繁に浮逃対策が講じられていくが[70]、霊亀三年（七一七）前後には、さらなる事態の変化を迎える。ちょうどこの頃、有名な行基集団の活動が顕著となり、しかもそれが古代国家の弾圧対象となってくる。

つぎに示す〔史料10〕が、その初見史料である。

〔史料10〕『続日本紀』霊亀三年（七一七）四月壬辰条

詔曰。（中略）凡僧尼、寂二居寺家一、受レ教伝レ道。准レ令云、其有二乞食者一、三綱連署。午前捧レ鉢告乞。不レ得三因レ此更乞二余物一。方今、小僧行基幷弟子等、零二畳街衢一、妄説二罪福一、合二構朋党一、焚二剝指臂《しひ》一、歴レ門仮説、強乞二余物一、詐称二聖道一、妖二惑百姓一。道俗擾乱、四民棄レ業。進違二釈教一、退犯二法令一。（中略）自レ今以後、不レ得二更然一。布二告村里一、勤加二禁止一。

行基集団は、行基によって率いられる弟子たち、すなわち「優婆塞」「優婆夷」や、その帰依者を中心とする日本史上初の仏教結社（朋党）である。畿内とその周辺地域を中心とする行路のあちこちを遍歴し、托鉢・布教をおこなうとともに、各種の社会事業をすすめていったことで知られる。

その特徴の一つは、〔史料10〕に「焚二剝指臂一、歴レ門仮説」や「詐称二聖道一、妖二惑百姓一」とあるように、伝道・布教のあり方が、呪術的・巫祝的な側面をもっていた点にあるといわれる。

石母田氏によると、行基創建の「四十九院」(71)の機能、彼の指導による各地の池溝・堀・樋・道橋・堤・船息・布施屋などの造営・設立さえも、民衆にとっては一個の呪術的な力能として映ったという。そしてこのような意識は、当時の民衆の所属した「アジア的共同体」の観念形態と不可分に結びついていたと理解されている(72)。

とはいえ集団のあり方が「朋党」＝仏教的結社の形をとる以上、その帰依者の中には、畿内を中心とする多くの渡来人、女性、一部の郡領出身者のほか、相当数の脱共同体的な都市民が含まれていたらしい(73)。すなわち池溝整備など各地の社会事業を実質的に支えたと考えられる手工業者（＝造営現場から逃亡した品部・雑戸層）、さらには都城での力役従事者、あるいは従事後も帰郷できず、そのまま都市に滞留して集団に加わった諸国役民などがそれである。

つまり行基に率いられるメンバーは、まさに朋党集団に相応しく、血縁的・族制的関係に留まらない多様な人々によって構成されていた。しかもその中には、課役や各種の負担逃れのため「僧尼」の形をとって参加している者も多数存在した。この点で彼らは、事実上、農民の浮浪・逃亡と同じ側面をもっていたと理解できる(74)。

そのため古代国家は、彼らの動きとその集団性に対して、極度の警戒感を強めた。天平三年（七三一）に初めてその弟子の一部を公認するまでの間(75)、当初、厳しい禁圧を加えた(76)。

たとえば、養老六年（七二二）七月の彼らの禁圧を奏上した太政官奏では、「太政官奏言。（中略）近在京僧尼、以二浅識軽智一、巧二説罪福之因果一、不レ練二戒律一、詐二誘都裏之衆庶一。内黷《けがす》二聖教一、外虧二皇猷《こうゆう》一。遂令二人之妻子剃髪刻膚一、動称二仏法一、輙離二室家一。無レ懲二綱紀一、不レ顧二親夫一。或負レ経捧レ鉢、乞二食於街衢之間一、或偽誦二邪説一、寄二落於村邑之中一、聚宿為レ常、妖訛成レ群。初似二脩道一、終挟二姧乱一。永言二其弊一、特須二禁断一。奏可之」[77]などとみえている。

ここでは「近在京僧尼」（＝行基集団）が、「或は経を負ひ鉢を捧げて、街衢の間に乞食し、或は偽りて邪説を誦《じゅ》して、村邑の中に寄落し、聚宿を常となし、妖訛《ようか》群れをなす」とともに、「遂に人の妻子をして剃髪刻膚せしめ、動《やや》もすれば仏法と称して、輒《たやす》く室家を離れしむ」ことが指弾されている。これによると行基集団が、単に都市に滞留する脱共同体的な住民のみならず、さらに集団的に農村内部に入り込み、農民層一般までを組織していたことを読み取れる。

結局、この太政官の奏上を受け、彼らを取り締まるため、「京職」と「諸国司」の中から、「判官一人」が派遣されたが[78]、行基集団の活動は、これにより収まることはなかった。逆にこれ以降、さらなる伝道や土木事業が畿内・近国各地ですすむ[79]。それにより帰依者の数も膨れ上がっていった。天平年間（七二九～四九年）には、少なくともその全体数が、六五〇〇人ほどにも及んだと推定されている[80]。

最終的に行基らの活動は、古代国家の体制内に組織され、聖武天皇の大仏造営事業に協力していくことになる[81]。しかしその前半期の活動は、まさに律令国家確立期の諸矛盾の所産ともいうべきものであった。石母田氏はこの行基集団の性格について、古代の人民が大陸の先進的な宗教意識（仏教）を、初めて我が物にし始めた「端緒」と述べた。そして古代国家は、「行基問題を通して実は人民と闘っている[82]」という評価を与えている。

このように和銅から養老年間には、人の移動をめぐる問題のうち、百姓の浮浪・逃亡の拡大、なかでもそれが畿内を中心とする行基らの仏教結社の集団化の動きとして先鋭化することにより、律令国家との間で絶えざる緊張と対抗関係を強いる状況を作っていた。

そこでこうした浮浪行為を取り締まり、抑止するため、いくつかの施策が講じられたことは前述した。本章であつかっている日本独自の力田政策も、実はそうした施策、なかでも行基らの仏教結社の集団的活動への対応策としての側面をもっているのではなかろうか。もちろんそれは直接的な弾圧策ではない。その逆に、規範実践者への褒賞を通じて、戸籍に編籍された農民が浮浪に走ることを事前に抑止し、本貫地に地着しながら、疲弊した往還者を含む社会的弱者の救済にあたることをねらっていたと推測できないか。

こうした推測を直接語ってくれる史料は見出せない。しかし筆者がとりわけ注目したいのは、つぎに示す〔史料11〕である。

〔史料11〕『類聚三代格』天平八年（七三六）二月二五日勅

勅。養老五年四月廿七日格云、見㆓獲浮浪㆒、実得㆓本貫㆒、如有㆑悔㆑過欲㆑帰者、逓㆓送本土㆒者。更煩㆓路次㆒、宜㆘随㆓其欲㆑帰与㆑状発遣㆖。又云、自余無㆑貫編㆓附当処㆒者。宜㆘停㆓編附㆒直録㆓名簿㆒、全輸㆓調庸㆒当処苦使㆖。(83)

この天平八年勅は、律令国家の浮逃対策を再々度改正したもので、その内容上の骨子は、国家が括出（摘発・把握）した浮浪逗留者を、今後は編戸せず（＝したがって口分田を給付せず）、特別の名簿によって調庸を納めさせる方針をとったことにある。ところが問題となるのは、そこに引用されている現行の浮浪人対策法である養老五年格（七二一年）についてである（傍線部が養老五年格）。

前章で紹介したように、鎌田元一氏は、この養老五年格が、括出した浮逃者のうち、「有貫」（＝除帳されていない者）で、しかも本貫地への帰還を希望する者のみを本土へ逓送し、そのほかは「無貫」（＝除帳された者）であっても、本貫地への帰還を希望しない者は、所在地に編附することを定めたものだと指摘する。そして氏は、これが一般的にいわれる「土断法」をさし、それまで原則として浮逃を本土へ帰還させる方針をとっていた古代国家にとって、一八〇度の政策転換を意味すると説いている。(84)

鎌田説にしたがうと、養老五年格は、律令国家の浮逃対策上、かなり画期的な政策として位置づけられることになる。いまこの問題の可否についてはしばらく措くとして、力田政策との関わりで決定的に重要な点は、この格の施行された日（＝養老五年四月二七日）と、〔史料8〕に示した力田の最初の臨時推挙令が出された日（＝養老五年四月癸卯）が、まったく同じ日であったという事実である。

〔史料11〕の天平八年勅が引用する養老五年四月二七日格は、残念なことに抄文で、両者の相互関係については何ら記されていない。また他方、〔史料8〕の『続日本紀』養老五年（七二一）四月癸卯条も、単に「令三天下諸国挙二力田之人一」と書かれているだけである。

しかし同日に発令された点を重んずれば、日本の力田政策が、当該期の浮浪・逃亡の増大、なかでも結社化・集団化した行基集団の動きと密接に連動し、その対応策としての側面をもっていたと解せるのではなかろうか(85)。つまり中国では、商工業の不均等な発展を抑止し、社会の基盤産業である農業を保護・育成するために奨励されだした力田という農民規範が、日本では百姓の浮浪行為とリンクし、その発生を事前に抑え、広く農民の地着（定着）を促す要件として定立されたと思われるのである。

なぜなら右の鎌田氏の見解によれば、〔史料11〕にみえる養老五年の「土断法」の特徴は、本貫地であろうと所在地であろうと、いずれにせよ浮浪人を戸籍編附する点に求められるという。とすればその場合、編附地での口分田の給付が前提にされており、国家としては、その耕作への「専念」（すなわち地着）を期待していたと考えられるからである。

要するに日本の律令国家は、本来、分業や労働様式に関わる「精務農桑、産業日長」という規範要件を、事実上、浮浪に対比される、土地への定着（緊縛）を促す規範要件として用いていたことになるだろう。

こうしてみると日本の力田政策は、戸籍編附地における口分田給付を原則とする戸籍―編戸制度と密接な結びつきをもっていたことがわかる。それは庚午年籍（六七〇年）の造籍以降、七世紀後半を通じて徐々に確立してきた律令国家の社会編成原理を、地域に住まう人々の「規範意識」の面から維持し、補強・強化するねらいをもった施策だったと捉えられよう。かつて石母田氏は、どんな行政法や行政組織であっても、独自の秩序と規範意識がなければ存在できないと述べた[86]。この指摘は、まさに日本の戸籍（編戸）システムと力田政策のケースにもあてはまるといえる。

もしこのような見方が正しければ、日本の力田政策が、和銅から養老期にかけて奨励され始めたことをめぐり、全体として、つぎのようにまとめることができる。

すなわち力田政策が始められた社会的な要因は、基本的に二つあった。それはいずれの場合も、都城の造営や律令制的な貢納体制の整備・確立によってもたらされたものであった。

その一つは、急速な都鄙間交通量の増大により、この頃、多くの役夫・調庸運脚夫らが、その往還途中、極度に疲弊する事態が生じていたこと。もう一つは、これがより本質的な要因であるが、右の現象と並行しつつ、課役忌避を目的とする百姓の浮浪・逃亡が増大したことである。なかでも霊亀・養老年間以降、たくさんの浮浪・逃亡を組織した宗教結社、行基たちの集団的な動きが活発化し、それが一つの国家的危機と捉えられたことが大きかった。

律令国家はこうした危機を前にして、それを抑止・是正するためにさまざまな打開策を講じた。その一環をなすものが、力田の推挙・褒賞制度であった。律令国家はこの制度、とりわけ規範実践者に対する恩典給付策を前面に押し出すことを通じて、まずは浮浪・逃亡を事前に抑止し、百姓（あるいは社会全体）の定着化と農桑労働への専念をはかるとともに、それを基礎にして、百姓自身による社会的弱者（往還者を含む）の保護・救済の実践をめざそうとした。

これが即座の効果をあげる政策であったか否かについては、史料不足ゆえに不明である。しかしこのような農民規範を定立させた国家側の意図としては、これを通じて、行基集団が布教と伝道を通じておこなってきた弱者救済の事業を、事実上の浮浪集団という仏教的な活動としてではなく、諸国の本貫地に地着している百姓による、個々の行為として実践させようとする点があったのではないか。日本独自の力田政策が始められた社会的前提には、行基集団による仏教結社活動が存在したのである。

このようにまとめたうえで、最後に力田政策によって推挙・褒賞された人々の社会的実態をめぐる問題について、簡単にふれておきたい。

三　力田的な農民規範の担い手と地域社会の現実

(1)推挙・褒賞された人々の社会的実態

和銅・養老期に奨励され始めた力田的な農民規範が、その直後から、社会的にどのように受け取られ、またどこまで浸透したかについて、それを具体的に探りうる史料は皆無に等しく、詳しいことはほとんどわからない。

先にみたように、九世紀代の全国的詔勅においても「力田」という言葉は使われており、また元慶五年（八八一）、畿内官田制を上奏した文中には、営田の正長として「力田之輩」を選び取ることが提案されている[87]。さらに時代が降って、一〇世紀末の永延二年（九八八）の有名な尾張国郡司百姓等解文の中にも、「力田」の言葉が登場している。尾張国守の藤原元命の苛政を弾劾した第一条において、元命が任期中の三年間のうち、「例挙」の正税出挙のほか、「息利七万三八六三束」を「国内力田」に不当に加徴した事実が指摘されている[88]。

これらからみて、「力田」という言葉の概念が当初どおりのものであるか否かの問題は別にして、少なくとも一〇世紀後半の地方官人、あるいは在庁官人レベルの階層の中に浸透していた事実は確認できるであろう。

一方、地域社会の側における規範の受け入れの問題に眼を向けてみると、四九頁の表I—4からわかるように、初見の力田の被褒賞事例は、天平一九年（七四七）五月の前部宝公と久米舎人妹女夫妻の叙位のケースであった。これは直接的には、前年の天平一八年、祥瑞献上（白亀一頭）にともなう聖武天皇の三月七日詔、「宜㆔天下六位以下皆加㆓一級㆒。孝子・順孫・義夫・節婦及力田者二級㆔」(89)に対応した褒賞であった。

行基集団の動きに警戒を強めるなか、養老五年（七二一）に出された最初の力田の推挙命令から、すでに一五年以上の歳月が流れている。その間、実際に褒賞される農民たちがあったのか否か、国史は何も語らない。

ただ右の天平一八年詔の後半の「力田者二級」という褒賞命令は、詔の前半の「天下六位以下皆加㆓一級㆒」と対になっていると思われ、これは事実上の「加階」命令であった。実際これにより、夫の前部宝公は、外正六位下から外従五位下へと「二級」加階され、その妻の久米舎人妹女は、無位から外少初位上へと「二級」昇級している。これからみて当時の律令国家の地方官人は、力田的な農民規範の実際的な担い手としては、位階制度など、すでに国家的な支配体制に連なっている地域内の有力者、とりわけ経済的な富裕層、あるいは前部宝公のような渡来系の氏族世帯をターゲットにしていたように思われる。

時代は一〇〇年近く降るが、九世紀代に褒賞された三つの事例（表Ⅰ—4）をみても、天長一〇年（八三三）、安芸国の力田で、「叙一階」に処された伊福部五百足らは、「所㆓耕作㆒田各卅町已上。貯積之稲亦四万束已上」という、相当の経済的富裕層であった。また嘉祥三年（八五〇）、「一階」を叙された伊予国の力田、物部連道吉や鴨部首福主の場合、「連」「首」というカバネを帯び、自己の「私産」を「傾き尽くし」て、「窮民」を救済するような階層であった。

総じて律令国家が奨励した力田的な農民規範の受け皿になったのは、こうした地域内の有力者層や渡来系氏族のメンバーであった。国家の側もそうした階層に期待を寄せていたと推測される。またその受け皿になった階層の側にも、官位獲得や位階の昇階という国家的特典の授与が、活動を支える一つの動機になっていたとも考えられる。

ただし力田的な農民として挙げられた階層を、たとえば律令国家による売位制度、「献物叙位」の制度に呼応した階層とまったく同一視することはできない。

よく知られるように律令国家は、陸奥鎮所への「私穀」の運搬・献上を求めた養老六年（七二二）の太政官奏を起点として[90]、軍粮調達や大仏、官寺（東大寺・西大寺等）の造営など、莫大な国家事業経費の調達を、民間の「私産」に頼ろうとする献物叙位制度を運用していた。養老から延暦期の『続日本紀』には、これに応じて「外従五位」を授かった人々の事例を一〇〇例近く見出せる。

野村忠夫氏の研究によると[91]、その多くは「大領」「少領」「軍毅」などの官職につき、またほとんどがカバネを有する階層であった。彼らは各時期の国家事業の中身に呼応しつつ、「私穀」「稲」「銭」「鍬」「商布」など、大量の財物を一挙に献上し、それにより外従五位を授与されていた。

野村氏は、こうして外従五位を授かった者たちの、その後の官途歴を分析し、この制度の本質が、あくまで律令国家権力を担う貴族官人の構成とその秩序に関わる問題だったと指摘する。そして実際に叙位された中央下級官人・地方豪族・上級富裕農民の側にも、蓄財してきた私財の提供を、「体制内での地歩上昇」のみにつなげようとする指向があったと説いている[92]。

ところがこれに対して、力田的な農民として挙げられた人々は、各地の富裕な農民層ではあるものの、その中には右の郡領クラスの被褒賞者は含まれていない。これからみて彼らは、それよりやや下位に属するとみられ、またその後の官途歴も確認できない人たちである。

さらに力田の場合、自ら蓄積してきた「私産」や「稲」を国家への寄進ではなく、あくまで窮民や往還者等の社会的弱者の救済に向けていた。しかも注目されるのは、そうした行為が「私産を傾け尽くす」ような形でおこなわれたり（四九頁の表I―4の③）、あるいはそれが持続的なものだったと記される点である。

たとえば、『続日本紀』延暦三年（七八四）一〇月条には、つぎのような記事がみえる。

越後国言。蒲原郡人三宅連笠雄麻呂、蓄二稲十万一、積而能施。寒者与レ衣、飢者与レ食。兼以脩二造道橋一、通二利艱険一。積レ行経レ年。誠令二挙用一、授二従八位上一。(93)

ここには力田という言葉はみられない。しかし記事内容からみて、越後国蒲原郡の人、三宅連笠雄麻呂が、従八位上に叙されたのは、彼がこれ以前、事実上、力田的な農民規範にかなう活動を実践していると認定されたからだと思われる。延暦三年の前半やその前年の史料においては、力田の推挙・褒賞を命ずる全国的な詔勅が発令された痕跡を確認できない。したがってこの「挙用」は、越後国司による部内巡行時の「定例」推挙にもとづく例だと考えられる(94)。

それでは笠雄麻呂は具体的にどのような活動により推挙・褒賞されたのか。史料にもとづくと、笠雄麻呂が、蓄積稲「十万」束を困窮者の救済と道橋の修造等にあてたこと、そしてその前提には、永年、農耕労働に努めてきたことが評価されたのは明らかである。

ここで看過できないのは、記事の終わりの箇所で、「行を積むこと年を経る」と書かれている点である。つまり笠雄麻呂が力田的な農民として認定される際、決定的に重要だったのは、右に示した活動が決して一時的なものでなく、持続的なものであった点である。これは一挙に財物を寄進して、位階を得ようとするケースとは根本的に区別される。こうした持続性こそが、農民規範に適うものと認定され、その推挙・褒賞につながったのであろう。

また前述のように、力田として挙げられた農民の中には、自らの「私産」を「傾け尽くし」て、「窮民」を救済するような姿も読み取ることができた（表I―4の③）。このような持続性、および他者に対する「献身性」

が、律令国家への財物寄進によって「体制内での地歩上昇」につなげようとした階層と、力田的な農民として挙げられた階層との大きな違いであるといえる。前章でみたように、まさにこうした点に、「賢者」としての力田の一断面があらわれているのだと思われる。

こうしてみると律令国家の力田的な農民規範については、それが普遍的なモラルとして深く内面化されたものになっていたかどうかは別にして、各地の富裕層や渡来系氏族を中心にして、その受け皿となる階層が存在したと理解されるであろう。その一方、一般の農民層の場合はどうだったのか。

(2)過酷な地域社会と生業・生存の維持

九世紀後半の史料だが、貞観四年(八六二)八月、和泉国の白丁、川枯首吉守が力田として「位一階」を叙された例がある(表I—4の④)。ここで川枯首吉守は「白丁」と書かれるが、首のカバネを帯びる川枯という氏族集団(おそらく渡来系)の一員である。水田耕営を基礎にする農民世帯だったことはたしかであろうが、具体的な褒賞理由が何も記されていない。したがってこれを一般農民のあり方として普遍化するには躊躇せざるを得ない。結局のところ、その実相は不明なのである。

ただし一つの見通しを述べれば、そもそも生業や生存の維持に関わる問題は、国家的な農民規範が奨励されだす以前から、共同体内部における重要な克服課題として認識されるとともに、それにともなう一定の地域慣行や社会規範が存在していたのであろう。

というのも、近年の新しい研究成果によると、奈良時代前後の日本列島は、飢饉と農業危機が慢性的に続くとともに、疫病が蔓延する過酷な社会であったことがわかっている(95)。現存する籍帳データにもとづくと、男女の平均寿命はわずか三〇歳前後だったといい(96)、人の命が簡単に尽きてしまうのが、この時代の社会の現実であった。

これにより片親、両親を失った子ども、身寄りのない高齢者など、社会的弱者が大量に発生し、また配偶者を亡くす男女の発生率も非常に高い状況にあった。

このような脆弱な生存条件のもと、各地の地域社会においても、右の力田的な農民規範内容にも関連する、生業（稲作）と生命の維持・再生産をめぐる問題は、共同体的につねに対応すべき重要課題として意識されていたはずである。

ところがこれらには、稲作用の種籾の調達や水源地の確保、食糧資源そのものの獲得、さらには婚姻と出産など、一般の個々の農民世帯だけで対処できない、より現実的で社会的な問題が多く含まれていた。そこで国家的な規範意識とは関わりなく、これらの問題は、もともと村を中心とする共同体内部で自律的に対処すべき重要課題として位置づけられていたと推測される。そのもとで共同体独自の慣行や、生存をめぐる独自な社会規範も形成されていたようである。その当時、大量に発生したと思われる社会的な弱者のうち、とくに疲弊した往還者の保護・救済をめぐる問題については、今後の研究課題として保留したい。しかし、生業（稲作）の維持に関わる共同体内の儀礼と、地域の人口の維持・再生産をめぐる慣行と社会規範の中身については、本書第Ⅱ部の各論文において詳述したい。

要するに古代の地域社会では、当時の厳しい生活環境に規定され、生業と生存をめぐる問題は、律令国家の農民規範とは別の次元において、共同体の自前の力で解決がはかられようとしていた。もとより、それがたやすく、しかも持続的に実現されていたとは思われない。八世紀の地域社会では、疫病が広まることにより、村そのものが丸々消滅する事態も生じていた可能性がある(97)。しかしそういう状況であったからこそ、逆に農民たちは神祇祭祀を軸に共同体的に結集して、さまざまな自前の規範意識と慣行を作り上げ、自らの生業と生存を守ろうとしていたと考えられる。

おわりに

以上、本章では、第一章で解明した日本の力田＝国家的農民規範の問題について、日中比較研究も取り入れた考察をおこなった。それがどのような社会状況と関わって奨励され始めたのか、また日本の律令国家による社会編成原理といかに関連するか、さらに力田的な農民規範の担い手の社会的実態の問題等について言及した。その結果をまとめれば、つぎのとおりである。

一、力田を推挙・褒賞する政策は、もともと中国王朝から取り入れられたものであるが、中国でそれが本格的に開始されたのは前漢王朝時代の文帝期であった。文帝期の王権は、力田政策のほか藉田・親桑儀礼なども実施しつつ、「力を耕桑に肆す」（＝農桑労働への専念）という分業倫理の奨励を始めた。

二、それはこの当時、農・工商間分業の不均等発展、とりわけ商工業の急速な発達により、多数の農民が農業を放棄し、商工業に包摂される事態が生じたからである。それに対して力田政策は、社会の基盤産業である農業の担い手である農民の保護・育成をめざすものであり、同時にそれは秦漢から隋唐期の統一王権の社会編成原理（四民分業論的な社会編成原理）の維持・強化をはかる政策の一環をなしていた。

三、このような力田政策を日本の律令国家は、八世紀初頭の和銅から養老期に取り入れた。その特徴の一つは、規範要件の中身に、「農桑労働への専念」のみならず「社会的弱者の救済」という要件も組み込まれている点に求められた。

四、その理由については、日本の力田政策が中国のように社会的分業の不均等発展にもとづいて始まったのでなく、都鄙間を頻繁に往き来するようになった調庸民の食糧問題と、浮浪・逃亡の激化、なかでも仏教結社化した行基集団の抑止策と関連づけて開始されたことにある。つまり律令国家は、力田という国家的規範の実践世帯に恩典を与えることにより、まずは百姓（あるいは社会全体）の定着化と農桑労働への専念をはかり、それとともに往還者を含む社会的弱者の保護・救済をおこなう百姓の育成をはかりだしたと理解できる。

五、律令制的な社会編成原理の基礎をなす戸籍―編戸制度は、全国的戸籍の嚆矢である庚午年籍（六七〇年）や庚寅年籍（六九〇年）の作成を通じて整えられていった。力田政策はこの戸籍制度と密接不可分に関わり、編戸された農民を一元的に国―郡―里の地域別に支配しようとする社会編成原理を、規範意識の面から補強・強化しようとするねらいをもっていた。

六、力田という規範意識やその用語については、後世にまで残り続けるが、その実践的な世帯として挙げられた人々の社会的実態は、不明の部分が少なくない。残されたわずかな史料からみて、総じてそれは各地の富裕な農民層や渡来系氏族に属する人たちが中心であったと考えられる。一方、個々の農民たちがこれに推挙される余地はほとんどなかったとみられる。その要因は、当時の社会が過酷な生活環境のもとに置かれていたことにもとづく。そうした状況にあって、農民たちの生業や生存の維持に関する問題は、国家的に奨励された農民規範とは別の次元において、各地の共同体の自前の力で解決しようとする努力が積み重ねられていた。

繰り返し述べるように、律令国家の力田政策は、和銅から養老期に活発化し、一つの政治的危機としても意識された日本初の仏教結社、行基集団の動きが大きなウェイトを占めていた。結局、行基らの集団は、国家的に組織されるが、石母田氏はそれに至るまで古代国家は、人民と闘っていたと評価していた。

行基らの動きは、主として畿内・近国地域を舞台とする国内問題である。しかしその結合原理が、血縁的・族制的な縁故・結びつきに留まらない仏教的な教理（三階経）にもとづくことが示すように、その内容は、大陸諸国との接触を不可欠な条件とする国際性を帯びた活動であった。全体としてこれは、大陸の先進的な宗教意識を人民が初めて自己のものとした、「国際的交通の所産」ともいうべきものだった。発展段階と社会構成を異にする東アジア世界における一つの地域の歴史をみる場合、それ自身が歴史性と階層性を有している国際的交通の問題をつねに視野に入れる必要があるだろう。

註

（1）『令義解』職員令大国条。
（2）『令義解』戸令国守巡行条。
（3）『令義解』考課令国郡司条。
（4）『令義解』戸令為里条。
（5）李林甫等撰（廣池千九郎訓点、内田智雄補訂）『大唐六典』（広池学園事業部、一九七三年）、五二四頁。以下、本書における『大唐六典』の引用はこれを参照する。
（6）戸令国守巡行条の「勧務農功」について、『令集解』では「古記无ㇾ別」と書かれている（同書、国守巡行条）。
（7）嘉祥年間との関わりでいうと、石川県加茂遺跡で出土した嘉祥某年（二年カ）の年紀を記す「加賀郡牓示札」が注目される。これは加賀国の国符を受けて発令された加賀郡の郡符の内容を、郡雑任の田領が、深見村などの各「村」と各「里」に通知したものである。そこには、何ヶ条かの禁令・訓戒とともに、「農業に塡（慎）み勤むべき」百姓名の上申も命じられている（石川県埋蔵文化財センター編『発見！　古代のお触れ書き　石川県加茂遺跡出土加賀郡牓示札』大修館書店、二〇〇一年）。名前の上申命令であるから、当然、何らかの褒賞が意図されていたと考えられる。力田政策や国司の部内巡行時の推挙・褒賞システムとの関連性があると予測される。鈴木景二氏は、当史料が、中央政府の命によるのでなく、加賀国司独自の法令として出されたこと、とりわけ加賀国司の着任時の「政始めの儀礼」に発令された「国符」をもとにしていると指摘した。そしてこれが九世紀半ば頃の中央貴族の意識した「理想的農民像」をあらわすとも述べている（鈴木「加賀郡牓示札と在地社会」〈『歴史評論』六四三、二〇〇三年〉）。興味深い見解である。今後、当史料の考察については、筆者自身が、九世紀以降の農民規範の奨励策の具体像を考えていく際の重要な研究課題としたい。なお、右の「政始めの儀礼」の問題も含め、平安時代の摂関期の受領による任国地での「勧農」政策については、有富純也氏の研究がある（同『日本古代国家と支配理念』東京大学出版会、二〇〇九年）。

（8）『大唐六典』巻三、戸部尚書条。

（9）『漢書』巻二、恵帝紀。

（10）西村元佑「漢代の勧農政策」（同『中国経済史研究――均田制度篇――』東洋史研究会、一九六八年）。

（11）紙屋正和「前漢郡県統治制度の展開について㊤――その基礎的考察――」（『福岡大学人文論叢』一三―四、一九八二年）、同「前漢郡県統治制度の展開について㊦――その基礎的考察――」（『福岡大学人文論叢』一四―一、一九八二年）。

（12）『漢書』本紀、巻二。

（13）西嶋定生『中国古代帝国の形成と構造――二十等爵制の研究――』（東京大学出版会、一九六一年）、二〇二頁。

（14）本書第Ⅰ部第一章を参照のこと。

（15）鎌田重雄『秦漢政治制度の研究』（日本学術振興会、一九六二年）、四二七頁。

（16）中華人民共和国の「江蘇省東海県尹湾漢墓群発掘簡報」（前漢末）によれば、その「集簿」一号に、「県三老卅八人。郷三老百七十人。孝・弟・力田各百廿人。凡五百六十八人」という記載がみられるという（『文物』四八三期、一九九六年）。これは漢代の力田のあり方について興味深い事実を提供する。当資料に対する今後の中国史研究の進展を期待したい。

（17）福島繁次郎「唐代の郷挙里選論」（同『中国南北朝史研究』教育書籍、一九六二年）。

（18）『大唐六典』巻三〇、五二四頁。

(19) ただし『旧唐書』巻二四、職官志三の該当箇所には、「其孝・悌・力田」に続く箇所に、「頗有二詞学一者」という付加規定が記されている（中華書局版『旧唐書』）。

(20) 渡辺信一郎『天空の玉座――中国古代帝国の朝政と儀礼――』（柏書房、一九九六年）、一七九頁。

(21) 『漢書』本紀、巻四。

(22) 『漢書』本紀、巻四。

(23) 藉田・親桑儀礼に関わって、この時期の『正史』本紀には、〔史料4〕〔史料5〕を嚆矢としつつ、合わせて一一〇件以上の関連史料が登場する。ただし各王朝の正史の礼儀志などによると、両儀礼とも毎年開かれるべきものと定められているが、実際には臨時、不定期の行事であった（坂江渉「古代東アジアの王権と農耕儀礼――日中社会文化の差異――」〈鈴木正幸編『王と公――天皇の日本史』柏書房、一九九八年〉）。なお金子修一氏の研究によれば、唐代の藉田は、皇帝即位後の最初の皇帝親祭という形で開かれていたという（金子「中国の皇帝制――とくに唐代の皇帝祭祀を中心に――」〈『講座　前近代の天皇』五、青木書店、一九九五年。のち同『古代中国と皇帝祭祀』〈汲古書院、二〇〇一年〉に所収〉）。

(24) 上田早苗「漢代の家族とその労働――夫耕婦績について――」（『史林』六二―三、一九七九年）。

(25) 『後漢書』礼儀志によると、「正月始耕。（中略）耕時、有司請二行事一、就二耕位一。天子・三公・九卿・諸侯・百官、以レ次耕。力田種各耰《すき》訖、有司告二事畢一」などとある。

(26) 文帝期の藉田儀礼と力田の定期的な推挙システムの時間的な先後関係をみると、藉田の方が約一〇年早く開始されている。この先後関係を重んじると、力田政策は正確には、藉田儀礼を起点として、それを補完するねらいをもって立案・開始されたというべきであろう。

(27) 近年、律令国家の天皇と勧農の問題を考察した三谷芳幸氏は、中国における「皇帝の親耕と力田の存在は、国家秩序の頂点と末端にあって、農業規範の唱道と実現という意味で呼応する関係」（三谷『律令国家と土地支配』〈吉川弘文館、二〇一三年〉第三部第二章「律令国家の勧農と天皇」、二六四頁。初出は二〇一〇年）にあったと説く。そして、「漢代以降の中国では、藉田儀礼と力田政策を二つの柱として、農業規範の普及を目的とする道徳的な勧農の体系が構築されていた。皇帝はその体系のなかで、農業規範を示教する道徳的指導者の役割を担っていた」（同書、二六四頁）と述べている。

(28)『漢書』巻二四、食貨志。

(29) 石母田正「古代社会と手工業の成立」（同『日本古代国家論　第一部』岩波書店、一九七三年。初出は一九六三年）、四二二〜四二三頁。なお顔師古は、当該部分の註において、「本、農業也。末、工商也。言㆔人已棄㆑農而務㆓工商㆒」という解釈を下している（『漢書』巻二四、食貨志註）。

(30)『漢書』巻二四、食貨志。

(31) この時期の中国王権が広く民衆に農桑労働への従事をアピールした理由として、国家税制上の基盤確保という目的があったとみる見解がある。この見方を先駆的に唱えたのは、前述の上田早苗氏である（上田註(24)前掲論文）。氏によると、中国古代の税制体系、とりわけ魏晋期以降のそれの特徴は、制度上、男性（夫）から「租」を、女性（婦）から「調」を徴収する点に求められるという。上田氏はそれが元来社会通念である「男耕女績」の理念にもとづいていたと述べた。そして藉田・親桑儀礼がとくに前漢の文帝期に開始された要因も、こうした国家財政の樹立の問題と結びつけて評価しているようである。もちろん筆者自身も、藉田儀礼や力田政策が税制の問題とリンクするのは認める。ただ問題は、この儀礼が開始された前漢文帝期と、右の税制（租調制度）が確立された時期すなわち魏晋期との間には、かなりの時間的ギャップが存在することである。そこでここでは、より本質的な理由として、本文で述べたような当該期の社会情勢を重視した。

(32) 石母田註(29)前掲論文、同「日本古代における分業の問題」（同『日本古代国家論　第一部』岩波書店、一九七三年。初出は一九六三年）。

(33) 渡辺信一郎『中国古代国家の思想構造——専制国家とイデオロギー』（校倉書房、一九九四年）、五〇頁。

(34) 山根清志氏の研究によると、少なくとも中国の唐代では、「百姓」の中に「士」は含まれないという（山根「唐の「百姓」身分・補論」〈栗原益男先生古稀記念会『中国古代の法と社会』汲古書院、一九八八年〉）。

(35) 渡辺氏によると、この「郷戸籍」は農民の軍事的編成、すなわち農民軍役の基礎台帳としても用いられたという。つまり古代中国の軍事的編成の基本対象となる住民はあくまで農民であった。ただし渡辺氏は、社会そのものの編成は、この軍事的編成によって完結していたわけでなく、全社会的には社会的分業の原則によって編成されていたことを強調している（渡辺註(33)前掲書、一五〇頁）。

(36) さらに魏晋期には、士（士大夫）の階層を登記した「士籍」も作られ、彼らはそれにより徭役免除特権を保障されていたという（渡辺註(33)前掲書、一五三頁）。

(37) 渡辺註(33)前掲書、一五五頁。

(38) 渡辺註(33)前掲書、一四五頁。

(39) 『続日本紀』霊亀元年一〇月乙卯条。

(40) 『傀儡子記』（『日本古典文学大系　古代政治社会思想』岩波書店、一九七九年）。

(41) 『日本書紀』雄略天皇六年三月丁亥条。

(42) 『日本書紀』継体天皇元年三月戊辰条。

(43) 吉村武彦「古代の社会構成と奴隷制」（『講座日本歴史』二、東京大学出版会、一九八四年）、布目順郎『倭人の絹』（小学館、一九九五年）、大津透『律令制とはなにか』（日本史リブレット73、山川出版社、二〇一三年）など。

(44) 『万葉集』巻二〇—四四九三の前書部分には、「（天平宝字）二年春正月三日、召㆓侍従竪子王臣等㆒、令㆑侍㆓於内裏之東屋垣下《かきもと》㆒、即賜㆓玉箒《たまばはき》㆒肆宴。于㆑時、内相藤原朝臣奉㆑勅宣、諸王卿等随㆑堪任㆑意作㆑歌并賦㆑詩。仍応㆓詔旨㆒、各陳㆓心緒㆒、作㆑歌賦㆑詩」とみえる。ここで参加者に与えられた「玉箒《たまばはき》」というのは、玉飾りのついた后妃による親桑（親蚕）用の箒である。

(45) 小野勝年「正倉院の年中行事品」（『仏教芸術』一〇八、一九七六年）、正倉院事務所編『正倉院宝物　南倉』（朝日新聞社、一九八九年）。

(46) 井上薫「子日目利箒小考」（『龍谷史壇』七三・七四、一九七八年）、同「子日親耕親蚕儀式と藤原仲麻呂」（『橿原考古学研究所論集』一〇、一九八八年）、保立道久「巨柱神話と「天道花」——日本中世の氏神祭と農事暦——」（岩波書店編『ヘルメス』二六、一九九〇年。のち同『物語の中世——神話・説話・民話の歴史学』〈東京大学出版会、一九九八年〉に所収）など。

(47)　飯沼二郎・堀尾尚志『ものと人間の文化史　農具』（法政大学出版局、一九七六年）。中世の女性労働と養蚕との関わりの問題については、網野善彦・宮田登『歴史の中で語られてこなかったこと――おんな・子供・老人からの「日本史」――』（洋泉社、一九九八年）がある。

(48)　丸山「唐と日本の年中行事」（池田温編『古代を考える　唐と日本』吉川弘文館、一九九二年）。

(49)　高木博志『近代天皇制の文化史的研究――天皇就任儀礼・年中行事・文化財――』第一部第二章（校倉書房、一九九七年。初出は一九八九年）、坂江註(23)前掲論文など。

(50)　三谷芳幸氏は、藉田儀礼が日本の天皇制になじまなかった理由として、日本の天皇は、新嘗祭や祈年祭など、宗教上、穀物の豊穣を実現させようとする固有の役割をもっていたからではないかと推測している（三谷註(27)前掲書、二六五頁）。

(51)　『令集解』田令外官新至条の「令釈」説が引用する格文には、この日定められた「給食法」について、以下のように記されている。「和銅五年五月十六日格云、国司巡二行部内一、将従次官以上三人、判官以下二人、史生一人、並食二公廨一。日米二升、酒一升、史生酒八合、将従一人、米一升五合」。なお大日方克己「律令国家の交通制度の構造――逓送・供給をめぐって――」（『日本史研究』二六九、一九八五年）も参照のこと。

(52)　ただし櫛木謙周氏の研究によれば、この条文は大宝令では継受された可能性もあるという（櫛木『日本古代労働力編成の研究』第六章〈塙書房、一九九六年。初出は一九八九年〉）。

(53)　『続日本紀』和銅八年（七一五）五月辛巳朔条、同養老元年（七一七）四月壬辰条、天平八年（七三六）一一月丙戌条など。「四民」という語句を含むこれらの史料が、とくに浮浪・逃亡の禁断に関わる記事である点が興味深い。

(54)　横田冬彦「はたらくことの近世史」（『神戸大学史学年報』四、一九八九年）、深谷克己『百姓成立』（塙書房、一九九三年）、倉地克直『近世の民衆と支配思想』（柏書房、一九九六年）など。

(55)　律令制下には、「雑戸籍」「陵戸籍」なるものが作られていたことが知られる（『令義解』戸令造戸籍条）。このうち雑戸（＝百済手部・飼丁・雑工戸・鍛戸など）は、その当時卑賤視されていたことを示す史料がみられ、「雑戸籍」はいわゆる「良民籍」とは系統を異にする、特殊な戸籍とみるべきである（狩野久「品部雑戸制論」〈同『日本古代の国家と都城』東京大学出版会、一九九〇年。初出は一九六〇年〉）。

(56)　櫛木氏は、中国の「四民」規定が日本に継受されなかった点をめぐり、「四民規定の彼我の比較は、社会的分業＝生産力の量的比較に終わってはならないのであり、中国に対する日本の後進性を確認するだけでは研究を前進させることはできない」と指摘する（櫛木註(52)前掲書第六章第二節「中国の手工業労働力編成との比較」、二九一頁。初出は一九八九年）。継承されるべき見解である。また渡辺信一郎氏は、統治を専門とする階級である「士人層」が欠落していたことが、日本令における「四民」規定の削除につながったと推定している（渡辺註(33)前掲書、一六六頁）。

一方、古代東アジア世界の分業の問題やその伝播・普及のあり方を先駆的に分析した石母田正氏は、倭国内の支配者層および王権は、早くから高度に発達した労働技術や知識を大陸の文明諸国から先取りして、政治的に編成し、それにより人民に対する優位な地歩や国内的な支配・隷属体制を強化した事実に眼を向ける。氏によると、船来技術や分業形態の政治的編成は、大化前代における渡来人を王権に組織・配置した部民制の成立がその代表例であり、律令制下では、品部・雑戸らによる官衙内工房（中央・国衙）における作業体制の確立がその典型をなすという。そしてこうした編成のあり方を分業の「カースト的形態」と呼んでいる。氏はさらに、古代以降の社会における分業の展開や技術の分化・普及にとって、国家権力が上から果たした役割の重要性についても、繰り返し喚起している（石母田註(29)前掲論文、同註(32)前掲論文「日本古代における分業の問題」）。

要するに古代から中世成立期に至る分業（労働様式）や技術力の問題は、東アジア世界の周辺に位置するという、倭国の置かれた所与の国際的・客観的条件により、王権や国家権力によって主導され、その自由な展開が政治的に抑えられていた事実に眼を向けなければならない。日本の王権は、中国古代の王権のやり方とは異なった「直属」という形で、分業を政治的・計画的に統括・編成していたと理解されるであろう。

(57)　本書第Ⅲ部第一章を参照。

(58)『続日本紀』和銅五年正月乙酉条。

(59)『続日本紀』和銅五年一〇月乙丑条。

(60)『続日本紀』和銅六年三月壬午条。

(61)『続日本紀』霊亀二年四月乙丑条。

(62)『続日本紀』養老四年三月己巳条。

(63)『続日本紀』神亀元年三月甲申条。

(64)『続日本紀』天平宝字三年五月甲戌条。

(65)一般に古代の共同体の人々が、宗教上、外から訪ねた来た「異境の人」を神聖視する意識をもっていたことが指摘されている（松本信弘「外者款待伝説考」〈同『日本神話の研究』平凡社東洋文庫、一九七一年。初出は一九三一年〉）。しかし統一税制の確立などにより、都鄙間交通が常態化し始めると、幹線路を行き来する役民たちに対して、やや閉鎖的な態度をとっていたことを示す史料がある。早く『日本書紀』の大化二年（六四六）三月甲申詔では、辺境の役民が帰郷時に「横死」したり、路辺で炊飯したことに対し、「路頭之家」が、ことさら「祓除《はらへ》」（財物）を強要する姿が描かれている。「助㆓養窮乏㆒、存㆓活独惸㆒」という要件の定立は、こうした役民たちに対する地域社会の共同体の「閉鎖的な習俗」の存在（荒木敏夫「古代国家と民間祭祀」〈『歴史学研究』五六〇、一九八六年〉）が前提になっており、それを打開する意味も込められていたと考えられる。

(66)律令では浮浪と逃亡を明確に区別し、本貫地を離れても賦役を納める者を「浮浪」、納めない者を「逃亡」と規定している（『令集解』戸令絶貫条各説）。しかし実際には両者を混用している史料が多い。八世紀代の関連史料を博捜した大町健氏によると、逃亡は本貫地および発生地での認識であり、浮浪は所在地における認識というのが正しい捉え方のようである（同「律令国家の浮浪・逃亡政策の特質」〈『原始古代社会研究』4、校倉書房、一九七八年〉）。本書でも基本的にこの理解にしたがう。

(67)『続日本紀』和銅四年九月丙子条。

(68)鎌田元一「律令国家の浮逃対策」（同『律令公民制の研究』塙書房、二〇〇一年。初出は一九七二年）。なおこのような解釈の根拠は、『類聚三代格』（巻一七、蠲免事）の弘仁二年（八一一）八月一一日付の太政官符が引用する和銅八年五月一日格に、「天下百姓、多背二本貫一、浮二浪他郷一、規二避課役一。自レ今以後、浮浪逗留、経二三月以上一、輸二調庸一。仍録二国郡姓名一、附二調使一申送」と記されていることによる。

(69)　このような任務を帯びた巡察使の派遣は、その後、天平一〇年（七三八）までみられない。『続日本紀』の同年一〇月己丑条に、「遣二巡察使於七道諸国一、採二訪国宰政迹、黎民労逸一」とあるのがそれである。ただし〔史料9〕の四年後の、養老三年（七一九）五月には、管国内の国司と、百姓の「挙罰」を任務とした「按察使《あぜち》」が諸国に派遣されている（『類聚三代格』巻七、牧宰事、養老三年七月一九日格）。これについては次章にて詳述する。

(70)　『続日本紀』霊亀三年（七一七）五月丙辰条、同養老四年（七二〇）三月己巳条、同養老五年（七二一）二月甲午条、『類聚三代格』（巻一二、隠首括出浪人事）の天平八年二月二五日勅が引用する養老五年四月二七日格など。

(71)　『続日本紀』天平二一年（七四九）二月丁酉条の、いわゆる「行基和尚遷化伝」にみえる。

(72)　石母田正「国家と行基と人民」（同『日本古代国家論』第一部、岩波書店、一九七三年）。

(73)　勝浦令子「行基の活動における民衆参加の特質――都市住民と女性の参加をめぐって――」（『史学雑誌』九一―三、一九八二年。のち同『日本古代の僧尼と社会』吉川弘文館、二〇〇〇年に所収）。

(74)　石母田註(72)前掲論文、一一〇頁。

(75)　『続日本紀』天平三年八月癸未条。ここでは行基にしたがう「優婆塞」「優婆夷」のうち、男子六一歳以上、女子五五歳以上の者に限って「入道」を許す処置がとられた。このうち「男子六一歳以上」という年齢区分は、国家の課役確保の問題と関連することはいうまでもない。

(76)　『続日本紀』霊亀三年（七一七）五月丙辰条、養老六年（七二二）七月己卯条、天平二年（七三〇）九月庚辰条など。

(77)　『続日本紀』養老六年七月己卯条。

(78)　『類聚三代格』（巻三、僧尼禁忌事）に掲載される養老六年七月一〇日太政官奏に、このような具体的な処置がとられたことがみえる。

(79) 栄原永遠男氏は、養老七年（七二三）の「三世一身法」の発布以前の行基集団の特徴は、集団的に托鉢をおこなう点にあったという。そして灌漑施設の造営等の社会事業は、これ以降に始まったと説く（栄原「行基と三世一身法」〈赤松俊秀教授退官記念事業会『赤松俊秀教授退官記念　国史論集』同会、一九七二年〉）。

(80) 吉田晶『古代の難波』（教育社、一九八二年）、二一九頁。

(81) 『続日本紀』の天平一五年（七四三）一〇月乙酉条に、「皇帝御二紫香楽宮一。為レ奉レ造二盧舎那仏像一、始開二寺地一。於レ是、行基法師、率二弟子等一、勧二誘衆庶一」とみえる。

(82) 石母田註(72)前掲論文、一一九頁。

(83) 『類聚三代格』巻一二、隠首括出浪人事。

(84) 鎌田註(68)前掲論文。

(85) なお前章で述べたとおり、この時期の律令国家は、百姓の浮浪・逃亡も「災異」の一つとして認識していた。〔史料8〕の養老五年四月癸卯に発令された力田の推挙令は、王権側にとってみると、そうした災異を取り除くための「有徳」政策と観念されていた可能性が強い。

(86) 石母田正「古代法小史」（同『日本古代国家論』第一部、岩波書店、一九七三年。初出は一九六二年）、一九六頁。

(87) 『日本三代実録』元慶五年二月八日丙戌条。

(88) 阿部猛『尾張国解文の研究』（日本史学研究双書2、大原新生社、一九七一年）の校訂文にもとづく。ただし阿部氏自身は、この力田を「現作田」、すなわち土地そのものをさすのではないかと指摘する（同書、七二頁）。

(89) 『続日本紀』天平一八年三月己未条。

(90) 『続日本紀』養老六年閏四月乙丑条。

(91) 野村忠夫「献物叙位をめぐる若干の問題——各政権の政策と官人構成の視角から——」（弥永貞三先生還暦記念会『日本古代の社会と経済』下巻、吉川弘文館、一九七八年。のち、同『律令政治と官人制』〈吉川弘文館、一九九三年〉に所収）。

(92) 野村註(91)前掲論文、一四頁。

(93) 『続日本紀』延暦三年（七八四）一〇月戊子条。

(94) 笠雄麻呂の地域社会における歴史的位置づけについては、ミヤケの問題と結びつけた桑原正史氏の研究がある（同「蒲原郡人三宅連笠雄麻呂の困窮者救済と北陸地方におけるミヤケ史料の分布」〈新潟県西蒲原郡巻町役場町史編さん室『巻町史研究』一、一九八五年〉）。

(95) 今津勝紀『日本古代の税制と社会』（塙書房、二〇一二年）、葛飾区郷土と天文の博物館編『東京低地と古代大嶋郷――古代戸籍・考古学の成果から――』（名著出版、二〇一二年）、田中禎昭「古代戸籍にみる人口変動と災害・飢饉・疫病――八世紀初頭のクライシス――」（三宅和朗編『古代の暮らしと祈り』環境の日本史2、吉川弘文館、二〇一三年）など。またこれに続く中世社会の現実については、田村憲美『日本中世村落形成史の研究』（校倉書房、一九九四年）、西谷地晴美『日本中世の気候変動と土地所有』（校倉書房、二〇一二年）などを参照のこと。

(96) W.W.Farris（ウェイン・ファリス）、*Population, Disease, and Land in early Japan, 645-900*, Cambridge, Harvard University Press, 1985.

(97) よく知られるように、天平七年（七三五）から九年にかけての日本列島では、「裳瘡《もがさ》」「豌豆瘡《えんどうそう》」などと記される疫病が大流行した。ちょうどこの天平九年の諸国正税帳に対するW・ファリス氏の研究にもとづいた吉川真司氏は、この時、全国で一〇〇万～一五〇万の人が亡くなったと推定する。そして、「これに天平六年の地震、七年の凶作・疫病の被害を加えるなら、まさしく未曾有《みぞう》の大惨事が列島社会に起きていたと考えねばならない」と述べている（吉川『聖武天皇と仏都平城京』天皇の歴史02巻、講談社、二〇一一年、一三一頁）。これにしたがうと古代では、村そのものが全滅するような事態がしばしば起きていたと想定できよう。

第三章　律令国家の社会編成原理の転換と浮浪人認識――「不論土浪」策の登場――

はじめに

本章では、八世紀末から一〇世紀の史料に頻見される「不論土浪」という文言をともなう政策のうち、とくに初見の延暦年間の記事に光をあてる。その登場の意義と要因について、当時の列島上で展開した新たな交通関係のあり方を考慮した検討を加え、律令国家による社会編成のあり方の転換の問題を考える。

前章でふれたように、日本の律令国家は、七世紀後半、全国的な編戸・造籍をおこなうことにより、農民を百姓として一元的に国―評（郡）―五十戸（里）の地域別に支配していく体制を樹立した。編戸された百姓（公民）を主な統治対象に据え、戸を単位とした徴税と軍役徴発をおこなうとともに、一方で班田制により戸の保護・育成をはかろうとする統治システムは、その後の律令国家の政策基調をなすことはいうまでもない。

古代中国でも、編戸・造籍はおこなわれていた。しかしそれは「郷戸籍」「市籍」「士籍」など、士農工商の職能（分業）別編成を原則としていた（前章第一節参照）。社会のうち、農民のみを編戸して、戸を単位として統治しようとする体制は、日本の律令国家による社会編成の類型的特質をなした。

こうした体制の律令国家にとって、つねに懸念材料となったのは、編戸した百姓の浮浪・逃亡であった(1)。初の全国的戸籍といわれる庚午年籍の造籍時（六七〇年）には、「造二戸籍一、断二盗賊与浮浪一(2)」とあるように、造籍が盗賊とともに浮浪行為を断ったと記されている。またその二〇年後、初めて浄御原令の戸令によって作成された(3)庚寅年籍の造籍発令時にも、「詔二諸国司一曰、今冬、戸籍可レ造。宜下限二九月一、糺中捉浮浪上。其兵士者、毎二於一国一、四分而点二其一一、令レ習二武事一」(4)とある。やはりここでも、浮浪の捕捉のことがみえている。

このような二度にわたる七世紀後半の全国的造籍、およびその後、原則として六年毎におこなわれた造籍にもかかわらず、編籍地や課役地から離脱しようとする百姓の動きは止むことがなかった。むしろ八世紀以降、造都・造寺事業の本格化や律令制的貢納体系の整備・確立により、それはますます増大していった。そして霊亀・養老年間には、行基によって率いられた事実上の浮浪集団の活動が激化した。

それに対して律令国家は、奈良時代を通じて浮浪を抑えるための諸施策を発し、前章で述べた力田政策も、主として行基集団の動きへの対応策としての側面をもっていた。またこれは律令国家による社会編成のあり方を規範意識の面から補強する内容を帯びていた。

こうした浮浪をめぐる律令国家の施策のうち、とくに本章で注目したいのは、八世紀末の延暦年間以降に出現する、「不論土浪」という文言を含んだ施策、すなわち、「土人（編戸民）と浪人の区別や違いを論じることなく、〇〇をせよ」などと命じる政策である。

『続日本紀』以降の国史や『類聚三代格』などをみると、その数は一〇世紀の初頭頃まで、合わせて二〇例以上にのぼる。それは、「不レ論二土浪一」「不レ論二土人浪人一」のほか、史料によっては、「不レ問二土浪一」「不レ限二土浪一」「不レ弁二土浪一」などと書かれる場合があった。

その直接の初見史料は、延暦九年（七九〇）一〇月、諸国の土人・浪人等の区別なく、「征夷」用の軍備負担を求めた太政官奏である。(5)しかし吉村武彦氏が指摘するように、(6)実際上のそれは坂東八国の「浮宕《ふとう》之類」（浮浪人）らにも、「征夷」のための軍役負担を求めた、延暦二年（七八三）の六月六日勅に遡るだろう。(7)

表Ⅰ—5　「不論土浪」策の関連史料一覧

年・月・日	対象地域	並記項目	内容
①延暦　二(七八三)　六・　六★	坂東八国	散位子／郡司子弟／浮宕等類	征夷に備え、散位子・郡司子弟・浮宕等類の中から、軍士に堪える者を選抜し、用兵の道の習学と軍装を準備させる(散位子・郡司子弟・浮宕等類を同じく「皇民」とみなす文言がみえる)。
②延暦　九(七九〇)一〇・二一	諸国	土人／浪人／王臣佃使	征夷に備え、土人・浪人・王臣佃使を論ぜず、甲冑製作に堪える財を持つ者の調査と製作数量の自己申告を命じる(「普天之下、同曰二皇民一」の文言がみえる)。
③延暦二三(八〇四)一一・二二	出羽	土人／浪人	出羽国の申し出により、秋田城を停廃し、建郡して、土人・浪人を論ぜず、秋田城に住まう者を編附させる。
④大同　三(八〇八)　九・一九★	飢疫諸国	民(黎元)／浪人	飢疫諸国の本年の調免除を命じた同年五月一〇日の勅を受け、浪人の調などもこれに準ずることを命令。
⑤大同　五(八一〇)　二・二三★	陸奥	土人／浮浪人	東山道観察使の奏上により、浮浪人の広布調庸物の輸納を、土人に準じて、狭布輸納に切り替える。
⑥弘仁　二(八一一)　正・二九★	陸奥出羽	土人／浪人	土人と浪人が開墾した田で、公験が無い場合でも、巡検した国司が収公することを禁止する(土人・浪人をともに「百姓」と記す)。
⑦弘仁　二(八一一)　八・一一★	諸国	平民／浪人	水旱不熟の年の浮浪人の調庸貢納を、平民に準じて免除する(「一天之下、咸悉王臣。含養之恩、理須二同一」の文言がみえる)。
⑧承和一〇(八四三)　五・一五★	大和	京戸／浪人	楯列山陵の守丁に欠員が出れば、京戸と浪人を差課することを許可する。
⑨貞観　二(八六〇)　九・二〇★	畿内諸国	土人／浪人	摂津国解にもとづき、「王臣家人」と称して公事対捍・闘乱する土人・浪人の「徒罪」以下の国司決罰を許可する。
⑩貞観一五(八七三)一二・一七	筑前	土／浪人	大宰府の言上により、筑前国の班田にあたり良田九五〇町を選び、土浪人を論ぜず耕佃することを許可(筑前国公営田の再開)。

⑪元慶　五(八八一)　二・　八	畿内諸国	土民／浪人	畿内官田の営田預人について、土民と浪人を問うことなく、「力田之輩」を選び取り、正長となすことを命ず。
⑫元慶　五(八八一)　三・一四	肥前	前司／浪人	筑前国例に準じて、前司と浪人を論ぜず、その営田数に応じて正税出挙賦課を命ず。対捍者は部内追放。
⑬元慶　七(八八三)一〇・二六	諸国	土／浪人	近江国解にもとづき、土浪人を選ばず任じられた内膳司・諸院諸宮の贄人等が、事を「供御」に寄せ、民を害することを禁断。
⑭寛平　三(八九一)　八・　三	諸国	土／浪	諸国の年中雑用稲の残稲の出挙運用について、土浪を論ぜず、営田数に応じた「糙納」を命じる。
⑮寛平　六(八九四)　二・二三	紀伊	土／浪／貴／賤	紀伊国解によると、当国では土浪貴賤を論ぜず、耕田数に応じて、段別五束以上の正税班挙を実施していたという。
⑯寛平　七(八九五)　九・二七	美濃	土／浪	美濃国解によると、この頃、土浪を官物運搬の綱丁に駈役し、損失発生の場合、私物で補塡させる国例があったという。
⑰寛平　七(八九五)　九・二七	諸国	土／浪	美濃国解にもとづき、正税班挙を受けず田租を輸納しない者に対し、土浪を論ぜず、罪を科すことを命ず。
⑱寛平　八(八九六)　四・　二	諸国	土／浪／蔭／贖	山城国間民苦使の奏状により、百姓の財物・田宅を争い奪う輩は、土浪蔭贖を論ぜず違勅罪に科すことを命ず。
⑲寛平　九(八九七)　四・一〇	山城	土／浪／蔭／贖	山城国解にもとづき、山城国管内八郡のうち、賀茂祭の騎兵に選ばれるのを拒絶する輩は、土浪を限らず蔭贖を論ぜず、笞五〇に処すことを命ず。
⑳延喜　二(九〇二)　三・一三	諸国	土／浪／蔭／贖	勅旨開田を停止したうえで、田地・舎宅を権貴之家に売り与える百姓は、蔭贖を論ぜず土浪を弁たず、杖六〇に処すことを命ず。
㉑延喜　五(九〇五)一一・　三	諸国	土人／浪人／僧尼	参河国解にもとづき、諸院諸宮諸寺諸王臣家が、土人・浪人・僧尼らを諸国に派遣して、乱暴をはたらかせ、訴訟を弁定させることを禁断。

註1：出典は①②が『続日本紀』、③④が『日本後紀』、⑧が『続日本後紀』、⑪⑫が『日本三代実録』。それ以外はすべて『類聚三代格』による。
2：年月日欄の★印は、「不論(不問・不限・不弁)」という文言は見出せないが、内容が事実上それに相当する史料であることを示す。

表Ⅰ―5はこうした事例のほか、「平民／浪人」「土／浪／貴／賤」という対比をおこなうケースも含み、事実上それに相当する史料を、すべて時代順に列挙したものである。ここにみえる「浪人」が浮浪人を示し、また「土人」や「平民」が、編戸民（公民・百姓）をさすことは間違いないであろう。

そうすると、この両者間の区別や違いを、「論ぜず」「問わず」「弁《わか》たず」して、個々の施策の執行を命ずる政策（以下、便宜上、「不論土浪」策と表記する）の登場は、それまでの律令国家の統治原理との関わりでいかに捉えたらよいのであろうか。

従来、この問題について先駆的考察を加えたのは、中世史家の戸田芳実氏であった(8)。戸田氏の研究は、「不論土浪」策の専論分析ではなかったが、いわゆる富豪浪人論（富豪層論）の立場から本史料群についてふれている。

戸田氏は、表Ⅰ―5に掲げる事例のうち、とくに⑩⑪⑫などは、この頃、社会的に成長してきた富豪浪人層の富と力量に着目した施策だと指摘する。氏によると、律令制下の地方制度を平安時代の国衙領の体制に移行させるのに大きな役割を果たしたのは、富豪浪人の活躍であった。この点で⑩⑪⑫などの「不論土浪」策は、事実上、各国国衙や大宰府などによる富豪浪人層の「例用」（＝律令に関わらない国例の立法化、一国的慣習法）を意味し、やがてこれは中世の国衙領制下の「負名」体制につながっていくと評価した。

戸田説では、「不論土浪」策が、古代から中世社会の支配体制への転換や移行を展望する際の重要な施策として位置づけられ、しかもその前提として、富豪浪人層の政治的・経済的台頭という事実が重んじられている。戸田氏のこの見方は、多くの古代史研究者に影響を与え、つぎの時代を見通すうえで重要な手がかりを与えることになった(9)。筆者自身も基本的にこれを継承する立場に立つ。

しかしながらその後の古代史研究の流れをみると、戸田説の主旨とは離れた、つぎのような見方が有力になっているのではなかろうか。その中心をなすのが吉田孝氏の見解である(10)。吉田説の特徴の一つは、浮浪人を重んじるという律令国家のスタンスの転換点を、戸田説よりもっと早い奈良時代に求め、それが紆余曲折を経ながら、やがて九世紀に定着したとみる点にある。

後述するように、八世紀の律令国家の浮浪対策は、大宝令の施行以降、本貫地召還、当所編附主義、あるいは籍帳（＝戸籍・計帳）とは別枠の「浮浪（人）帳」把握などをめぐり、複雑な変遷をたどっていた。

このうち和銅八年（七一五）～養老五年（七二一）の六年間、および天平八年（七三六）以降は、途中、宝亀一一年（七八〇）～延暦四年（七八五）をのぞき、浮浪人帳にもとづく支配が基本であった。吉田氏は、この浮浪人帳にもとづく支配のあり方を、事実上、浮浪人身分の積極的な公認策として理解する(11)。

なぜ浮浪人が八世紀前半から公認され始めたのか、またそれが戸田氏の富豪浪人論とどう関わるのか(12)、さらに詔勅命令と「国例」（＝一国的慣習法）との違いをいかにみるかなど、吉田説においては必ずしも明瞭でない部分が少なくない(13)。

しかしいずれにせよ吉田氏は、奈良時代の浮浪人帳による支配とその後の政策との連続性を認め、結局、八世紀末以降の「不論土浪」策は、土人と浪人との区別や差別を解消・曖昧にしようとする政策だったと指摘する。またそれは、やや遅れて九世紀の初頭頃に始まった「不レ論二民夷一」(14)政策と同一基調をなすと主張する。そして九世紀を通じて、「不論土浪」策と「不論民夷」策が出されていくことにより、土浪間や民夷間に敷かれていた従来の身分的差別構造（＝小帝国構造）が解消し、やがて「大八《おおや》洲《しま》」という閉じた空間の中で、一つの「安定的」で「古典的」な国制や文化が確立したと理解した。

これをみると、戸田氏の富豪浪人論が、あくまで律令制支配を政治的・経済的に克服していく主体論として提起されたのに対し、吉田氏の浮浪人論は、律令制支配を補完・安定化させる客体論とみる点に大きな違いがあるだろう。

とはいえ吉田説は、従来の浮浪人論に対して一定の斬新な解釈を含んでいた。それゆえ多くの研究者を惹きつけ、現在もっとも有力な学説であることは間違いない。とくに奈良時代から平安時代への移行の問題を論ずる近年の研究において、しばしば引用されている。[15]古代蝦夷史研究との関わりで「不論民夷」策を分析する諸論考でも、有力な先行学説として紹介されることが多い。[16]さらに、個々の史料解釈や分析視角はかなり異なるが、吉村武彦氏もこれと似通った見解を出している。[17]

しかしながらこうした見方は、はたして可能なのであろうか。先に述べたように、吉田説においては、「不論土浪」策と奈良時代の施策とを連続的に捉えようとする視点、また土浪間の区分や差別は、「不論土浪」策などの施行により、九世紀を通じて解消していったという、二つの論点が内包されている。筆者自身はこの双方の論点に対して違和感をもつ。

そこで第一節では、律令国家の社会編成原理に関わって、八世紀にどのような認識の浮浪人対策が存在したかを明らかにし、またそれと「不論土浪」策の登場がいかに関連するかについて検討したいと思う。

一　律令国家の浮浪人認識と「不論土浪」策の登場

(1)「不論ＡＢ」形式の史料

「不論土浪」という文言を、字義どおりに受けとると、たしかに土浪の区別を「論ぜず」と命じており、時の国家がこれをもって両者の区別の解消に乗り出したかにみえる。またそれは、この文言があらわれる以前（天平期）からの方針を引き継いだものと解せなくはない。

しかしこの後も、「不論土浪」という文言は、個々の施策ごとに繰り返し用いられている。このこと自体、少なくともこれが出される前の時代、社会のあるレベルにおいては、土浪の区別をことさらに「論じ」、「問おう」とする頑強な観念があったことの証しになるのではないか。

この点を探るため、参考にしたいのは、「不論土浪」策の中に含まれる「不論」「不問」「不限」「不弁」などの文言が、一般に古代においてどのような脈略で用いられていたかである。

『続日本紀』以降の国史等をながめると、「不論ＡＢ」の形式をとる記事や、それに類似する「無論ＡＢ」「莫論ＡＢ」「不問ＡＢ」などの表現を含む史料をたくさん見出すことができる。

たとえば、「不論（無論・莫論）」に関していうと、つぎのような例がある。

・自レ今以後、任為二私財一、無レ論二三世一身一、咸悉永年莫レ取。[18]
・其六位已下、無レ論二男女一、決杖一百。[19]
・百姓之間、准二賤時價一、出二糶私稲一。満二一万束一者、不レ論二有位白丁一、叙二位一階一。[20]
・検下不レ進二計帳一之戸上、無レ論二不課及課戸之色一、惣取二其田一。皆悉売却。[21]
・出羽国地震為レ災。（中略）不レ論二民夷一、開二倉廩一賑、助二修屋宇一。[22]
・女所レ服裳、夏之表紗、冬之中裙。不レ論二貴賤一、一切禁断。[23]
・天下諸神、不レ論二有位無位一、叙二正六位上一。[24]

つぎに、「不問（無問・莫問）」の事例として、

・進二税帳一日、不レ問二穎穀一、倉別署二主当官人名一。[25]
・陪従衛士已上、無レ問二男女一、賜レ禄各有レ差。[26]
・自レ今以後、不レ問二神災人火一、宜レ令二当時国郡司填備一之。[27]
・不レ問二民狄一、開二倉廩一貸振、委二其生業一、莫レ使二重困一。[28]

などがあり、さらに「不言」の例として、つぎのものがある。

・定㆓雅楽寮雑楽生員㆒。（中略）其大唐楽生、不㆑言㆓夏蕃㆒、取㆘堪㆓教習㆒者㆖。(29)

こうした事例にもとづくと、一般に「不論ＡＢ」などの表現を含む施策の特徴として、つぎの点を確認できる。

第一に、いずれの場合も、あらかじめ国家の側において、ＡとＢの間に、明確な制度上の区別や、両者をまったく異質なモノ、異質な集団・グループとみなす観念が存在していたと思われることである。しかもそれは単なるフラットな二分法ではなく、並記されるＡとＢのどちらか一方（通常はＢ）に対する差別観、差異観を前提にするものがほとんどである。そして場合によっては、それが社会的に浸透しているものもある。たとえば、男性と女性、有位集団と無位集団（白丁）、貴と賤、課戸と不課戸、民と夷、夏と蕃などがそれにあたる。もちろんそうした差異観の強弱や浸透具合は、個々のケースによってバリエーションに富むが、おおむねこういう見方ができる。

第二に、個々の施策そのものは、そういった国家的な認識を前提としつつ、ともかくそれを「論ぜず」「弁たず」という形で、ことさら両者を同等、同列に扱うことを強く訴える形式をとって命じられている点である。つまり「不論ＡＢ」等の用語を含む政策は、あくまでＡＢ間における何らかの制度的区分、とりわけどちらか一方への差別・弁別意識を前提として、それを一時的、部分的、さらに場合によって恒常的に、転換させる役割をもって出されている点に注意しなければならない。

これを参照すれば、「不論土浪」策の場合も、決して前代までの政策や浮浪人認識を引き継いでいるとはいい難い。むしろその逆に、もともと両者間に深いズレや断絶があり、「不論土浪」策の登場の前の時代には、土浪間とくに浪人に対する制度的差別を当然視する国家的意識、あるいは、それにもとづく政策が支配的であったとみなければならない。またそれは当時の社会の一定のレベルまで、影響を及ぼしていた可能性がある。とすれば それはどのようなものだったのか。つぎに具体的にみてみよう。

(2)八世紀の浮浪・逃亡対策

前述のとおり、日本の律令国家は、編戸・造籍を通じて定着農民(=土地緊縛農民)の育成をめざす一元的な社会編成原理にもとづき成り立っていた。したがって編籍地(本貫地)ないしは課役地からの離脱をはかる浮浪行為は不法なものとされ、処罰されることになっていた。

捕亡律の非亡浮浪他所条には、本貫地を離れて他所に浮浪する者には、一〇日につき笞一〇、二〇日で罪一等が加えられると定められていた[30]。また「他界」から逃亡・浮浪してきた農民をかくまった場合にも、同じく笞罪を適用するように規定されている[31]。

しかしこのような法制にもかかわらず、籍帳支配から離脱しようとする動きは、八世紀初頭になると、前代よりもますます激しくなった。そのため律令国家は、八世紀を通じて、さまざまな抑止策を立てている。その中身は、律令にもとづく本貫地召還主義[32]、当所編附主義、さらには籍帳とは別枠の浮浪人帳による把握など、複雑な変遷をたどっていた。その推移を概略すると、つぎのようになる。

・和銅八年(七一五)まで……………………本貫地召還主義
・和銅八年(七一五)[33]~養老五年(七二一)………浮浪人帳支配
・養老五年(七二一)[34]~天平八年(七三六)………当所編附主義
・天平八年(七三六)[35]~宝亀一一年(七八〇)……浮浪人帳支配
・宝亀一一年(七八〇)[36]~延暦四年(七八五)……当所編附主義

・延暦四年（七八五）[37]以降……………浮浪人帳支配

ここからわかるとおり、八世紀を通じてもっとも長く施行されたのが、浮浪人帳にもとづく支配形態であった。「不論土浪」策の初見史料である延暦九年（七九〇）までの間に限っても、合わせて五〇年以上続き、そして九世紀以降の現行法もこれであった。

浮浪人帳については、平安時代中期に編纂された『政事要略』（巻五七、交替雑事）において、公文である「大帳」（＝計帳）の枝文の一つとして挙げられている[38]。その様式など詳細な中身は明らかでない。

ただし初めて「浮浪人帳」的な帳簿による支配を命じた和銅八年（七一五）五月一日格には、

〔史料1〕和銅八年五月一日格

天下百姓、多背㆓本貫㆒、浮㆓浪他郷㆒、規㆓避課役㆒。自㆑今以後、浮浪逗留、経㆓三月以上㆒。輸㆓調庸㆒。仍録㆓国郡姓名㆒、附㆓調使㆒申送[39]。

とみえる。

これによると少なくともその帳簿には、浮浪逗留して三ヶ月を経た者の、旧本貫地の「国郡姓名」を記すことになっていた。また所在地（逗留地）での調庸物の貢納が命じられているわけであるから、当然それは所在地の国郡里ごとに作成されたと思われる。

実際、平城宮跡出土の木簡の中には、「若狭国三方郡竹田里浪人黄文五百相調三斗[40]」などと書かれるものがある。これは若狭国三方郡竹田里に逗留する浮浪人の黄文五百相が、「調の塩三斗」を納めたことをあらわすものであろう。ここでは浮浪人の所在地情報が、国―郡のみならず、里（サト）のレベルまで記されている。おそらくその基礎台帳となった浮浪人帳が、かなり厳密なものであったことを示す。これと籍帳にもとづく支配との相違は、所在地で掌握された浮浪人が、新たに編戸（新附）されることなく、そのまま登載されることであろう[41]。

また『延喜式』の主計式によると、飛驒国では一般に調庸が免除されていた。しかし特別に浮浪人の調として、「商布」（＝正税等により交易納付される布）の貢納が規定されている。(42)これらの史料全体は、もともと別の本貫地をもつ浮浪人が、その逗留先の国で作成された浮浪人帳により調庸物を課せられた事例とみなすことができよう。(43)

このような浮浪人帳が、和銅八年（七一五）以後、途中、七二一～七三六年の一五年間、七八〇～七八五年の五年間をのぞき、各国で作成されていたが、これはあくまで籍帳とは別枠の帳簿であった。その間にも戸籍・計帳が国ごとに作成されていた。しかも戸籍にもとづき、戸を単位として口分田を給付する原則は保たれていた。したがって問題は、この両者の並立状況、言い換えれば籍帳支配に対する浮浪人帳支配の成立をどう捉えるかである。

前述のように、吉田孝氏は浮浪人帳の成立について、浮浪人身分を公認していく施策の流れの中に位置づけようとしていた。しかし浮浪人帳による支配がおこなわれている時期の諸史料をながめると、そのようなポジティブな評価には無理があり、むしろそれとは逆の認識を得られるように思われる。

そこで以下、浮浪人帳による支配がおこなわれた時期を、便宜上つぎのような三期に分け、右の問題を考えてみたいと思う。

・第一期…和銅八年格制下（七一五～七二一年）
・第二期…天平八年格制下（七三六～七八〇年）
・第三期…延暦四年格制下（七八五年以降）

(3) 律令国家の浮浪人認識

(イ) 籍帳支配の第一義性

第一に確認できることは、これは律令国家の統治原理上、当然だと思われるが、浮浪人帳による支配の時期も含め、すべての時代を通じて、籍帳支配（本貫地主義）こそを第一義とみなす考え方が存在したことである。

これについては、時代が降った弘仁二年（八一一）の史料だが、浮浪人帳による支配を命じた和銅八年（七一五）五月一日と、天平八年（七三六）二月二五日の二つの格（勅）について、「拠㆓検格旨㆒、並是欲㆑令㆔浪人還㆓本土㆒也」[44]と書かれる点に留意したい。

本史料は、「水旱不熟」の年、浮浪人も平民（編戸民）に準じて調庸免除することを要請した大納言藤原朝臣園人の奏状の一部である（表Ⅰ―5の⑦参照）。その中で園人は、両格の主旨について、浮浪人たちを本貫地に還させる点にあったと振り返っている。

もし浮浪人帳を作成するねらいが、積極的な身分肯定にあったとすれば、このような認識は生まれないであろう。やはり国家にとって、編戸民こそが第一義的であり、浮浪人は二義的、できれば本貫地（編籍地）に戻すのが基本だという観念を看取できる。日本の律令国家の人民把握のあり方は、あくまで籍帳支配に主眼が置かれていた。

(ロ) 懲罰主義的な施策と浮浪人帳

第二に、これは第二期（天平八年格制下）の諸史料に集中的にうかがえるが、浮浪人を法制上の逸脱者とみなし、しかも彼らをより現実的に処罰すべきだとの観念があった点である。

たとえば、まさに第二期の施策への転換をはかった天平八年（七三六）の勅（格）には、つぎのようにみえる。

〔史料2〕『類聚三代格』天平八年（七三六）二月二五日勅

勅。養老五年四月廿七日格云、見二獲浮浪一、実得二本貫一、如有二悔レ過欲レ帰者一、逓二送本土一者。更煩二路次一、宜下随二其欲一レ帰与レ状発遣上。又云、自余無レ貫編二附当処一者。宜下停二編附一直録二名簿一、全輸二調庸一当処苦使上。(45)（傍線部は養老五年格）

ここでは直前までの現行法である養老五年（七二一）格が引用されている。やや煩雑ではあるが、要するにつぎの二点の改正が命じられた。

一つは、各国で括出（摘発）された浮浪逗留者のうち、もし本貫地への帰還を望む者がいれば、逓送方式ではなく、「状」を与えてそのまま帰還させることである。やはりこの史料部分からも、本人を本貫地へ帰還させることが、第一義とされている事実がみえてくる。

もう一つは、現地逗留を望む者に対しては、今後、編戸せず（したがって口分田を給付せず）、ただちに「名簿」、すなわち浮浪人帳に登録し、それにより調庸を納めさせ、さらに当地での「苦使」も可としたことである。

右の二つ目の改正点で、浮浪人への口分田支給が停止されたから、彼らの生活はかなり苦しい状況に置かれることになった。そのうえ、調庸物の賦課のみならず、「当処苦使」という施策が導入されたことの意味が大きい。この「苦使」という用語は、僧尼令の規定に違犯した僧尼に科せらせる、閏刑《じゅんけい》としての「苦使」(46)に関わりが深い言葉だといわれる(47)。「当処苦使」とは、この刑を浮浪人に適用し、それぞれの国衙官人が彼らを雑多な労働に恣意的に徴発・使役できる制度だと理解されている(48)。従来から説かれているように、これは浮浪行為に対する、かなり懲罰主義的な色彩の濃い施策と捉えることができる(49)。

つまりここでは浮浪人が、事実上、罪人に準じる対象とみなされ、それに対する処罰として、「苦使」（労役）が課せられることになった。国家の政策基調としては、旧来どおり浮浪を抑止するスタンスが貫かれているとともに、それに加えてこの年からは、各国衙での雑役駆使という、懲罰主義的な施策で臨む方針が固まったことを示す(50)。

さらに先に少しふれたように、奈良時代においては、「飢疫」の年や「水旱不熟」の年でも、浮浪人の調庸免除は、公民と区別して、原則的に認められていなかった。それが同等に認められたのは、九世紀前半に入ってからのことであった（表Ⅰ―5の④参照）。

こうしてみると浮浪人帳は、吉田氏のいうような身分肯定的な身分台帳というより、むしろ懲罰台帳としての側面をもっていると理解できるのではないか。

㈧　奥羽地域への浮浪人移配

懲罰主義的な施策との関わりで、さらに注目されるのは、右の天平八年の勅以降、第二期の浮浪人が、しばしば奥羽地域への移配・移住政策と密接な関わりをもって史料に登場することである。

奥羽地域の各城柵への柵戸移配措置に関する記事は、すでに七世紀代からみられる。表Ⅰ―6は、そのうち『続日本紀』以降の国史と『日本紀略』などにみられる関連史料をすべて掲げたものである。記事そのものは、和銅七年（七一四）のものを嚆矢として、九世紀初頭まで続き、全二七例を数えることができる。

こうした事例の中で興味深いのは、八世紀前半期の移配対象者が「民」「百姓」「富民」等の一般公民層であったのに対し、後半期になると、それがさまざまな階層や集団へと広がり、その中に浮浪人が含まれている点である。

その件数は、七五〇年代末から七六〇年代をピークとして合わせて六つの記事（七事例）がみられる。地域的には東国や坂東諸国に所在した浮浪人が移配されるケースが多かった（表Ⅰ―6の⑩⑬㉓㉕㉖㉗）。おそらくその移配の際には、各国で作成されていた浮浪人帳が利用されたと思われる。

問題はこうした施策がどのような認識や意図をもっておこなわれていたかである。やはり〔史料2〕の天平八

表Ⅰ―6　六国史等にみえる奥羽地域への移配・移住に関連する史料一覧

年・月・日	対象者	内容
①和銅七（七一四）一〇・二	民	勅により、尾張・上野・信濃・越後国の民二〇〇戸を割いて出羽の柵戸に配す。
②和銅八（七一五）五・三〇	富民	相模・上総・常陸・上野・武蔵・下野六国の富民一〇〇〇戸を陸奥に配す。
③霊亀二（七一六）九・二三	百姓	「狂狄」の教諭と地の利を保つため、陸奥国置賜・最上の二郡と信濃・上野・越前・越後四国の百姓のうち、それぞれ一〇〇戸を出羽国に隷《つ》ける。
④養老三（七一九）七・九	民	東海・東山・北陸三道の民二〇〇戸を出羽柵に配す。
⑤養老六（七二二）四・二五	他郷人	他郷人で年を経て陸奥按察使管内に居住する者の徴税優遇を命ず。
⑥養老六（七二二）八・二九	諸国人	諸国に対して柵戸一〇〇〇人を選ばせ、陸奥鎮所に配させる。
⑦神亀元（七二四）二・二五	陸奥軍卒ら	本貫地を陸奥国に移した陸奥国鎮守の軍卒らの、父母妻子の移貫を許可。
⑧天平宝字元（七五七）四・四	不孝・不恭人ら	祥瑞改元の詔にて、不孝・不恭・不友・不順の者を、陸奥国桃生柵と出羽国小勝柵に配し、風俗を清め、また辺防を捍《ふせ》ぐことを命ず。
⑨天平宝字元（七五七）七・一二	謀反連坐百姓	橘奈良麻呂乱の平定後の宣命詔で、黄文王に加担・連坐した百姓を、出羽国小勝村の柵戸に配することを命ず。
⑩天平宝字二（七五八）一〇・二五	陸奥国浮浪人 浮宕之徒	陸奥国の浮浪人を徴発して桃生城を造らせる。 浮宕の徒を貫附して柵戸となす。
⑪天平宝字二（七五八）一二・八	坂東騎兵・鎮兵・役夫・夷俘	坂東の騎兵・鎮兵・役夫・夷俘らを徴発して、桃生城と小勝柵を造ることを命ず。五道から共に入り、労役に就かせる。
⑫天平宝字三（七五九）七・一六	勅書詐造人	勅書を詐造して民庶を詿誤した、左京人の中臣朝臣楫取を出羽国の柵戸に配す。
⑬天平宝字三（七五九）九・二七	浮浪人	坂東八国・越前・能登・越後国の浮浪人二〇〇〇人を遷して雄勝城の柵戸とする。
⑭天平宝字四（七六〇）三・一〇	没官奴婢	没官された奴二三三人、婢二七七人を雄勝柵に配して良人となす。

⑮天平宝字四(七六〇)一〇・一七	陸奥柵戸の家族	陸奥国柵戸の百姓の申し出にもとづき、本貫地の父母・兄弟・妻子も柵戸に附貫することを許可する。
⑯天平宝字四(七六〇)一二・二二	殺害僧	博戯によって寺僧を殺した薬師寺僧華達(俗名山村臣伎波都)を還俗させ、陸奥国の桃生の柵戸に配す。
⑰天平宝字六(七六二)一二・一三	乞索《ほかひ》児《ひと》	乞索児一〇〇人を陸奥国に配して「占着」させる。
⑱天平宝字七(七六三)　九・二一	母殺しの人	母殺しの河内国丹比郡人、尋来津公開麻呂を出羽国小勝の柵戸に配す。
⑲神護景雲元(七六七)一一・二〇	私鋳銭人	私鋳銭の人、王清麿ら四〇人に鋳銭部を賜い、出羽国に流す。
⑳神護景雲二(七六八)一二・一六	陸奥・他国百姓	勅により、陸奥国と他国百姓で、伊治・桃生城への移住を希望する者には、現地に安置して、法にもとづき課役免除を与えることを命ず。
㉑神護景雲三(七六九)　正・三〇	陸奥・他国人	当国・他国を論ぜず、伊治・桃生城への移住希望者に対して、法外の課役免除を許可する。
㉒神護景雲三(七六九)　二・一七	坂東八国百姓	勅により、桃生・伊治二城の造営終了にともない、坂東八国の百姓で移住を願い出る者に対して、法外の課役免除を許可する。
㉓神護景雲三(七六九)　六・一一	浮宕百姓	浮宕する百姓二五〇〇余人を陸奥国伊治村に置く。
㉔宝亀　七(七七六)一二・一四	陸奥国諸郡百姓	陸奥国の諸郡百姓で「奥郡」守備の希望者を募る。三年間の課役免除。
㉕延暦一四(七九五)一二・二六	逃軍諸国軍士	軍を逃れた諸国軍士三四〇人の死罪を免じて、陸奥国に配して永く柵戸となす。
㉖延暦二一(八〇二)　正・一一	駿河等の浪人	駿河・甲斐・相模・武蔵・上総・下総・常陸・信濃・上野・下野国の浪人四〇〇〇人を徴発して、陸奥国胆沢城に配す。
㉗延暦二三(八〇四)一一・二二	土人・浪人	出羽国の申し出により、秋田城を廃止して新たに郡を立て、土人・浪人を論ぜず編附させることを許可する。

註1：出典は①～⑳が『続日本紀』、㉕㉖が『日本紀略』、㉗は『日本後紀』による。
2：年月日欄の傍線数字は閏月を示す。

年勅に明確に見出せる懲罰主義的な方針が、その淵源になっていたとみるべきである。

この点を傍証する史料として、まず七五〇～七六〇年代に柵戸として移配された人々の中に、多くの罪人が含まれている点に注意したい。

たとえば、「謀反連坐百姓」「殺害人」「私鋳銭人」などであり、また「不孝・不恭・不安・不順者」も、それにあたると考えられていたのであろう（表Ⅰ—6の⑧⑨⑫⑯⑱⑲）。このような事実は、浮浪人がこの時期、こうした人々と同列にあつかわれ、懲罰の意味を込めて移配されていたことを示唆するであろう。

また神護景雲三年（七六九）、他国鎮兵の削減をめざし、伊治・桃生両城への移住・開拓計画が立案された時（表Ⅰ—6の㉒）、陸奥国司が浮浪人の差発を止め、一般「公戸」を公募するプランを申し出た。それに対し太政官が、つぎのように答えたと伝える史料も重要である。

> 陸奥国言。他国鎮兵、今見在レ戍者三千余人。就中二千五百人、被二官符一解却已訖。其所レ遣五百余人。伏乞、暫留二鎮所一、以守二諸塞一。又被二天平宝字三年符一、差二浮浪一千人一、以配二桃生柵戸一。本是情抱二規避一、萍漂蓬転、将レ至二城下一、復逃亡。如二国司所見一者、募二比国三丁已上戸二百烟一、安二置城郭一、永為二辺域一。其安堵以後、稍省二鎮兵一。官議奏曰、夫懐レ土重レ遷、俗人常情。今徙二無レ罪之民一、配二辺域之戍一、則物情不レ穏、逃亡無レ已。若有二進趍之人一、自願下就二二城之沃壌一、求中三農之利益上。伏乞、不レ論二当国他国一、任レ便安置。法外給レ復、令三人楽レ遷以為二辺守一。奏可。[51]

ここではまず陸奥国司が、他国鎮兵の削減のため、「天平宝字三年」（七五九）の官符にもとづき[52]、浮浪人一〇〇〇人を桃生城の柵戸に配したが、彼らがさらに逃亡する事態が相次いだ。そこで国司は、改めて「比国」すなわち近隣国の三丁以上の公戸から二〇〇戸を動員して、城柵を守護させようとする案を言上した。

それに対して太政官は、傍線部にあるように、辺域の守護の任に配された「無罪之民」が逃げたとしても、それはやむを得ない面がある。そこで当国と他国の別なく、特別優遇策を与えることにより、積極的な志願者（進趁之人）を募り、彼らを移住させる案を天皇に奏上し、それが裁可されたと書かれている。

ここで注目されるのは、傍線部にみえる「無罪之民」である。比国の公戸二〇〇戸の動員を立案した陸奥国司の言上を受けた文である以上、これが公戸をさすことは明らかであろう。そうするとその前段にみえ、「城下」からたびたび逃亡をはかったという「浮浪人一〇〇〇人」は、文脈からみて、この「無罪之民」に対置される存在とみられていた可能性が高い[53]。この頃の王権内部では、彼らを引き続き罪人と同列視する意識があったことを読み取れる史料である。

このように八世紀後半の浮浪人の移配策には、浮浪人への処罰適用を基本とする、天平八年勅の政策方針が貫かれているように思われる。そして「当処苦使」だけに留まらず、強制的な移配措置がおこなわれている点で、ここではそれが一層強化されたと理解されよう[54]。

(二)　農民規範の逸脱者としての浮浪人

以上が、主に天平八年格制下の第二期の浮浪人認識の特徴である。他方、これ以前の第一期（和銅八年格制下・七一五〜七三六年）ではどうであったのか。

この点について、第一期への転換点となった、〔史料1〕の和銅八年（七一五）の格（勅）をみても、直接〔史料2〕のような懲罰主義的な文言は見出せない。鎌田元一氏は、もともと和銅八年格も、「懲罰的な色彩」が濃厚だと説くが、その根拠について具体的には示していない[55]。

むしろ筆者が第一期の浮浪人認識を考えるうえで留意したいのは、前章でみた国家的な農民規範の奨励策が推進されたのとほぼ同じ頃、それから逸脱する百姓を「罰」する方針も示されている事実である。

前章で明らかにしたように、律令国家は和銅五年（七一二）、毎年これ以降、各国国司の部内巡行時に、具体的な三つの規範要件、すなわち①農桑労働への専念、②社会的弱者の救済、③儒教的家族倫理の実践が評判となり、その才能・知識が官途（出身）に堪える能力をもつ、という三要件に合致する百姓を探し出し、それを推挙・褒賞するシステムを義務づけた(56)。

またその約一〇年後の養老五年（七二一）以降には(57)、右の三要件に合致する百姓を「力田」と呼び、それを国家的大事や慶事に際し、何度か臨時に推挙・褒賞する政策を始めた（九世紀半ば頃まで計九回発令）。

これらの政策は、いずれの場合も、当時激しくなった浮浪の動きに対応し、そうした行為を事前に抑え、可視的で具体的な褒賞を与えることにより、百姓の定着、農耕への専念、弱者救済の実践をはかることを目的にしていた。

ところがこの時期にはもう一つ、右の農民規範の奨励策に関連して、養老三年（七一九）、畿内と西海道をのぞく諸道に設置された上級行政監督官の「按察使《あぜち》」による、百姓の「挙罰」制度が始まっていた。

この養老三年は、第一期の浮浪人帳による支配の開始から四年目にあたるが、この年の七月、令制国の何ヶ国かを所管対象とする常設の官（令外官）、按察使が新置された(58)。その主たる任務は、管轄諸国を巡行して国郡司の成績を査察するとともに、管国内の百姓の行状を訪察し、その「善状」と「悪状」を奏上することであった(59)。

これらの点を定めた史料には、つぎのようにある。

〔史料3〕『類聚三代格』（巻七、牧宰事）養老三年（七一九）七月
十九日「按察使訪察事条事」

按察使訪察事條事。

（中略）

敦レ本棄レ末、情務二農桑一。

幼標二孝悌一、有レ感二通神一。
文学優長、識二明時務一。
有レ力超レ衆、武芸絶レ群。
田蚕不レ修、耕織廃レ業。
不孝不義、聞二於里閭一。
仮二託功徳一、称二扇妖訛一。
恐二脅公私一、欺二凌貧弱一。
　右百姓、有二前件善悪状迹一者、随レ状挙罰、録レ状具通。

ここでは百姓の「善状」と「悪状」が、それぞれ二句八字を一条として、合わせて四条ずつ列挙されている。そして末尾には、それに該当する人物の「状迹」の奏上と、その後の「挙（褒賞）」と「罰（処罰）」のことが命じられている。

このうち筆者が問題にしたいのは、後半の「悪状」四条である。前述の力田政策においても、いわば「善状」に該当する規範要件の提示はあっても、このような「悪状」が具体的に示されることはなかった。その点でこの按察使による百姓訪察は、たいへん特異な施策である。そこに掲げられた「悪状」四条をみると、そのうち二つの内容は、前半の百姓の「善状」四条と、ほぼ裏腹の関係になっている。

たとえば、悪状一条目の「田蚕不レ修、耕織廃レ業」と二条目の「不孝不義、聞二於里閭一」は、善状一条目の「敦レ本棄レ末、情務二農桑一」と二条目の「幼標二孝悌一、有レ感二通神一」に対立する要件である。この二つの内容を、わかりやすくいうと、前者が「（百姓の）本務である農桑労働を放棄すること」、後者が「儒教的な家族道徳に反すること」を意味する。事実上これらは、農民が逃亡に走る意味で用いられている可能性が高いのではないか。

つまり逃亡とは、儒教的倫理からみると、個々の農民が本来おこなうべき「本務」の土地と、「孝養」先の家族のもとを離れるという「悪状」になるのだと思われる。

またつぎに注意したいのは、残り二つの「仮二託功徳一、称二扇妖訛一」（悪状三条目）と「恐二脅公私一、欺二凌貧弱一」（悪状四条目）という要件の中の、「称二扇妖訛一」と「恐二脅公私一」という文言である。実はその一部分が、この前後の時代の史料に頻見される行基集団への弾圧詔においてみえるという事実がある。

たとえば、養老六年（七二二）七月の太政官奏では、

（前略）比来、在京僧尼不レ練二戒律一、浅識軽智巧説二罪福之因果一。門底廛頭、詐誘二都裏之衆庶一。（中略）或於二路衢一負レ経捧レ鉢、或於二坊邑一害レ身焼レ指、聚宿為レ常、妖訛成レ群。初似レ脩レ道、終為二姧乱一。永言二其弊一。特須二禁制一。[60]

とある。また養老元年（七一七）の詔では、

僧尼依二仏道一、持二神呪一以救二溺徒一、施二湯薬一而療二痼病一、於レ令聴之。方今、僧尼輙向二病人之家一、詐禱二幻怪之情一、戻執二巫術一、逆占二吉凶一、恐二脅耄穉一。稍致レ有レ求。道俗無レ別、終生二姧乱一。[61]

などと書かれている。

これをみると、少なくとも「罰」されるべき悪状の「仮二託功徳一、称二扇妖訛一」「恐二脅公私一、欺二凌貧弱一」という要件が、当時の行基集団の動向をかなり意識した表現であったといえるのではなかろうか。

前述のように、行基集団は呪術的・巫祝的側面をもった日本初の仏教結社であるとともに、他方、課役忌避のために浮浪・逃亡した農民と同じ側面をもっていた。[62]

こうした点を踏まえれば、これを含む悪状の四つの要件は、具体的には行基集団の動きがその念頭に置かれていること、さらに全国規模で設置された按察使の職務との関わりで提示されている点を重んずれば、全体とし

て、百姓による浮浪・逃亡をさしていると理解できないだろうか。

もしこれが正しいとすれば、和銅から養老期の国家は、百姓による浮浪と逃亡の増大を事前に抑止すべく、一方で三つの要件からなる農民規範（力田的農民像）の普及をはかるとともに、他方でそれに対比される浮浪人そのものを、いわば「期待されない農民像」として規範化し、それを処罰する方針に乗り出したと評価できる。先にふれたように、百姓による浮浪、あるいは逃亡を罰する処置や法制は、そもそも律令条文の中に規定されていた。だがこの政策のポイントは、あくまでそれが国家的な規範意識の観点に則っておこなわれ始めたことである。

つまり和銅八年格制下の第一期（七一五～七二一年）における浮浪人は、この養老三年に至り、法制上の逸脱者としてのみならず、国家的なモラル（＝農民規範）からの逸脱者としても認識され始め、その処罰の対象になったと解釈できる。その処罰内容の具体相は明らかにできないが、養老三年の按察使の新設の意義を、このように捉えておきたい。

その後、このような浮浪人認識が、とくに天平八年格制下の第二期（七三六～七八〇年）にも継承され、個々の浮浪対策の中にどう反映されたかについては、必ずしも明瞭ではない。

ただその中で一つ注目されるのは、天平宝字元年（七五七）四月、「（自ら）風俗を清め、また辺防を捍《ふせ》がしめる」目的で、陸奥国桃生柵や出羽国小勝柵に向けて、「不孝・不恭・不安・不順者」を柵戸として配置する処置がとられている事実である（表Ⅰ―6の⑧）。

ここでは「不孝」「不恭」など、儒教的な倫理に背いた者が取りあげられているが、浮浪人の移配のケースも、実はこれと同様の側面があったのではなかろうか。つまり天平八年格制下の浮浪人認識においても、その根底には、浮浪人＝「農民モラルからの脱落者」とみなす観念があり、それにもとづく移配であったと考えられるのである。

このように、浮浪人帳による支配がおこなわれていた時代の史料をみると、浮浪人を一つの身分として積極的に公認していこうとするスタンスは見出せないように思われる。むしろ律令国家としては、彼らを他の罪人と同列にあつかい、それを懲罰対象として位置づけていく施策をもっていたことを確認できる。

それではこのような律令国家の浮浪人認識と、それにもとづく個々の施策の展開が、さらに当時の地方社会に対してもたらした影響をどう考えたらよいであろうか。

(4)浮浪人をめぐる地方官人層と宝亀一一年勅

この問題を直接的、具体的に語る史料はない。だが筆者はここで、奈良時代末期の浮浪対策の一つ、宝亀一一年（七八〇）の勅に留意したい。

前述のように、この勅の登場により、それまで長期的に施行されてきた天平八年格がいったん停止され、ふたたび当所編附主義が復活することになった（ただし五年後の延暦四年に天平八年格が復活）。つぎに示す〔史料4〕がそれである。

〔史料4〕『続日本紀』宝亀一一年（七八〇）一〇月丙辰条

勅。天下百姓、規㆓避課役㆒、流㆓離他郷㆒。雖㆑有㆓懐土之心㆒。遂懼㆑法而忘㆑返。隣保知而相縦。課役因㆑此無㆑人。及有㆘臨㆑得㆓出身㆒、諠訴多緒、勘籍之日、更煩㆗尋検㆖。宜㆘依㆓養老五年格式㆒、能加㆓捉搦㆒、委問㆓帰不㆒、願㆑留之輩、編㆓附当処㆒。願㆑還之侶、差㆑綱逓送㆖。若国郡司及百姓、情懐㆓奸詐㆒、阿蔵役使者、官人解㆓却見任㆒、百姓決杖一百。永為㆓恒例㆒焉。

この勅ではまず浮浪人の把握方式について、傍線部にあるように、「宜しく養老五年の格式に依り、能く捉搦を加え、委《くわ》しく帰るや不《いな》やを問い、留ることを願う輩は、当処に編附し、還ることを願う侶《ともがら》は、綱《こう》（＝引率責任者）を差し、逓送すべき」ことが命じられている。これにより、天平八年（七三六）に停止された養老五年格の法制が、やや形を変えて復活した。

注目されるのはこれに続く、「若し国郡司および百姓、情に奸詐《かんさ》を懐きて、阿《おもね》り蔵《かく》して役使《えきし》する者は、官人は見任《げんにん》を解却し、百姓は決杖一百。永く恒例とせよ」の箇所である。この部分は、新方式のスタートにあたり、今後、現地で起こりうる事態をあらかじめ中央政府が想定し、その処分方針を示している箇所と考えられる。具体的には、「国郡司および百姓」らが、捕捉した浮浪人を、隠して「役使」する状況を予想し、その厳禁化を命じている。

しかしここで想定されている行為は、まったく新たに起こりうる事態ではなかったのではないか。「阿《おもね》る」という言葉が示すように、国郡司の官人らがそれまでの中央政府の方針に追従して、引き続き浮浪人を、隠れて役使するような事態が想定されているのではあるまいか。つまり逆にいうと、天平八年格制下では、「当処苦使」の規定にもとづき、国郡司らによる過度の浮浪人役使が常態化していたことを示す。ここでは今後もそれが起きうることへの懸念が提示されているとみる余地がある。要するに、〔史料4〕の勅が発令される直前の時代、「当処苦使」という中央政府の方針が、地方官人のレベルまで相当徹底化していたと考えられるのである。

また〔史料4〕には、浮浪人「役使」の主体として、国郡司とともに、「百姓」が挙げられている。これをどうみるかについても、大きな問題となろう。史料を素直に読めば、天平八年勅の方針にもとづき、浮浪人を「当処苦使」した階層の中には、地方官人だけでなく、「百姓」も含まれていたことになる。

これに関連して、たとえば、九世紀前半に作られた仏教説話集の『日本霊異記』下巻―一四には、越前国の加賀郡の「浮浪人の長」が、京戸の優婆塞を暴力的に捕まえて雑徭に役使し、それにより「仏罰」を受けた有名な話がみえている（原漢文）。

越前国の加賀郡に、浮浪人の長あり。浮浪人を探りて、雑徭に駆使し、調庸を徴り乞ふ。時に京戸小野朝臣庭麿といふものあり。優婆塞となり、常に千手の呪を誦持することを業となす。彼の加賀郡の部内の山を展《め》転《ぐ》りて修行す。神護景雲三年（七六九）の、歳の己酉に次《やど》る春三月廿七日の午時、その長、その郡の部内の御《み》馬《ま》河《かわ》里にありて、行者に遇ひて曰く、「汝は何国人ぞ」と。答えて、「我は修行者なり。俗人にあらず」と。長、瞋《いか》り嘖《せ》めて言はく、「汝は浮浪人なり。何ぞ調を輸さざる」といひて、縛り打ちて駆《は》せ徭《つか》ふ。（後略）(63)

ここに語られる「浮浪人の長」が、浮浪人を取り締まる立場にある国郡の雑任クラスの官人であったのか、あるいは彼自身も浮浪人でありながら浮浪人を摘発・束縛するような階層であったのか、必ずしも明確ではない(64)。もし後者だとすれば、この史料は、浮浪人を過度に「苦使」する階層の中に、百姓も含まれていたことを示す傍証材料になる。ただしあくまで説話史料であるので、ここではその断言は避けておきたいと思う。

しかしいずれにせよ、八世紀後半から(65)、『日本霊異記』の作られた九世紀前半にかけて、浮浪人を暴力的に捕まえ、まさに恣意的に「苦使」して懲らしめようとする風が、少なくとも地方官人層まで広がっていたと理解されよう。そしてその前提には、浮浪人を公民とは区別される異質な存在、異質な人々と規定する中央政府の観念が存在していたのであった(66)。

以上のように、奈良時代の浮浪人帳にもとづく支配のあり方は、浮浪人を身分として積極的に公認するような内容を含意していなかったように思われる。それにもとづく支配の特徴は、各国において把握された浮浪人を籍帳とは別枠の帳簿に登録し、それにもとづき彼らを法制上、倫理上の逸脱者と遇する点にあった。なかでも天平八年以降は、「当処苦使」という厳しい懲罰主義的方針が打ち出され、浮浪人を公民から区別する意識がますます強まっていったと理解される。

このようにみると、八世紀末の延暦期以降の諸史料において、「不論土人浪人」「不問土浪」という文言がたびたび登場するのには、それなりのわけがあったことを示す。つまりその直前の段階まで、土人（編戸民）と浪人（浮浪人）の差異や違いを当然視する国家的な意識が、当時の地方社会、なかでも中央政府の施策を現地で執行する各地の国郡レベルの官人層の中に浸透していたからである。彼らの間では、浮浪人を土人とは異なるものとして、つねにそれを「論ずる」（とりたてて言う）ような意識があった。だからこそ中央政府は、個々の施策の発令ごとに、ことさら「不論土浪」という文言をつけ加える必要があった。吉田孝氏は、奈良時代の浮浪人帳にもとづく支配と「不論土浪」策とを、連続的に捉える見方を示していた。しかし史料をみる限り、むしろ両者の間には深い断絶があったといえる。

全体としてこのように理解すれば、にもかかわらず「不論土浪」策が登場した意義、あるいはその要因をどのようにみればよいのであろうか。つぎに節を改め、この問題を探ってみる。

二　律令国家の社会編成原理の転換とその前提

(1)「不論土浪」策の登場の意味――社会的編成原理の転換――

前節では、八世紀の浮浪人帳にもとづく支配の時代、浮浪人を編戸民（公民・百姓）と対比して異質なもの、法制上、倫理上の逸脱者とみなす国家的な観念が存在したこと、また結果としてそれが中央のみならず地方レベル（少なくとも国郡衙の官人層）まで浸透していた可能性などを指摘した。

それではこれに対して、延暦年間になって初めてあらわれる「不論土浪」策の歴史的意義は、いかに理解できるのであろうか。ここでいま一度、吉田孝氏の見解を引用してみよう。

吉田氏は、「不論土浪」策を、字義どおり受け取り、これをもってこの時期の国家が、土人と浪人の区別・差別を解消する方針に乗り出したと解釈した。氏によると、もともと公民と浮浪人を区別する目印は、口分田の給付の有無という点にあった。しかし平安時代になると、口分田の班給そのものが実施されなくなる。そこで両者を区別する実質的意味は薄れ、九世紀を通じて公民と浮浪人は次第に融合化していったと理解する。(67)

しかし延暦年間も含めた平安時代にも浮浪人帳は作成されており、しかもその時代の現行法である延暦四年（七八五）六月の太政官符には、浮浪人の扱いは、天平八年格制にもとづくことが明文化されている。(68)したがって浮浪人を浮浪人として、籍帳とは別枠の帳簿で把握する体制は依然そのまま続いていた。その体制のもとでは、原則として、浮浪人からの調庸賦課も、「当処苦使」もおこなわれていたはずである。

史料をみても、延暦年間の国家は、「土浪（の区別）を論ずることなく○○せよ」とはいうものの、浮浪人帳支配の廃止を命じているわけでない。だから、「不論土浪」策の登場でもって、土浪間の区別を解消する方針に乗り出したとは捉え難い。またこれ以降、個々の政策のたびに「不論土浪」という文言がみえること自体、両者間に明確な区別があったことの証しになる。

それどころか戸田芳実氏の研究によると、九世紀の後半以降、「秩満解任之徒」「前司浪人」などの富豪浪人が、「党」を結び、各国国司に集団的に対捍・対抗する一方、「百姓威凌」「威脅細民」などの暴力的行為をしばしばはたらいていた（表Ⅰ―5の⑨⑬⑰⑱⑲⑳㉑など参照）。これにより百姓の間では、彼らへの新たな恐怖感や異類意識が植えつけられていったという。(69)さらにそれは後世の武士に対する平民百姓らの蔑視・差別感（＝異類・屠膾之類・屠児視）につながったと指摘している。(70)

これによると、社会的なレベルでも、土浪間の区別は、平安時代以降も曖昧化せず新たな様相を帯び、むしろ増幅していく方向にあったとみられる。

この点については、民夷間の区別の問題にも似通った傾向を指摘できる。九世紀の蝦夷認識を分析した田中聡氏の研究によると、この時期、小帝国構造の解体による「夷狄の消滅」などという事態は生じていなかった。むしろ逆に両者間の差異認識は広がり、しかも夷狄の側では、夷狄を名乗ることが集団的な自己意識（アイデンティティー）の核とさえなっていったという。そして田中氏は国家の側がこれ以降、つねに「民」と「夷」を別物のグループとして捉え、「不論民夷」策のたびに、その区別が視覚的に再認識されたと説いている。(71)

つまり前代以来、国家的に設定された土浪間の、そして民夷間の差別構造は、この時期においても曖昧化していない。それぞれが融合した形での「安定的な国制」は現出していなかったのである。

筆者はこのように理解するが、ただその一方、延暦九年（七九〇）以降（実質的には延暦二年〈七八三〉以降）、一時的、部分的に（場合によっては恒常的に）、個々の施策ごとに、土浪間の区別を停止し両者を同列にあつかうという命令が出された意義は大きい。

それまでの体制下、――とりわけ浮浪人帳にもとづく支配体制下では、土浪間のうち、浮浪人への差別意識、あるいは国家的な負のイメージはあるにしても、双方を同等にあつかう施策など存在しなかった。しかしここでは一時的であるにせよ、初めて双方を同等にあつかう方針が示された。これは大きな変化だといわざるを得ない。しかも初発時の二つの「不論土浪」策の史料には、土人と浪人の両方を「皇民」として同列であるとみなす認識も示されている（表Ⅰ―5の①②）。

たとえば、蝦夷との戦争に備え、諸国に対し、甲冑製作に堪えうる「財」をもつ者の調査と、その製作量の自己申告を命じた延暦九年（七九〇）太政官奏には、つぎのような記事がみえている（表Ⅰ―5の②）。

〔史料5〕『続日本紀』延暦九年一〇月癸丑条

（前略）普天之下、同曰二皇民一。至二於挙レ事、何无二倶労一。請、仰二左右京・五畿内・七道諸国司等一、不レ論二土浪及王臣佃使一、検二録財堪レ造レ甲者一、副二其所レ蓄物数及郷里姓名一、限二今年内一、令二以申訖一。又応レ造之数、各令二親申一。

ここでは、本来土人の対極に置かれていた浪人たちが、まさにその土人とともに、天下の「皇民」という概念で一括して捉えられ、しかもそのもとで双方が同列であることが強調されている[72]。これは、浮浪と対比する形で籍帳に編戸・登載した農民を、百姓として一元的に支配していこうとする、律令制的社会編成原理の一つの転換として捉えられる。

つまりこの延暦期からは、一時的・部分的ではあるにせよ、もともと懲罰台帳的な意味をもつ浮浪人帳に登載された浮浪人と戸籍に編籍された土人とを、場合によっては同じ「皇民」としてあつかい、等しく支配しようとする二元的な社会編成原理、――すなわち土浪間の区分を保持・包摂した形での統合原理に移行したと理解される。

もちろんこれは社会編成原理の全面的な転換ではなかった。籍帳にもとづく支配と浮浪人帳にもとづく支配という両者間の支配制度の違いは、依然として維持されたままである。決して両者の「融合」は意図されていない。しかし律令国家は、ここに来て初めて、場合に応じて浮浪人を身分として肯定的に認める体制に入ったのであった。

さらにいうと、この体制下では、国家的な農民規範のあり方にも、大きな変化が生まれてきた。前章でみたように、力田という農民規範は、和銅から養老期の社会情勢にもとづき、まさに浮浪人と対置する形で定立、奨励されたものだった。しかし九世紀半ば以降、力田という言葉が、その浮浪人に対しても使用されるようになる。

元慶五年（八八一）二月、中納言藤原冬緒の奏上にもとづき、不動穀の補塡策の一環として、畿内官田制の創設が決定された。『日本三代実録』によると、この制では、畿内五ヶ国の一定額の田を割き、そこから得られた地子を公用にあてることが定められた。

この中で留意すべきは、官田耕営の実質的な責任者である「営田預《あづかり》人」の「正長」の選択をめぐり、

其三、営田預人事。済レ事之道、在二於得一レ人。得レ人之方、惣資二牧宰一。宜下不レ問二土民浪人一、択二取力田之輩一、以為二正長一、令上レ領二其事一。（中略）其名帳別録進レ官。若有下従レ事格勤、多致二公益一者上、国司録レ状言上。随即褒賞。(73)

と記されている点である。

これによると、営田預人の正長については、土民と浪人の区別を問うことなく、「力田之輩」を選びとり、その「名帳」を太政官に報告するとともに、多くの「公益」をあげた者には、褒賞を与える処置がとられた。やはりここでも制度そのものが褒賞と結びついている点が興味深い。とはいえ、奈良時代の観念にもとづくと、本来、浪人の「力田之輩」など存在し得ないはずであった。日本の力田は、もともと浮浪人との対比で規範化された概念であった。

ところがここでは、土浪の区別なく、「力田之輩」の選択・推挙が命じられている。浮浪人の中にも「力田之輩」がいるとの認識が生まれていることは明白である。この点で、元慶五年の畿内官田制の創設は、日本の力田政策の変遷をみるうえで、大きな画期として位置づけられる。

ただしここでいう「力田之輩」が、奈良時代当初の規範要件とまったく同じ中身であったのかどうかは、やや不確かである。かつて戸田芳実氏は、九世紀代の富豪層論を提起した論考の中で、「力田之輩」＝営田の巧者という捉え方を示していた(74)。また畿内官田制は、全国的なものでなく、畿内の五ケ国に限定して採用された施策であった。中央政府の力田政策が全面転換したか否かについては、別の角度からの検討が必要になるであろう。しかしいずれにせよ、力田という農民規範が浮浪人にも適用され始めた点において、畿内官田制は、大きな意義をもつことに変わりがない。

以上要するに、平安時代前期以降の律令国家の支配原理の特徴は、土浪間、そして民夷間に敷かれた区別・対抗関係を厳格に維持させたまま、それぞれの両立をめざそうとする点に求められる。両者の融合ではなく、差異化を前提としつつ、その安定的両立をはかろうとするのが、これ以降の国家の基本スタンスになった。「不論土浪」策の登場の歴史的意義を、国家的な社会編成原理の問題、および農民規範との関わりでこのように理解すれば、右の政策上の転換は、どのような要因にもとづいていたのであろうか。

(2) 富豪浪人層の台頭と対外的契機

その一つの要因として、おさえておかねばならない点は、ちょうどこの頃、富豪浪人と呼ばれる階層が社会的に台頭してきた事実であろう。

本章の「はじめに」で述べたように、戸田芳実氏は、かつて国家によって「浮浪人」(浪人)と一括される階層の実態解明をおこなった。八世紀末以降、その中には、一定の経済力をもち、同時に政治的自立を志向する「富豪之輩」が存在したと指摘した。そして彼ら自身の活躍が、中世の国衙領の支配体制の成立にとって大きな役割を果たしたと説いている[75]。

たしかに表Ⅰ—5(一一八頁参照)をみると、「土浪を論ぜず」という形で、何らかの経済的・軍事的な負担(力役も含む)を求める事例がたくさんある(①②⑧⑩⑪⑫⑭⑮⑯など)。これらは事実上、富豪浪人層の経済力や技術力に期待した施策だったと思われる。この点で右の戸田説は、「不論土浪」策の確立の要因をみるうえで、もっとも基礎的部分をおさえた見解だと思われ、筆者自身もこれを継承する立場に立つ。

しかし戸田説を踏まえ、さらに留意したい点は、「不論土浪」の政策が、宝亀年間の半ば頃から開始された蝦夷「征討」に関わる対策の中で、初めて姿をあらわすという事実である(表Ⅰ—5の①②)。つまり「不論土浪」

策の登場は、社会内的な要因とともに、対外的、政治的な契機も視野に入れて考えなければならない。

これに関連して改めて注意を要するのは、先にみた征夷戦への協力を求める太政官奏（史料5）の中で、土人と浪人がともに属すとされた「皇民」という概念についてである。

この皇民という用語は、『続日本紀』和銅五年（七一二）九月己丑条を初見として、国史において数ヶ所みられる表現である。その使われ方の特徴は、原則としてこの語を、「北道蝦狄」[76]「夷虜」[77]「蝦夷」[78]などと対置して描く点に求められる。

これについて分析を加えた石母田正氏は、皇民は他史料にみえる「王民」という言葉とほぼ同義であり、基本的に「夷狄」との対立を契機とする観念であると指摘した。そして皇民の「皇」や王民の「王」は、大王（天皇）の「王化」に浴している状態をさすこと、そしてこれが、大王（天皇）から賜与される氏姓の秩序に編成されていたことを意味すると説いた[79]。

これによると、この時期の国家にとっての浮浪人は、編戸民（公民・百姓）とは区別されるものの、浮浪人帳に登録されているように、いちおう氏姓秩序には入っていたから、もともと皇民（王民）範疇で括られる対象であったとみることができる。しかしこれ以前の時代、彼らが皇民であることが積極的に公示される例はなかった。むしろ強調されたのは、編戸民（公民・百姓）との差異・違いであった。しかし延暦期に入ると、初めて浪人が土人とともに、皇民であることが強く打ち出され、征夷戦への軍事的負担や協力が呼びかけられている。

この皇民や王民をどうみるかについては、右に紹介した石母田説以外にも、従来さまざまな見解が提起されてきた[80]。いまこの時期の用例に即して定義すれば、これは列島「辺境」部の「夷狄」との明確な対比のもと、王（天皇）に対する軍事的、政治的な奉仕を求める擬制的な集団帰属意識とも位置づけられるものではなかろうか。倭人集団の頂点に立つ王（天皇）への結びつきを強調しながら、浪人と土人の一体性や共属性をアピールしようとする、国家的イデオロギーが皇民規範であった(81)。そしてここでは、対蝦夷戦の遂行にあたり、そうしたイデオロギーを宣揚してまで浮浪人（富豪浪人層）の軍事協力を必要とする、「対外」的にかなり重大な事態が生まれていたことをあらわすのであろう(82)。とすれば、それはどのようなものだったのか。つぎに節を改めて考えてみよう。

三　伊治公呰麻呂の「蜂起」と人民的交通

(1)宝亀一一年の伊治公呰麻呂の「蜂起」

皇民という概念をともなう「不論土浪」策が、事実上初めて姿をあらわすのは、延暦二年（七八三）であった。したがって新しい事態は、これより前の時期に発生していたとみる必要があるだろう。

周知のとおり、光仁天皇の治政下、宝亀五年（七七四）から、嵯峨天皇の弘仁二年（八一一）までの間、律令国家と列島北方社会の蝦夷勢力との間では、いわゆる「東北大戦争(83)」「三十八年戦争(84)」と呼ばれる断続的な戦争、紛争状態が続いていた。

そうしたなか、右の問題と関連して注目されるのが、宝亀一一年（七八〇）三月、陸奥按察使・紀朝臣広純などを殺害し、多賀城を焼き払ったことに始まる、伊治公《これはり》呰麻呂《あざまろ》の「蜂起」に関わる史料である。

伊治公呰麻呂は、史料上、「夷俘《いふ》之種」と書かれるように、もともと服属した蝦夷の出身者であった。しかし蜂起の直前には、陸奥国上治郡《これはり》(85)（＝現在の宮城県栗原市付近）の大領の地位に就き、また外従五位下の位階を帯びる律令官人であった(86)。しかもその位階は、蜂起の二年前の宝亀九年（七七八）、出羽国の対蝦夷戦に従軍した論功行賞時に、同じく蝦夷の族長である吉弥侯《きみこ》伊佐世古らとともに与えられたものであった(87)。

その呰麻呂がなぜ蜂起することになったのか。蜂起時の初見史料は、その理由として二つ挙げる。一つは、按察使の紀広純に対する個人的怨みである。呰麻呂は広純を、「初め事に縁りて嫌ふことあれども、呰麻呂、怨を匿《かく》して、陽《いつわ》りて媚《こ》び事《つか》ふ(88)」(原漢文)と書かれている。もう一つは、同じく蜂起直後に、呰麻呂によって殺害された牡鹿郡大領の道嶋大楯が、「毎《つね》に呰麻呂を凌侮《りょうぶ》して、夷俘を以て遇した(89)」(原漢文)からだとされている。

そのうえで按察使の紀広純が、「覚鱉《かくべつ》柵」(所在地不明)の造営のため、「俘軍」を率いて伊治城へ入った際、呰麻呂も大楯と一緒になって従軍した。ところが現地入りするや否や、呰麻呂は突如蝦夷と「内応」し、俘軍を誘って「反」し、まずは道嶋大楯を殺し、さらに紀広純を取り囲んで「害」したという。そして数日後には、「賊徒」を率いて多賀城に入城し、掠奪をはたらくとともに、そこで火を放ったと伝えられている(90)。

これが呰麻呂の決起時の概略であるが、これ以降の彼自身の消息は史料上不明となる。しかしこの呰麻呂の蜂起は、その後、奈良時代の最大規模の蝦夷「叛乱」に発展したといわれる。これを機に、いわゆる「三十八年戦争」は、律令国家と蝦夷との全面戦争の時代に突入したと考えられている(91)。

律令国家の側はその直後から、征東大使・副使らの任命(92)、諸国からの武具の調達(93)、坂東諸国からの兵粮米の確保(94)、志願兵(進士)の募集(95)等の対策を次々に施した。しかし鎮圧は遅々としてすすまなかったらしい。宝亀一一年一〇月末には、逆に征夷軍の怠慢を叱責する勅が出されるほどであった(96)。

それに対して蜂起軍の規模は徐々に拡大し、翌年の天応元年(七八一)六月の勅によると、「賊衆」の数は、「四千余人」にも膨れ上がったという。また同勅では、蝦夷側の指導者として呰麻呂の名はみえないものの、かつて彼とともに叙位された経験をもつ吉弥侯伊佐世古のほか、諸絞《もろくり》・八《や》十《そ》嶋《しま》・乙代《おとしろ》らの名が挙げられている。そしてこの四人が、「賊の中の首《かしら》にして、一を以て千に当たる」(原漢文)とも書かれている(97)。これをみると蜂起した蝦夷側の集団が、相当な人的広がりをもち、しかも勇猛果敢な指導者に率いられていた様子を読み取ることができる。

このように展開した呰麻呂の蜂起について、先の「皇民」の語をともなう「不論土浪」策の登場との関連で重要なのは、その集団構成のあり方が、かつてない様相をみせていたと思われる点である。

(2)「蜂起」をめぐる人民的交通の展開

これは従来、あまり注目されていないことであるが、呰麻呂の蜂起から約九ヶ月経った天応元年（七八一）の正月元旦、伊勢の斎宮に「瑞雲」（美雲）があらわれたことを理由にして、改元を命じる詔が下された。それにともない臨時の大赦、斎宮寮の官人への叙位、孝子・節婦への褒賞（終身課役免除）など、改元（瑞雲出現）を祝う、さまざまな命令が出された。その中の一つとして、つぎのようなものが含まれていた。

〔史料6〕『続日本紀』天応元年正月辛酉朔条

（前略）如有下百姓為二呰麻呂等一被二詿誤一、而能棄レ賊来者上、給二復三年一。其従レ軍入二陸奥出羽一諸国百姓、久疲二兵役一、多破二家産一。宜レ免二当戸今年田租一。如無二種子一者、所司量貸。

史料の後半では、征夷軍に従軍した諸国百姓に本年の田租の免除令などが下されているが、問題は前半の傍線部である。ここにみえる「詿誤《かいご》」とは、「人を欺し、惑わすこと」（小学館『日本国語大辞典』）を意味する。つまり傍線部全体は、「もし呰麻呂等によって欺された百姓で、賊軍を棄て来た者には、三年間の課役免除を与える」ことが命じられている。ここでは課役免除という寛大な処置を示すことにより、蜂起集団からの投降を呼びかけているわけであるが、興味深いのは、その呼びかけ対象が「百姓」と書かれている点である。

右の「詿誤」という語句は、七世紀末の「大津皇子の乱」や八世紀半ばの「橘奈良麻呂の乱」の際の史料にもみられるもので、事実上、反国家的行為の首謀者やその集団に「加担する」「与同する」の意味で使用されることが多い(98)。

こうしてみると〔史料6〕は、伊治公呰麻呂の蜂起集団の内部には、律令国家によって夷狄とされた「蝦夷」「俘囚」「俘軍」だけに留まらず、奥羽地域の百姓＝編戸民（公民）も参加し、両者間の反国家的な人民連携がすすんでいたことを示すであろう。しかもその投降の呼びかけは、わざわざ正月元旦の改元詔の発布時におこなわれていた。この事実は、これに参加した百姓の数が相当なものに及んでいたことを示唆するのではないだろうか。

おそらく律令国家としては、蜂起集団内部における民夷間の相互連携・相互連帯について、いまだかつてない国家的な危機意識を強めたと思われる。それが〔史料6〕のような内容をともなう詔の発布につながったと解釈できよう。

これまでの古代蝦夷史研究では、どちらかというと古代王権の国家的な夷狄観（蔑視思想・小帝国意識）を中心とする考察がすすんできた。それをもって、事実上、社会的な蝦夷認識までに置き換えてみようとする傾向があったように思われる。

しかし律令国家と蝦夷社会のそれぞれの社会構成はおのずから異なっていた。また双方の社会とも、均一で同質なものでなく、階層的、重層的に成り立っていた。そうした社会の重層性にもとづく、複合的で政治的な動きの一つの帰結として、呰麻呂の蜂起に際する反国家的な民夷間連携がすすんだのではなかろうか。

従来の研究でも、民と夷の軍事的同盟の可能性について、すでに学術的な分析がある。戸田芳実氏は、元慶二年（八七八）に出羽国で起きた蝦夷・俘囚の大反乱に際し、国司の「苛政」によって「奥地」まで踏み入った公民・百姓層と蝦夷・俘囚との同盟関係が結ばれたと推定し、それをこの時期の律令国家に対する「反律令闘争」の一形態であると評価している[99]。

筆者はこれに異論はないが、国家に対して民夷間で「共闘」できる客観的条件は、すでにこれを遡る奈良時代の頃から、徐々に整っていたように思われる。というのも、現在の北方史研究の成果によると、すでに八世紀の三〇年代頃から、奥羽地域の一部では、民と夷の私的レベルの交易や接触がすすんでいたと解されているからである。

蓑島栄紀氏は、奥羽地域における私的交易の禁断を命じた延暦六年（七八七）の史料などにもとづき[100]、同地では遅くとも奈良時代の天平期から、奥羽「百姓」（とくに移民系）と蝦夷（俘囚）間の民間交易関係が進展し、その結果、両者が「雑居」する事態が生まれていたと指摘する[101]。

これによれば、民夷間の一部の百姓と蝦夷がお互いに連携できる土台ともいうべき前提条件は、すでに八世紀前半頃から形成されており、そこからさらに、両者が何らかの出来事を契機にして、一挙に政治的共闘にすすむ可能性が十分にあったと思われる。そこで筆者は、そのもっとも早い時期が、戸田氏の指摘する元慶二年を約一〇〇年近く遡る、宝亀から延暦年間であったと推察したい。そしてまさにそうした反律令闘争の発生そのものが、初めて浮浪人も皇民であることを強調した「不論土浪」策の確立要因の一つになったと考える。

律令国家が土浪間の制度的区別を前提としながら、一時的・部分的であるにせよ、両者の安定的両立を志向する施策に踏み切った理由としては、列島上の北方社会を舞台にした民夷間の軍事的結合という、未曾有の国家的危機が横たわっていた[102]。

以上のように日本の律令国家は、八世紀末の延暦年間に入り、編戸民（公民）である農民を一元的に支配する社会編成原理から土人と浪人の制度的区分を堅持した形の、二元的な社会編成原理への転換をはかった。それは富豪浪人層の台頭という社会的な要因のほか、奥羽地域における百姓（公民）と夷狄の軍事的連帯という、今まではなかった人民的交通の進展が、その要因として横たわっていたのであった。

とすれば、さらにこうした民夷間の政治的連携が、あえて宝亀から延暦年間にすすんだ直接のきっかけを、ど考えてみよう。

のようにみればよいのであろうか。単なる一般的な前提条件の問題だけでなく、より具体的な政治理由について

(3)蝦夷の朝貢・饗給をめぐる構造的矛盾

その理由については、さまざまに考えられようが、筆者がより決定的なものとして重んじたいのは、まさに「三十八年戦争」が始まった年の宝亀五年（七七四）に、蝦夷の朝貢システムが変更されたことである。

律令制下における蝦夷と王権との間の交通関係は、七世紀後半以来、たび重なる軍事的紛争（征討）をともないつつ、それと並行して朝貢と饗給という、一種の政治的外交儀礼が展開していたことが知られる[103]。これは服属の意志を示した蝦夷集団や俘囚のグループが、毎年定期的に上京して「方物」（＝毛皮・昆布・馬・砂金等）を貢進し、それに対して王権が、公民から収奪した調庸物を財政基盤としつつ、「禄物」「食料」や「位階」を賜与するという構造をとっていた。

つまり蝦夷の朝貢と饗給は、律令国家の側からみると、「化外の民」の服属の確認という政治的な目的のほか、当時、珍重視されていた北方社会の産物（貢納物）の収取という実質的意味をもっていた[104]。この朝貢と饗給のシステムは、当初、原則として中央政府の独占的管理下に置かれていた。それにより王権や天皇権威の強化、拡大につながっていたことはいうまでもない。

ところがこの上京をともなう朝貢・饗給のシステムは、宝亀五年（七七四）正月になって全面的に廃止される[105]。それに代わり蝦夷らの朝貢先は、奥羽両国の地方官衙に一元化された。朝貢・服属儀礼そのものは、鎮守府管内の各官衙（多賀城・国府・城柵等）で実施されることになった。鈴木拓也氏の研究にもとづくと、これにより蝦夷の朝貢・服属儀礼の内容は、実質的に大きく変化した[106]。つまり古代国家と蝦夷との交通関係は、ここでラ

ジカルに転換したわけである。

一つは朝貢品の品目・数量に「定数」がなくなり、その収取量や種類は、事実上、奥羽管内の地方官吏の自由裁量に任された。これにより朝貢儀礼の利権化がすすみ、これ以降、現地での蝦夷の朝貢・饗給はますます増大したといわれる。支配の自由裁量権を獲得した両国内の国司・城司・郡司らは、朝貢した蝦夷に対する賜宴・賜禄と叙位を濫発し、蝦夷の朝貢物から多大の利益を得るとともに、事実上、掠奪的交易に近い事態が出現したといわれる。

もう一つは、朝貢の対価としての「饗宴」「禄物」の財源が、奥羽管内の百姓の調庸物に一本化された[107]。国司らによる賜宴・賜禄・叙位の濫発は、そのまま陸奥・出羽両国内の百姓への搾取の強化と拡大につながることは当然であった。

つまり宝亀五年の蝦夷の朝貢制度の改正は、一方で朝貢という形の国司・城司・郡司らによる利権的、掠奪的交易をもたらし、他方でその財源確保のため、奥羽両国の公民・百姓に対する「国内苛政」を招いた。この両者は一つの構造的関係をなしていた。

この点について鈴木拓也氏は、公民の調庸物を用いて蝦夷を服属させ、その代わり彼らの貢納物を収取するという朝貢・饗給の体制は、「民」と「夷」の分割支配を象徴するものだと指摘する[108]。つまり宝亀五年の朝貢制度の改革は、蝦夷支配の構造的矛盾をあらわすものであった。

このような根本的な矛盾を含み込む蝦夷と古代国家との交通関係は、やがて八世紀末に陸奥・出羽地域の蝦夷に対する掠奪的交易と、管内百姓に対する「苛政」へと展開していった。そのことが奥羽管内の百姓と蝦夷の双方において、反国家的・反按察使的な感情を醸成させ、さらに伊治公呰麻呂の蜂起時にみられた、民夷間の軍事的連帯につながったのではないか。いわば律令国家の東北支配のあり方が構造的に抱える矛盾のあらわれの一つが、伊治公呰麻呂の蜂起であった。

以上のように考えると、日本の律令国家の社会編成原理の転換は、大陸諸国との間や列島「辺境」部での軍事的危機の「希薄化」がもたらす、諸身分格差の解消などによって成立したのではなかった。それとは逆に、土浪間の区分を保持したままの二元的な統合原理の登場は、列島「辺境」部＝北方社会における蝦夷集団と管内公民層との間に生まれた、新たな人民的な交通関係の所産であった。この転換は、民夷間の軍事的連携・同盟という、それまでみられなかった反律令闘争がもたらした事態として捉えられるであろう。

おわりに

以上、本章では、おもに八世紀末の延暦年間の「不論土浪」策にスポットをあて、その登場が律令国家による社会編成のあり方とどのような関わりをもち、またそれがいかなる理由にもとづいて出現したかについて検討した。その結果をまとめると、以下のとおりである。

一、先行学説では、奈良時代の浮浪人帳にもとづく支配のあり方と、「不論土浪」策とを連続的に捉え、律令国家は早くから浮浪人身分を公認していく姿勢をとっていたとみるのが通説であった。しかし関連史料によると、両者の間には、決して浅くない断絶があった。奈良時代において、浮浪人を浮浪人として、籍帳とは別枠の帳簿で把握することの意味は、編戸民（公民・百姓）と区別して、彼らを法制上・倫理上の逸脱者として遇する点にあった。とくに天平八年以降、浮浪人に対する各国衙による懲罰的労役もおこなわれだした。八世紀末以降の各施策の発令ごとに、つねに「土浪を論ぜず」という言葉が繰り返し出てくる前提には、右の認識が少なくとも地方政治の現場にいる官人層の中に強く浸透していた事実があった。

二、それに対して「不論土浪」策は、土浪間の区別を重んじる前代以来の国家的な認識を引き継ぎながら、これを個々の施策ごとに、一時的、部分的に（場合によっては恒常的に）停止し、土人と浪人を同列に扱おうとする政策である。

三、これは浮浪人身分の全面的な公認や、土浪間の制度的区別の解消をはかろうとするものではなかった。しかし従来にはみられない新しい政策である。日本の律令国家は延暦期に入り、籍帳に編附した農民を一元的に統治する体制から、浮浪帳に登載された浮浪人と籍帳にもとづく土人（公民）とを、場合によって同等に支配しようとする、二元的な社会編成原理に乗り出したと位置づけられる。

四、これにともない奈良時代に定立された国家的な農民規範、力田の使われ方にも変化があらわれた。すなわち元慶年間の畿内官田制の創設時の史料において、それが浮浪人に対しても使用され始めた。この用例の前提には、浮浪人の中にも「力田之輩」がいるとの認識があることは明らかである。したがってこれも、浮浪人に対する位置づけが、従前のものと比べ大きく変化したことを語る事例といえる。

五、律令国家の社会編成原理の転換が延暦年間に始まった理由は、おもに二つあった。一つは、この頃までに富豪浪人と呼ばれる階層が台頭し、彼らの経済的実力や富が、各国国衙の徴税体制の維持・運営にとって必要不可欠になりつつあるという事実があった。もう一つは、この直前、奥羽地域全体に拡大した蝦夷の「叛乱」、すなわち宝亀一一年（七八〇）の伊治公呰麻呂の蜂起以降、重大な政治的危機が到来したことによる。そこでは列島上の「辺境」部において、律令国家が従来、明確な線引きをおこなってきた「華」と「夷」の秩序が崩れ、多数の公民が蝦夷と連携して国家権力に抗するという事態が発生していた。「不論土浪」という政策が、まずは対蝦夷戦争対策の一つとして初めて姿をあらわし、しかもその中で、浪人が土人とともに、同じく「皇民」「王民」であることが強く訴えられたのは、このような事実にもとづくと考えられる。

六、「皇民」や「王民」という概念は、百姓に対して求められた新しい農民規範ではない。これは列島「辺境」

部の蝦夷集団との明確な対比のもと、王（天皇）に対する軍事的、政治的な奉仕を求めようとする擬制的な集団帰属意識として理解できる。

本章では、前章に引き続き、浮浪人の関連史料に焦点をしぼり、それを基軸にして律令国家による社会編成原理の転換について考えた。またそれとともに、こうした政策転換の根底の一つには、律令国家に対する蜂起集団内部での民と夷の連携という、従来の交通関係への反作用として生まれた人民的な交通の展開があったのではないかと推定した。

このうち前者の浮浪人については、この後の初期中世社会でも身分的に消え去ることなく、たとえば、荘園公領体制下での所領開発、荘園寄作、毎年春の勧農時の請作などにおいて、重要な役割を果たしていたと指摘されている(109)。また九世紀後半から一〇世紀の各国の国衙軍制においても、浪人から積極的に「募兵」する新たな兵士制が始まったと説かれている(110)。これによると八世紀末から九世紀以降においても、浮浪人という身分が、少し異なる様相をもちながら、公民・百姓と融合することなく、それと並行して存続していることが明らかであろう。

他方、後者の民夷間連携と律令国家の支配体制の問題、あるいは公民・百姓と蝦夷との間の交流・交通の問題は、これまで十分に深められてこなかった課題の一つであった。

先に紹介した田中聡氏の研究によると、北方社会における倭人と蝦夷間の紛争関連史料を通覧しても、「律令国家」対「夷」の先鋭的な敵対はあっても、民と夷が直接対抗する事例は一貫してみられないという。蝦夷・夷俘らの軍事的行動は、ほとんどの場合、律令国家の「辺境」部支配を象徴する城柵やそれを掌る官人（按察使・国司・郡司等）を最初から攻撃目標に設定しており、近辺に雑居する百姓のみを襲撃した例はほぼ皆無だと指摘している(111)。

本章ではこの指摘をさらに深め、律令国家に対抗する民夷間連合の形成、すなわち「律令国家」対「民夷間連携集団」の構図を想定した。またそれが律令国家による社会編成のあり方に対してもたらした歴史的意義について考えた。

本書冒頭の序章において述べたように、発展段階を異にする諸民族が構成する東アジア世界の一員である倭国の王権は、早くから国際交通をおこない、他民族の先進的文物やより高度な経験を、国内民衆に対して先取り、独占化することにより、自らの階級的基盤の強化をはかってきた。しかし石母田正氏によると、こうした交通はやがて共同体内部での反作用を呼び、別の形の人民的交通を生み出すという。そして石母田氏は、やがてその成果が内部の階級闘争の一つとして作用してくると説いている(112)。

つまり石母田氏は交通そのものを能動的な階級的行為と理解する以上、それを、固定的ではなく歴史的、可変的なものとして捉えようとする。従来の交通関係の総体から生まれた新たな人民的交通が、国家に対する階級闘争として反作用し、それがつぎの時代の歴史を切り開く側面があることを提起しているわけである。

石母田氏はその具体例として、前章でみた、中国の「三階教」の教理の影響を受けた行基集団による活動（八世紀）、あるいは文字を自前にものにした郡司・百姓らによる反国衙闘争（一〇世紀）などを挙げている(113)。

しかし筆者は本章において、右の石母田説を自分なりに咀嚼して、古代国家と「辺境」部の蝦夷的世界との関係をも、広い意味での「国際交通」の一形態として捉え直した(114)。その進展が、延暦末年における民夷間連携という新たな人民的な交通関係を呼び起こし、さらにそれが、律令国家の支配体制に対して大きな影響を与えたことを最後に確認して、本章を閉じたいと思う。

註

（1）関連史料を詳細に分析した大町健氏は、日本の律令法では、おもに逃亡を規制対象とし、現実の律令国家の諸政策では、浮浪を規制対象としていたという。そして八世紀代の諸施策を、「浮浪・逃亡策」「浮逃策」と呼ぶことは正しくないと指摘する（大町「日本古代の浮浪概念」〈『日本歴史』六四一、二〇〇一年〉）。筆者もこの見解に賛同したい。ただし律令国家の浮浪と逃亡に対する施策は、和銅八年格・養老五年格・天平八年勅・宝亀十一年勅・延暦四年格など、当事者の把握・編成法をめぐる諸制度のみに尽きるものではない。たとえば、前章でみた和銅から養老期の力田政策も、広い意味で逃亡対策の側面をもつ。またそれは浮浪対策の一環をなす面がある。したがって本書では、これまでの慣例にしたがって、「浮浪・逃亡策」などと表記する場合がある。

（2）『日本書紀』天智九年二月条。

（3）『日本書紀』の持統四年（六九〇）九月乙亥朔条に、「詔二諸国司等一曰、凡造二戸籍一者、依二戸令一也」とみえる。

（4）『日本書紀』持統三年（六八九）閏八月庚申条。

（5）『続日本紀』延暦九年一〇月癸丑条。

（6）吉村武彦「律令制国家と百姓支配」（同『日本古代の社会と国家』岩波書店、一九九六年。初出は一九七三年）、一八八～一八九頁。

（7）『続日本紀』延暦二年六月辛亥条。

（8）戸田芳実「平安初期の国衙と富豪層」（『日本領主制成立史の研究』岩波書店、一九六七年。初出は一九五九年）。

（9）福岡猛志「八、九世紀における農民の対国衙抗争について」（『歴史評論』二〇三、一九六七年）、吉村註（6）前掲論文、櫛木謙周「浮浪・逃亡小論」（奈良古代史談話会編『奈良古代史論集』一、一九八五年）、加藤友康「浮浪と逃亡」（『日本村落史講座4　政治Ⅰ』雄山閣、一九九一年）など。

（10）吉田孝『律令国家と古代の社会』（岩波書店、一九八三年）。

（11）たとえば吉田氏は、浮浪人を浮浪人という身分としてそのまま所在地において捕捉して課役を徴収する制度について、「太政官―国―郡という官僚制的な支配機構の成立を前提とし、国―郡を単位とする領域的支配を推進する機能を果たした」（吉田註(10)前掲書、四一九頁。傍線は引用者）と述べている。たしかに浮浪人帳にもとづく支配体制下では、その所在地情報が、国―郡―里まで把握されていた（後述）。したがってそれが、官僚制的な支配機構の成立を前提としているのは当然である。しかしそれが律令国家の領域的支配を「推進」する役割を果たしたとみるのは言いすぎではないか。

(12)　吉田氏の論考では、富豪浪人に関する戸田註(8)前掲論文が引用されている（吉田註(10)前掲書、二一八頁）。しかし富豪浪人層が、律令制支配に対する経済的な克服主体としてのみならず、政治的な克服主体でもあるとみる戸田氏の主旨には十分眼が向けられていないように思われる。

(13)　このうち浮浪人が八世紀代に「公認」され始めた理由として、富豪層の社会的台頭を早くみる学説の登場が、吉田説に影響を与えた可能性もある。亀田隆之氏や中田興吉氏などは、養老期の「力田」に関する史料にもとづき、すでにこの頃、富豪層が新たな階層として台頭していたと説いている（亀田「「力田者」の一考察」〈同『日本古代用水史の研究』吉川弘文館、一九七三年。初出は一九六四年〉、中田「力田者の抬頭とその理由」〈『古代文化』二八七、一九八二年〉）。しかし力田が実態的な社会階層を示す概念ではないことは、本書第Ⅰ部第一章で述べたとおりである。

(14)　『日本後紀』弘仁四年（八一三）二月戊申条によると、それまで飢饉発生時に、賑給の対象外であった「俘囚」に対して、「飢饉之苦、彼此応ㇾ同。救急之恩、華蛮何限」と記されたうえ、「平民」に準じて、その例にあずかることが許可されている。これを出発点にして、「不論民夷」「不問民狄」などの文言を含んだ施策が、史料上しばしばあらわれてくる。この一連の「不論民夷」策をめぐる研究の到達点の一つとして、田中聡「民夷を論ぜず――九世紀の蝦夷認識――」（『立命館史学』一八、一九九七年。のち、同『日本古代の自他認識』〈塙書房、二〇一五年〉に所収）がある。本書もこの田中論文から学び取った点が多い。

(15)　たとえば坂上康俊『律令国家の転換と「日本」』（日本歴史05、講談社、二〇〇一年）、二六九～二七〇頁など。

(16)　熊谷公男「平安初期における征夷の終焉と蝦夷支配の変質」（『東北学院大学東北文化研究所紀要』二四、一九九二年）、鈴木拓也『古代東北の支配構造』（吉川弘文館、一九九八年）など。
(17)　吉村氏も基本的に平安時代より前の時代の浮浪人身分の成立を認めている。そして延暦四年（七八五）以降、「原則的には本貫で戸籍で編付される土民＝公民と区別されて、浮浪人帳に記帳されて支配された浮浪人身分という、一般百姓に対する二元的支配体制が確立した」（吉村註(6)前掲論文、一八六頁）と述べる。さらに括弧つき表現であるが、土人と浪人はこの後、徐々に「同質化」傾向をたどるとも記している（同、一八九頁）。
(18)　『続日本紀』天平一五年（七四三）五月乙丑条。
(19)　『続日本紀』天平勝宝六年（七五四）一〇月乙亥条。
(20)　『続日本紀』宝亀四年（七七三）三月己丑条。
(21)　『続日本紀』宝亀一〇年（七七九）九月戊子条。
(22)　『類聚国史』巻八三（免租税）、天長七年（八三〇）四月戊辰条。
(23)　『続日本後紀』承和七年（八四〇）三月乙未条。
(24)　『日本文徳天皇実録』仁寿元年（八五一）正月庚子条。
(25)　『続日本紀』天平二年（七三〇）四月甲子条。
(26)　『続日本紀』天平一六年（七四四）七月戊戌条。
(27)　『続日本紀』延暦五年（七八六）八月甲子条。
(28)　『日本文徳天皇実録』嘉祥三年（八五〇）一一月丙申条。
(29)　『続日本紀』天平三年（七三一）七月乙亥条。
(30)　新訂増補国史大系『律』、律逸文・捕亡律非亡浮浪他所条。
(31)　新訂増補国史大系『律』、律逸文・捕亡律部内容止他界逃亡浮浪者条。
(32)　『令義解』の戸令戸逃走条によると、一戸全員が逃走した場合には、五保（五家で一保）が「追訪」し、三年で除帳し、戸口が逃亡した場合には、六年経つと除帳すると決められていた。
(33)　『続日本紀』和銅八年五月辛巳朔条、『類聚三代格』（巻一七、蠲免事）弘仁二年（八一一）八月一一日太政官符所引の和銅八年五月一日格。

(34)『類聚三代格』（巻一二、隠首括出浪人事）天平八年（七三六）二月二五日勅所引の養老五年（七二一）四月二七日格。

(35)『類聚三代格』（巻一二、隠首括出浪人事）天平八年（七三六）二月二五日勅。

(36)『続日本紀』宝亀一一年（七八〇）一〇月丙辰条。

(37)『類聚三代格』（巻一二、隠首括出浪人事）延暦四年（七八五）六月二四日太政官符。

(38) 新訂増補国史大系『政事要略』巻五七、交替雑事（雑公文）。

(39)『類聚三代格』（巻一七、蠲免事）弘仁二年（八一一）八月一一日太政官符所引の和銅八年五月一日格。

(40) 木簡学会編『木簡研究』四（一九八二年）。所在地の記載が、国—郡—里制にもとづいているので、当木簡は、国郡里制の施行下の、七一七年頃までの作成だと考えられる。

(41) 明石一紀氏は、新たに所在地先で掌握された浮浪人を、造籍時に「編附」することが、相当煩雑な手続きを要したと指摘する。そして浮浪人帳の作成は、そうした行政上の煩雑な手続きを省略化する指向をうかがえると述べている（明石『編戸制と調庸制の基礎的考察——日・朝・中三国の比較研究——』校倉書房、二〇一一年、一九五頁）。

(42)『訳注日本史料　延喜式　中』巻二四、主計寮上。このほか信濃国・越中国・長門国・紀伊国の四国も、浮浪人に対する特別の調庸品目が定められている。逆にいうと、これ以外の国では、原則として各国ごとに定められた一般公民と同様の調庸品が、浮浪人に課せられていたとみられる。

(43)『類聚三代格』（巻八、調庸事）延暦一六年（七九七）八月三日太政官符にも、「浮浪人帳」の語句がみえている。当官符では、親王家や王臣家庄園に寄住する浪人に対して、「宜レ令下国宰郡司勘二計見口一、毎レ年附二浮浪人帳一、全徴中調庸上」という命が下されている。この史料からは、浮浪人帳が毎年作られていたこと、しかも調庸物の賦課と不可分に結びついていた事態を読み取れる。

(44)『類聚三代格』（巻一七、蠲免事）弘仁二年（八一一）八月一一日太政官符。

(45)『類聚三代格』巻一二、隠首括出浪人事。
(46)『令義解』僧尼令修営条、准格律条など。
(47)瀧川政次郎「苦使なる閏刑に就て」(同『日本法制史研究』名著普及会、一九八二年。初出は一九四一年)。
(48)石母田正「官僚制国家と人民」(同『日本古代国家論』第一部、岩波書店、一九七三年)、六二頁。
(49)長山泰孝「奈良時代の浮浪と京畿計帳」(同『律令負担体系の研究』塙書房、一九七六年。初出は一九六七年)、岡崎玲子「律令国家の浪人支配」(『日本歴史』五九九、一九九八年)など。
(50)なお浮浪人の軍役徴収については、「不論土浪」策の事実上の初見記事、『続日本紀』延暦二年(七八三)六月辛亥条において(表Ⅰ—5の①)、「雑色之輩」とともに「浮宕之類」に関して、「或便㆓弓馬㆒、或堪㆓戦陣㆒、毎㆑有㆓徴発㆒、未㆑嘗㆓差点㆒」と書かれている。この史料にもとづけば、浮浪人に対しては、これ以前、軍役の負担は課せられていなかったとみられる。
(51)『続日本紀』神護景雲三年正月己亥条。
(52)天平宝字二年(七五八)の誤記だと思われる(表Ⅰ—6の⑩参照)。
(53)同様の指摘は岡崎註(49)前掲論文にもみえる(同、一六頁)。
(54)堅田理氏も、天平八年格で制度化された浮浪人に対する懲罰的な身分内容が、天平宝字年間に「柵戸」移配を通じて内実化されたと説いている(堅田「墾田永年資財法と浮浪人」〈『続日本紀研究』三三〇、二〇〇一年〉。堅田説については、その後刊行された同『日本の古代社会と僧尼』〈日本仏教史研究叢書、法藏館、二〇〇七年〉に詳しい)。
(55)鎌田元一「律令国家の浮逃対策」(同『律令公民制の研究』塙書房、二〇〇一年。初出は一九七二年)、四七五頁。
(56)『続日本紀』和銅五年五月甲申条。
(57)『続日本紀』養老五年四月癸卯条。
(58)『続日本紀』養老三年七月庚子条。本条によると、伊勢国守が伊賀・伊勢の二国、遠江国守が駿河・伊豆・甲斐の三国、常陸国守が安房・上総・下総の三国、美濃国守が尾張・参河・信濃の三国、武蔵国守が相模・上野・下野の三国、越前国守が能登・越中・越後の三国、丹波国守が丹後・但馬・因幡の三国、出雲国守が伯耆・石見の二国、播磨国守が備前・美作・備中・淡路の四国、伊予国守が阿波・讃岐・土左の三国、備後国守が安芸・周防の二国を所管とすることが定められている。この後、養老五年（七二一）八月には、所管国の編成替えと増置もおこなわれた（『続日本紀』同年八月癸巳条）。

(59) 今泉隆雄「按察使制度の一考察」（『国史談話会雑誌』一三、一九六九年）。

(60) 『類聚三代格』（巻三、僧尼禁忌事）、養老六年七月一〇日太政官奏。

(61) 『続日本紀』養老元年四月壬辰条。

(62) 石母田正「国家と行基と人民」（同『日本古代国家論』第一部、岩波書店、一九七三年）。

(63) 新日本古典文学大系『日本霊異記』（岩波書店）下巻「拍于憶持千手咒者、以現得悪死報縁　第十四」。

(64) 寺崎保広「奈良時代の浮浪逃亡と浮浪人の長」（『日本歴史』三八九、一九八〇年）。

(65) 本文で掲げた『日本霊異記』下巻一四の史料で語られる神護景雲三年（七六九）という年は、ちょうど天平八年格制下の時代であった。

(66) 当時の浮浪人がまとう衣服形態については、本説話の「優婆塞」にも関わる「法服」の問題は別にして、従来ほとんど議論されてこなかったテーマである。しかし九世紀末、菅原道真によって書かれた『菅家文草』巻三の「寒早十首」には、浮浪人を示す「浪《うか》れ来《きた》れる人」について、「鹿の裘《かわごろも》、三尺の弊《やぶ》れ、蝸《かたつぶり》の舎、一間の貧しさ、子を負ひ、兼ねて婦《つま》を提《ひきさ》ぐ。行《ゆ》く行《ゆ》く、乞与《きよ》頻《しき》りなり」（原漢文）などと詠まれている（日本古典文学大系『菅家文草　菅家後集』岩波書店、一九六六年）。この「鹿の裘」、すなわち「鹿衣《しかころも》」の記述に着目した網野善彦氏は、中世の鹿衣という衣服は、六波羅蜜寺の空也像がそうであるように、遍歴の宗教僧、「聖《ひじり》」との関係性が密であると説く。そして氏は、この習俗が必ずしも仏教とは関わりなく、古くから日本社会の「奥底」にあったのではないかと指摘している（網野「童形・鹿杖・門前――再刊『絵引』によせて――」〈同『異形の王権』平凡社ライブラリー10、一九九三年〉。初出は一九八四年）。興味深い見解である。

たしかにたとえば、『万葉集』巻一六―三八八五の「乞食者《ほかひ》の詠《うた》」に出てくる乞食者たちは、物乞いをしながら、「鹿角」を着け「鹿衣」をまとい、都城の市などに集う民衆に対し、笑いと風刺に満ちたシカをめぐる民間芸能を披露する芸能民であったといわれる。そして留意されるのは、彼らの出身母体が、律令制的収奪の強化の結果、当時増え続けた浮浪人であったとみられる点である（吉田晶「古代民衆の天皇観――『万葉集』などから――」〈歴史学研究会編『民衆文化と天皇』青木書店、一九八九年〉）。とすれば、各地を渡り歩く浮浪人が、鹿の皮製の衣服を着用する作法は、すでに奈良時代にもみられる習俗で、それは「可視的な身分標識」の役割を果たしていた可能性も出てくる。この問題については、今後さらに深めるべき課題としたい。

(67) 吉田註(10)前掲書、二一八頁。

(68) 『類聚三代格』（巻一二、隠首括出浪人事）延暦四年六月二四日太政官符。本史料には、「自㆑今以後、停㆓編附之格㆒、依㆓天平八年二月廿五日格㆒」と書かれてある。

(69) 戸田氏は、富豪浪人の「党」が、武装した在地支配者の階級的な支配組織の役割をもち、他方で在地人民の反国家的な権力組織の役割を果たすという、二重の性格をもつと指摘する。そして、「われわれはこの二側面の一面のみを強調しないよう配慮が必要」だと強調している（戸田「中世成立期の国家と農民」〈同『初期中世社会史の研究』東京大学出版会、一九九一年。初出は一九六八年〉、二二一～二二三頁）。

(70) 戸田芳実「初期中世武士の職能と諸役」（同註(69)前掲書所収。初出は一九八六年）、一六七～一七三頁。

(71) 田中註(14)前掲論文。

(72) 表Ⅰ―5の①の原史料である『続日本紀』延暦二年六月辛亥条では、坂東八国内の「雑色之輩」や「浮宕之類」が、編戸民と同じく「皇民」であることが語られ、そのうえで「軍士」の選抜が命じられている。

(73) 『日本三代実録』元慶五年二月八日丙戌条。

(74) 戸田芳実「中世成立期の所有と経営について」（同註(8)前掲書。初出は一九六〇年）、五〇頁。

(75) 戸田註(8)前掲論文。

(76) 『続日本紀』和銅五年（七一二）九月己丑条。

(77)『続日本紀』延暦二年（七八三）六月辛亥条。
(78)『続日本紀』延暦九年（七九〇）一〇月癸丑条。
(79) 石母田正「古代の身分秩序」（同『日本古代国家論』第一部、岩波書店、一九七三年。初出は一九六三年）。
(80) 主な論考として、狩野久「部民制――名代・子代を中心として――」（同『日本古代の国家と都城』東京大学出版会、一九九〇年。初出は一九七〇年）、鎌田元一「七世紀の日本列島――古代国家の形成――」（同『律令公民制の研究』塙書房、二〇〇一年。初出は一九九四年）、古市晃「君臣統合における仏教の意義」（同『日本古代王権の支配論理』塙書房、二〇〇九年）、井上勝博「熊野聰著『続・サガから歴史へ』（麻生出版、二〇一一年六月）によせて～共同体・個人・自由―文化の類型と持続、そして現代～」（『歴史科学』二一二、二〇一三年）などがある。
(81) これは「共属性」をアピールしようとする、あくまで外在的なイデオロギーである。筆者はこれでもって、「皇民」としての「土」と「浪」の実態的な融合や一体化がすすんだとみるわけではない。
(82) 前節でみたように、かつて奈良時代にも浮浪人を「柵戸」として奥羽地域に移配し、対蝦夷問題に軍事協力させる施策があった。しかしそれは浮浪人に対する強制的で、懲罰主義的な視点にもとづいていた。しかしここではそのようなニュアンスはみられず、その自主的、能動的な協力を重んじていることが重要であろう。
(83) 平川南「東北大戦争時代――東北の動乱――」（『古代の地方史』六、朝倉書店、一九七八年）。
(84)「三十八年戦争」というのは、弘仁二年（八一一）閏一二月、征夷将軍・陸奥出羽按察使の文室朝臣綿麻呂の奏上で、「宝亀五年より当年に至るまで、惣て卅八歳、辺寇屢ば動きて、警備絶ゆること無し」（訳注日本史料『日本後紀』弘仁二年閏一二月辛丑条。原漢文）とみえることにもとづく。
(85) 多賀城漆紙文書の中から、「此治城」と記される資料がみつかり、『続日本紀』にみえる「上治郡」は、「此治郡」の誤記と考えられている（平川南『よみがえる古代文書――漆に封じ込められた日本社会――』岩波新書、一九九四年）。
(86)『続日本紀』宝亀一一年（七八〇）三月丁亥条。
(87)『続日本紀』宝亀九年（七七八）六月庚子条。

(88)『続日本紀』宝亀一一年（七八〇）三月丁亥条。
(89)同前。
(90)同前。
(91)熊田亮介「古代国家と蝦夷・隼人」（同『古代国家と東北』吉川弘文館、二〇〇三年。初出は一九九四年）、二三頁。
(92)『続日本紀』宝亀一一年（七八〇）三月癸巳条。
(93)『続日本紀』同年五月辛未条。
(94)『続日本紀』同年五月丁丑条。
(95)『続日本紀』同年五月己卯条。
(96)『続日本紀』同年一〇月己未条。
(97)『続日本紀』天応元年（七八一）六月戊子朔条。
(98)『日本書紀』持統天皇称制前紀・朱鳥元年（六八六）一〇月己巳条、同年一〇月丙申条、『続日本紀』天平宝字元年（七五七）七月戊午条など。
(99)戸田註(69)前掲論文。
(100)『類聚三代格』（巻一九、禁制事）延暦六年正月二一日太政官符。
(101)蓑島栄紀「古代の陸奥・出羽における交易と交易者」（同『古代国家と北方社会』吉川弘文館、二〇〇一年）。
(102)舘野和己氏は、延暦期以降の本貫地主義の放棄、浮浪人身分の「公認」の要因について、人民の移動を制限する役割をもっていた「三関」の停廃（延暦八年七月）が大きな意味をもつと指摘する（舘野「律令制下の交通と人民支配」（同『日本古代の交通と社会』塙書房、一九九八年。初出は一九八〇年））。
(103)今泉隆雄「蝦夷の朝貢と饗給」（高橋富雄編『東北古代史の研究』吉川弘文館、一九八六年）。
(104)蝦夷諸集団と古代国家の間では、遅くとも六世紀後半頃から多様な交通関係がすすんでいた。その実態の掘り起こしについては、前述の蓑島栄紀氏による研究成果がある（蓑島註(101)前掲書）。

(105)『続日本紀』宝亀五年正月庚申条。

(106)鈴木拓也「陸奥・出羽の調庸と蝦夷の饗給」（同註(16)前掲書。初出は一九九六年）。

(107)『延喜式』巻二二、民部上の貢限条は、諸国の調庸物の貢納期限を指定している。奥羽両国については、「其陸奥・出羽両国、便納二当国一」と記している。これによると両国の調庸物は京進されず、それぞれの国に納められ、そこで「消費」されていたことがわかる。この制度は、神護景雲二年（七六八）以後、間もない時期に成立したとみられている（鈴木註(106)前掲論文、二一三頁）。なお『延喜式』巻二四、主計上には、陸奥・出羽両国の調庸物の中身について、「陸奥国。（中略）調、広布廿三端。自余輸二狭布・米一。庸、広布十端。自余輸二狭布・米一。出羽国。（中略）調・庸、輸二狭布・米・穀一」と記されている。

(108)鈴木註(106)前掲論文、二三九頁。

(109)村井康彦『古代國家解体過程の研究』（岩波書店、一九六五年）、鈴木哲雄「越後国石井荘における「開発」と浪人――田堵得延と荘司兼算の存在形態をめぐって――」（『日本史研究』三〇三、一九八七年）、同「「開発」の構造と日本中世の百姓――「去留の自由」の存立構造と逃散の意義をめぐって――」（『歴史学研究』五八四、一九八八年。鈴木氏の各論考は、のち一部改稿のうえ、同『中世日本の開発と百姓』〈岩田書店、二〇〇一年〉に所収）など。

(110)戸田芳実「国衙軍制の形成過程」（同註(69)前掲書。初出は一九七〇年）。

(111)田中註(14)前掲論文、三五頁。

(112)石母田正『日本の古代国家』（岩波書店、一九七一年）第一章、一七頁。

(113)同前、および石母田『日本古代国家論』第一部、Ⅲ章「国家と行基と人民」、一一五頁など。

(114)もちろん蝦夷との交通は、海外の大陸諸国の交通と質的に異なる側面をもっている。しかし今日的な研究成果にもとづくと、古代の蝦夷と呼ばれた人たちは、必ずしも国家的に異民族集団として擬制された存在ではなく、形質的・文化的に倭人種と異なる集団であったと説かれている（田中註(14)前掲論文など）。これからみて、蝦夷と倭人間の交通を、「国際的」交通の一形態として捉える余地はあるように思われる。

第Ⅱ部

古代の共同体と地域社会

第一章　古代女性の婚姻規範――美女伝承と歌垣――

はじめに

本章では、『播磨国風土記』（以下、単に風土記と略す場合がある）と『古事記』とにみえる似通った二つの「美女伝承」にスポットをあて、古代女性の婚姻をめぐる社会的規範の中身について検討する。その規範の形成と当時の社会実態との関わりをみることにより、これまでの通説的な婚姻論や共同体論に対する批判を試みる。

日本の律令国家は、大宝令の施行以降、中国から学びとった、いくつかの儒教的な規範・道徳の社会的導入をはかるようになった。このうち和銅から養老年間にかけて、力田と称される農民規範の奨励に乗り出したことは、本書の第Ⅰ部の第一章などで述べたとおりである。

これとともに律令国家は、これよりやや早い時期から、女性の婚姻や夫婦のあり方をめぐる儒教的規範の導入もおこなった。それが、夫の死後も再婚せず、子供や舅姑《きゆうこ》（夫の父母）などの養育にあたり、さらに夫の墳墓を掃き清めるなどの徳目を実践する「節婦」の推挙・褒賞策である。

六国史には、『続日本紀』和銅元年（七〇六）正月の「孝子・順孫・義夫・節婦、表二其門閭一。優復三年」[1]とあるのを初見記事として、九世紀後半の元慶年間に至るまで、合わせて三〇例の推挙・褒賞命令がみえる[2]。またこの命を受け、実際に褒賞された、つぎのような事例がみられる。

・和銅七年（七一四）

（大倭国）有智郡女四比《しひの》信紗、並終身勿レ事。旌二孝義一也。（中略）信紗、氏直《うじのあたひ》果安妻也。事二舅姑一以レ孝聞。夫亡之後、積年守レ志、自提二孩穉《おさなご》并妾子惣八人一、撫養无レ別。事二舅姑一、自竭二婦礼一、為二郷里之所一レ歎《たん》也。（3）

・宝亀三年（七七二）

壱岐嶋壱岐郡人直《あたひの》玉主売、年十五夫亡。自誓、遂不二改嫁一者卅余年、供二承夫墓一、一如二平生一。賜二爵二級一、并免二田租一、以終二其身一。（4）

・弘仁一四年（八二三）

下野国芳賀郡人吉弥侯部道足女、授二少初位上一、免二田租一終二其身一、標二門閭一。以二哀至行一也。道足女、同郡少領下野公豊継之妻也。夫死之後、誓不二再醮一、常居二墓側一、哭不レ絶レ声。（5）

こうして節婦として褒賞された女性の記事は、力田のケースと比べて相当多い。その件数は、八世紀初頭から九世紀末の約一七〇年の間で、合わせて五〇件近くにのぼっている。（6）

しかし比較的多いといっても、約一七〇年間に五〇件という数は、平均して三、四年に一度の割合である。頻度としては決して高くない。また被褒賞者の中には、右にみられる郡領層の妻や、「家世《よよ》に豊贍《ゆたか》なり」（7）などと書かれる人物が含まれている。さらに「連」「直」「公」「村主」「首」など、カバネを帯びた者も多数見出せる。これらは、それぞれの土地の上層階級や渡来系氏族に属する女性たちである。

そこで右の「二夫にまみえず」という婚姻規範は、少なくとも庶民層の女性には、定着しなかったとみるのが通説である。そしてその前提には、この当時の民衆内部の不安定な婚姻形態に応じた、固有の家族道徳や婚姻規範があったと推定されている。（8）

たしかに節婦的な女性像が、庶民層の中に浸透しなかったのは事実であろう。ただしその要因を、古代の家族・婚姻形態の制度的不安定さに結びつけるのは、いささか早計ではあるまいか。
古代の婚姻制度については、これまでの女性史研究の成果により、対偶婚段階にあったとされている。結婚は「気の向く間」のみ継続し、永続性・排他性に欠けていた。つまり一度結びついた男女でも離合が容易だったのが、古代の婚姻制度の特徴だったといわれる。それゆえきわだった婚姻儀式はほとんどみられず、「恋愛＝性結合＝即結婚」という、衝動的で、刹那的な性愛関係がごく普通だった。そしてこのような婚姻制度が、家父長制的な婚姻形態に変わる時期は、おおむね平安中期以降であるなどの説明がされている。[9]
しかしこれらの見方に対しては、すでに根本的な批判も寄せられている。[10] また筆者自身もいくつかの疑問点をもつ。筆者は、こういう婚姻形態の制度的不安定さの問題から少し離れ、もっと社会全体のあり方にも眼を向けるべきだと考える。そのうえで、国家から奨励された儒教道徳とは異なる、どのような社会的な女性像や婚姻規範があったのか、改めて考え直す必要があろう。
本章では、このような疑問点を出発点にして、それを解く手がかりとして『古事記』と『播磨国風土記』の美女伝承に焦点をしぼり、それぞれの内容の共通性などを分析するとともに、従来用いられることのなかった史料群を素材にして、伝承の背景にある女性の婚姻規範を明らかにする。またその基盤にある社会の実態の問題にもアプローチしたい。これらを通じて、従来の通説的な婚姻論や地域社会論に対する批判を試みる。

一　根日女と引田部赤猪子の説話

古代の基本史料である『古事記』『日本書紀』、現存する各国風土記、『万葉集』などの中には、妻問い（求婚）・神婚・異類婚などの、美女をめぐるたくさんの物語や伝説歌謡が収められている。それらをみて気づくのは、「美女」[11]の話の多くが、不幸な結末、悲劇的な最後で終わっている点である。

たとえば、ヤマトトトヒモモソヒメの箸墓《はしはか》伝承[12]、播磨国の印南別嬢《いなみのわけいらつめ》の比礼墓《ひれはか》伝承[13]、肥前国の松浦郡の弟日姫《おとひ》子（佐用姫）の褶振峯《ひれふりのみね》伝承[14]などの有名な話がある。それらの中の主人公の女性は、神（蛇身）・天皇・美男などに求婚されて結ばれる。しかし最終的に自殺や不慮の死を遂げ、さらにそれぞれの墓の築造縁起譚で締めくくられる話が少なくない。

こうした話の背景や美女の死をめぐっては、神婚論、神に奉仕する巫女論、「隠《な》び妻」の民間習俗論、人柱伝説論などとの関わりで、たくさんの解釈が試みられてきた[15]。しかし本章でとくに注目したいのは、『播磨国風土記』賀毛郡条の「根日女《ねひめ》」と、『古事記』雄略天皇段にみえる「引田部赤猪子《ひきたべのあかいこ》」という二人の美女に関する伝承である。

これらの説話では、美女に対して求婚（宮中への召し入れ）の意思を示すのは、天皇やそれに準ずる皇族たちであった[16]。しかし結果的にその婚姻関係は実らない。美女はひたすら約束を待ちつづけ、短い人生を送るという筋立てになっている。右とは少し異なる話の展開である。

これを全体としてどのように理解するかについては、これまでほとんど議論されてこなかった[17]。筆者の考えでは、ここに描かれる美女の話は、古代の女性の婚姻規範や共同体儀礼のあり方、その前提にある社会の現実を探るうえで、重要な素材になると思われる。

そこで以下、この二つの女性の物語の内容について検討を加え、それを通じて右の課題に迫ってみたいと思う。まずは少し長くなるが、二つの説話をそれぞれ引用してみよう。

(1) 物語のあらすじ

〔史料1〕『播磨国風土記』賀毛郡玉野村条（根日女の話）

有二玉野村一。所以者、意奚《おけ》・袁奚《をけ》二皇子等、坐二於美嚢《みなぎ》郡志深《しじみ》里高宮一、遣二山部小楯一、誂二国造許麻《こま》之女根日女命一。於レ是、根日女、已依レ命訖。爾時、二皇子、相辞不レ娶、于日間《ひかず》、根日女、老長逝。于レ時、皇子等大哀、即遣二小立一、勅云、朝夕日不レ隠之地、造レ墓蔵二其骨一、以レ玉飾レ墓。故、縁二此墓一、号二玉丘一、其村号二玉野一。

〔史料2〕『古事記』雄略天皇段（引田部赤猪子の話）(18)

亦、一時、天皇遊行、到二於美和《みわ》河一之時、河辺有二洗レ衣童女《をとめ》一。其容姿甚麗。天皇、問二其童女一、汝者誰子。答白、己名、謂二引田部赤猪子一。爾令レ詔者、汝不レ嫁レ夫。今将レ喚而、還二坐於宮一。

故、其赤猪子、仰二待天皇之命一、既経二八十歳一。於レ是、赤猪子以為、望レ命之間、已経二多年一。姿体痩萎、更無レ所レ恃。然、非レ顕二待情一、不レ忍二於悒一而、令レ持二百取之机代物一、参出貢献。然、天皇既忘二先所レ命之事一、問二其赤猪子一曰、汝者誰老女。何由以参来。而赤猪子答白、其年其月、被二天皇之命一、仰二待大命一、至二于今日一、経二八十歳一。今容姿既耆、更無レ所レ恃。然、顕二白己志一以参出耳。於レ是、天皇大驚、吾、既忘二先事一。然、汝守レ志待レ命、徒過二盛年一、是甚愛悲。心裏欲レ婚、悼二其極老不レ得レ成レ婚而、賜二御歌一、其歌曰、

「御諸《みもろ》の　厳白檮《いつかし》が下《もと》　白檮が下　忌々《ゆゆ》しきかも　白檮原童女《かしはらをとめ》」。

又、歌曰、

「引田の　若栗栖原　若くへに　率寝てましもの　老いにけるかも」。

爾、赤猪子之泣涙、悉湿二其所レ服丹摺《にずり》袖一。答二其大御歌一而、歌曰、

「御諸に　築《つ》くや玉垣　斎《つ》き余し　誰にかも依らむ　神の宮人《みやびと》」。

又、歌曰、

「日下江《くさかえ》の　入り江の蓮《はちす》　花蓮　身の盛り人　羨《とも》しきろかも」。

爾、多禄給₌其老女₋、以返遣也。[19]

このうち〔史料1〕は、奈良時代の霊亀年間の七一五〜七一六年頃までに書かれた播磨国の地誌、『播磨国風土記』賀毛郡条の一文である。郡内の玉野村と玉丘の地名の起源が書かれている。その中で根日女の婚姻とその死をめぐる物語が、それぞれの地名の根拠となる話として引用されている。それを意訳してみると、つぎのようになる。

後に仁賢・顕宗の両天皇になるオケ・ヲケの皇子が、美嚢郡の高宮から使者を出し、国造許麻の娘の根日女に求婚した。根日女はその申し出に応じた。ところが二人の皇子が互いに譲り合って、長い年月が経った。根日女は年老いて、ついに亡くなってしまった。皇子たちは大いに悲しみ、「朝日と夕日が隠れることなく照り続ける地に墓を造り、その骨を納め、墓を玉で飾ろう」といった。だからその墓を玉丘を名づけ、その村を玉野という。

ここでは根日女は国造の娘とあるが、実在の人物ではなかろう。この地方の有力豪族の子女で、大王の釆女《うねめ》（後宮女官）として宮中入りするような女性に仮託した名前と考えられる。[20]また話の中でオケ王・ヲケ王が、彼女との婚姻を譲り合ったというのは、両皇子が互いに皇位を辞退し合ったという有名な記紀の叙述からの脚色である（『古事記』清寧天皇段、『日本書紀』顕宗天皇即位前紀）。さらに現在、根日女の墓とされる玉丘古墳は、兵庫県加西市玉丘町にあるが、その築造年代は四世紀末頃と推定されている。[21]オケ王・ヲケ王の時代（六世紀初め頃か）とは、一〇〇年以上の時代の開きがある。

したがって〔史料1〕の話を、そのまま史実とすることはできない。いくつかの潤色の手が加わっていることは明らかである。しかし説話全体をすべて風土記の編者による虚構とみる必要はない。もともと地域内にあった目立つ古い古墳を、釆女として王権に差し出される有力豪族の子女の婚姻話と結びつけて語る地元の伝承がその原型にあったのであろう。[22] それを脚色して作られたのが右の地名起源説話だと思われる。

ただそれにしても、現代人の眼からみて、相手の男性同士の譲り合いを待ちつづけ、そのまま独り年老いて亡くなるというのは、いささか気の毒で、かつ滑稽ともいえるストーリーである。

つぎに〔史料2〕は、『古事記』雄略天皇段からの引用史料で、たまたま巡行時の天皇に出くわして後宮入りを命じられた美和河の川辺の童女《おとめ》、引田部赤猪子の物語である。[23] これも意訳してみると、つぎのようになる。

ある時、雄略天皇が巡行して美和河に来た時、河辺で洗濯する童女がいた。その容姿はとても麗《うるわ》しかった。天皇が「誰の子か」と問うと、童女は「引田部の赤猪の子」と答えた。天皇は「他に嫁いではならない。今しばらくして宮中に迎え入れる」と命じて、宮に帰っていった。そこで赤猪子は実際の召し入れを待ちつづけ、たちまち八〇年が経った。赤猪子は「召し入れを待ち望む間に、もうこんなに多くの年を過ごした。体つきも痩せおとろえ、まったく頼むところもない。しかし待ちつづけたわたしの心の思いを表さずには、気持ちがふさいで堪えられない」と思った。多数の贈り物を〔供《とも》の者に〕持たせて、参内して献上した。ところが天皇は以前に命じたことをすっかり忘れていた。赤猪子に尋ねて、「おまえはどこの老女か。何のために来たのか」といった。これに対して赤猪子は、「某年某月、天皇の命を受け、召し入れの大命を心待ちにして、今日に至るまで八〇年が経ちました。今は容姿がすっかり年老いて、もはや自ら頼むところがない。けれどもわたしの志だけは申し上げようと参りました」といった。ここに天皇はひどく驚き、「わたしは先の約束のことをすっかり忘れていた。だがおまえが志を守り、大命を待って、むなしく盛りの年を過ごしてしまったことは、まことに愛《いと》しく不憫《ふびん》である」と、内心では結婚しようと思ったが、赤猪子がたいへん年老いて交わりをできないことを悲しみ、歌を授けた。

「御諸の近寄りがたいほど神聖な樫の木のもと、その樫の木のもとにいる、近寄りがたいほど神聖な白檮原童女よ」

と。続けて、

「引田の若い栗林よ。若いうちに共寝をしておけばよかった。今はすっかり老いてしまった」

と。これを聞いた赤猪子は涙を流し、その涙が着ていた服の赤く染めた袖をすっかり濡らしてしまった。これに答えて赤猪子も、

「御諸の社に築かれている玉垣。神に仕えて時を過ごしたわたしはいったい誰に頼ったらよいのでしょうか、神の宮人」

と歌い返した。さらに、

「日下のミナトの入江の蓮、花のように美しい蓮、そのように身の若い盛りの人がとても羨ましい」

とも歌った。こうして天皇は多くの賜り物をその老女に与え返してやった。

この説話では、赤猪子は年老いただけで亡くなったとは記されていない。しかしこの話もまた、今日的視点からみると、天皇との婚姻を待ち、「徒らに盛《さか》りの年」を過ごした美女の不幸な物語である。もちろん話に無理があるし、また後半に四首の短歌まで挿入されているから、雄略朝において実際にこのとおりの史実があったとはみなせない。全体として説話的要素の濃い「歌謡物語」といえる。しかしそれにしても、この赤猪子と先の根日女の話の間には、細部に若干の違いはあるものの、類似・共通する要素を見出すことができる。この点を詳しく整理すれば、以下のようになる。

(2)二つの物語に共通する要素

第一に、これらの話が、基本的にすべて天皇（ないしはそれに準ずる皇族）の恋物語の一環として語られている

点である。古代の妻問い説話や神話は、人間同士の恋愛譚のほか、前述のように、美女と神との聖婚伝承、美女と動物との「異類婚」伝承など、さまざまなタイプのものがあった。しかしここではあくまでも天皇と地方の美女との間の物語として設定されている点が大きな特徴である。

第二に、そうした天皇や皇族がからむ物語である以上、この二人の美女の話は、単なる地方の女性一般に関するものではない。それぞれの土地の有力氏族の娘――しかもそれは、その地の有力氏族から王権への服属や同盟の証しとして差し出された采女や宮人、さらにはそれに準ずる立場の女性に関する物語と考えられる点である。

たとえば、〔史料1〕の根日女の場合は、はっきりと「国造許麻の女」と書かれていた。この国造を『国造本紀』[24]の針間鴨《はりまのかも》国造氏とみるのか、あるいは天平六年（七三四）の年紀をもつ播磨国賀毛郡の既多《きた》寺書写の大智度論の奥書にみえる針間国造氏とみるのか、議論の分かれるところである[25]。しかしいずれにせよ、根日女の伝承が賀毛郡内に蟠踞する国造クラスの豪族子女に関する話である点は間違いない。

他方、〔史料2〕の赤猪子は、引田部という氏族の子女であったという。これは他の史料にみられない氏族名である。ただし引田部の引田は、大和国の城上郡内の地名、辟田《ひきた》郷に由来する名とみられる[26]。説話の舞台の美和河の川辺からも、そう遠くない距離の郷だったと推定される（現在の桜井市白河付近が比定地の一つ）。

この「ひきた」という地名を氏族名に帯び、実在したことが確実な氏族としては、阿倍氏系の阿倍引田臣氏[27]、引田朝臣氏[28]、三輪氏系の三輪引田君[29]などがいる。いずれもかなり有力な一族で、もともと辟田の地を本貫地とするか、ないしは何らかの縁故をもつ氏族であったと考えられる。

このうちとくに阿倍系の引田氏の官人としては、七世紀後半の蝦夷・粛慎征討で有名になった阿倍引田臣比羅夫がいる。またその子の宿奈麻呂は、慶雲元年（七〇四）、阿倍氏本宗の阿倍朝臣の姓を継ぐことを認められている[30]。

この阿倍氏の本宗家の根拠地は、大和国十市郡阿倍（現在の桜井市阿部）にあったとみられる。ここは城上郡の辟田郷からも比較的近い距離に位置する。そして彼はその後、朝廷内の中枢部入りを果たし、最終的に大納言正三位まで登りつめた(31)。

おそらく右の赤猪子の話は、この阿倍系の引田氏か、あるいは三輪系の引田氏か、そのいずれか一方の氏族集団内部（ないしはその一族に包摂される枝族）の子女に関わる伝承であったと思われる。しかも〔史料2〕の物語中の挿入歌謡の中身などからして、その女性像としては、一族内の「巫女的女性」が想定されていた可能性が高い(32)。

第三に、これがもっとも興味深い点であるが、二つの説話は右のように恋の物語であるものの、それが婚姻に結びつかず、美女はひたすら待ちつづけた結果、老いや死を迎えるストーリーとなっている点が共通している。

前述のとおり、これ以外の妻問い説話でも、美女が不慮の死や自殺を遂げる不幸な結末の話がいくつか存在する。しかしそれらの話では、各女性と男性（ないしは男神）との間で婚姻関係が成立するものが多い。ところが右の二話の場合、いずれも天皇の側から求愛（寵愛）の意思は示されているのに、求愛者側（天皇側）の個別事情により美女の側は約束を守りつづけることになり、実際には結ばれないという筋立てになっている。この点が、他の妻問い説話と大きく異なる点である。

こうしたストーリーの展開を、現代人の感覚からみると、やや不可思議に思われる。いったい何を語ろうとする物語なのかと。しかしこれについては、全体としてつぎのように理解すべきであろう。

一つは、風土記や『古事記』など国家的地誌や史書に収められる話として、二つの物語は、それぞれ当時の朝廷内に受容されていた儒教的な婚姻道徳を実践した女性の「美談」を描く説話として仕立てられているのだと考えられる。物語において、根日女と赤猪子の双方とも、死に至るまで（老いるまで）、天皇や王族に対し、独身を通すという節義を守った女性なのであった。

たとえば〔史料1〕の根日女は二皇子を死ぬまで待ちつづけ、〔史料2〕では、天皇は赤猪子に向かい、「汝守㆑志待㆑命、徒過㆓盛年㆒、是甚愛悲」と語っている。「志を守り命を待つ」という言葉は、赤猪子の物語が、儒教道徳と関わることを端的に示すであろう。だからこそ二人は、後に立派な墓の造営や多くの賜禄など、特別の褒美を受けるのである。いわば前述の「節婦」的女性像に近い美女の話が、この二つのストーリーであった。

ところがその一方、それぞれの説話をながめると、その端々において、右とは異なる要素、すなわち口承性を交えた滑稽さと、現実離れした色あいを帯びた話が出ている点に注意する必要がある。

たとえば、根日女と赤猪子が、後宮入りを待つ間、一方でオケ・ヲケの両皇子が、ひたすら譲り合いを続けたり、雄略天皇がまったく約束を忘れていたなどの描写がそれである。また〔史料2〕の老女化して宮中に出向いた赤猪子と雄略天皇とのやりとりの場面では、すでに事件の発端から八〇年の歳月が経過したにもかかわらず、天皇は依然青年のように描かれている。赤猪子と同様に年齢を重ねたはずが、一向に老人的様相をうかがえない。実際にはあり得ないことだが、元通り、若々しく振る舞うのが雄略天皇であった。そして天皇は、赤猪子の「老醜」に恐れをなすようなやりとりをおこない、歌までうたうのである。

これらの点に留意すると、〔史料1〕と〔史料2〕の説話は、もともとは儒教的倫理とは異なる次元の素材から採られた可能性がある。美談ではなくその逆、すなわち他の女性や求婚してきた男性と比べ、美女のみがいたずらに年齢を重ねるという、いわば「美人薄命（薄幸）」という言葉を具体化させたような素材にもとづいているのではないか(33)。

風土記と『古事記』において最終的に文字化され整えられた説話としては、あくまで天皇らとの約束を守り、その「節義」や「信義」を貫いた氏族女性の話となっている。しかしその元になった資料は、滑稽さと「悲劇性」を含む口承性の強い伝承だったことを示唆するであろう。

とすれば問題は、文字化、物語化される以前の原資料が、どこから取り込まれ、そもそもそれが何のために語られたかである。同じような話が別々の地方を舞台にして作られたからには、その当時、それを生み出す共通の社会的実態、および、それが現実に語られる何らかの場があったとみなければならない。つぎにこの問題を考えてみる。

(3) 説話の原資料

この問題をみていく際、まず留意すべき点は、〔史料1〕の所載史料が風土記であることである。したがって、当時の播磨国の賀毛郡内の地域社会において、根日女の話の原資料となる民間伝承があり、おそらくそれは口頭で語られていたと考えられるであろう。

もちろん前述のように、〔史料1〕の風土記の史料には、編纂者による潤色の痕跡がみられた。しかし内容のすべてが机上の製作物であったのではない。少なくとも骨格部分については、地元の有力氏族の子女をめぐる独立した口頭伝承が、その基礎になっていると考えられる。

とすれば、もう一方、〔史料2〕の赤猪子の物語は、『古事記』に所載されるという点からみて、これが宮廷内で創作された架空の物語であると考えられなくはない。

しかし国文学研究者の土橋寛氏は、こういう『古事記』や『日本書紀』に収められる個々の物語の性格と、その伝搬者について論じている[34]。氏によると、記紀の中の物語や説話は、歌の挿入など、部分的に平安朝の「歌物語」にもつながる、文学的で抒情的な表現方法がとられている。しかし書物そのものの編纂目的からいって、その大半はいまだ政治的で、かつ起源説話的性格を脱却していないという。

氏はその一例として、〔史料2〕などの天皇の「恋の物語」を取りあげ、その本質的な叙述の目的が、大王家と中央および地方氏族との間の姻戚関係の起源、――すなわち婚姻を通じた政治的な同盟・服属関係の由来を語ろうとする点にあると述べた。そして、そういった恋愛譚の原型を伝えていたのは、基本的に、自らの子女を大王家に貢進した氏族の側であったと説いている。(35)

継承されるべき見解である。これにしたがうと、〔史料2〕の赤猪子の話は、記紀における大王家と氏族間の姻戚関係の起源を説くタイプの話の一つだったことがみえてくる。三輪山周辺の有力氏族（阿倍系ないしは三輪系の引田氏）から大王家に対し、政治的な同盟・服属関係の証しとして子女が貢進される事実があった。この姻戚関係の縁起を説くため、赤猪子が天皇に対し節婦的な生き方をした女性であることを強調する話が、『古事記』の編纂局に持ち込まれたと考えられる。

ただし、話の原型そのものは、それを持ち込んだ氏族内部において完全に述作されてできたものでなかった。やや滑稽で現実離れした描写が含まれることが示すように、その土台には、大王家に貢進される美女（氏族子女）をめぐる何らかの地元伝承が、すでにあったのではないか。それが実際に子女を貢進した氏族の手によって、姻戚関係の縁起譚として中央に伝えられ、さらに儒教的な美談としてまとめられたと推察される。(36)

このようにみると、次にはそうしたローカルな伝承が何を淵源にするものか、具体的に地元のどのような場で作られた（語られた）ものであったかが問題になってくる。

これを解く際のポイントは、赤猪子の婚姻（後宮入り）の話が、成就しない結末になっている点である。子女を貢進する氏族と大王家との姻戚関係の縁起を説くなら、物語の結びを天皇との婚姻関係の成就という形で終わらせても不思議はない。実際、記紀の中には、そういう話がいくつか載せられている。ところがここではそうなっていない。

この事実は、〔史料2〕の原資料が、子女を貢進する氏族を取り巻く地域世界、すなわち〔史料1〕の風土記の根日女伝承の場合と同じく、その氏族が一定の支配力を及ぼす地元の民間伝承から採られたことを示すであろう。とすれば、具体的に、それはどこからだったのであろうか。

その唯一の手がかりを提供するものが、〔史料2〕に収められる、赤猪子と雄略天皇が交わしたという何首かの歌である。そのうち三首の歌の中には、物語の舞台となった美和河一帯の「御諸」や「引田」などの地名がみえている。これに関連して土橋氏は、これらの歌が古事記編者らによる創作歌謡ではなく、もともと三輪地方の歌垣民謡であり、それが一部改められて、『古事記』のこの段に採録されたと述べている(37)。

これにもとづけば、それらの歌を含む赤猪子の話の原資料に関しても、歌垣との関連を想定できる。歌垣の中で形成された伝承が、右の婚姻起源譚の一次資料になっていたのではないか。歌垣との関わりをもつからこそ、全体として口承性と歌謡性が強くあらわれる物語となっているのであろう。

そしてこの歌垣との結びつきは、〔史料1〕の根日女の物語の原資料に関してもいえることである。というのも、根日女の物語の舞台の「玉野」の「野」という場所は、古代の地域社会において、一般に歌垣が開催されることが多い所だったからである（後述）。

とすれば、その当時の地域社会でおこなわれた歌垣はどのようなもので、それは、未婚のまま老いや死を迎える氏族子女の話の原型の形成と、どう関わるのであろうか。以下、節を改め、これらの問題について検討を加えたい。

二　歌垣と女性の婚姻規範

(1)神祭りと歌垣

古代の地域社会でおこなわれた歌垣は、[38]場所によって「嬥歌《かがひ》」ともいわれた。ともに歌を「掛け合う」という意味の語句、「歌掛《うたか》き」や「掛《か》き合《あ》い」などから発した言葉だと解されている。[39]具体的には若い男女を中心にして、求婚や性に関する歌が交互に掛け合わされる場が歌垣であった。ただし歌垣は単に歌の掛け合わせだけではなく、酒食の共同飲食や歌舞もおこなわれ、さらに男女間の性的解放をともなっていた。つまり歌垣は事実上、未婚者の配偶者選びの場、あるいは既婚の男女関係の社会的認知の場としての機能をもっていたと理解される。

現存する各国風土記、『万葉集』、記紀伝承などをみると、歌垣に関連する史料が、比較的たくさんのこされている。表Ⅱ―1は、その中から各国風土記（逸文も含む）の関連記事を抜き出したものである。

従来、これらの史料にもとづき、歴史学・民俗学・国文学などの分野からいくつかの研究がおこなわれてきた。[40]そこではさまざまな見解が出されているが、もっとも多くの関心が集中したのは、これが男女の性的解放をともなう配偶者選びの場であったという点である。筆者も歌垣のこの側面を否定するつもりはない。しかし歌垣は、戦前来、一部でイメージされてきたような、単なる放逸な遊興行事ではなかった。少なくとも古代の史料にもとづくと、信仰や祭祀との結びつきをもっていた点を見落とすことはできない。

たとえば表Ⅱ―1によると、出雲国意宇郡の歌垣開催場所の「川辺の出湯」は、別名では、「神の湯」といわれていたという（表Ⅱ―1の⑧）。常陸国の筑波山（岳）や、肥前国の杵島山などの歌垣の開かれる山は、それぞれ有名な神体山であった（表Ⅱ―1の①、⑫）。また常陸国の童子女松原の歌垣で出会った「那賀寒田郎子」と「海上安是嬢子」は、「神のヲトコ」「神のヲトメ」と呼ばれていたと伝えられている（表Ⅱ―1の⑤）。さらに表Ⅱ―1の④の香島神宮の神職の卜氏《うらべ》一族らによる歌垣について、『常陸国風土記』には、

又、年別四月十日、設㆑祭灌㆑酒。卜氏種属《やから》、男女集会、積㆑日累㆑夜、楽飲歌舞。其唱云、

表Ⅱ―1　各国風土記にみえる歌垣関連史料一覧

国・郡	開催場所	情景描写	（季節）参集形態
①常陸・筑波	筑波岳	西の峰は峻険で、雄神といって登山できない。東の峰は四方に磐があるが登山可能である。その側に流れる泉は冬も夏も絶えない。	（春花開時・秋葉黄節）坂東諸国の男女が、手をとり飲食物を持って登り、遊楽して憩う。
②常陸・茨城	高浜	春には浦の花が彩りをみせ、秋は岸の葉が色づく。野辺には鶯《うぐいす》が鳴き、洲には鶴の舞う姿がみえる。	（春・秋・夏）社郎《むらをとこ》と漁嬢《あまをとめ》が浜洲を追いかけながら集まり、商豎《あひきと》と農夫《たひと》は小舟に棹をさして往来する。
③常陸・行方	板来の南の海の洲	洲の長さは三、四里。	（春時）香島と行方両郡の男と女が悉く集まり、洲の白貝《をふ》やさまざまな味の貝類を拾う。
④常陸・香島	香島大神の周辺の地	記載なし。	（毎年四月一〇日）卜氏の種属《やから》の男も女も、祭りを設けて酒を飲み、何日も飲楽歌舞する。
⑤常陸・香島	童子女松原	洲の上に松樹の林が続く。季節ごとに鶴や雁の姿がみえる。松林の中に奈美松と古津松と呼ばれる二本の木がある。古より名付けて、今に至るまで改めていない。	（春・秋）昔、那賀寒田郎子と海上安是嬢子という、年若く美しい童子がいた。土地の人は、神のヲトコ、神のヲトメと呼ぶ。嬥歌《かがひ》の会で出会い、松の下に隠れ、手をとり膝をつけ、互いの気持ちを述べ合った。だが夜明けを迎え、二人は人にみられることを恥じらった。ついに二本の松の樹に化成したという。
⑥常陸・久慈	石門《いわと》	山田里の清河の淵にある。大きな樹木が林をなし、頭上に広がる。浄い泉が淵をなし、足もとに流れる。青葉が自然の絹傘となり、白い砂が川底の敷物のようにみえている。	（夏の暑い日）遠里近郷から、手をとり膝をならべ、筑波の雅曲を歌い、久慈の味酒を飲む。これは所詮遊びであるが、人々は俗塵の煩いをすべて忘れさってしまうという。
⑦常陸・久慈	大井	密筑《みつき》里の内にある。村の中にある浄い泉を、土地の人は大井と呼ぶ。夏は冷たく、冬は暖かい。湧き流れ川となる。西と北に山野を背負い、東と南は海浜に臨んでいる。アハビ・ウニ・魚介類がとても多い。	（夏の暑い時）遠く近くの郷里より、酒と肴を持って、男も女も集い、休遊飲楽する。

⑧出雲・意宇	川辺の出湯《いでゆ》	郡家から西方向二一里二六〇歩の、忌部神戸里にある。国造が神吉詞を奏上に朝廷へ出向く時、事前に禊ぎする聖地である。出湯は、海陸の境目の場所にある。	男女老少が道路に連なり、海辺の洲に沿って歩いてくる。毎日市が立つほどである。彼らは歌い乱れて燕楽《うたげ》を開く。湯を浴びれば、美しい体となり、万病に効き目があるという。そこで土地の人はここを「神の湯」と呼んでいる。
⑨出雲・嶋根	邑美《おほみ》の冷水《しみず》	東・西・北は山が迫り、南は遠く海が広がっている。中央には泉の水が清く流れている。	（時節ごとに）男女老少が群れ集まり、いつも燕会《うたげ》する地である。
⑩出雲・嶋根	前原の埼	東と北が険しく、麓には陂《つつみ》がある。この陂と海との間には浜があり、並木の松が茂り、渚は水深く澄んでいる。	（時節ごとに）男と女が群がり集い、ある者は十分楽しんで家路につき、ある者は遊び耽り、帰るのを忘れてしまう。つねに燕喜《うたげ》する地である。
⑪出雲・仁多	漆仁《しつに》の川辺	飯石郡との境にある漆仁の川辺に行くには、仁多郡の郡家から二八里の距離である。その川辺には薬湯があり、湯を一度浴びれば、体は和らぎ、万の病が治る。	（昼も夜も）男女老少が連なって往来し、効き目が無かったことはないという。地元の人は、ここを「薬湯《くすりゆ》」と名づけている。
⑫肥前・杵島	杵島《きしま》山	郡家の南方二里に三つの峰が連なる。これを名づけて杵島という。南西端の峰を比古神、真ん中を比売神、東北端を御子神という。	（毎年の春と秋）郷閭《さと》の士女《をとこをみな》は、酒をさげ琴を抱き、手をとって山に登る。山上で遠くを望み、楽飲《うたげ》して歌舞し、曲《うた》を尽くして家路につく。
⑬播磨・揖保	佐岡	枚岡里の内にある。	（毎年の五月）仁徳朝に、筑紫の田部を召喚し、この地を開墾させた。その時、つねに田部らは五月《さつき》にこの岡に集まり、飲酒の宴を催した。
⑭摂津・雄伴	歌垣山	波比具利《はひぐり》岡の西にある。	昔、男女が集まってこの山上に登り、歌垣をしたという。

註1：⑫の出典は、『万葉集註釈』巻三（『肥前国風土記』逸文）、⑭は『釈日本紀』巻一三（『摂津国風土記』逸文）。それ以外はすべて風土記本文を出典とする。

2：それぞれの史料には、付随歌謡を載せるものがある。①に二首、②に二首、④に一首、⑤に二首、⑫に一首の短歌がみえるが、ここでは省略した。

「あらさかの　神の御酒《みさけ》を　飲《た》げと　言ひけばかもよ　我が酔ひにけむ」。

神社周匝《めぐり》、卜氏居所。(41)

と記されている。

ここからは「祭りを設けて酒を灌《すす》む」、「男も女も」「楽しび飲み歌ひ舞ふ」とあるように、歌垣が本来神祭りに起源をもち、その延長線上の行事であったことがみえてくる。

このように各国風土記を注意深くみると、歌垣と神事との関連性を示す痕跡がのこされている。両者がもともと一体化したもの、ないしはひと続きの行事だったとみるべきであろう。

後述のように、厳しい生存条件下にあった古代の農民たちは、現在に比べ、神々に対するあつい信仰心をもっていた。毎年それぞれの地域の農事暦に合わせ、自分たちの崇敬する神を迎え入れ、稲作の実り（豊作）と、自らの生命と村の安全を守るための共同の祈りを捧げていた。

しかし神祭りは、厳粛な祈りや神事だけに尽きるものではない、かなりの長期にわたるものであった。その中には神事に付随する一定の娯楽的要素を含む呪術儀礼、――なかでもその年や翌年の作物（獲れ高）の出来、不出来を占おうとする呪術儀礼が開かれるのが普通である。

その具体的中身としては、山上や浜辺での国見・花見（山桜・つつじ・藤・シャクナゲ等）、あるいは狩猟・春名摘み・シカの出産に関わる儀礼など、地域や季節に応じてさまざまであるが、その一つとして、この歌垣も含まれていたと考えるべきである。(42)

現在の地域の祭礼行事などでもしばしばみられるように、祭場に迎え入れた神への祈りや供饌《ぐせん》の儀などが終わり、それをもてなす共同飲食の宴がすすんでいくと、それまでの緊張感が解け、その場の雰囲気がしだいに和らいでいく。それにつれて自然に、舞をともなう、若い男女を中心とする恋の歌が交わされていったのであろう。

あくまでこれは神祭りの一環をなしていた。したがって、そうした歌の掛け合いが盛り上がれば盛り上がるほど、新しい男女の組み合わせができればできるほど、その年は豊作（豊漁）になるというような呪術的な思考があったといわれる(43)。人間の生殖（婚姻・出産）に関わる事柄を、その土地の生産（豊作・繁栄）の予兆（占い）に結びつける呪術的な民間儀礼が歌垣であった(44)。

(2)歌垣の開催場所——玉野と曳田神社二座——

古代の歌垣は、地域の神祭りと不可分のものであったが、開かれる場所も、それに相応しい場所が選ばれていた。

ここでふたたび表Ⅱ—1の「開催場所」の項をみると、おおむねそれが、山上や丘陵の上、浜辺・川辺・祭場など、清浄で風光明媚なところに集中していることがわかる。いずれも人間の日常生活の場から切り離された神聖な場所である。また『万葉集』や『古事記』『日本書紀』などによると、このほかにも「市辺」「橋のたもと」など、人の交わる場所や通行上の結節点、あるいは「野」などで開かれることもあった(45)。

このうち「野」に関していうと、前節の〔史料1〕の根日女の話が、賀毛郡の「玉野」という村の地名起源説話の中に載せられている点が改めて注目される。当時の玉野村にも、この歌垣が開かれるべき、文字どおり、神の「たま（魂）」の依り憑くような、神秘的な野が広がっていたのではないか。

現在、野という言葉は、「野原」などという言い方があるように、一般に原と区別することなく用いられることが多い。しかしもともと「野」と「原」は、明確に異なる地形をさす用語だった。これまでの地名景観の研究成果によると、古い時代の「野」は、カタカナの「ノ」の表記のように、山麓の傾斜地や山の裾野付近を示す語として使われていたという(46)。

表Ⅱ―2　『播磨国風土記』の中の「野」の地名説話一覧

	郡	里名・野の地名	地名説話の中身
1	賀古	鴨波里・野	大部造らの始祖の古理売が、この野を耕して多くの粟を種いた。そこで粟々里と呼んだ。
2	餝磨	枚野里・枚野	枚野というのは、昔ここが少野だったからである。
3		大野里	大野というのは、もとここが荒野だったからである。欽明朝に村上足嶋らの上祖の恵多が、この野を請うて居住した。そこで里の名とした。
4		少川里・英馬野《あがまの》	品太天皇がこの野で狩りをした。その時、一頭の馬が走り逃げた。天皇が「誰の馬か」と問うと、従者が「朕《あ》が御馬だぞ」と答えた。だから我馬野と名づけた。
5		漢部里・多志野	品太天皇が巡行した時、鞭をもってこの野を指し、「この野は宅を造って田を墾《は》れ」といった。そこで佐志野と名づけたが、今は改めて多志野と呼ぶ。
6		・阿比野	品太天皇が山の方から巡行した時、従臣らは海の方からやって来て、ここで出会った。
7	揖保	越部里・狭野村	別君玉手らの遠祖が、川内国泉郡で不便になったので、ここに遷り住んできた。よって「この野は狭いが、なお住んでみよう」といったという。
8		日下部里・立野	昔、土師弩美宿禰が出雲国との往来の途中、この日下部の野で宿ったが、そこで病死した。その時、出雲国人がやって来て、連なり立って川の小石を運び上げ、墓の山を作った。そこで立野と呼ぶ。その墓屋を名づけて、出雲の墓屋という。
9		林田里・伊勢野	この野に人家を建てても、平穏に住めなかった。ところが衣縫猪手と漢人刀良らの祖が、社を山本に立て、山の岑にいる伊和大神の子の伊勢都比古と伊勢都比売の命を敬い祭った。すると家々は静安になって、ついに里をなすことができたという。
10		石海里・百便野《ももたりの》	孝徳朝に里の中にある百便野で百枝《ももえ》の稲が生えた。そこで阿曇連百足がこの稲を献上した。天皇は「この野を開墾して田を作れ」と命じ、阿曇連太牟を遣り、石海の人夫を召して開墾させた。よって野を百便と呼び、村を石海という。
11		・酒井野	品太天皇の時、宮を大宅里に造り、井戸をこの野で闢き、酒殿を造立した。よって酒井野という。
12	讃容	速湍《はやせ》里・凍野《こおりの》	速湍社に坐す広比売命が、この土地を占めようとした時、氷が張った。ゆえに凍野、凍谷と呼ぶ。
13		邑《お》宝《ほ》里・久都野	弥麻都比古命が「この山は踏めば崩れる」といった。そこで久都野という。後に改め、宇努《うの》といった。その周辺には山があり、中央に野がある。

14	神前	聖岡里・生野	昔、ここに荒ぶる神がいて、往来する人の半ばを殺したので、死野といった。しかし品太天皇がその後、「これは悪い名だ」といって改め、生野とした。
15		多駝里・邑日野《おほわちの》	阿遅須伎高日古尼命の神が新次社に坐して、神の宮をこの野に造った。その時、オホワチ(大きな茅の束)を刈り巡らして垣を作った。そこで邑日野という。
16		・八千軍野《やちくさの》	天日桙命の軍が八千あった。だからそう呼ぶ。
17		的部里・高野社	この野が他の野よりも高い所にある。また玉依比売命がそこに坐す。だから高野社という。
18	託賀	黒田里・大羅野《おほあみの》	昔、老夫と老女が羅《あみ》を袁布の中山に張って、鳥を捕った。するといろいろな鳥がたくさん来て、羅を背負って飛び去り、この野に落ちた。そこで大羅野と呼ぶ。
19		都麻里・比也野《ひやの》	品太天皇が山で狩りをした。その時、一頭の鹿が前に立ち、ヒヒと鳴いた。天皇は部下の者を制止した。そこで山の名を比也山とし、野を比也野とした。
20		・阿多加野	品太天皇がこの野で狩りをした。その時、一頭の猪が矢を負ってアタキした(唸り声をあげた)。ゆえに阿多賀野と呼ぶ。
21	賀毛	楢原里・伎須美野	品太天皇の世、大伴連らがこの地を請うた。国造の黒田別を召して、地の状《かたち》を問うと、「縫った衣《きぬ》を櫃《ひつ》の底に蔵《きす》める(納める)ようだ」といった。そこで伎須美野と呼ぶ。
22		・玉野村	意奚・袁奚の二皇子が、美嚢郡の志深里の高宮から山部小楯を遣わして、国造許麻《こま》の女、根日女の命を誂いした。根日女は仰せに従う決心をした。しかし二人の皇子は互いに譲りあい、月日が過ぎていった。根日女はついに年老いて世を去ってしまった。皇子たちは大きく哀しみ、「朝日夕日が隠れることなく照らし続ける所に墓を作って骨を蔵め、玉をもって飾ろう」といった。そこでこの墓を玉丘と名づけ、村の名を玉野という。
23		山田里・猪養野	仁徳天皇の時代、日向の肥人《くまひと》の朝戸君が天照大神の坐す舟に猪を献上し、飼うべき所を請うた。そこでこの地を賜り、猪を放ち飼った。ゆえに猪飼野と呼ぶ。
24		穂積(塩野)里	本の名は塩野という。塩野と呼ぶわけは、鹹水がこの村に出る。そこで塩野という。今、穂積と呼ぶのは、穂積臣らの一族がこの村に住むからである。
25		・小目野	品太天皇が巡行した時、この野に宿った。四方を望覧して、「あそこに見えるものは海か河か」と尋ねた。従臣たちは、「霧です」と答えた。その時、天皇は、「だいたいの地形は見えるが、小目《をめ》が無い（細部に目が届かない)」といった。そこで小目野と呼ぶ。またこの野にちなんで天皇は、歌を詠んだ。「愛くしき　小目の小竹葉《ささば》に　霰《あられ》ふり　霜ふるとも　な枯れそね　小目の小竹葉」と。ここに従臣が井を開いた。そこで佐々の御井と呼ぶ。
26	美嚢	高野里	地形によって名とした。

つまり古代の「野」は、必ずしも平坦な場所を意味せず、むしろ山裾の緩やかな傾斜地、かなり見通しの良い場所であった。そしてそうした「野」において、もっとも高見の場所、たとえば「野」と「山」の交わる境界付近、そこに巨樹や巨岩がある所、あるいは井泉の湧く所などは、付近の住民にとって、神聖な場所の一つとみなされることが多かったのではなかろうか。

『播磨国風土記』の賀毛郡穂積《ほづみ》里の小目野《をめの》条では、品太天皇（応神天皇）が巡行して、「小目野」に宿した時、ここで「四方《よも》を望《のぞ》み覧《み》た」と記されている。(47)「野」と書かれる土地が、支配者の「国見」にも適した所であったことをうかがわせる伝承である。

『播磨国風土記』には、こうした「野」に関する地名説話や伝承が、計二六件載せられている。表Ⅱ—2はそれらすべてを一覧にしたものである。このうち七つの話では、「野」は、地元の神が「国占め」したり、「鎮座」したり、「造宮」したりする場所として語られている（表Ⅱ—2の9・12・13・14・15・16・17）。

このような事実は、古代の野の神聖性、——少なくともその一角が、付近の人々の祭儀の場でもあったことを示すであろう。そうした聖なる場所の近辺では、地域によって、酒宴をともなう歌垣行事が開かれていた所もあったはずである。その一つとして、玉野村の「玉野」をカウントしても不都合はないのではないか。

おそらく玉野の中には、村人たちが定期的に集って神事と歌垣をおこなう、神聖で見晴らしの良い、草むらの傾斜地があった。そこからは根日女の墓とみなされた丘陵上の墳墓も十分見渡すことができたのであろう。(48)すでに前節において、〔史料1〕の根日女の話の原資料が、地元の歌垣に由来するらしいことを述べた。ここではその具体的な場として、こうした景観の広がる「玉野」の一角での歌垣を想定したいと思う。

これに対して、〔史料2〕の赤猪子の原伝承が、どのような景観の歌垣の場で形成されたかを確定することは難しい。ただし赤猪子の出身地（故郷）と考えられる三輪山麓の引田地方（辟田郷）には、彼女の氏の名と重なる式内社、「曳田神社二座」（大和国城上郡）を見出すことができる。(49) この曳田神社は単なる小社ではあるが、その祭神が二座である点が注目される。二座というのは、ここで祭られる神が、男女対偶の二神であることを示すのであろう。

歌垣の開催場所と祭場（神社）との関連性について分析した森朝男氏によると、古代の有名な歌垣の場所の近辺には、男女二神が鎮座する神事の場（式内社など）を見出せるケースが多いという。(50) これを参考にすれば、引田部赤猪子の原伝承も、この三輪山山麓の曳田神社近辺の歌垣で形成された可能性が高いだろう。

古代の歌垣のあり方やその具体的な開催場所をめぐる問題をこのように確認したうえで、つぎに歌垣ではどのような歌が交わされていたかを考えてみる。

(3) 歌垣民謡の中身

これまでの歴史学の研究成果を振り返ってみると、歌垣の歌の内容には、ほとんど学問的な関心が寄せられてこなかった。その理由の一つは、歴史研究の目的が、歌垣の権力「編成」形態を探ることにより、古代の族長層の支配構造をみようとする点に向けられていたからである。そのため、もっぱら光があてられたのは、歌垣の開催場所や主催者、参加者の規模等に関する史料部分であった。(51)

またもう一つの理由として、歌垣民謡の中身が、単に若い男女間の恋の歌、しかも自己の感情を表現する抒情的な恋の歌（ロマン的歌謡）のみに尽きるという先入観があったからだと思われる。

しかし前述のとおり、歌垣は各地の神祭りと一体化して開かれる行事であった。したがってこの行事には、基本的に各土地の老若男女がこぞって集まり、未婚者だけでなく、老人を含む既婚者たちも歌掛けに参加していた点に留意しなければならない。その中で参加者は、婚姻や求婚のあり方をめぐり、しばしば自らの体験や過去の出来事に事寄せた「行動指示的」な歌をうたうことがあった。この点で、歌垣の歌の内容は、婚姻をめぐる社会的な規範意識をみるうえで、貴重な素材の一つになるだろう。

従来の研究で、初めて歌の内容の本格的分析をおこなったのは、前述の土橋寛氏であった(52)。土橋氏は現存する各都道府県レベルの民謡（俗謡）や民俗学の研究成果も取り入れながら、歌垣の歌の中身を総合的に検討した。

氏によると、古代の歌垣民謡は各国風土記や『万葉集』の中に何首か断片的に見出せる。しかしある程度数が揃って残存するのは、記紀の史料においてである。『古事記』や『日本書紀』の物語部分などにおいて、神・天皇・后妃・皇子らの歌、また「童謡《わざうた》」（謡歌《わざうた》）「時人歌」などと書かれる歌が、合わせて二五〇首ばかりある。そのうち約三〇首近くは、当時、各地の歌垣で有名になった地方民謡が一部改められながら引用されていると、土橋氏は説いた。〔史料2〕の赤猪子の伝承中にみえる四つの歌謡も、この事例に含まれる歌である。

そこで、そうした歌垣民謡をながめると、神事との関わりをもつとはいえ、神妙で堅苦しい歌や、『万葉集』にみえる抒情的な恋の歌などはいっさい歌われていない。稲作の予祝（前祝い）や村の繁栄を祈る祭り、あるいは収穫祝いの祭りの主旨に合致した、笑いとおどけに満ちた民衆的な歌が大半を占めている。

(イ)　男女の誘い歌（求婚の歌）

その中でももっとも多い歌のジャンルは、異性に対する集団的な誘い歌（求婚の歌）である。たとえば、『古事記』の允恭天皇段の第八四歌謡(53)に、

天飛《だ》む　軽嬢子《をとめ》　しただにも　寄り寝て通れ　軽嬢子ども

という歌がみえる。

『古事記』本文には、これは皇族である軽太子が詠んだ歌と明記されている。しかし「軽」という地名がみえるように、これは大和の「軽の市」（現在の奈良県橿原市）の歌垣の歌からの引用だと考えられている(54)。その場に

居合わすヲトメたち（軽嬢子《おとめ》ども）に向かい、男性たちが直接「共寝」を誘った歌である。

また同じく『古事記』允恭天皇段の第八七歌謡には、

夏草の　阿比泥《あひね》の浜の　蠣貝《かきがい》に　足踏ますな　明かして通れ

とみえる。

『古事記』では、これは皇女の衣通王《そとほしのみこ》が、右の歌の軽太子に献った歌と書かれている。しかし所伝と歌詞の中身には直接関連がなく、「阿比泥の浜」（所在地不明）の歌垣に参加した男女のうち、女性が男性に向かい、一晩共に明かすことを呼びかけた歌が、ここに挿入されたとみられている(55)。

歌垣では男性からだけでなく、女性からも「求愛」が呼びかけられ、しかもそれは直裁的に「共寝」を訴えるものが多々あったのである。

(ロ)　知り合いの男女による歌の掛け合い

つぎに歌垣の歌の中で比較的目立つタイプは、事実上の既成の「カップル」、あるいは知り合い同士の男女による、歌の掛け合いである。

歌垣というと、もっぱら男女間の新しい出会いの場とみなしがちである。もちろんそういうケースもあったことであろう。しかしここには、もともとつき合っている男女も顔を出し、さらに参加者である村人の前で、わざわざ歌の掛け合いを演じるようなこともあったらしい。

その場合、つき合う男からの誘い歌に対しても、女の側がすぐに応じるようなことはなかった。むしろ男からの誘いがあると、女はそれをいったんはねつけ、これがまず皆の笑いを誘い出す。そして逆に「謎かけ歌」を返し、相手の機知に富んだ歌や、もっと面白い歌を引き出すようなやりとりが続いたらしい。

たとえば、『日本書紀』の皇極天皇三年（六四四）六月乙巳条に、三輪山の猿が歌ったとされる、

　向つ峰に　立てる夫らが　柔手こそ　我が手を取らめ　誰が裂手　裂手そもや　我が手取らすもや

という歌がある（第一〇八歌謡）。

　これなどは、従来の研究で歌垣民謡における典型的な女の「はねつけ歌」とされる。現代民謡で、「いやで幸い　好かれて困る　お気の毒だが　ほかにある」（埼玉県・雑謡）などとうたわれる歌とほぼ同系列のものだと理解されている(56)。

　つまり歌垣には、新しいカップルが、歌のやりとりを通じて双方の器量や人となりを共同体の人々に披露し、それにより二人の間柄を社会的に公示する場としての役割があったと推定される。

　本章の「はじめに」で述べたように、古代の婚姻については、妻問婚（対偶婚）というシステムによって成り立っていたと説かれている。このシステムの下では、きわだった婚姻儀式はなく、男女間のいわば個人的な恋愛が、即、性愛につながり、それが当時の婚姻そのものであるなどと強調されてきた(57)。

　しかし右にみたように、もともと配偶関係を結ぶ男女であっても、歌垣に参加して双方を他人に紹介するような慣習があった。古代では、毎年開かれる歌垣が、一面で婚姻儀式的な役割をもっていたといえるだろう。

(ハ)　老人の歌

　このように歌垣では若い男女を中心とする活発な歌の掛け合いがみられたが、それに加えて老人たちもしばしば席に立ち、それなりに重要な歌をうたっていた事実を見落としてはならない。

　老人たちの歌の主たる内容は二つあった。一つは、若い健康な人たちに、青春を無為に過ごさず、積極的に恋愛（婚姻）すべき旨を説く「励まし歌」である。もう一つは、自らの経験（失敗談）を引き合いに出して、笑い話風にうたい、それを通じて若者たちの教訓とするような歌である。さらに老女が、自己の経験に事寄せて、事実上の「性教育」を施すような歌も含まれていた（次章にて詳述）。

このように歌垣民謡は多彩な内容をもつが、前節でみた未婚のまま老いや死を迎える美女や豪族子女の話は、これといかに関連するのであろうか。

ここで筆者が注目したいのは、歌垣民謡の中には、さらに、そうした美女や上層身分の女性のことをうたう歌が含まれている事実である。それが「悪口歌」というジャンルに区分される歌である。

(4)美女の歌われ方と女性の婚姻規範

(イ) 揶揄《やゆ》や悪口の対象

ここでふたたび土橋氏の研究を参照すると、(58) 一般に、歌垣における美女は、民衆の讃美や憧憬の対象にならなかった。むしろ逆に揶揄され、悪口の対象になることがほとんどであった。これは美女に対する女性たちの嫉妬の歌、あるいは美女にふられた男たちの腹いせの歌のようなものではない。実際の歌われ方は複雑であった。多くの場合、独身美女や結婚適齢期の女性は、まず特定の美しい花や、ひときわ目立つ植物などにたとえられる。そして「花の盛り」は短いとか、すぐに枯れてしまうなどと歌われるのが、典型的な形である。

たとえば、『古事記』仁徳天皇段の第六四歌謡に、

八田の一本菅《ひともとすげ》は　子持たず　立ちか荒れなむ　あたら菅原　言《こと》をこそ　菅原と言はめ　あたら清《すが》し女

という歌がある。これは仁徳天皇が八田若郎女《やたのわきいらつめ》という皇女に詠んだと伝えられる歌である。だがその実態は、「八田」という地名がみえるように、大和の矢田丘陵（奈良県）の歌垣民謡から採られてきたとみるのが普通である。

歌の中で、水辺に群生する「菅原」のうち、ひときわ目立つ「一本菅」が、美女にたとえられている。そうした美女が独り身を通して、子どもも産まず、そのまま直ぐに「荒れて」しまうのが、たいへん惜しまれると歌っ

ている。

ここでは、男がそういう「不幸」な境遇の女性に対して同情を寄せているのではない。本人とは別の女性に向かい、そのようにならないよう「早くおつき合いしよう」と誘っているわけである。つまり美女に対する悪口歌は、本人への悪口や攻撃が目的ではなく、歌垣に集う女たちに向けられた間接的な誘い歌であった。

悪口歌にみえるもう一つの典型例は、その場に居合わせない、あるいはその場に出てこないような高貴な女性の名が、第三者的に引用される形の歌である。

たとえば、『日本書紀』の天智天皇九年（六七〇）四月壬申条に引用される、つぎのような「童謡《わざうた》」（第一二四歌謡）がある。

　打橋《うちはし》の　頭《つめ》の遊びに　出《い》でませ子　玉手の家の　八重子の刀自《とじ》　出でましの　悔ひはあらじぞ　出でませ子
　玉手の家の　八重子の刀自

この歌では八重子という、ある家の「刀自」（主婦）の名が登場している。この女性は、玉手地方（大和国か河内国の地名か）の一帯で、かなり評判の美女だったのであろう。そうした女性に対して、「打橋の頭の遊び」（＝橋のたもとの歌垣）への参加を二度も呼びかけている。そしてそこへ出てきても、決して「悔ひはあらじぞ」とうたっている。

「玉手の家の八重子の刀自」とあるように、八重子は実際歌垣に参加することなどあり得ない、高貴な身分出身の女性だったのであろう。にもかかわらず、あえてこのように歌うのは、来るはずのない八重子の名を出して参加者を笑わせ、逆にその場にいる娘たちに対し、彼女のように「お高く」構えて出てこないと、「あとで後悔するぞ」「不幸になるぞ」と訴えるためであったと考えられる。

つまりこのような間接的な誘い歌が作られるほど、各土地の族長層や上層身分の人々は、歌垣に参加しないのが普通だった。神妙で厳粛な神事を終えてから始まる古代の歌垣は、地域の農民たちが主導しておこなう民衆的な行事であった。だからこそ、右のような歌もうたわれたと考えられる。

さらに悪口歌は、右のほか、身持ちが堅いとされる女性の典型例、神祭りに奉仕する巫女に及ぶものがあった。その代表的なものが、前節で取りあげた〔史料2〕の赤猪子の物語の中に挿入されているいくつかの歌である。たとえば、つぎのように歌われていた。

・御諸の　厳白檮《いつかし》が下　白檮が下　忌々《ゆゆ》しきかも　白檮原童女《かしはらおとめ》（『古事記』雄略天皇段、第九二歌謡）

・御諸に　築《つ》くや玉垣　斎《つき》き余し　誰《た》にかも寄らむ　神の宮人（『古事記』雄略天皇段、第九四歌謡）

すでに述べたように、この二首とも、もともとは三輪山麓の歌垣民謡であったと推定される。その中の「白檮原童女」や「神の宮人」などの語句が、巫女の女性をさすと考えられる。当地では巫女が神事に際して、霊木の樫木《かしのき》の根元などで、しばしば神舞いなどをしたのであろう。赤猪子自身の人物像に重ねられるのも彼女たちであった。おそらくこの地域の神事では、豪族の子女がこの役についていたと思われる。

ここではそうした巫女に対し、第九二歌謡で「近寄りがたい（忌々しきかも）」といい、第九四歌謡では、「神に仕え過ごして、いったい誰に頼っていくのか」と歌っている。なかでも後者では、「玉垣」を「築《つ》く」ことと、神を「斎《つ》く」行為とが重ねられ、巫女の身持ちの堅さが揶揄されている。

古代の巫女のうち、とくに上層身分出身の巫女は「神の妻」として、少なくとも神に仕える期間中、俗世間との接触を断ち、独身を通すのを原則とした[59]。一般農民層の男たちがいくら関心と興味を寄せたとしても、厳格な貞淑性が要求されていた。

そこで、そういう巫女たちの貞淑性や近寄り難さを引き合いに出しながら、歌垣の場にいる女性たちに対し、「あのように貞操を守り過ぎて気の毒なことにならぬよう、すぐに相手を決めたらどうか」と呼びかけているとみるべきである。これもまた先にみた誘い歌と同系列の歌である。

このように記紀などの史料においては、美女を揶揄する歌垣民謡が、物語の中にのこされている。さらに土橋氏によると、こうしたタイプの歌は、現存する各地の民謡や盆踊歌の中にも継承されていったという。氏は、たとえばつぎのような歌が、その流れを汲む現代民謡だという。

・二十《はたち》過ぐれば奥山つつじ　咲いておれども人が見ん（石川県、雑謡）

・野山隠れのその山奥の　岩に咲いたる　がんけのつつじ　なんぼ色よく咲き乱れても　人通はねば　そのまま散れる（岩手県、盆踊り歌）

・器量が良いとて　けんたいぶり置きやれ　深山奥山その奥山の　岩に咲いたる千里の躑躅《つつじ》　なんぼ器量よく咲いたがとても　人が手出さにや　その身そのままで果てる（岐阜県、小大臣）(60)

いずれの民謡も、基本的に右の歌垣の歌と同じパターンである。女性が美しい花、「つつじ」（躑躅）にたとえられている。しかしどれだけ美しく咲いたとしても、適当なところで折り合わないと、結局は婚期を逸して、そのまま「散ってしまう」「果ててしまう」とうたっている。要するに「花の盛りは短い」のだから、もっと気ままに恋をしよう、といっているわけである。

さらに高貴な身分や貞節の堅い美女たちを「攻撃」する現代民謡としては、

・さんこ石橋　法師さんの娘　目もとばかりが　千両する

・さんこ石橋　医者屋の娘　わしも二、三度　だまされた(61)

などの例もある。

以上のように、歌垣民謡やそれを引き継いだ現代民謡の世界では、独身美女や年頃の女性が美しい花や植物にたとえられたり、その場に出てこない女性の名が第三者的に引用され、揶揄の対象になっていた。そこでは、気位の高さや身持ちの堅さが、結局は「損」（不幸）を招くという主旨が基本モチーフになっている。

これらは一種の攻撃ではあるが、もちろん純粋な攻撃ではない。「からかい」とか「減らず口」などと呼ばれるもので、怒りよりも笑いを誘うものである。[62]つまり攻撃される美女は実際にその場にいない、あるいは実在すらしない場合もあったらしい。そうした悪口を歌うことにより、実は歌垣の場にいる娘たちを誘い出すのが真のねらいであった。これを現代的な価値観からみると、明らかに女性を軽んじる内容の歌詞といえるだろう。しかしこれらの歌から、そうした女性への嫌がらせだけを読み取るのではなく、さらに以下に示すような事実も引き出すべきではなかろうか。

(ロ)　女性の婚姻規範と美女伝承

第一に、たとえ女性の妥協を誘い出す歌であるにせよ、これらの歌が繰り返し歌われる背景には、その当時の民衆の社会において、若い女性の極度の貞操の堅さを良しとしない考え方があったことを語るものではないか。つまり女性は一生独身を貫き通すのではなく、ある一定の年齢に至るまでに、すべからく早めに恋愛、婚姻をすべしという社会的意識の存在である。

文化人類学や社会学などの分野では、ある単位社会のすべての人、あるいはほとんどすべての人が、人生のどこかの時点で結婚するような状態を、英語で、"Universal Marriage"と呼び、それは「皆婚《かいこん》」と訳されている。[63]これに倣って言い換えてみると、日本の古代には、「女性皆婚」という社会的な規範意識があったことになるだろう。

すでに述べたように、八世紀以降の律令国家は、中国の古代国家のやり方を継承して、節婦の推挙・褒賞命令をしばしば発令した。そのことを通じて、女性の貞淑性の保持、すなわち夫の死後も再婚せず舅姑《きゆうこ》等に仕えることを「美徳」とする規範意識の浸透をはかろうとしていた。[64]また本章であつかっている、完成された根日女や赤猪子の物語も、基本的にそうした節婦的女性の「美談」として仕立てられていることは前述のとおりである。

しかし歌垣民謡の研究成果によると、当時の日本列島上の地域社会には、それと相容れない、いわばそれと正反対の女性像や婚姻道徳が存在したことになる。極度の貞操の堅さを良しとせず、むしろ女性たちの積極的かつ早めの結婚（や再婚）を勧めるような社会意識である。

ただしそれは、まったく無秩序で放逸な恋愛や婚姻を奨励したものではなかった。前述の歌垣の老人歌から察知できるように、一定の常識と秩序意識にもとづく行動原理、――すなわち男女双方が少なくとも相手のことを熟知し、二人の関係や人となりを社会的に公示したうえで、つき合うような原理が求められていた（次章にて詳述）。つまり古代の地域社会内部では、単なる本能や欲望にもとづく刹那的な生殖行動を抑え、他人同士が結ばれる配偶関係に関して、一定の秩序を重んじる意識がはたらいていたことを示すであろう。

第二に、このような規範意識の存在は、歌垣の歌を介することを通じて、女性の婚姻をめぐる地域伝承、すなわち前節でみた根日女や赤猪子のような美女伝承の原型を創造することにもつながったのではないかという点である。

前述のように、根日女と赤猪子の二人の美女伝承のモデルになった女性像は、いずれもそれぞれの土地（播磨国賀毛郡と大和国三輪地方）を代表する有力氏族の子女たちであった。とくに赤猪子の場合、一族内の巫女となる女性が想定されている可能性が高かった。

ところが説話によると、そうした彼女たちは、天皇・皇族から求愛（求婚）されたものの、それを事実上反故にされてしまう。そしてその約束の実行をひたすら待ち、もっぱら彼女たちだけが一挙に年を重ねて死んでいく、あるいは老いていくさまが描かれていた。

天皇からの求婚という話の筋立ては、先にみたように、そこに描かれた女性の一族が、釆女の貢進等、大王家との間で姻戚関係を結んでいた、あるいはそれを結ぶような立場の豪族であることの証しであった。しかしそれ以外の話の内容は、右にみた歌垣の悪口歌にうたわれる「不幸」な女性の姿と、ほぼ一致するといえるのではないか。

たとえば、悪口歌中に登場する女性が、上層身分の女性や巫女などである点は、基本的に右の伝承の女性像と重なっている。また、悪口歌の女性たちが、結局「子ども産まず」（つまり結婚もせず）、そのまま「荒れる」「散れる」「果てる」などとうたわれるのは、説話の中の美女が「死」や「老い」を迎えるのと共通する。

さらに悪口歌の中で、「花の盛りはことさら短い」などと強調する点も、美女のみが他者（男性）と比べて、短期間に年を重ねてしまう、あるいは早逝する話と類似性をもつ。つまり根日女と赤猪子の話の原資料としての地元伝承は、それぞれ歌垣の「誘い歌」（悪口歌）を淵源にもち、それが何度も長くうたい継がれることを通じて、自然に形成され、人々に受容されていったと解されるのではなかろうか。

おそらく当時の民衆たちにとって、大王家と姻戚関係を結ぶような地方豪族の子女や巫女たちは、気位の高い、自分たちとの関わり合いのない「美人」女性の象徴であった。彼女らは決して歌垣のような民衆的行事には出てこない。そこで、そうした美女たちを題材にする歌、大王や皇族側の身勝手な理由で約束を反故にされたにもかかわらず、ひたすら結婚（後宮入り）を待ちつづけ、それにより「早死に」や「寸時の老齢化」など、独り不幸な結末を迎えることを「笑う」主旨の歌が作られたのではあるまいか。つまり高貴な人との婚姻の約束を待ちつづける豪族子女の「悲劇」の物語の歌である。おそらくそれは「誘い歌」（悪口歌）の一つとして、それぞれの地で毎年開かれる歌垣のたびにうたわれた。その歌の中身を具体的には復元できないが、当地を代表する有名な伝説的民謡になったのであろう。そしてそれが「墓」や「霊木」などの可視的なモニュメントの存在と結びついて記憶化され、地域内の代表的な伝説になった。ここではこのような見方を提起したいと思う[65]。

(ハ)　歌と伝承

こうした古代の地方民謡と伝承形成との関連性について、民俗学者の柳田國男は、列島上の民間説話や古い伝説が、当初、口碑・口承によって伝えられていた事実を指摘している。(66) その中で柳田がもっとも重んじた口承が、各地の歌（民謡）であった。

柳田によると、かつて日本の伝承はことごとく歌である時代があったという。歌というものは、そもそも宗教と密接な関わりをもっていた。歌は神祭りの際の、神への礼賛渇仰《らいさんかつごう》（神をたたえ仰ぎ慕うこと）や、信仰の場における唱《とな》え言、祝い言葉として始まった。ところが時代とともに、それが信仰以外の娯楽の場にも供されるようになり、やがて今日のような姿になったと説いている。

これにもとづくと、もともと神事と一体化して開かれている歌垣における美女に対する悪口歌が、具体的なモニュメントの存在と結びついて、やがてその土地の伝説の一つになることは十分可能性のあることであろう。根日女や赤猪子の話の舞台になった賀毛郡玉野村や大和の三輪地方にも、毎年恒例の歌垣が開かれる美しい野や原があった。おそらくここに集った民衆たちは、そこからよくみえる「玉丘」を根日女の墓にたとえた。また三輪地方では、その近くにある霊木である「橿の木」を、赤猪子のイメージに重ね合わせたのではなかろうか。

それらのモニュメントを前にして、大王（ないしはそれに準じる王族）との婚姻の約束をひたすら守り、その一方で村の男たちからの誘いを拒みつづけ、早逝ないしはわずかの間に年老いた彼女たちの「悲劇」の歌が作られた。それはやや笑い話ふうに歌い継がれ、双方の地域を代表する伝説歌謡になっていったと推測される。

そのような口承にもとづく伝説が、『播磨国風土記』と『古事記』という二つの文字資料の編纂にあたり、一つは玉丘と玉野村の地名由来を語る説話として、もう一つは地方豪族の大王家に対する姻戚関係の起源譚として、断片的に取り入れられた。しかし、それらはそのまま筆録されず、儒教的道徳にもとづく美談的な要素が盛り込まれた。そしてその後、「書かれた物語」として、今日われわれが読む姿の説話として伝えられたと理解される。

このように本章では、『播磨国風土記』と『古事記』において似通ったストーリーをもつ根日女と引田部赤猪子の説話に焦点をしぼり、それがいったい何にもとづく説話であるのかについて検討を加えてきた。

結論としては、この二つの美女の話の原型は、それぞれの土地の地元の歌垣の場における、美女の「悪口歌」（間接的な誘い歌）に淵源をもつ民間伝承であったこと、さらにその根底には、女性の未婚（不婚）を良しとせず、ある一定の年齢に達するまでに積極的に早めに婚姻（再婚）すべしという、「女性皆婚」の規範意識があったことを指摘した。

とすれば、最後にのこる問題は、この当時、なぜ右のような婚姻をめぐる社会意識が形成されたかである。

三　「皆婚」規範の形成と古代の生活環境

(1)古代の婚姻システムをめぐって

地域社会の中に生きる若い人や未婚女性たちに対して、積極的で早めの恋愛や婚姻を強調する規範ができた理由について、既存の研究の立場からは、おそらくそれを、当時の支配的な婚姻形態とされる対偶婚という制度のあり方に帰する意見が出されることであろう。

古代の婚姻制度を総合的に研究した関口裕子氏は、日本の対偶婚（妻問婚）の本質として、①妻の性が夫以外の異性に対して必ずしも閉ざされていない、②婚姻は気の向く間のみ継続する、という二つの大きな特徴を指摘している。(67)

関口氏によると、このうち①については、「人妻」の夫以外との性関係が社会的非難や制裁の対象とされる

「姦通」の考え方が成立せず、さらに複数の男性と性関係をもつ「多夫」の女性が存在するという形で、具体的にあらわれるという。②については、「当時の男女は双方が気に入れば直ちに性関係を結ぶ[68]」のであるから、古代では婚姻を社会に公示する行事（儀式）が存在せず、また同様に結婚と離婚の境界も曖昧であり、いったん別れた男女がふたたび元に戻るような例が多数みられると説いている。

要するに関口説では、全体として婚姻制度の流動性が強調されている。おそらくこういった流動的な婚姻システムに対応した規範意識が、右の「女性皆婚」の規範だったとされるのであろう。しかしながら関口氏の個々の論点のうち、すでにいくつかは実証的に成り立たないことが指摘されている[69]。

たとえば、古代の「人妻」の性関係について、関口氏は、『万葉集』の東歌などにみられる「人妻への求婚（性関係の要求）」が何例かあることをもって、「かかる歌の成立の背後に、人妻の性関係が厳罰の対象とされず、従って人妻への性関係の要求も普通に行なわれた状況を見ることは可能[70]」であると理解する。

しかし国文学者の森朝男氏は、人妻との恋は古代においても基本的に禁忌だったと指摘する。そして『万葉集』の東歌にみえる「人妻」の語は、歌垣の歌の専用語であり、男の求愛を拒絶するため女が自分を「人妻」だとうたうのは、「それを拒絶しつつ、さらに男の闘争的本能や禁忌侵犯への欲情を駆りたてもした[71]」と述べ、全体として扇情的効果をねらった、言葉遊びの要素が強かったと説いている。

したがって人妻への「求婚」の歌が存在することをもって、人妻の性関係が社会的にオープンにされていたとはいい難いであろう。むしろ「人妻」という言葉が成立していること自体、人妻との「恋」は日常的にはタブー視されていたことを示すものではなかろうか。

また関口氏のいう「多夫」の女性の存在についても、『万葉集』に収められるいくつかの伝説的民謡から導き出されたものである[72]。たしかにそこでは複数の男性から言い寄られる美女（上総周淮《すゑ》の珠名娘子《たまなをとめ》・勝鹿《かつしか》の真間《まま》娘子《てこな》・摂津葦屋の菟原処女《うないおとめ》・大和桜児・縵児《かづらこ》など）の話が詠み込まれている。しかし、あくまでそれは「求愛」をめぐる歌謡であり、実際に複数の男性との「性交渉」をもった美女の話ではないように思われる。(73) 古代においても、求愛と実際の性関係は別次元の問題としてみなければならないのではないか。

つまり古代の婚姻は、安定性に欠ける面があったことはたしかである。しかし基本的には、対偶婚という一対の男女による配偶関係によって成り立っていたとみるべきであろう。関口氏のような対偶婚の捉え方、すなわち「妻の性が夫以外の異性に対して必ずしも閉ざされていない」という見方、つまり事実上「一妻多夫制」ともいえる婚姻制度の存在は、なかなか証明し難いといえよう。

つぎに②の「婚姻は気の向く間のみ継続する」という特徴についても、その当時の日本の社会は、実際に、関口氏のいうように、互いに気に入れば、いわば衝動的・刹那的な性関係を結ぶような男女のみで構成されていたのであろうか。

たとえば、現代と同じく、婚姻適齢期（男女一五歳前後か）(74) を迎えても、なかなか相手がみつからなかったり、誘われても尻込みしたり躊躇するような若者がいたことは想定できないか。あるいは身体的・社会的要因その他、さまざまな理由により、結婚できない人々も多数存在したはずである。(75) そういう状況があったからこそ、前述のような他者の「悪口」をうたってまで誘おうとする歌垣民謡もうたわれたのではないか。

関口説においては、古代の婚姻をめぐる当事者同士の主体的な意志、しかも刹那的なそれが強く重じられている。しかし婚姻や性愛の「合意」に至るまでの間、つまり氏のいう男女が「気の向く間」までの期間の、双方が相手を見極めようとする意志の問題への配慮が欠けているように思われる。

また、次章で詳しく述べるように、歌垣民謡の中には、男女双方が相手の人となりや「器量」を見極めることが大切だと訴える歌（老人の歌）があったことなどを、どうみるのであろうか。「恋愛」と「性愛（性交渉）」とを完全に重ねてみるのではなく、その間に、一定の区分を立ててみることも必要であろう。

さらにいうと、先に紹介した歌垣の歌の中身からうかがえるように、古代の婚姻は共同体全体の社会的・集団的な関心事項になっていた。そのため、歌垣には既婚の男女も参加して歌掛けしたし、また老人たちも歌の場に立っていた。

こうしてみると、関口氏らによる古代の婚姻論の立論には、無理のある点が少なくないように思われる。そこで女性の婚姻規範の形成要因を考える場合にも、そうした婚姻制度そのものや、男女間の主体的意志の問題に結びつける視点からいったん離れ、婚姻そして出産（生殖）の問題が、社会的・共同体的な関心事項にならざるを得ない、当時の社会のあり方全体に眼を向ける必要があるのではなかろうか。

(2)過酷な生存条件

この点で注目される近年の研究の一つが、今津勝紀氏による古代の戸籍研究である。今津氏は、正倉院にのこされている大宝二年（七〇二）「御野《みの》国加毛《かも》郡半布里《はにゅうのさと》」の戸籍（全五四戸、一一一九人分）について、W・ファリス氏などの統計学的な手法にもとづく分析を加え(76)、それを通じて、当時の社会のあり方や夫婦・家族関係の実態の解明に迫ろうとした(77)。

それによると、八世紀初頭前後の民衆の出生時の平均余命は、男が三二・五歳、女が二七・七五歳（二〇一四年度の日本の平均寿命は、男性八〇歳、女性八七歳前後）であった。五歳以下の乳幼児の死亡率が相当高く、全人口のうち半数近くまでを、乳幼児から一〇歳代前半までの世代が占めた。人口構成のタイプは典型的なピラミッド型で、さらに二〇～三〇歳代の死亡率も高かった。

つまりこの時期の社会は、現代日本の「少産少死」（＝少子高齢化）型とまったく正反対の、「多産多死」型の厳しい条件の社会であった事実が浮かんでくる。さらに古代から中世の自然環境や人々の生存条件をめぐる研究にも眼を向けてみると、当時の社会がやはり過酷な状況に置かれていた事実が明確になってきている。[78]

たとえば、この時代、一年間を通じて人がいちばん多く亡くなる季節は、初夏から夏にかけての頃であった。この季節は稲作の農繁期であるとともに、食糧の面では、ちょうど端境期にあたる。春先に作り終えた「苗子」の移植、すなわち多くの労働力を費やす田植え作業をおこなうことにより、それまで備蓄してきた稲種や米が、一挙に枯渇し、農民たちの生活が食糧難に陥る時期であった。それにより多くの人が餓死する事態が生じたらしい。

室町時代から戦国期の東国のある寺院の「過去帳」を分析した田村憲美氏は、この時代、飢饉の年と平常年との違いにかかわらず、「〝飢え〟は毎年決まって訪れるものであった[79]」と述べている。古代でもこれは似通った状況で、弘仁一〇年（八一九）の太政官符には、「去年不レ登、百姓食乏。至二于夏時一、必有二飢饉一[80]」とみえる。ここでは「夏時」になると、「必ず飢饉あり」と語られている。食糧事情が悪いと栄養やカロリー摂取が不十分になり、人間の抵抗力が弱まる。そのため疫病が蔓延するのもちょうどこの時期であった。これが当時の人々の死亡率を、ますます高めることになったと考えられる。[81]

このような研究成果を参考にすると、この当時の社会にあっては、いったん夫婦関係や世帯が構成されたとしても配偶者はすぐに死に、両親と死別する子どもたち（破片的人口）が多数生じる現実があった。そのため男女双方とも頻繁に再婚を繰り返す必要があり、女性はそのたびに子どもを産みつづけようとした。とくに前述の半布里の戸籍データから読み取れる興味深い点は、夫婦間の年齢差が、男性の年齢が高くなるにつれ、しだいに広がっていくという事実である。

たとえば、半布里戸籍の「夫」を基準にしてみた場合、二〇歳代の夫婦間の年齢差は平均二・八七歳、三〇歳代で二・六四歳であった。ところが四〇歳代で四・九六歳、五〇歳代で七・一八歳、そして七〇歳代になると、平均して一二・二九歳も年下の女性が妻になるという数値が得られる。これは男性が高齢になったとしても、つねに生殖能力のある配偶者にこだわりつづけ、婚姻（再婚・再々婚）を繰り返していたとみると理解しやすいという。(82)

今津氏のコンピューター・シミュレーションの結果によると、半布里内でかなり長寿をまっとうした戸主Mは、二二歳の時、四歳年下の女性と初めて結婚した。それ以来、配偶者が亡くなるたびに、合わせて五回の再婚を繰り返し（五度目の再婚時の年齢は六五歳、配偶者は四三歳と推定）、結局七〇歳で亡くなったと推定している（『朝日新聞』二〇〇三年一〇月二五日付夕刊記事）。

このように古代の地域社会の人々は、きわめて過酷な生存条件下に置かれていた。人は多く産まれるものの、多くが幼く、若くして死んでいった。これをとくに女性の立場からみると、まさに歌垣の悪口歌でうたわれた「花の命は短い」の歌詞のごとく、その命が簡単に尽きてしまう現実があった。

古代の夫婦・配偶関係は、対偶婚制下における男女間の個人的意志の強弱によってではなく、それを取り巻く社会のあり方や自然条件により、つねに不安定で流動的な状況に置かれていた。そのため人々は、自分自身の生業と生活を守り、また共同体や社会を維持していくため、ある一定の年齢に達した時、どうしても配偶者をみつけ出し、婚姻・出産・子育て・看護を繰り返していく必要があった。またそれは社会的にも要請される事項であった。(83)

このような厳しい社会の現実の中から、必然的に生まれざるを得ない婚姻モラルが、先に挙げた「女性皆婚」という社会意識であったといえるのではなかろうか。

古代の共同体の内部では、おそらく一五歳前後の年齢に達したら、男女双方に対して、健全で積極的な恋愛・

婚姻が奨励されていた。それがとくに具体的・可視的に訴えられる場が、毎年定期的に開かれる歌垣であった。これは歌垣民謡の中に、男女の違いにこだわることなく、健康的な恋愛を呼びかける老人たちの歌（『古事記』景行天皇段、第三二歌謡）がのこされている事実に示されている。ところがその呼びかけが、とくに女性に集中する傾向がみられるのは、やはり女性の生殖・出産能力の問題と関連していると思われる。

神祭りと一体化して開かれた当時の歌垣の場では、社会全体の維持や共同体の人口を再生産していくため、できるだけ多くの作物の収穫、すなわち「豊作」とともに、できるだけたくさんの配偶関係の成立・誕生とそれにもとづく「多産」が願われた。女性の独身や極度の貞節の堅さを良しとせず、それを「笑い」「冷やかす」ような歌が繰り返しうたわれる前提には、このような現実が横たわっていたのである。

おわりに

以上、本章では、八世紀前半に編纂された『播磨国風土記』と『古事記』における美女伝承にスポットをあて、その分析を通じ、当時の共同体的な呪術儀礼（歌垣）の中身、生存条件を含めた社会の現実、さらに古代の女性の婚姻規範のあり方について検討を加えた。その結果をまとめると、つぎのとおりである。

一、八世紀前後の地域社会では、平均寿命が三〇歳前後という厳しい生存条件のもと、女性の婚姻や出産が大きな社会的関心事項になっていた。村人たちの間では、儒教的な女性の婚姻規範（「節婦」道徳）とはまったく逆の、未婚（不婚）や過度の貞操の堅さを良しとせず、すべからく早めに結婚すべしという「女性皆婚」規範が存在した。

二、地域の神祭りに付随しておこなわれる歌垣は、配偶者選びの場としての役割をもっていたが、そこでは右の規範にもとづく美女の悪口歌、――すなわち独身美女や貞淑性の高い女性（巫女など）を美しい花などにたとえ、その気位の高さや身持ちの堅さなどが、結局は「不幸」を招くという主旨の歌がうたわれた。

三、この種の歌は現代からみると、単なる女性に対する嫌がらせの歌である。しかし当時の社会では、歌垣の場にいる娘たちを誘い出す歌として、各地でしばしばうたわれた。なかでも播磨国賀毛郡の玉野村や大和国の三輪地方では、根日女と赤猪子という美女の悪口歌が、繰り返しうたわれることにより、地域を代表する有名な伝説的民謡になったらしい。それが『播磨国風土記』と『古事記』という二つの文字資料の編纂にあたり、一つは玉丘と玉野村の地名起源を語る説話として、もう一つは三輪地方に拠点を置く有力豪族の大王家に対する姻戚関係の縁起譚として、部分的に取り入れられ、儒教的潤色が加えられた上、その後、「書かれた物語」として現在に伝えられることになった。

四、以上のようにみると、これまでの通説的理解になってきた古代婚姻論は見直しが必要になってくる。古代の婚姻が、不安定な側面をもっていたのはたしかである。しかしそれは基本的に一対の男女による配偶関係で成り立ち、その不安定さは、制度そのものより、それを取り巻く過酷な社会のあり方や生存条件によって規定されていた。

五、また従来、男女の配偶関係における「恋愛」「性愛」「婚姻」の三者の連続性・重複性が説かれ、男女双方が互いに気に入れば、ただちに性交渉をもち、それがそのまま婚姻に移行したと強調されてきた。しかしこの三者が一致することは必ずしも明確にされておらず、歌垣民謡をみる限り、恋愛・性愛・婚姻の間には、一定の区分があったように読み取れる。男女双方が互いに「気が向くまで」の意思が熟するまでの過程そのものも重要だった。人間は単なる動物ではない以上、このような見通しが立てられるのではなかろうか。

以上が本章の結論である。先に少し言及したように、古代の美女をめぐる地方伝承については、『万葉集』の「葦屋菟原処女墓」(84)や「桜児」「縵児」(85)伝承歌謡など、さらに解明すべき興味深い史料がたくさんのこされている。これらについては今後の課題とすることとして、ひとまずここで本章を閉じたいと思う。

註

(1) 同、正月乙巳条。
(2) 節婦らの推挙・褒賞命令のほとんどは、祥瑞献上や立太子などの国家的な慶事や大事に際する全国的詔勅の中に含まれる。その内訳は、祥瑞の一八例をトップにして、立太子・元服時の六例、天皇即位時の四例の順になっている。またこのほか災異に際するものが一例だけある(『続日本紀』天平七年〈七三五〉閏一一月戊戌条)。
(3) 『続日本紀』和銅七年(七一四)一一月戊子条。
(4) 『続日本紀』宝亀三年(七七二)一二月壬子条。
(5) 『類聚国史』巻五四(人部　節婦)、弘仁一四年(八二三)三月甲戌条。
(6) 菅原征子「節婦孝子の表彰と庶民の女性像——古代を中心に——」(『歴史評論』五一七、一九九三年)、今津勝紀「日本古代における婚姻とその連鎖をめぐって」(武田佐知子編『交錯する知——衣装・信仰・女性』思文閣出版、二〇一四年)。
(7) 『類聚国史』巻五四(人部　節婦)、神護景雲二年(七六八)六月乙未条。
(8) 武田佐知子「律令国家による儒教的家族道徳規範の導入——孝子・順孫・義夫・節婦の表旌について——」(竹内理三編『古代天皇制と社会構造』校倉書房、一九八〇年)。
(9) 関口裕子『日本古代婚姻史の研究』上(塙書房、一九九三年)。また関口説を継承する服藤早苗氏は、家父長制的な婚姻形態が成立する以前の時代の性愛について、「刹那的、衝動的に性関係を結び、継続して生涯をともにしようとの強い絆の性愛ではなかった」と述べている(服藤『平安朝の女と男——貴族と庶民の性と愛——』〈中公新書、一九九五年〉、一二九頁)。
(10) 寺内浩「日本古代の婚姻形態について」(『新しい歴史学のために』一八五、一九八六年)、山本一也「書評・関

口裕子著『日本古代婚姻史の研究』上・下」（『史林』七七―五、一九九四年）、今津勝紀『日本古代の税制と社会』（塙書房、二〇一二年）など。

(11) 古代における「美女」の定義の問題を、ここでは深く問わないことにする。ただし後述のように、本章であつかう「美女」は、事実上、男性からの誘いや求愛などを拒む女性像といえるかもしれない。なお美術史の立場から『万葉集』などを分析した岩崎和子氏は、奈良時代の日本では、明るい健康的な美しさが「女性美」として讃えられ、それには男女差がなかったと説いている。そしてこれは、「もっぱら男性の鑑賞のためであったり、性的関心の対象であった古代中国の美の基準とは異なるものがあった」と述べる（岩崎「しなやかに動く美女――古代日本の美女のイメージ――」〈小玉美意子・人間文化研究会編『美女のイメージ』世界思想社、一九九六年〉、五四頁）。

(12) 『日本書紀』崇神天皇一〇年九月条。

(13) 沖森卓也・佐藤信・矢嶋泉編『播磨国風土記』（山川出版社、二〇〇五年）。

(14) 沖森卓也・佐藤信・矢嶋泉編『豊後国風土記・肥前国風土記』（山川出版社、二〇〇八年）。以下、本書では、『肥前国風土記』および『豊後国風土記』からの史料引用はこれを参考にする。

(15) 柳田國男「人柱と松浦佐用媛」（ちくま文庫版『柳田國男全集』一一〈『妹の力』所収〉。初出は一九二七年）、中山太郎『日本巫女史』（国書刊行会、二〇一二年。初版は一九三〇年）、松本信広『日本神話の研究』（平凡社、一九七一年。初版は一九三一年）、松村武雄「八岐大蛇退治の神話」（同『日本神話の研究』三、培風館、一九五五年）、関敬吾「日本昔話の社会性に関する研究」（『関敬吾著作集』一、同朋舎出版、一九八〇年。初出は一九六一年）、土橋寛『古代歌謡全注釈　古事記編』（角川書店、一九七二年。三四九～三五〇頁）、上田正昭「神婚説話の展開」（同『古代伝承史の研究』塙書房、一九九一年。初出は一九七六年）など。

(16) 雄略朝で天皇という号は未成立である。しかし本書では、便宜的に天皇号を用いる。以下も同じ。

(17) ただし根日女と赤猪子の伝承の類似性は、すでに日本古典文学大系本『風土記』（秋本吉郎校注、一九五八年）の頭注などにおいても指摘されている（同書、三四二頁）。ところが管見の限り、その類似性をどうみるかの本格的研究はいまだ試みられていない。なおこの二つの話と、さらに『日本書紀』仁徳天皇一六年七月戊寅朔条にみえる「桑田玖賀媛」の話との類似性を指摘する論考もある（内藤英人「紀四四・玖賀媛をめぐる歌謡」〈『日本歌謡研究』四一、二〇〇一年〉）。しかし本書では、この桑田玖賀媛の話との関係の検討は見送った。

(18) 以下に載せる『古事記』の史料のうち、挿入されている四つの和歌の部分については、原文は万葉仮名で書かれている。しかしここでは便宜上、仮名交じり文の形で引用した。

(19) 山口佳紀・神野志隆光校注『古事記』（新編日本古典文学全集1、小学館、一九九七年）、雄略天皇段。以下、本書では、『古事記』からの史料引用はこれを参考にする。

(20) 泉谷康夫氏は、後宮女官制度の采女という語句の読みについて、それが接頭語の「ウ」と、「ネメ」（＝根女）から成る語だと説く。つまりウネメとはネメであり、さらにネメは「天つ神」に対する「国つ神（根の神）の女」を意味するという。そしてこうした「ネメ」、すなわち采女は、地方豪族から大王家に差し出され、宮中の新嘗・ヲスクニなどの服属儀礼の場において、天つ神の子孫としての天皇を迎え、その「一夜妻」の役割を担わされたと理解する（泉谷『記紀神話伝承の研究』〈吉川弘文館、二〇〇三年〉、一七〇頁）。この説を参考にすれば、根日女（ネヒメ）という名そのものが、当地から貢上された采女と密接に関わる言葉とみることも可能である。

(21) 『加西市史』第一巻本編1「考古・古代・中世」（兵庫県加西市、二〇〇八年）、四八〜四九頁。

(22) 柳田國男は「伝説」と「昔話」の違いについて論じ、伝説には必ずそれが語られる地域内の何らかのモニュメント（記念物・目的物）をともなっているという。その具体例として、奇岩・老木・清泉（滝・淵・池）・橋（渡し場）・坂・辻・神社仏閣・古い屋敷跡などのほか、塚・墓などを挙げている（同『伝説』〈ちくま文庫版『柳田國男全集』七、初出は一九四〇年〉、三六頁）。これによると、当時の玉野村内に存在する、ある「墓」と美女の死とを結びつける地元の伝説があったとみても不思議はない。ただしここで注意すべきは、その墓や塚が何をさすかである。柳田によると、全国各地の墓や塚をめぐる伝説をみると、「朝日」や「夕日」の地名をもつ所が多く、また話の中にも、「朝日さす、夕日輝く」岡や塚という表現がある場合が少なくないという。そしてこれにもとづき、伝説の中の墓や塚は、実際に人を埋葬した墳墓ではなく、もともとは「日の神」（太陽）信仰の「祭壇」であったのではないかと推定する（同『山島民譚集㈢』〈ちくま文庫版『柳田國男全集』五、初出は一九六九年〉、三七〇～三九二頁）。根日女伝承の中でも、「朝日と夕日が隠れることなく照り続ける地に墓を造り」と記されていた。したがってこの「墓」も、実際の墳墓ではなく、地域内の太陽信仰の聖地である丘（＝玉丘）の頂上部をさすとも考えられる。

現在、加西市玉丘町に根日女の墓とされる「玉丘古墳」（全長一〇九メートルの前方後円墳。四世紀末頃築造）があるが、その命名は近代以降の所産である。この古墳は、古くは「水塚」「御塚」「千坪」などと通称されていた（兵庫県加西郡教育会『加西郡誌』〈復刻版〉〈臨川書店、一九八〇年。初版は一九二九年〉、四九二頁）。この玉丘古墳と、風土記でいう「玉丘」は本来別物である可能性もあるだろう。なお古代における「墓」の字が、必ずしも墳墓を示さない点は、『播磨国風土記』の神前郡多駝里粳岡条で、「又、其簸《ひ》置粳《ぬか》云レ墓《つか》、又、云二城《き》牟《む》礼《れ》山一」と書かれる例がある。

(23)　引田部赤猪子の人名表記に関して、『古事記』本文は、天皇が「汝は誰が子ぞ」と問い、それに対して「己が名は引田部赤猪子と謂ふ」と答えたと伝えている。これからみて「引田部」が氏の名、「赤猪」が父親の名前をさし、全体として「引田部赤猪子」は、「引田部の赤猪の娘《こ》」の意味と考えられる（三浦佑之『口語訳古事記［完全版］』〈文芸春秋社、二〇〇二年〉、三二〇頁）。しかしここでは便宜上、通常の人物名表記としてあつかうことにする。

(24)　新訂増補国史大系『先代旧事本紀』、巻一〇所収。

(25)　『加西市史』第八巻史料編2「古代・中世・近世Ⅰ」（兵庫県加西市、二〇〇六年）、七四～七八頁参照。

(26)　京都大学文学部国語学国文学研究室編『倭名類聚抄　本文編』（諸本集成、臨川書店、一九六八年）、巻六。

(27)　『日本書紀』斉明天皇四年（六五八）是歳条。

(28)　『日本書紀』持統七年（六九三）一一月戊申条。

(29)　『日本書紀』天武一三年（六八四）五月戊寅条。

(30)　『続日本紀』同年一一月丙申条。

(31)　『続日本紀』養老四年（七二〇）正月庚辰条。

(32)　武田祐吉『記紀歌謡集全講』（明治書院、一九五六年）、次田真幸『日本神話の構成』（明治書院、一九七三年）、守屋俊彦「赤猪子の話――三輪伝承考――」（同『古事記研究――古代伝承と歌謡――』三弥井書店、一九八〇年。初出は一九七二年）。このうち次田氏は赤猪子について、「大三輪の神に仕える聖なる少女である」と述べている（次田前掲書、四四九頁）。

(33)　国文学者の守屋俊彦氏は、赤猪子の話について、「全体がユーモラスに語られているとともに、どことなくペーソスが流れている。ユーモアとペーソスが織り成した愛の物語である」と述べている（守屋註(32)前掲論文、二九四頁）。

(34)　土橋寛「歌物語と物語歌――歌と物語の交渉史――」（『古代歌謡の世界』吉川弘文館、一九六八年）。

(35)　氏族伝承が記紀の説話群として取り込まれたとみる考え方については、国文学研究者からの根強い批判が寄せられている。居駒永幸氏は、「記・紀の神話や説話を氏族伝承に解体していくことは、逆に、統一した構成に向かうものとしての、作品としての記・紀の姿を見えにくくすることにもなった」と指摘している（居駒「八千矛の「神語」と散文」〈同『古代の歌と叙事文芸史』笠間書院、二〇〇三年。初出は一九八八年〉、三七五頁）。

(36)　〔史料2〕の話を実際に伝搬した氏族は、前述の三輪山麓の周辺に本拠地を置く阿倍臣（朝臣）氏、ないしは大三輪君（朝臣）氏であったと考えられる。この両氏に対しては、持統五年（六九一）八月、他の一六氏と共に、朝廷に「墓記」（纂記）を提出する命が下っている（『日本書紀』同年八月辛亥条）。この時に上申された「墓記」（纂記）と、赤猪子に関する地元伝承との関係については、今後深めるべき研究課題としたい。

(37)　土橋註(15)前掲書、三二九頁。

(38)　『続日本紀』には、奈良時代の宮廷においても、「歌垣」の行事が開かれた記録がのこされている（同書、天平六年〈七三四〉二月癸巳朔条、宝亀元年〈七七〇〉三月辛卯条など）。そこでは天皇の出御のもと、平城京の朱雀門前や河内国の由義宮などで、「風流男女」二百余人による歌が奏上されている。歌の内容は「難波」「倭」「広瀬」「由義」など、天皇統治の各地の「国風」（くにぶり）を讃美する歌が中心である。後述の民間の歌垣の歌のあり方と趣きを異にする。ここでは考察の対象外とする。

(39)　土橋寛『古代歌謡と儀礼の研究』(岩波書店、一九六五年)、三八九〜三九〇頁、桜井満「歌垣をめぐって」(『日本神話と祭祀』講座日本の神話7、有精堂出版、一九七七年)など。なお歌垣慣行については、一般に、"Song Competition"などと英訳されることが多い。しかし、男女が交互に歌を掛け合うという特徴に着目した内田るり子氏は、これを、"Antiphonal Singung"(交互唱)と訳すべきと説いている(内田「照葉樹林文化圏における歌垣と歌掛け」〈『文学』五二―一二、一九八四年〉、二四頁)。

(40)　重要な研究成果については、本文で順次引用していく。近年、琉球・南島地域のほか、中国西南部の少数民族を中心に現存する歌垣慣行についての分析や、それと日本古代の歌垣民謡との比較研究がめざましく進展している。管見の限り、以下のような成果が刊行されている。工藤隆『歌垣と神話をさかのぼる――少数民族文化としての日本古代文学――』(新典社選書12、新典社、一九九九年)、辰巳正明『歌垣――恋歌の奇祭をたずねて――』(新典社新書27、新典社、二〇〇九年)、遠藤耕太郎『古代の歌――アジアの歌文化と日本古代文学――』(瑞木書房、二〇〇九年)、曹咏梅『歌垣と東アジアの古代歌謡』(笠間書院、二〇一一年)、岡部隆志・手塚恵子・真下厚編『歌の起源を探る――歌垣――』(三弥井書店、二〇一一年)、工藤隆編『声の古代――古層の歌の現場から――』(武蔵野書院、二〇〇二年)など。

(41)　沖森卓也・佐藤信・矢嶋泉編『常陸国風土記』(山川出版社、二〇〇七年)香島郡条。以下、本書では、『常陸国風土記』からの史料引用はこれを参考にする。なお本史料の歌謡部分は万葉仮名で記されている。便宜上、仮名交じり文に改めて引用した。

(42)　このうち花見や春菜摘みなどは、現在も各地で年中行事の一つとして広くおこなわれている。また歌垣の名残りの風習についても、いくつかの民俗事例が報告されている。瀬戸内海から北九州、五島列島の小値賀島などの沿岸部の村々では、かつて春先の三月三日頃、「磯あそび」や「山あそび」と呼ばれる行事がおこなわれていた。そこでは村中の若い男女が弁当を作って浜辺や山に出かけ、一晩中、皆で酒食をとりながら歌舞したり、氏神の拝殿に籠もるなどの風習がみられたという(宮本常一「ツツジと民俗」〈『宮本常一著作集』四三、未来社、二〇〇三年。初出は一九七四年〉)。また群馬県榛名山の「山開き」(旧暦四月八日)、愛知県の「オヤマ」(毎春)などの山入り行事でも、これと同様のことがおこなわれていた。とくにそこで夫婦になる約束をした若い男女の仲は、たとえ親兄妹でも反対できないほどの強制力があったとも伝えられている（臼田甚五郎「歌垣の行方――民謡研究の一問題として――」〈『國學院雑誌』昭和三三年一月号、一九五八年〉、三谷栄一「国見と文学成立の基盤」〈同『日本文学の民俗学的研究』有精社出版、一九六〇年〉、渡邊昭五『歌垣の民俗学的研究』〈白帝社、一九六七年〉第四章「野遊びと磯遊び」、桜井満註(39)前掲論文など）。

(43)　土橋註(39)前掲書、三九三頁、武藤武美「祭り・饗宴・歌垣――遊芸の源流――」（『朝日百科日本の歴史』二、「記紀の世界――神話と歴史のあいだ――」、朝日新聞社、一九八九年）。

(44)　ある事象の結果をみて作物の収穫占いをおこなう呪術は、歌垣以外の行事でも多くみられる。たとえば、「花見」行事の桜の花が単なる鑑賞の対象になったのは、ごく最近のことである。もともと農村では、地域内の桜（＝ヤマザクラ）の花の咲き方や散り方をみることを通して、その年の豊凶を占うのが普通だったといわれる（宮本常一「サクラと人間」〈註(42)前掲書。初出は一九七四年〉など）。

(45)　このうち「野」に関する史料としては、たとえば、『万葉集』巻一六―三八〇八の「住吉の　小集楽《をづめ》に出でて　現《うつつ》にも　己妻すらを　鏡と見つも」という短歌の左註に、「右、伝へて云く、昔、鄙《と》人《ひと》あり。姓名は未詳なり。時に郷里の男女、衆集《もろもろ》ひて野遊す。この会集へるが中に、鄙人の夫婦あり。その婦《め》の容姿端正なこと、衆諸《もろひと》に秀れたり。乃ちその鄙人の意《こころ》に、弥《いよい》よ妻を愛するの情《こころ》を増す。而してこの歌を作り、美貌《みまう》を讃嘆すといふ」などと書かれた史料がある（小島憲之・東野治之ほか校注『万葉集』〈新編日本古典文学全集、小学館、一九九六年〉。以下、本書では、『万葉集』からの引用はこれを参考にする）。

(46)　柳田國男『地名の研究』（〈ちくま文庫版『柳田國男全集』二〇。初出は一九三六年〉、一二二～一二三頁）、樋口忠彦『日本の景観――ふるさとの原型――』（ちくま学芸文庫、筑摩書房、一九九三年。初版は一九八一年）。

(47)　沖森卓也・佐藤信・矢嶋泉編『播磨国風土記』（山川出版社、二〇〇五年）。

(48)　玉野村の遺称地は、現在の兵庫県加西市玉野町付近とされている。近世の「慶長国絵図」などで、「玉ノ村」と記される地区である。当地は加古川の支流、万願寺川の中流右岸の河岸段丘上に位置し、今でも比較的見通しのよい光景が続く。この付近一帯からは、近年たくさんの古代の集落遺跡や古墳群が発掘されている（加西市教育委員会編『播磨国風土記に記された賀毛郡楢原里「玉野村」の遺跡』一九九九年）。これに対して、風土記の根日女伝承の該当墳墓とされる「玉丘古墳」（全長一〇九メートル、前方後円墳、四世紀末頃築造）の所在地は、近世の玉野村の枝郷の「玉野新家村」に属する。付近には大小一〇基ほどの古墳があるが、水系そのものは玉野村とまったく異なる。また現況では、旧玉野村付近から玉丘古墳を肉眼視することはできない。これからみて、根日女伝承に実際に関わる「墳墓」の場所は、万願寺川流域の丘陵上のどこかにあった可能性もあるだろう。なお前述のように、現在の玉丘古墳は、もともと地元では「水塚」「千坪」などと通称されていた（註(22)前掲『加西郡誌』〈復刻版〉）。

(49)　訳注日本史料『延喜式』巻九、神名上（集英社）。
(50)　森朝男「歌垣・対唱形式・三輪山」（同『古代和歌と祝祭』有精堂出版、一九八八年）。
(51)　吉村武彦「日本古代における婚姻・集団・禁忌――外婚制に関わる研究ノート――」（土田直鎮先生還暦記念会編『奈良平安時代史論集』上、吉川弘文館、一九八四年）、関和彦『風土記と古代社会』第二章―二（塙書房、一九八四年）など。
(52)　土橋註(39)前掲書。
(53)　歌謡番号は、土橋寛・小西甚一校注『古代歌謡集』（日本古典文学大系、岩波書店、一九五七年）の番号による。以下、本書での『古事記』と『日本書紀』の歌謡番号はそれぞれこれにしたがう。
(54)　土橋註(15)前掲書、三〇三頁。
(55)　土橋註(15)前掲書、三〇八頁。
(56)　土橋註(39)前掲書、四五二頁。
(57)　関口註(9)前掲書第二編「日本古代における対偶婚の存在と具体相」の第一章〜第四章。
(58)　土橋註(39)前掲書第七章。
(59)　中山註(15)前掲書第二篇第三章。このほか国文学者の次田真幸氏は、朝廷内で天皇（大王）に供奉する采女と、神祭りに奉仕する巫女との間には共通性があり、「ともに神聖な少女とされ、自由な恋愛や結婚を許されぬ女性とされていた」と述べている（同註(32)前掲書、四四四頁）。

(60)　大和田建樹編『日本歌謡類聚』下巻、第五編其二「地方唄」。

(61)　藤田徳太郎「美女を歌った民謡」（同『日本民謡論』萬里閣、一九四〇年）。

(62)　品田悦一氏は、歌垣における歌の掛け合いの特質を、「からかい」と「しっぺ返し」、「あてこすり」と「はぐらかし」が続く点にあるといい、それを「戯笑性に包まれた張り合いの関係」と述べている（品田「短歌成立の前史・試論――歌垣と〈うた〉の交通――」〈『文学』五六―六、一九八八年〉、五三頁）。

(63)　木下太志『近代化以前の日本の人口と家族――失われた世界からの手紙――』（ミネルヴァ書房、二〇〇二年）、五〇頁。また比較家族史学会編の『事典　家族』（弘文堂、一九九六年）の「皆婚」の項には、「ある社会において人口（社会成員）の大部分が一生の間に一度は結婚することを意味する」と記されている（一〇二頁、小島宏氏執筆分）。

なお江戸時代の日本においては、実際、地域によって相当「早婚」で、かつ「皆婚」の村が少なくなかった。たとえば、一八～一九世紀の奥州二本松藩（現在の福島県）の下守屋村と仁井田村という二つの農村の宗旨人別改帳を分析した津谷典子氏によると、この二村における女性は早婚かつ皆婚で、一〇～一四歳の女子の三〇パーセント近くが既婚者で、一五～一九歳では八四パーセント、そして二〇～二四歳で九七パーセントに跳ね上がるという。また男性の既婚率も二〇～二四歳で八〇パーセント、二五～二九歳になると九〇パーセントへと上昇し、四〇歳代後半の未婚率は五パーセントにすぎないと指摘されている。そして氏は、この二村での「人口静態平均初婚年齢」は、女性が一六・二歳、男性が一九・六歳であったと記している（津谷「近世日本の出生レジーム――奥州二本松藩農村の人別改帳データのイベント・ヒストリー分析――」〈速水融ほか編『歴史人口学のフロンティア』東洋経済新報社、二〇〇一年〉、二三〇頁）。このほか平井晶子『日本の家族とライフコース――「家」生成の歴史社会学――』（ミネルヴァ書房、二〇〇八年）も参照のこと。

(64)　武田註(8)前掲論文、菅原註(6)前掲論文など。

(65)『日本霊異記』中巻―三三には、「女人悪しき鬼に点《けが》され食噉はるる縁」と題する、大和国十市郡菴知《あむち》村の富裕な家の美女、鏡作造万子の婚姻をめぐる悲劇的な仏教説話が載せられている。彼女は美女であるが、多くの人が求婚しても、それを悉く拒絶していた。ところがある人（実は鬼）が、高級な品物を送って求婚すると、万子はそれにおもねって、性関係をもつことを許した。しかし翌朝「閨《ねや》」をのぞいてみると、彼女は「頭」と「指」をのこし、すべて喰われていたという話である。興味深いのは、この「災い」の兆しとして、話の冒頭に男たちが、からかい半分で万子に結婚しようと誘う「戯笑歌」も挿入されている点である。曰く、「聖武天皇の世、国挙りて歌詠ひて謂く、汝をぞ、嫁に欲しと誰、菴知の此方《こむち》の万の子。南无南无や、仙酒も石も、持ちすすり、法申し、山の知識、余しに余しに」（中田祝夫校注『日本霊異記』〈新編日本古典文学全集10、小学館、一九九五年〉を参照）と。この歌の内容と、右の話の展開からみて、これは歌垣民謡と深い関わりをもつと認められる。今後の検討課題にしたいと思う。
(66) 柳田國男『木思石語』（ちくま文庫版『柳田國男全集』七。初出は一九四二年）、一六七～一七三頁。
(67) 関口註(9)前掲書、第一編「対偶婚概念の理論的検討」の第一章～第三章。
(68) 関口註(9)前掲書、二九二頁。
(69) 山本註(10)前掲書評論文。今津註(10)前掲書。
(70) 関口註(9)前掲書、一一三頁。
(71) 森註(50)前掲書、二六頁。
(72) 詳しくは、関口裕子『処女墓伝説歌考――複数の夫をもった美女の悲劇――』（吉川弘文館、一九九六年）において、全面的な考察が試みられている。
(73) 坂江渉「浜辺の美女伝承と神祭り――葦屋ウナヒ乙女――」（坂江編『神戸・阪神間の古代史』神戸新聞総合出版センター、二〇一一年）。
(74) 養老戸令聴婚嫁条によると、法律上、男女の婚姻年齢は、男一五歳以上、女性一三歳以上（ともに数え年）と定められていた。当時の実際の平均的な初婚年齢が何歳であったかは断定できないが、御野国戸籍を分析した直木孝次郎氏によると、八世紀初頭の御野国では、女性の第一子の出産年齢は満一七歳以上が多く、そのピークは一七～一九歳であったという（直木「額田王の年齢と蒲生野遊猟――第一子出産年齢考――」〈『続日本紀研究』三三二、二〇〇一年〉）。これによると男女の初婚年齢は、満一五歳前後とみるのが妥当なようである。また保立道久氏は、日本では、中世末期まで早婚あるいは性体験の「早熟」の風習がみられ、「中世の女性がもっとも早く男性と性的交渉をもつ年齢はだいたい十三歳頃であった」と指摘している（保立『【新装版】中世の女の一生――貴族・領主・下人の女たちの運命と人生――』〈洋泉社、二〇一〇年。初版は一九九九年〉、三一～三二頁）。

(75)『日本霊異記』には、男性から求婚された女性（両親を失った孤嬢）が、貧窮さを理由にして、それを断るという話がみえている（中巻―三四）。

(76) W.W. Farris, *Population, Disease, and Land in early Japan, 645-900*, Cambidge, Harvard University Press, 1985.

(77) 今津勝紀「日本古代の村落と地域社会」（『考古学研究』五〇―三、二〇〇三年）、同「古代の家族と共同体――関口裕子『日本古代家族史の研究』（上・下）によせて――」（『宮城学院女子大学附属キリスト教文化研究所研究年報』三八号、二〇〇五年）など。その後、今津註(10)前掲書に所収。

(78) 田村憲美『日本中世村落形成史の研究』（校倉書房、一九九四年）、西谷地晴美『日本中世の気候変動と土地所有』（校倉書房、二〇一二年）、葛飾区郷土と天文の博物館編『東京低地と古代大嶋郷――古代戸籍・考古学の成果から――』（名著出版、二〇一二年）、田中禎昭「古代戸籍にみる人口変動と災害・飢饉・疫病――八世紀初頭のクライシス――」（三宅和朗『古代の暮らしと祈り』環境の日本史2、吉川弘文館、二〇一三年）など。

(79) 田村註(78)前掲書、三八九頁。

(80) 新訂増補国史大系『類聚三代格』巻一九「禁制事」、弘仁一〇年六月二日太政官符。

(81) 八世紀の疫病の問題を取りあげた新川登亀男氏は、当時の「病」が例外的な異常現象ではなく、「日常性に胚胎し、そして、日常性を露呈させていた」と説いている（新川「日常生活のなかの病と死」〈三宅註(78)前掲書〉、二一六頁）。

(82) 今津註(10)前掲書、三二九～三三二頁。

(83)　西野悠紀子氏は、古代において、「地域社会全体の消滅を免れるために、子どもを多く生むのが当然とする社会規範の強制があった」と推定している（西野「古代における人口政策と子ども」〈『比較家族史研究』二四、二〇一〇年〉、二四頁）。なお西野「生殖と古代社会」（『歴史評論』六〇〇、二〇〇〇年）も参照のこと。
(84)　『万葉集』巻九―一八〇一～三、一八〇九～一一、巻一九―四二一一～一二など。
(85)　『万葉集』巻一六―三七八六～八七、三七八八～九〇など。

第二章　人を取り巻く自然・社会環境と古代の共同体

はじめに

本章では、現存する各国風土記や『古事記』『日本書紀』などに引用されている歌垣民謡に関する諸史料に焦点をしぼり、当時の農民相互間で結ばれた共同体関係の実態解明に迫る。またそれにより、これまでの通説的理解の見直しをはかることを目的とする。

近年、各地の集落遺構の発掘調査がすすむことにより、古代の集落址研究が一定の進展をみせつつある。その中で多くの注目を浴びてきたのが、群馬県の子持村（現在の渋川市）でみつかった黒井峯遺跡である(1)。

本遺跡は、六世紀半ば頃の榛名山の大噴火により、集落の大部分がそのまま火山灰と軽石層の下に埋没し（約二メートルの堆積）、現在にまでのこりつづけた貴重な集落遺構である。発掘調査の結果、当時の建物が四九棟、倉庫が八棟、そのほか祭祀場・道路・柴垣・水田・畠などが検出され、六世紀前半の古代集落の実態を語る、「日本のポンペイ遺跡」として全国的に知られるようになった(2)。

黒井峯遺跡のうち、とくに注目されるのは、道と柴垣によって区画された土地空間が、少なくとも四群以上確認されたことである。それぞれの面積は、一区画あたり約三〇〇坪（＝約三〇メートル四方）から五〇〇坪（＝約四〇メートル四方）の広がりをみせる。その内部には必ず一棟の竪穴式住居があること（竪穴面積約五〜一五坪、竪穴深さ約一・五メートル）、さらに数棟の平地建物・高床倉庫が含まれ、群によっては家畜小屋が建てられているケースも見出せるという(3)。

この柴垣で囲まれた空間をどうみるかについては諸説ある(4)。近年の吉田晶氏の業績で説かれるように、当時の人々の最小の生活単位を成し、おそらく夫婦とその子どもによって構成されていたとみるのがもっとも妥当ではなかろうか(5)。

その構成員の数は、発掘成果からは不明である。しかし関連する文献史料を参照した山尾幸久氏は、一区画につき平均で三〜五人と推測し(6)、また今津勝紀氏も六国史の災害関連史料などを素材にして、同様の結論を下している(7)。

これが正しければ、黒井峯遺跡の発掘された範囲での集落址全体の人口（柴垣グループ四群以上）は、およそ一二〜二〇人以上(9)。現存する各国戸籍の「郷戸」の平均戸口数の二一・四人に近い数となる(8)。そこで戸籍・計帳研究の成果を踏まえて黒井峯遺跡の集落構成を復元すれば、集落の中心というべき夫婦とその子どもから成るグループのほか、その傍系親（兄弟・従兄弟を含む）の二、三の集団、および姻族の破片的人口などが一つのまとまりをもって暮らし、このまとまりが農耕の再生産の単位として、日常的な耕起・収穫等をおこなっていたと考えられる。

このように、黒井峯遺跡の発掘調査からは、古代の集落をめぐるさまざまなイメージや推測を膨らませることができる。しかしさらに、集落がどのような形で「村」を構成し、そこにはどのような景観や共同体関係が広がっていたかなどの点について、これ以上の分析をすすめることはできない。そこで重要になってくるのが文献史料である。

周知のように、律令制下の日本では、全国的に国—郡—里（郷）制という行政組織が確立されたものの、村という単位については、公法上の地位は与えられていなかった。

ところが実際には、六国史を含め、さまざまな史料において村の名称が登場する。(10) たとえば『播磨国風土記』によると、一つの里のもとに平均二、三の村があったことをうかがえる。(11) なかでも宍禾郡《しさは》（宍粟郡）の比治里のように、「宇波良村」「比良美村」「川音村」「庭音村」という四つの村を含む里もあった。(12) このように史料上の村の多くは、単に抽象的・一般的な形で存在しておらず、具体的で固有の名称（＝地名）をもって登場している。それが人々の現実に生きた単位として機能していたことは確実であろう。

右の『播磨国風土記』が編纂された頃は、「五十戸一里制」の施行期であった。そこでその五〇戸を機械的に二〜四等分すると、一つの村は、だいたい一二〜二五戸の幅をもって構成されていたことになる。現存する戸籍・計帳によると、一戸（郷戸）あたりの平均戸口数は約二〇人であった。(13) これを乗じると、一村につき二四〇〜五〇〇人程度の人口数となる。これは、先の黒井峯遺跡の柴垣で区画された竪穴式住居グループが約五〇〜一五〇区集まった数である。あくまで機械的な計算によって得られた数であるが、これが当時の村の人口をめぐる推定概略数である。

このような規模の村について、これまで文献史学の分野で議論の主軸をなしてきたのは、石母田正氏の村落論（在地首長制論）(14) と、それを受けた吉田孝氏の地域社会論である。(15) 後述のように両氏の見解の中身には微妙な解釈のズレがあるが、いずれにせよ村の果たす役割を小さくみる点では一致している。

石母田氏は、古代の地域社会において、民戸相互間の地縁的結合体としての村や集落共同体が存在したと理解する。その内部では集会や一定の寄合の制度、さらに「国之大祓」の儀式にみられるような祭祀慣行があったと説く。しかし、それが自立的な共同体、あるいは自治的な組織になっていなかったと指摘する。(16)

共同体の共同性が、ゲルマン社会のように民会ではなく、首長によって代表されるという構造により、村落は自立的な単位にならなかった。基本的に郡司（国造）級の在地首長を頂点とする生産関係の中に包摂されていた。これは弥生時代以来、強固に保存されつづけてきた関係であり、律令制下においても変化することはなかったという。[17]したがって律令制が継受された際、法制上、中国では自然村落である村が公法的地位を与えられていたのに対し、日本の律令ではその規定がわざわざ削除された。村が公法的単位として承認されない事態につながったと説く。[18]

吉田孝氏もこの石母田説を踏まえ、八世紀前後の日本の社会には、律令制を支える自立的な村落共同体が存在しなかったという。[19]そのうえで、当時の社会における「家族」や「氏族」、さらには「集落」や「村」なども、社会人類学でいう親族組織として捉えられ、それは双系制的原理にもとづいていたと指摘する。[20]氏によると、双系制的な原理にもとづく限り、自立的で安定した共同体や社会組織はあらわれず、社会そのものは不安定で流動的であった。そこで基礎単位である夫婦と未婚の子どもから成る小家族は、共同体機能を一身に体現する郡司級首長の「オホヤケ」（大宅、公）に依存して生活し、古代ではこれが唯一の共同体組織であったと理解する。[21]

このように石母田氏と吉田氏は、古代の地域社会における自立的な村落共同体の存在を認めない。一貫して重視されるのは、在地首長が人格的に体現する郡レベルの共同体の役割であった。もちろんその場合、石母田氏は郡司層と一般農民との間を一個の生産関係と捉え、[22]一方、吉田氏はこれを「未開な原生的共同体」関係と考える。[23]郡（郡司層）の認識をめぐり、両氏の間にズレがあることは明らかである。ところが村や村落共同体の自立をいっさい認めない点では共通している。

しかし常識的にみて、かなりの領域的広がりをもつ郡内部の農民への郡司層の人格的な支配関係や、農耕をめぐる郡規模の共同体を想定するのは、相当無理があるといわざるを得ない。推定人口数からみて、最大級の場合、二万人前後の人口に及ぶと考えられる「郡」を、[24]農耕や生活をめぐる一つの共同体とみることは難しい。そこで両説を乗り越えようとする立場として、郡より下位の「村」に関する史料に眼を向け、そこにおける地縁的な共同体の内実を問い、またどのような支配・収取がおこなわれていたかを解き明かそうとする研究がさかんになった。

つまり前述の黒井峯遺跡の例に即していうと、少なくとも四群以上ある柴垣で区画された竪穴住居のグループが、さらに全体として外部世界と結んだ相互関係や族長層との関係性をどのようにみるかという視点である。

これに早く先鞭をつけたのが、吉田晶氏による村落首長制論の提起である[25]。それを継承した大町健氏[26]、さらには義江彰夫氏[27]、関和彦氏[28]、鬼頭清明氏[29]、小林昌二氏[30]、山尾幸久氏[31]らの研究も、その流れの中に位置づけることができよう。

もとより、それぞれの研究が石母田氏の在地首長制論に対してどのような立場をとるかについては、個々の論者によって大きな違いがある。しかしいずれにせよ、右の諸氏の研究では、郡よりも地域住民の生活の場に近いと考えられる「村」へ視線が注がれた。そしてその中で共通して取りあげられたテーマの一つは、村の祭祀時の社会的関係の問題であった。

有名な儀制令春時祭田条の集解の古記説所引の一云説に、つぎのようにある。

一云、毎レ村私置二社官一、名称二社首一。村内之人、縁二公私事一、往二来他国一、令レ輸二神幣一。或毎レ家量レ状取二斂稲一、出挙取レ利、預造二設酒一。祭田之日、設二備飲食一、幷人別設レ食。男女悉集、告二国家法一令レ知訖。即以レ歯居レ坐、以二子弟等一充二膳部一、供二給飲食一。春秋二時祭也。此称二尊レ長養レ老之道一也[32]。

この史料にもとづき、これまでの研究では、当時の村ごとに「社」があったこと、社の春秋二時の祭りには村の男女がことごとく集まって酒食が提供されたこと、さらに酒食は、「社首」と呼ばれる村落首長が、あらかじめ「村内之人」から納めさせた「神の幣《ぬさ》」や、彼らへの稲の出挙によって得られた「利」によって準備していたこと、などが解明された。

これにより、古代の村では、共同体成員の全員参加による集団祭祀など、農民相互間の横のつながりを示す具体的な習俗があったことが明らかにされた意義は大きい。とくに中世後期以降の社会とは異なり[33]、女性が祭りから排除されていないという事実は、古代の祭祀儀礼における男女の役割分担をみるうえでも重要な素材になった[34]。

ただしこれらの研究で、主たる関心が向けられたのは、そういった農民同士の共同体的諸関係の解明の問題ではなかった。むしろ右の史料にもみえる「社首」による経済的な収取活動、すなわち祭祀を媒介にした村落首長と一般農民との関係、あるいは首長による共同体編成の問題である。

この点については、一九九〇年代半ば頃までの研究史整理をおこなった田中禎昭氏の明快な分析がある。氏はその中で吉田晶氏や大町氏らの村落首長制論の特徴について、つぎのように指摘した。

石母田氏にあっては「民戸」相互の集団的秩序＝共同体として存在が認められていた村落は、吉田氏の場合、（村落）首長的秩序に「包摂」される「関係」として矮小化され、それにかわって異なる「首長」（村落首長）が現れてきたのである。さらに大町氏に至って、「村落首長制の生産関係」の下、その「関係」自体も捨象されることになった。（中略）ここにおいて、日本古代の「村」は、「（村落）首長制」と同義に理解されることになり、「村」を理解することが村落首長と共同体成員の関係を解明することを意味するようになった[35]。

石母田・吉田孝説以降の研究潮流を、すべてこのような捉え方で一括できるものではないものの、今までの村落史研究が、多かれ少なかれ古代村落を支配・従属関係の視点、すなわち「タテ」系列の視線で解こうとする傾向をもっていたことは確かではなかろうか。したがって共同体の自立性や主体性の問題をみる場合にも、これと同様、「タテ」系列の視点、すなわち《共同体を「体現」する村落首長と国家との関係》、あるいは《共同体を「支配」「編成」している村落首長と上部権力（首長層）との関係》を基軸にした考察が加えられることになる。

たとえば、石母田氏らの村落論（在地首長制論）を批判する立場から村落史研究をすすめた小林昌二氏は、「村首」「村長」らが、一貫して王権の「教化」（王化）の対象として組織されていた事実を重視する。それにもとづき、律令国家は当時の村の「集団的主体性」を公的に認めていたと説く[36]。

つまりここでは、村首らの村落首長が、村人相互間の「集団性」や「共同性」を代表するという考えの下、国家と村落首長の関係が分析に付され、その結果、村は国家に対して一定の「主体性」「自立性」をもっていたと論じられている。

一方、吉田晶氏は、当時の社会には、水利慣行などを媒介とする農民（個別経営）相互間の地縁的結合があったと指摘する。しかしそれは自立的な村落共同体としては未確立だったという[37]。なぜなら農民の地縁的結合は、基本的に村落首長の下に「編成」「総括」されていたが、その村落首長は、地域社会の中で独立した支配構造を形成しておらず、国造の権威の下で、それに包摂されて存在していたからだと説く[38]。

このように石母田・吉田孝説以降の古代村落論の多くは、村落首長と共同体成員（個別経営）の関係、あるいは村落首長と国家・在地首長層との関係解明に主眼が置かれ、「ヨコ」系列の視点、すなわち農民相互間の地縁的結合の内実、およびその自立性の問題については、関心が寄せられてこなかった。

そうした動向を生み出す原因の一つには、農民の地縁的結合を探るための史料が僅少であるという事実があろう。それとともに、そうした地縁的結合体の共同性や共同機能は、すべて「村首」「社首」などの首長によって「代表」「総括」されているという図式、あるいは先入観が存在するのではなかろうか。

もちろん筆者は、当時の「村首」や「社首」と呼ばれる層が、さまざまな農民支配をおこない、またその一方で、農民たちに対して一定の勧農機能を担っていたことを認める（次章参照）。またそういった点を探ろうとする研究の方向性を軽視するものでもない。しかし農民の地縁的結合体における再生産機能は、すべて「村首」「社首」らによって体現、ないしは掌握されていたのであろうか。

先に紹介した田中禎昭氏は、一九九〇年代以降の村落史研究の課題として、「共同体諸機能の内、首長の担う部分と村民相互が集団的に担う部分を明確化しつつ、後者の組織体系を明確にしながら、その相互関係を問う視角の定立[39]」が重要だと説いている。

筆者によれば、これは現状においても、積極的に追究されるべき課題だと思われる。従来の研究で必ずしも十分でなかった、農民生活をめぐる集団的・共同体的諸関係の実態を、可能な限り、具体的に復元することが不可欠になる。そのうえで、田中氏のいうように、族長層の担う共同体機能やその相互の関係を問い直す必要がある。とすればこの課題の解明は、どのような素材と方法を用いて可能になるのだろうか。

この点で筆者が留意したいのは、古代の地域祭祀に関連する諸史料である。古代の神祇・祭祀に関わる史料というと、従来もっぱら取りあつかわれてきたのは、先に紹介した『令集解』儀制令春時祭田条にみえる「古記説」や「一云説」の法制史料であった。そこには、村の祭りの準備過程と共同飲食の場面が、ある程度具体的に叙述されている。

しかし神祭りの中で、もっとも重要だと思われる神前行事の中身については、何ら言及されていない。またその際、族長や一般農民はそれぞれどのような形でその場に臨んだのか。さらに神と人との共同飲食の宴が始まって以降の呪術儀礼はどのようにおこなわれ、そこからどのような事実が引き出せるのか。当時の神祭りは、相当長期間にわたるものであることに留意すべきである。このような点について、右の法制史料は多くを語ってはくれないのである。

一方、専論的な村落論や地域社会史研究の立場からではないが、古代の祭祀・呪術に起源をもつ神話・伝承や一部の歌謡史料などを用い、右の問題の解明に迫ろうとする神話・祭祀論的な研究アプローチが存在する(40)。もちろん、それにより右に掲げた祭祀・呪術時にあらわれる農民の相互関係や族長との関わり方などが、すべて解明されたわけではない。しかし部分的で断片的であるにせよ、そこでは貴重な研究成果と方法論も積み重ねられている。

そこで本章では、このような研究成果を積極的に取り入れ、従来ほとんど関心が向けられてこなかった民間の呪術的儀礼に関する史料に光をあて、農民相互間の結びつきの実態解明に迫ってみたい。それはどのような共同体として復元できるのか、さらに上級権力や族長層との関係をいかに考えたらよいか、などについて考察する。これを通じて、現在も大きな影響力をもっている石母田氏や吉田孝氏らの村落論の見直しをはかりたいと思う。

一　古代の歌垣

(1) 神祭りと歌垣

古代の農民相互が取り結ぶ地縁的な関係として、従来その存在が指摘されてきたものは、稲作の前提となる水利・灌漑に関わる農民的結合(41)、山川藪沢の利用・占有に関わる共同体慣行(42)、さらに前述の村落祭祀に関わる結合体などであった(43)。

ところがその中身の復元については、史料・素材の多くが法制史料であることにより、きわめて具体性に乏しいものになっている。また前述のとおり、既存の研究では、そうした農民の地縁的結合が、結局のところ、各種の上級族長層によって「編成」「掌握」されていたとみるのが一般的であった。したがって全体として、そうした横のつながりの解明を深めていこうという姿勢は弱かった。

そういう中にあって、農民結合の具体像、とくにその生活レベルまで踏み込んだ結合関係をみる際、一つの重要な手かがりになるのが、歌垣という行事に関わる史料である。

古代の史料には、歌垣に関連する素材が、現存する各国風土記（逸文も含む）、『万葉集』、記紀歌謡などを中心に比較的多くみられる。このうち風土記の関連史料を一覧化したものが、前掲一八八頁の表Ⅱ―1である。

歌垣については、毎年特定の時期、一堂に会した男女が互いに歌を掛け合うことにより、自分自身の配偶者や恋人を選ぼうとする「性的解放の場」であったといわれる。これは間違った捉え方ではないが、歌垣は単なる遊興行事、乱交の場ではなかった。もともとは各地の神祭り（祭祀）と不可分の結びつきをもつ民間儀礼であった。

祭祀というものは、現在の民俗事例でも、一ヶ月近くに及ぶ祭りがみられるように、長期にわたって続けられ、しかもさまざまな内容から成り立つ。その中には、神の「来臨」を仰いだうえでの厳粛な祈りや神語りの行事、神への供饌の神事、神前における農民同士の共同飲食の宴、さらには豊作（豊漁）の「占い」と結びついた各種の呪術行事などがあった。また祭りの前におこなわれる予備的行事の物忌みや禊ぎ祓え（＝精進潔斎）も含めれば、行事の種類と期間の幅は、もっと広がることになる。

そうした諸行事のうち歌垣は、豊作（豊漁）占いと連動する呪術儀礼、すなわち人間の生殖（婚姻・出産）に関わる事柄を、その土地の生産（豊作・繁栄）の予兆（占い）に結びつけようとする儀礼であった。そこでは男女間の歌の掛け合いが盛り上がれば盛り上がるほど、新しい「カップル」ができればできるほど、その年は豊作（豊漁）になるという呪術的な思考があったといわれる。[44]つまり歌垣は、稲作を中心とする生業の予祝儀礼的側面をもつ行事でもあった。

ちなみに現存する風土記において、歌垣の開催場所を特定できる一四例と、信仰・祭祀の場との関わりをみると、その半分の事例で、両者の結びつきを確認できる（表Ⅱ―1参照）。

たとえば、「坂東諸国」の男女が集まるという常陸国の筑波岳は、「男体山（雄神）」「女体山（雌神）」という二峰から成る神体山であった（表Ⅱ―1の①）。『延喜式』巻九の神名帳は、これについて「筑波山神社二座」（筑波郡）と記す。また香島郡のト（部）氏一族の「飲楽歌舞」は、毎年四月一〇日の「神祭り」に際して開かれる行事だった（表Ⅱ―1の④）。同郡の童子女松原の「嬥歌《かがひ》」には、「加味乃乎止古」の那賀寒田郎子と、「加味乃乎止売」の海上安是嬢子の出会いにまつわる悲劇的な伝承がみられた（表Ⅱ―1の⑤）。

さらに『出雲国風土記』の四つの歌垣関連史料のうち、意宇郡の「川辺の出湯」（表Ⅱ―1の⑧）については、式内社の「玉作湯神社」（『延喜式』巻一〇）があり、嶋根郡の「邑美の冷水」（表Ⅱ―1の⑨）には、同風土記の

写真Ⅱ―1　川辺の出湯の比定地付近
島根県松江市の玉造温泉街。川は玉湯川
（2014年２月）

写真Ⅱ―2　邑美の冷水の比定地の「目無水」
島根県松江市大海崎町。海の向こうに伯耆大山がみえる　（松尾充晶氏提供 2014年５月）

写真Ⅱ―3　漆仁の川辺の比定地
島根県雲南市木次町の湯村温泉。手前は斐伊川
（2014年2月）

写真Ⅱ―4　杵島山
3つのピークは左から犬山岳、杵島山、勇猛山
（佐賀県 2014年7月）

「不在神祇官社」の「大井社」（嶋根郡条）が対応し、(45) 仁多郡の「漆仁の川辺」（表Ⅱ―1の⑪）には、同じく「漆仁社」が関連すると思われる。(46) 一方、「郷閭《さと》士女」が登山して「楽飲歌舞」したという肥前国杵島郡の「杵島山」（表Ⅱ―1の⑫）は、もともと「比古神」「比売神」「御子神」の峰から成る神体山であった（『肥前国風土記』逸文・『万葉集註釈』巻三）。

このように、現存する各国風土記にみえる歌垣開催地の多くは、当時の信仰や祭祀の場と密接に結びついていた。とすれば、宗教との関わりをもつ歌垣は、どのような集団や規模でおこなわれていたのであろうか。

(2) 歌垣の開催単位

この問題について、表Ⅱ―1をながめても、「男女老少」（表Ⅱ―1の⑧⑨⑪）、「男女」（表Ⅱ―1の⑩⑭）、「士女」（表Ⅱ―1の⑫）、「社郎《むらをとこ》 漁嬢《あまをとめ》」（表Ⅱ―1の②）などが集まるとのみ書かれるものが大半である。

ただそういう中、常陸国の久慈郡山田里の「石門《いわと》」の歌垣に関して、「夏の月の熱き日に、遠き里近き郷より、暑さを避け涼しさを追ひて、膝を促《ちかづ》け、手を携へて」(47)（原漢文）、人々が集まってくると書かれている（表Ⅱ―1

の⑥参照）。また同郡の密筑《みつき》里の「大井」の歌垣に関しては、「遠邇《をちこち》の郷里《さと》より酒と肴を齎賚《もち》きて、男女会集《つど》ふ(48)」（原漢文）と出てくる（表Ⅱ―1の⑦参照）。

秋本吉郎氏の研究によると、『常陸国風土記』の景勝地や宴楽（歌垣）の場をめぐる描写には、「遊仙文芸的文人趣味」の修辞表現が顕著にみられるという(49)。たしかに右においても、「里」と「郷」が対句的な形で書かれていて、もともと地域伝承を正確に伝えていない可能性もある。

しかしそれにしても、これらをみる限り、――とくに『常陸国風土記』の関連史料をみる限り、歌垣は村ごとではなく、当時の数里にまたがる範囲と規模で開かれていたように感じ取れる。そしてさらに有名な常陸国の筑波岳の歌垣（表Ⅱ―1の①）に関して、

坂より東の諸国の男も女も、（中略）相携《たづさ》ひ駢闐《つらな》り、飲食《をしもの》を齎賚《もち》きて、騎《うま》より歩《かち》より登臨《のぼ》りて、遊楽《たのし》び栖遅《いこ》ふ(50)（原漢文）。

という記述がみられる。

かなり誇張された表現が含まれているにせよ、ここには「足柄岳の坂」より東の諸国（＝坂東諸国）の男も女も集まったと書かれている。これにより、数里にまたがるどころか郡境や国境を越えた、大がかりな規模の歌垣の開催も想定しがちである。

従来の研究でも、たとえば関和彦氏は、これらにもとづき、歌垣が大化前代以来の国造級首長の支配圏を単位にして開かれていたと指摘する(51)。また吉村武彦氏は、古代の外婚制を主張する立場から、歌垣の本質について、異集団に属する未婚の男女が参加し、相互に求愛を重ねる場と規定する。そして集団と集団のテリトリーが接する場、すなわち常陸国茨城郡の高浜の歌垣（表Ⅱ―1②）や、大和国の「海柘榴市」「軽市」（軽衢）等の「市」でおこなわれる歌垣の位置づけを重んじる(52)。

このうち吉村説に関していうと、当時の歌垣を、未婚の若い男女のみが会集し相互の求愛歌を交わす場と規定するのは一面的である。前述のように、既婚者はもとより老人や老女たちも参加し、彼ら自身も歌の席に立つというのが、歌垣の一般的なあり方であった。

しかもその歌の内容に眼をやると、たとえば老人たちは、若い娘たちに対し、自らの再婚（再々婚）を迫るような歌をうたっていたわけでない。彼らの歌は、その場にいる当事者の若者たちの求婚行動に向けられていた。早めの積極的な結合や婚姻を促し、それを支援するような歌であった（後述）。

この事実は、歌垣が集団を異にする未婚男女のみのやりとりの場ではなかったことを示す。これは、「老人」―「既婚者」―「未婚男女」という、もともと一定の人格的な結びつきをもった人間同士、つまり同一集団に属する者同士が、若い男女間（異集団の者も含む）の婚姻や結合をめぐり、さまざまなやりとりをする場であったことをあらわす。

もちろん筆者は、古代の婚姻を、「村内婚」のような同一集団内の婚姻のみに限定して考え、異集団間の男女の婚姻や出会いを否定しているわけではない。しかし現存する歌垣民謡の中身に留意すると、歌垣は基本的に地域の生活に密着し、地縁的結びつきをもった者同士によっておこなわれていたとみるのが妥当だと思われる(53)。とすれば、「市」（衢）の歌垣のほか、山・泉・浜辺など、とくに『常陸国風土記』において、一見したところ大規模に開催されたかにみえる歌垣史料については、どのようにみたらよいか。

その一つとして、たとえば筑波岳の歌垣史料に関しては、この山が関東平野においてかなり目立つ山容の神体山の一つであり、これを取り巻く山麓部一帯の多くの農村の人々から、稲作の水源地の聖地として、厚い信仰を受けていた事実を看過できない。山中においては、「女体山」（標高八七七メートル）と「男体山」（標高八七一メートル）の二つの山頂付近のみならず、山腹部や山麓部のあちこちに、磐座と思われる巨岩・奇岩・名石が散在し、数多くの祭祀遺跡がみつかっている事実を想起する必要がある(54)。

つまり筑波岳での歌垣は、山中の同一箇所、たとえば山頂付近の特定場所に集まってきた坂東諸国一円の人々が、全員参加する形でおこなわれたものではなかろう。そもそも何千人、何万人規模の歌垣だったとすれば、歌い手の声が参加者全員に行き渡らないという難点がある。歌垣は単なる詩歌披露の場ではなかった。それは実際の生の音声にもとづく歌を掛け合うことにより、参加者相互間のコミュニケーションと社交性を深める目的をもっていた。したがって、何千人規模の歌垣の開催などはあり得ないのではないか。

むしろ山中の尾根筋や谷筋ごと、あるいはそれぞれの磐座ごとに、この山を稲作の聖地として仰ぐ、比較的小

写真Ⅱ—5　夫女ヶ原と筑波山（茨城県 2009年5月）

写真Ⅱ—6　夫女ヶ石（茨城県 2009年5月）

規模な集団ごとの歌垣の輪ができていたと推定される。これは現在の花見行事が、多くの人が集まる有名な行楽地に行っても各パーティーごとにおこなわれるのと同じ構造だと思われる。また歌垣民謡の中から採られたと考えられる『日本書紀』の第一〇八歌謡にも、それを示唆する民謡がみられる。(55)

古代の歌垣は、何千人、何万人もの人が一堂に会する形ではなく、比較的小さめの地域集団ごとにおこなわれていたとみるべきであろう。そしてこれは、筑波岳以外の各国風土記にみえる歌垣の場合においても同様である。

とすれば、改めてその小集団の単位が問題となるが、前述のように、歌垣は稲作（生業）の祭りと不可分に結びついた予祝行事、および収穫祝いの行事としての側面をもっていた。この点を重んずれば、常識的にみてそれは、村を単位とした規模、すなわち律令制下のサト（「五十戸」）を基準にしてみると、だいたい平均して一五～二五戸程度の規模を一つの単位にして、おこなわれていたと考えざるを得ないのではないか。

(3)香島郡の卜部氏の歌垣的行事

この数の問題をめぐり、参考にしたいのは、表Ⅱ―1の③の常陸国香島郡の卜部氏らによる歌垣的行事の中身に関してである。『常陸国風土記』香島郡条には、つぎのように記されている。

又、年別四月十日、設レ祭灌レ酒。卜氏種属《やから》、男女集会、積レ日累レ夜、楽飲歌舞。其唄云、

「あらさかの　神の御酒を　飲《た》げと　言ひけばかもよ　我が酔ひにけむ」

神社周匝《めぐり》、卜氏居所。地体高敞、東西臨レ海、峯谷犬牙、邑里交錯。（後略）(56)

これによると、鹿島神宮近くに住まう卜部《うらべ》（卜）氏の一族は、毎年四月の祭りに際し、男女違わず集まり、数日かけて共同飲食し、歌垣的行事をおこなっていた。また彼らの居所は、神社近くの高台にあり、その地形は、

「峯谷」と「邑里」が「犬牙」のごとく交錯する場所であったことをうかがえる。

この記事について注目されるのは、他史料と近年の発掘成果等にもとづき、ある程度その開催規模の目処をつけられることである。というのも、ここにみえる卜部氏は、律令制下の諸国において八つ設置されていた「神郡」の一つ[57]、香島大神（鹿島神宮）の「神戸《かんべ》」であったと考えられるからである。

香島大神の神戸設置の経緯は、『常陸国風土記』香島郡条の別の箇所に関連記事がある。そこには、「神戸六十五烟。（本八戸。難波天皇之世、加二奉五十戸一。飛鳥浄見原大朝、加二奉九戸一、合六十七戸。庚寅年、編戸減二二戸一、令レ定二六十五戸一。）」とみえている。

これにしたがうと、香島大神に奉仕する神戸は、もともと八戸（部民）であった。しかし孝徳朝に五〇戸（一里）を加えられ、七世紀後半を通じて、最終的に六五戸に固定化されたという。とすれば、この六五戸の神戸集団の中に、先の卜部氏が含まれていたことになる[58]。

ところが六五戸のすべての神戸が、卜部氏によって構成されていたわけでなかった。そのほかにも中臣氏、中臣部氏らも神戸だったことが説かれている。そして『常陸国風土記』の香島評の建評記事などにもとづき[59]、このうち中臣氏が、当初、香島大神の宮司職的地位に就き、一方、卜部氏はその配下にあって、「卜占」をおもな職掌としていたと理解されている[60]。したがってこれにより、卜部氏一族の戸数についてはさらに範囲が狭まり、少なくとも六五戸より少ない数であったことがみえてくる。

この点を踏まえたうえで、もう一つ注目される点は、卜部氏らの居住地をめぐる風土記の地形描写、「地体高敞、東西臨レ海、峯谷犬牙、邑里交錯」について、この何年かの間に、現在の鹿島神宮の北西に隣接する厨台《くりやだい》遺跡等の発掘調査がすすみ、それにより新たな事実が浮かび上がってきたことである[61]。

発掘成果によると厨台遺跡は、古く五世紀頃からの集落遺構であったという。しかもそこからは、一般集落にはみられない多数の滑石製模造品等の祭祀遺物がみつかった。また集落遺構そのものは一一世紀頃まで連続するが、そのうち片野地区では、八世紀の墨書土器として、「鹿嶋郷長」「中臣宅成」という文字資料が出土した。さらに遺跡のある土地の景観そのものは、図Ⅱ―1からわかるように、まさに「峯谷犬牙、邑里交錯」という記述に相応しい。そしてこれらにもとづき、厨台遺跡を中心とする地域が、『常陸国風土記』の先の記述、すなわちト部氏の居所に該当する、かなり宗教性を帯びた場所であり、八世紀には「鹿嶋郷」と呼ばれるサトの中心域であることなどが明らかにされた(62)。

これが厨台遺跡をめぐる新しい考古学的知見であるが、近年これを踏まえ、文献史学の立場から興味深い分析をおこなったのは平石充氏である。氏はつぎのように指摘する。

鹿島神宮周辺には五世紀中葉から祭祀遺物を伴う村落が形成され、文献からみると中臣氏・ト部氏からなる奉祭集団が七世紀ごろには存在し、それが神戸五十戸からなるサトを構成、その集団は『和名抄』では鹿嶋郷と呼ばれる、と考えるのが整合的である。また、これら集団は中臣氏・ト部氏がそれらの中心をなしたと見られる点からも、いわゆる本源的な神戸と見なしてよいであろう(63)

この見方にしたがうと、毎年四月一〇日に歌垣的行事を開いていたト部氏は、鹿島神宮に近接する現在の厨台の台地上において、宮司的職掌を務める中臣氏らと混住しながら、香島大神に奉仕する中心的な神戸集団を成していた。しかも彼らは、天武朝以降に加増された神戸らと区別され、香島大神の神社近辺に置かれた、本源的な神戸集団（「五十戸」）であったことになる。

これに間違いがないとすれば、ト部氏の戸数については、さらに六五戸よりも少ない五〇戸以下であったことが判明し、その具体的な数の範囲は、より狭まることになる。しかし残念ながら、それを直接明らかにする資料は存在しない。

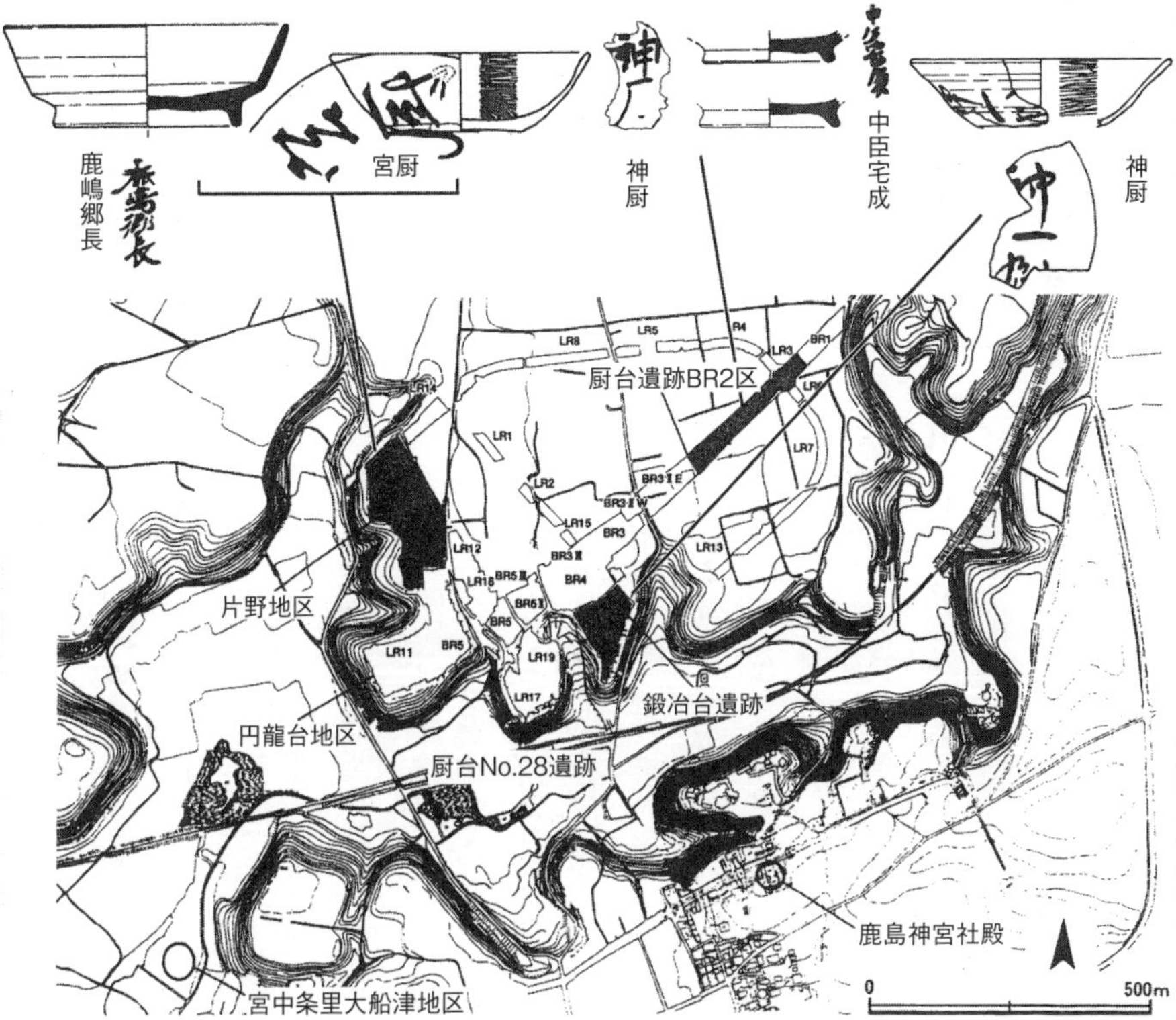

図Ⅱ－1　厨台遺跡群と神宮関連墨書土器（出典：平石充「神郡神戸と出雲大神宮・於友評」）

ただし時代は降るものの、『続日本紀』の天平一八年（七四六）条に、「常陸国鹿嶋郡中臣部廿烟、占部五烟、賜二中臣鹿嶋連之姓一」[64]という記事がある。これは鹿島郡内の中臣部二〇戸と占部（卜部）五戸に対して「中臣鹿嶋連」を賜姓したことを示す史料である。これまでの研究によると、これ以降、鹿島神宮の宮司職は、この時に賜姓された中臣鹿嶋連の氏人の中から輩出されていったと解釈されている[65]。

この賜姓時の母体となった集団、すなわち中臣部二〇戸と占部（卜部）五戸が、はたして本源的な「神戸五十戸」＝鹿島郷に属する戸であったかどうかには不安ものこる。しかしこれがこの後、代々の宮司職に就く氏人への賜姓だったのであれば、その可能性は高いのではないか。つまりここでは、中臣鹿嶋連の賜姓は、本源的な神戸集団である鹿島郷の五〇戸を構成する戸の中から選ばれて実施されたと考えたい。とすれば、もともとの「神戸五十戸」の中に、卜部氏は最小で五戸、最大で三〇戸含まれていたことになるだろう。

　ただし五〇戸の神戸を構成した氏人は、中臣（中臣部）と卜部だけとは限らない。たとえば、他国の神郡のケースに眼をやると、下総国の香取神の神戸には、「中臣」「卜部中臣」「卜部」「真髪（部）」などがおり、また出雲国の熊野神・杵築神の神戸としては、「神奴部」「鳥取部」「若倭部」「海部」など、複数の氏族が含まれていたと推定されている[66]。そこでそういったケースも考慮して、いくぶんか減じると、卜部氏はだいたい一〇戸から二〇戸程度であったと推定されるのではなかろうか。これは戸口数でみると、おおよそ二〇〇人から四〇〇人程度（一戸あたり約二〇人として計算）である。そしてさらにそこから、歌垣に参加できない戸口内の乳幼児や年少者の数を減らしてみると、結局、毎年四月に、「設レ祭灌レ酒」「積レ日累レ夜、楽飲歌舞」していた卜部一族の男女の数は、最大でも二〇〇〜二五〇人、おそらく一五〇〜二〇〇人程度であったと考えられそうである。あくまで推定に推定を重ねた計算であるが、このような規模の歌垣的行事が、卜部氏一族によっておこなわれていたと理解される。

　以上のように、香島大神の神戸である卜部氏の族制的な歌垣的行事では、一五〇〜二〇〇人ほどの、比較的小規模な数の歌掛けがおこなわれていた。現存する各国風土記には、このような小規模の歌垣関連の記述史料はみられない。しかしそれは風土記の編纂時に採録されていないだけで、実際には一般の農村部などにおいて、これと似通った規模の歌垣がおこなわれていた蓋然性は高いのではないか。

　国文学者の土橋寛氏は、近年までおこなわれていた沖縄県の与論島の「ウタカキアスビ」の民俗を研究し、この行事は、まず島の老若男女が一ヶ所に集まって、共同飲食することから始まるという。ところがその後、人々は部落ごとに円座を作りだす。そして行事そのものは、この部落を単位とした「ナドゥシドゥシッドヒ」という歌掛け行事に展開していったと述べている(67)。史料は具体的に語ってくれないものの、古代においても、このような形の、村を単位とした歌垣が開催されていたと理解しておきたい(68)。

古代の地域社会では、神祭りの時期になると、まずは村を単位とした厳粛な祈りの神事や神語りがおこなわれる。その後、神前における共同飲食の宴がすすむ中、人々は右の与論島の行事でみられたように、やはり円座を作りだし、徐々に歌掛けをおこない始めたのであろう。歌垣の開催の単位と規模の問題については、このような見通しを立てておきたい。

(4)歌の中身にまで立ち入った研究

こうした古代の歌垣について、従来、歴史学を含む各分野から、さまざまな分析が加えられてきた(69)。その中で筆者がもっとも注目したい研究成果は、先に紹介した土橋寛氏による、歌の内容にまで立ち入った考察である。

土橋氏は各国風土記や、『古事記』『日本書紀』の神話や説話部分のあちこちにみえる歌の一群に注目した。それについては、各地の歌垣で有名になった地方民謡が、一部改変のうえ引用されていることを明らかにした。そのうえで、現存する全国各地の地方民謡や民俗行事なども参考にして、歌の内容を、「男女間の集団的な誘い歌(求婚歌)」「はねつけ歌」「謎かけ歌」「笑わせ歌」「老人歌」「美女の悪口歌」などに分類し、それぞれについて解説を加えた(70)。

土橋氏の研究は、早く一九六〇年代の半ばまでに出されたものであった。しかし今までこれを積極的に活かした古代史研究はあらわれていない。その最大の理由は、研究者の間で、歌垣で交わされる歌は男女間の個人的で抒情的な歌であるという、いわば「ロマン主義」的先入観があったからであろう。

しかしながら歌垣民謡は、個人的な思考や感情を、直接表現してうたうことは禁じられていた。歌垣は、あくまで地域の人々の共同生活の維持を主要目的にする、共同性と社会性（社交性）を重んじる場であった[71]。したがってここからは、民謡をめぐる人と人の関係、なかでも婚姻や性の問題など、古代の農民生活や生存に直接関わる共同体内の関係の実像を知るための、貴重な素材を得られると思われる。

そこで以下、土橋説にもとづきながら、歌の内容から引き出せる重要な事実を指摘し、それを通じて、歌垣という行事の社会的意味を問い直したいと思う。

二　婚姻と出産（生殖）をめぐる共同体行事

(1) 老人たちの果たす役割

第一に、歌垣民謡の中身から引き出せるもっとも重要な点として、この歌の場には、未婚の若い男女だけでなく既婚関係にある男女や老人たちも参加し、さらに彼ら自身も歌の席に立っていた事実を指摘できる。

これは歌垣が地域の祭祀行事と不可分に開催されていた事実からみれば当然かもしれないが、歌垣が一つの共同体全体に関わる行事であったことを示唆するであろう。

そこで若者層以外の人々、とくに老人たちがうたった歌としては、土橋氏は、つぎのようなものが、その代表例だという。

命の全《まった》けむ人は　畳薦《たたみこも》　平群《へぐり》の山の　熊《くま》白檮《かし》が葉を　髻華《うず》に挿せ　その子[72]（髻華はカザシの意味）

これは『古事記』景行天皇段の第三一歌謡にみえる歌で、『古事記』の本文では、ヤマトタケルノミコトが望郷の念をうたったと記されている。しかし実際には、大和国の平群地方の歌垣の老人歌の一つとされている[73]。

ここでは老人が、「命の全けむ人」＝「健康な若者たち」に対し、生命力のある、平群の山の「樫の木の葉」を頭に挿せと呼びかけている。老人たちは、まず第一義的に、自らと対比した「命の全けむ」状態、すなわち若さの大切さを説いている。そのうえで若い時代に相応しく、「樫の木の葉」の生命力を得て、もっと元気に「歌い踊れ」、もっと積極的に「恋をせよ」と鼓舞・激励しているわけである。長い人生経験を踏まえた老人の、若い男女の婚姻促進や、その媒介をはかろうとする姿を読み取れる歌である。

老人がこの種の歌をうたう習俗に関連して、民俗学者の柳田國男は、日本の古い民俗慣行では、老人が若い男女に対して「婚姻媒介」の役割を担う伝統があったと指摘する。柳田によると、日本の文学作品や民謡の中には、『古今集』の「我も昔は男山」に代表される、「老を嘆く」特殊な気持ちが流れていた。しかしそれが単なる個人的な「述懐歌」ではなく、若者たちの集まりや村の祝宴など、「楽しかるべき」踊りや酒の席でうたわれた点に大きな特色があると説く。そして結論的に、柳田は「昔は男女を媒介するとき」、すなわち婚姻の祝言の場において、村の老人を酒の席に連れてきて、わざわざ「我も昔は男山」流の歌をうたわせたのではないかと述べている(74)。

興味深い見方である。この説を踏まえると、日本では老人がしばしば歌の席で若者たちを激励したり、自らの経験や見聞に事寄せて人々の婚姻促進をはかろうとする慣行があり、少なくともそれは、古代の歌垣以来の伝統であるように思われる(75)。

ただし古代の老人たちは、歌垣の場にわざわざ連れて来られてうたったのではなく、もともと神祭りに参加するメンバーの一人として主体的に参加したのだった。

たとえば、『常陸国風土記』の筑波郡条（表Ⅱ—1の①参照）において、「筑波岳」の歌垣の歌として、つぎのような二つの歌が載せられている。

筑波峰《つくばね》に　逢はむと言ひし子は　誰《た》が言聞《こと》けばか　峰《みね》逢はずけむ

筑波峰に　廬《いほ》りて　妻無しに　我が寝む夜《よ》ろは　早やも明けぬかも

わざわざ風土記の本文において紹介されている歌であるから、当地一帯でよほど有名な歌として知られていたものなのであろう。両歌ともわかりやすい内容の歌である。歌垣の当日、筑波峰で逢おうと約束した女性があらわれず、結局一夜、独り寝する男が、早く夜明けにならないかとうたっている。これを一見すると、恋人や女性に「ふられた」若い男性が、自らの辛い心情や嘆きを吐露した歌のようにもみえる。

しかし繰り返し述べるように、歌垣ではそのように直接個人的な感情をあらわす抒情歌はうたわれない。むしろこの歌は、自らの若い頃の恋の失敗談を、「笑いを込めた教訓譚」として語ろうとする老人の歌とみるのが妥当のようである[76]。当時の老人は歌垣に際して、若者を鼓舞・激励するとともに、婚姻や恋愛をめぐるかつての経験や教訓を語る役割を果たしていたことがわかる。

さらにこれに似通った歌として、『古事記』応神天皇段の第四四歌謡において、摂津・河内にまたがる「依網池」辺りの歌垣から採られたと考えられる、つぎのような歌がみえる[77]。

水たまる　依網《よさみ》の池の　堰杙《いぐい》打ちが　刺しける知らに　蓴《ぬなわ》繰り　延《は》へけく知らに　我が心しぞ　いや愚《をこ》にして　今ぞ悔しき[78]

ここでは清らかな池沼に生える「蓴《ぬなわ》」(＝ジュンサイ)が、美しい女性にたとえられている(写真Ⅱ―7・8)。そのような女性に対して、男が付き合おうと申し出たら、すでに別の男(＝堰杙打ち)が手を出していた(＝堰杙を刺していた)。そのことをまったく知らず、出遅れてしまった自分が、非常に愚かで悔しいとうたっている。

これも自らの辛い感慨をあらわした若者の歌ではない。先の筑波峰の歌と同じく、かつて若い頃に経験した出来事について、一つの教訓譚として、笑いを交えながら語ろうとする老人の歌とみるべきである[79]。老人は若い男

写真Ⅱ―7　ジュンサイ
古代は「ぬなわ」と呼ばれた　（2013年６月）

写真Ⅱ―8　ぬなわ繰りの様子
兵庫県多可町中区曾我井で再現されている
（2013年6月）

たちに向かい、良い女性が見つかったならば、早めに、そして周到に「仕掛ける」ことの重要さを諭していると推定される。

これらが歌垣民謡にみえる老人歌の基本的なパターンであるが、さらに歌垣では、老女たちも実際にうたった形跡がある。『日本書紀』皇極天皇三年（六四四）六月是月条の大化改新クーデター前年の「謡歌《わざうた》」とされる、

小林に　我を引き入《れ》て　奸《せ》し人の　面《おもて》も知らず　家も知らずも(80)
（第一一一歌謡）

がそれである。

歌の中身はかなりストレートで強烈である。これも若い女性が自らの体験を、そのまま皆の前で披露しているわけではない。村の老女がその場にいない女性の経験、――たいていの場合、実は自分自身の架空の失敗談を（一種の自慢話としても）紹介し、それを通して、歌の場にいる娘たちを戒めようとする歌だと理解されている(81)。

ここで老女は、自らの架空の体験を語って皆の笑いを誘い、顔も見たことのない、名前も聞いたことのない男性との交際、性交渉など論外だと教え諭す。そしてその逆に、適度の思慮をもった付き合いや、相互により知り合ったうえでの結合こそが大切だと説こうとしているのであろう(82)。歌垣は、いわば年長の女性から未婚女性へ「性教育」が施される場

でもあった。(83)

このように古代の歌垣の集いでは、老女を含む老人たちが、婚姻と性をめぐり重要な歌をうたっていた。その主立った内容は、若い男女に向かい、自らの「老い」や「人生の短さ」、あるいは失敗談を引き合いに出し、それと比較した「若さ」「健康」や「時」の尊さ、さらには一定の秩序や適度の思慮深さをもった付き合いの大切さを訴え、それを踏まえた積極的な恋の実践を促すようなものであった。

こうした歌をみる限り、当時の婚姻や性は、当事者間で済まされる個人的な事柄であったとは思われない。本人たちを取り巻くさまざまな人々、身内だけでなく、老人たちを中心とする年長者や既婚者たちの共同体メンバーが強い関心を抱く、社会的な事項であった。

どのような時代でも、とりわけ時代が古くなればなるほど、婚姻は生殖という人口維持の問題と結びつく以上、その社会における重要な関心事項にならざるを得ない。とくに近年の新しい研究成果によれば、八世紀前後の生存条件は、飢饉と疫病とが連続する過酷なものであった。「多産」と「多死」という、全体として人の「出入り」の激しい現実に置かれていたのが、当時の社会であった。(84)

おそらくこの時期の社会においても、結婚適齢期になっても相手が見つからない男性や、誘われても躊躇するような女性がいたことであろう。また過酷な生存条件の下、配偶者を亡くす男女も多かったとみられる。そのような若者や男女に対しては、つねに人々の関心が集中し、早く新たな配偶関係を結ぶべきだという意識がはたらいたと理解される。

そこで各地の祭祀と一体化して開かれる歌垣の行事には、結婚適齢期の男女のみならず、老人・老女を含む共同体のメンバー全員が参加し、それぞれの経験と見聞にもとづき、婚姻と性を促進する歌を交わすことになったと思われる。そしてその中でかなり重要な役割を演じていたのが、右にみた老人たちであった。(85)

平均寿命がわずか三〇歳前後の古代社会において、長い年月を生き抜いた老人たちは、いわば「人生の先達」として、共同体の若い世代に対して、婚姻や性をめぐるさまざまな教示や指導をおこなうことが期待されていたのではあるまいか。

従来、古代の老人（古老）の果たす役割については、村の長老としての共同体来歴の伝承者、外部との接触の担い手[86]、あるいは一般的な教導者的側面などがあると説かれてきた[87]。ここでは、それに加え共同体内部の性と生殖をめぐる指導者的役割、婚姻媒介者的役割を担っていたことも指摘できるであろう。

そうした地域社会の老人たちが、具体的に何と呼ばれていたかについて、律令の年齢区分規定[88]とは別の、社会的な年齢区分の呼称を分析した田中禎昭氏によると、当時の「老人」に対する社会的呼称としては、「オキナ（翁）」と「オウナ（嫗）」という呼び方があったという[89]。この「オキナ」と「オウナ」が、具体的に何歳以上の世代に対する呼称であるか明確にはできないが[90]、たとえば、「五〇歳以上」を一つの目処にすると、その数は各単位社会において、全人口の約一〇パーセントであったと推定できる[91]。

つまり歌垣で交わされた歌の内容からは、各単位社会においてわずか人口の一割程度しか占めなかった「オキナ」と「オウナ」たちが、婚姻や生殖（出産）という、共同体の維持や存続に関わる事項について、大きな役割を果たしていた事実がみえてくるわけである。

(2)「女性皆婚」規範が発露する場

つぎに歌垣民謡の内容から引き出せるもう一つの事実として、前章で述べたように、この時代の社会には、「女性皆婚[92]」という婚姻規範が形成され、歌垣では、それにもとづく歌がさかんにうたわれていた点を指摘できる。それが美女に対する「悪口歌」といわれる歌謡群である。

歌垣の世界では、美女は決して民衆の讃美や憧憬の対象にはならなかった。またその場で多くの男性から直接求婚されるような民謡ものこされていない。むしろ貞節の堅さや気位の高い女性の象徴とされ、それが結局、「損」や「不幸」を招くとか、「花の命は短い」などと、揶揄の対象としてうたわれる場合がほとんどであった。これは一種の攻撃であるが、純粋な攻撃ではない。「からかい」とか「減らず口」と呼ばれるもので、攻撃される美女は、その場にいないのが普通である。実際にはそうした悪口をうたうことにより、その場にいる他の女性たちを誘い出すのが真の目的だった。(93)

「多産多死」型の古代の社会では、いったん配偶関係が成立したとしても、その関係は流動的で不安定にならざるを得なかった。配偶者とすぐに死別したり、両親や片親がいない子どもたちが多数生じる現実が横たわっていた。(94)また疫病が連年猛威を振るい、多数の死者が出るような状況が続いた場合、共同体人口の維持や社会そのものの再生産が危ぶまれるような事態も発生したことであろう。

そこで当時の人々の間では、自分自身の生活を守り、人の再生産を維持していくため、新たな配偶者を見つけ出し、結婚・出産・養育・看護等を継続的に繰り返していく必要があった。また社会全体としても、人口の維持や共同体の存続のため、できるだけ多くの作物の収穫とともに、できるだけ多くの配偶関係の成立、そしてそれによる「多産」が望まれたはずである。

現存する各国風土記、とくに『播磨国風土記』の断片的な神話史料群に眼をやると、神の食膳・食事と婚姻にまつわる話を数多く見出せる。(95)この事実は、古代の地域社会では、生業と生存の維持、すなわち豊作と多産を願い祈ろうとする共同体祭儀が各地でおこなわれていたこと示すであろう。

このような状況の下では、男が誘っても（求婚しても）、それに応じない女性の過度の貞淑性あるいは気位の高さなどは、決して良しとされなかった。それとは逆に、女性はすべからく婚姻すべしという「女性皆婚」という

社会的規範が形成され、それがつねに前面に押し出されることになったと考えられる。(96)

したがって配偶者選びの場でもあった歌垣では、このような意識にもとづき、気位の高い女性などを、特定の美しい花や架空の美女にたとえて引用し、「花の命は短い」「結局は不幸になる」などと笑い冷やかし、それにより女性一般の積極的な結婚を促そうとする歌がしばしばうたわれることになった。

要するに歌垣は、社会的に形成された「女性皆婚」という規範が、歌（美女の悪口歌）の形で具体的に発露され、それが毎年繰り返し確認されていく場所でもあった。いわば当時の農民は、毎年定期的に開かれる歌垣を通じ、自ら作り上げた婚姻規範を可視的に確認・更新していたのである。

以上のように、歌垣民謡の内容をながめると、歌垣がどのような目的をもって開かれる行事であったかがみえてくる。歌垣は配偶者を選び出そうとする未婚の若い男女だけの集まりではなかった。それは現代と比べものにならない厳しい自然環境と生存条件の下、村を単位として、そこに住まう人たちが人口維持や社会の再生産のためにおこなう共同体行事の一つであった。またそこでは、婚姻（再婚）・出産を促進するために形成された「女性皆婚」という規範意識が、歌を通じて確認・更新されていた事実があった。

山尾幸久氏は、儀制令春時祭田条集解をめぐる研究史を踏まえながら、六世紀以降の村が、基本的に祭祀共同体であったことを強調する。そしてそこでは、村人全員が春秋二度の神祭りに参加することにより、「共同社会の統合力の再生」、すなわち村構成員としての帰属意識と規律意識が更新されていたこと、また八世紀に入ると、村は郷里制下（七一七〜七四〇年前後）における「里」《こざと》として編成・組織された点などを指摘する。(97)

山尾説は本書とは別の角度から出された見解であるが、基本的に首肯されるべきものである。この説を筆者なりに咀嚼してみると、当時の人々は祭祀・呪術の結合体である歌垣に参加し、自ら村に帰属することを確認するとともに、そこで実際に生殖と多産につながる目的の歌を交わすことにより、村の人口の維持と生命の再生産をはかろうとしていたと理解できるであろう。

とすれば、つぎに検討すべき問題は、このような民衆的行事である歌垣に対して、それぞれの土地の族長層がどのような関わりをもっていたかという点である。

(3) 歌垣と族長層

この問題について、古代史学の立場から専論的分析を加えたのは、関和彦氏であった[98]。関氏は、国文学や民俗学的な方法による古代の歌垣像が「牧歌的」であり、それは研究そのものの「牧歌的状況」が作り出していると批判した。

そのうえで、『常陸国風土記』にみえる歌垣の実施場所と、国造の根拠地に関連する史料にもとづき、原初的に村単位で実施されてきた歌垣は、村々を統括する在地首長の祭祀権の下に吸収されたと理解する。それにともない、歌垣の場所も郡内の一、二ヶ所に限定され、村々の年中行事的な性格は薄れ、「在地支配の場と化した」と指摘する[99]。

関氏は、歌垣民謡の中身を分析した土橋寛氏の研究成果に何ら言及してないが、とにかくこの見解にもとづければ、先にみた歌垣の席で実際に歌をうたう老人などは、事実上、国造レベルの首長層に属し、行事そのものも、首長層の統制下にあったことを示すのであろう。事実、関氏はその論考の中で、歌垣の場において「結婚媒介者的役割」を担ったのは、国造層であったと述べている[100]。

しかしながら、歌垣が族長層の支配の場と化していたとみるならば、まずはその「支配」の内実を問わねばならない。ところが関氏はこれ以上具体的に述べていない。さらに、歌垣が国造を含む族長層の統制下にあり、歌垣でうたう老人が族長であったとは考え難いのである。

第一に、歌垣がおこなわれた場所については、前節で述べたことでもあるが、とくに常陸国のそれが国造の支配領域と重なるようにみえるのは、史料の残り方の問題が大きいであろう。

風土記という史料は、諸国の地名とその起源説話などのデータを載せる国別の地誌である。しかし各地の祭祀場や歌垣の開催地をこぞって取りあげるものではない(101)。たまたま歌垣関連の地名がのこるのは、その開催地の景観の美しさや有名な歌垣民謡の形成が大きな要因になっていると考えられる。歌垣は郡内の一、二ヶ所だけでなく、基本的にそれぞれの「村」単位でおこなわれていたとみるべきである。

第二に、歌垣民謡の中には、老人に対する言い返し歌、揶揄《やゆ》歌などと呼ばれる歌が含まれている点に注意すべきである。

『日本書紀』皇極天皇二年（六四三）の一〇月戊午条には、歌垣民謡からの引用といわれる、つぎのような歌が収められている（第一〇七歌謡）。

岩の上《へ》に　小猿《こさる》米焼く　米だにも　食《た》げて通らせ　山羊《かましし》の老翁《をぢ》(102)

現代訳すれば、「岩の上で可愛い猿が米を焼いている。せめてその米でも食べて行きなさい、カモシカのお爺さん」ということである。このうち「山羊の老翁」（＝カモシカのお爺さん）とあるのは、その風貌により、年寄りがカモシカにたとえられているのであろう。

つまりこの歌では、老人に対して、「小猿」（＝村の乙女たち）が作った「焼き米」（＝神への捧げ物）を、せめて食べて行きなさいと勧めている。だが実際には、さっさと食べて早くこの場から出て行けとの意味だと解されている(103)。

歌垣が何日にもわたって進行していく中で、当初の若者同士の元気な歌の掛け合いがやや緩み、逆に老人たちの説教じみた教訓歌、自慢気な経験談ばかりが続くようなケースがあった。そのような場合、それへの反論として、このように若者から老人をからかう歌がうたわれたらしい。

もちろんこれも参加者の笑いを誘う形でうたわれたはずである。しかしこのように揶揄される老人は、若者からみても、また歌垣の場に集う人々からみても、よほど親しい間柄の人間であったと考えるのが自然である。決して支配階級に属する老人ではなく、ましてや国造その人であったとは考えられない。もしそれが族長層であったとすれば、こうした歌はうたわれなかったのではなかろうか。

第三に、歌垣では、前述のとおり、身持ちの堅い貞淑な女性などが引き合いに出され、人々の冷やかしや悪口の対象になっていた。それらの女性には、高貴な身分の女性が含まれていた点に留意すべきである。

たとえば、『日本書紀』天智天皇九年（六七〇）四月条にみえる第一二四歌謡（童謡《わざうた》）がその一つである。

打橋《うちはし》の　頭《つめ》の遊びに　出《い》でませ子　玉手の家の　八重子の刀自《とじ》　出でましの　悔ひはあらじぞ　出でませ子

玉手の家の　八重子の刀自(104)

この歌では、八重子というある家の「刀自」（＝主婦）に対して歌垣への参加が呼びかけられ、またそこへ出てきても、決して「悔ひ」はさせないとうたわれている。

歌の中に「玉手の家の　八重子の刀自」とあるように、八重子は実際歌垣に参加することなどあり得ない、高貴な身分の女性だったと思われる。にもかかわらず、繰り返しこのようにうたわれるのは、来るはずのない八重子の名を出して参加者を笑わせ、逆にその場にいる娘たちに対し、彼女のように「お高く」構えて出てこないと、「あとで後悔するぞ」「不幸になるぞ」と訴えるためであったと考えられる(105)。

つまりこのような出てこない女性をからかう形の間接的な誘い歌がつくられるほど、各土地の族長層や上層身分に属する人々は、その当時、歌垣などに参加しないのが普通だった。歌垣はあくまで地域の農民のみで開かれる民衆行事だった。関氏が説くように、首長層の「在地支配の場」に化していたとは理解できない。

それどころか支配層にとっての歌垣は、おそらく世俗的で野卑な催しであり、それに直接関与することなどあり得なかったのではあるまいか。あるいはもともと、神祭り前半の厳粛な神事、とくに地域支配を可視的に確認する祭儀や勧農などの神事を執行していた族長層は（後述）、民衆的世界である歌垣が始まるとともに、その場から立ち去るようなことがあったのではなかろうか。

だからこそ歌垣の参加者たちは、あえてそこで上層身分の女性の名を取りあげ、それを自分たちと同じレベルまで引き降ろしてからかい、そうする点に歌の面白さを感じ取った。歌垣は、いわばこのような形の「支配者風刺」が許される場であった[106]。

以上のように、歌垣は各地の農民たちが主導する民衆的な行事であり、そこに集って重要な歌をうたう老人たちも、支配階級に属する身分の者ではなく、それぞれの村に住まう一般農民層であったと考えられる。

古代の農民たちは、少なくとも婚姻や出産（生殖）という、自らの生命と生存の維持に関わる問題に関し、支配者層による統制や支配秩序の中に包摂されてはいなかった。地縁的な結びつきにもとづきながら、生命と生存の維持・再生産をめざすための共同体行事をおこなっていたと理解できる。

歌垣民謡から読み取れる共同体関係について、以上のように理解すると、全体としてこれは、従来の古代村落論との関わりで、どのように位置づけられるのであろうか。

三　生命・生存の維持をめぐる村の自立性

(1)法的・軍事的自立と共同体

本章の「はじめに」で述べたように、従来の古代史学では、農民相互間の地縁的結合の存在を認めない、あるいは一部認めるにしても、その自立性については否定的にみる学説が有力であった。

石母田正氏は、共同体の共同性がゲルマン社会のように「民会」ではなく、首長によって代表されるという基本構造により、日本の古代社会では、一貫して自立的な村落共同体は存在しなかったと説く。石母田氏がその際、自立性の有無の規準に置いたのは、ゲルマン社会との比較の方法をとる以上、法的・軍事的な側面であった。たとえば、氏は「古代法小史」(一九六二年)の中で、つぎのように述べている。

国造支配のもとにおいて、村落が国造層に対抗しうる独自の共同体的制度、すなわち共同体的所有を基礎とする一個の法主体としての共同体を形成しえたかどうか疑わしい――村法が成立するまでの、平安時代から中世における長い困難な時期を想起されたい――。(107)

こうした法的および軍事的な主体性の問題に基準を置いた場合、古代村落や個の自立性は当然否定的にならざるを得ない。その達成は、たしかに石母田氏がいうとおり、農民層の武装を基礎に置く、「村法」が成立する戦国時代までまたなければならないのであろう。

ただしこうした視点に立ってきた石母田氏が、その後、奈良時代の行基集団の問題を論じた際(一九七三年)、日欧比較史の方法ではなく日中比較史の観点から、個人や共同体の自立度をはかる尺度として、つぎのような視点を掲げている点に注意すべきである。

氏によると、高度な文明を築き上げた古代中国では、血縁的・族制的な人倫関係、言い換えれば、人間の自然に属する関係だけでなく、そこから解放された「他者同士の関係」、たとえば君臣関係や師弟の関係、さらには朋友関係などを組み込んだ人倫体系や規範意識が形成されたという。

それに対して「未開」な日本では、家父長制家族の生成が弱く、氏族・家族などの血縁的・同族的結合からの自立的諸個人の分離という条件が十分進展しなかった。それゆえ、中国のような他者関係を包含しうる一般的な倫理体系や規範意識は生み出されなかった。これが古代国家または在地首長に対する、自立的な個人や共同体の存在を想定できない条件につながり、また行基集団が最終的に権力内に編成されるという「転換」をもたらしたと説く。そしてさらにその違いが、村落共同体が政治的・公的な地位を認められた中国と、それが公認されなかった日本との違いとしてもあらわれたと理解する[108]。

ここでは個人や共同体の自立の問題が、かつて「古代法小史」の中で堅持されていたような、ヨーロッパのゲルマン社会との比較ではなく、もっぱら古代中国のケースと対比して論じられている。今までの氏の見方とは異なる、新たな日中比較史の方法の提起ともいうべき視点である。後述のように（註110）、ここには津田左右吉史学に対する氏の「決別」「対決」の姿勢が明確にあらわれている。

この論考で、石母田氏が日中間の相違を生み出した決定的な要素として重んじたものは、血縁的・族制的な秩序を超越した、他者同士の関係をも組み込んだ人倫体系や規範意識を作り上げたか否かの点であった。氏によると、それは古代日本には決定的に欠如しており、さらに「文明＝中国」と対比された「未開＝日本」の証しの一つとしても捉えられるという。

石母田氏によるこの「未開と文明」の日中比較の論理は、やがて一人歩きし、今日でも大きな影響力をもつ吉田孝氏の日中比較国制史論の登場にもつながった[109]。しかしここで石母田氏が示した視角、すなわち、血縁的・族制的な諸関係とは別の他者同士の関係も組み込んだ自律的な思惟や意識の形成の存否を、重要な「指標」とする方法は、ある社会における個や共同体の自立の度合いを計る際、一定の有効性をもつのではなかろうか。

(2) 他者同士の関係を律する自前の規範意識

一般的にいって、直接的で無媒介な関係、あるいは自然発生的な関係だけでなく、非血縁的な（つまり地縁的な）他者同士の関係も規律化しようとする認識や規範を作り得る社会は、それ自身、一定の自立性を帯びた社会と捉えられる。この点で、筆者は石母田氏の見方を積極的に継承したいと思う。

ただし石母田氏が結論づけたように、日本の古代社会は、右の「指標」に照らしてみると、本当に共同体の自立性の欠如した社会だったのであろうか。たしかに古代の日本では、中国の儒教的な家族倫理や「礼」の思想のような、一個の体系的な思惟を完成させることはなかった。

しかし前節で指摘したように、八世紀前後の地域社会の農民たちは、少なくとも婚姻や生殖に関わる問題について、肉親だけでなく、村人相互の他者関係も律するところの、自前の規範意識（＝「皆婚」規範）を作り上げていた。しかもその中身は、古代国家が浸透させようとした規範意識、すなわち古代中国で定立された「節婦」的な女性像とも大きく異なり、それなりの独自性を帯びていた。そして「皆婚」規範を基軸に据えながら、当時の農民たちは、婚姻と出産の安定的な再生産をめざす共同体行事（＝歌垣）を定期的におこない、それを通じて男女間の婚姻・配偶関係の積極的な促進と村の維持をはかろうとしていた。つまり自分たちの生命と生存を維持することに関して、農民たちは国家および族長層から自立していたと評価できる。

それとともに留意されるべき点は、そうした婚姻の促進そのものが、決して直接的で無媒介に、すなわち無秩序で放逸な形で奨励されてはいなかった点である。先に紹介した老人（老女）歌にみられたように、配偶関係を取り結ぼうとする当事者同士が、本能や自然発生的な欲望のみにもとづいて行動するのではなく、一定の秩序意識と節度とにもとづく性愛行動をとることが求められていた。

つまり歌垣という農民的行事、ひいては当時の農民たちの間では、婚姻と性をめぐり本能や欲望のみにしたがった行動原理を抑えるべきだという考え方があった。これは石母田氏流の見方に即していうと、人間本来の自然発生的な秩序意識を脱却した、「非未開」的な規範といえるのではなかろうか。

もちろんこれは、古代中国の儒教倫理のような体系的に組み立てられた思惟構造にまでは至っていない。しかし先行学説で説かれているような、気に入る異性をみつければ即座に男女双方が「気の向く間」のみ刹那的・衝動的な性交渉をもちつづけようとするような社会ではなかったように思われる。

このようにみると、日本の古代社会は、法的・軍事的な側面は別にして、他者同士の関係も律する規範意識を形成していた点において、石母田氏のいうような自立性の欠如した社会とは捉えられない[110]。少なくとも婚姻や生殖という、直接的な生命・生存の維持に関わる事項に関して、各地で集団的な地縁組織（農民結合体）を作り上げ、しかも相互を律する自前の婚姻規範にもとづく行動原理を重んじる、自律的な社会であったとみるべきであろう。

このような農民結集のあり方は、あくまで八世紀前後の厳しい生活環境のあり方に規定され形成されたものであった。しかしそれは、国家権力や族長層の統制や庇護から自立した一個の自立的な共同体組織であると理解できるのではなかろうか。

おわりに

以上、本章では、農民相互間の地縁的結合体の自立性を認めない通説的理解を批判すべく、歌垣という民間行事の歌の内容にスポットをあて、当時の共同体関係の実像を、可能な限り具体的に解明する作業をすすめてきた。その結果を記せば、以下のとおりである。

一、「多産多死」型の社会の過酷な生活環境の下、古代における男女の新しい出会いや婚姻（再婚）は、当事者同士のみに任される個人的な問題ではなかった。それを取り巻く多くの人々が関心を寄せる社会的な問題であった。これは究極的に、婚姻が共同体の再生産や人口の維持につながる出産（生殖）と結びついていたからである。

二、配偶者選びの場でもあった歌垣では、若い男女のみならず、老人や老女も参加して実際の歌の席に立ち、若者を鼓舞・激励したり、時には自らの経験を引き合いに出した「性教育」を施す歌をうたっていた。また歌垣では、間接的な誘い歌である美女の「悪口歌」（＝男が誘っても応じない身持ちの堅い女性たちをからかう歌）がさかんにうたわれ、この行事が、当時の社会的規範である「女性皆婚」意識を具体的、可視的に発露する場所であったと理解できる。

三、このような歌垣を、地域族長層の統制下にある行事とみる見解がある。しかし実際に交わされた民謡史料の内容からみて、そのような解釈は成り立ち難い。歌垣は、支配者風刺も繰り広げられる世俗的な行事であり、上層身分の人々がこれに直接関与することはなかった。本行事は村の古老層も重要な役割を担う形で催される民衆的行事であった。

四、こうしてみると、日本の古代社会にも、地域内の支配層や国家権力から自立した共同体が存在したと想定できる。古代の農民たちは、少なくとも婚姻と生殖に関わる自立的な共同体を作り上げ、しかも自前の規範意識にもとづいて婚姻の促進をはかる集団的行事を毎年定期的におこなっていた。

以上が本章の結論である。すでに紹介したように、石母田氏や吉田孝氏らの在地首長制論を批判的に継承するために提起された村落首長制の議論においても、これまで村落内の民衆相互の共同体関係の解明はほとんど深められてこなかった。本章の「はじめに」で述べたように、もっぱら「タテ系列」の視点、すなわち村落首長と共同体成員間の支配・収取関係の分析が重んじられてきた。本章は、このような研究状況の克服をめざそうとする試みの一つでもあった。

しかし本文中で言及したように、古代の地域社会の共同体機能は、そのすべてが農民たちにより集団的に担われてはいなかった。一方で族長層が関与し、地域支配や土地領有につながる共同体的機能も存在したとみなければならない。次章ではこうした問題について検討してみたい。

註

（1）群馬県子持村教育委員会編『黒井峯遺跡発掘調査報告書（本文編）』（群馬県子持村教育委員会、一九九〇年）。
（2）石井克己・梅沢重昭『黒井峯遺跡——日本のポンペイ——』（読売新聞社、一九九四年）。
（3）群馬県子持村教育委員会編註（1）前掲書。
（4）都出比呂志『日本農耕社会の成立過程』（岩波書店、一九八九年）第三章—三「古墳時代集落と階層分解」、二五二〜二五七頁）、関口裕子『日本古代家族史の研究』上（塙書房、二〇〇四年）Ⅰ—第二章「日本古代における個別経営の未成立——黒井峯遺跡を手がかりに——」）、今津勝紀『日本古代の税制と社会』第二部補論「古代の家族と共同体」（塙書房、二〇一二年。初出は二〇〇五年）など。
（5）吉田晶『古代日本の国家形成』第一章「黒井峯ムラの人びと——日本のポンペイの語るもの——」（新日本出版社、二〇〇五年）、二一六〜二一七頁。
（6）山尾幸久『日本古代国家と土地所有』第四章「古代日本の「家」と「村」」（吉川弘文館、二〇〇三年）、二九一〜二九二頁。
（7）今津勝紀「古代の災害と地域社会——飢饉と疫病——」（『歴史科学』一九六、二〇〇九年）。
（8）鎌田元一「日本古代の人口」（同『律令公民制の研究』塙書房、二〇〇一年。初出は一九八四年）、六二一頁。
（9）南部昇『日本古代戸籍の研究』（吉川弘文館、一九九二年）、杉本一樹『日本古代文書の研究』（吉川弘文館、二〇〇一年）。
（10）平川南「古代における里と村——史料整理と分析——」（『国立歴史民俗博物館研究報告』一〇八、二〇〇三年）には、六国史・木簡・風土記・『日本霊異記』・正倉院文書等にみえる「村」史料がコンパクトに整理されている。また一九九一年に発表された吉岡眞之論文「郡と里と村」でも、それまでの村落史研究の成果と課題がまとめられている（『日本村落史講座４　政治Ⅰ（原始・古代・中世）』雄山閣出版、一九九一年）。
(11) 坂江渉編『風土記からみる古代の播磨』（神戸新聞総合出版センター、二〇〇七年）、二四一頁。
(12) 『播磨国風土記』宍禾郡比治里条。
(13) 鎌田註(8)前掲論文。
(14) 石母田氏の村落論は、『日本の古代国家』（岩波書店、一九七一年）の在地首長制論として集大成されたが、その捉え方については、一九四一年発表の「古代村落の二つの問題」（『石母田正著作集』一、岩波書店、一九八八年）以来、一貫したものがある。したがって一九六〇年代に発表された諸論考にも、戦前以来の村落論がみられるのはいうまでもない（石母田「古代法小史」〈同『日本古代国家論　第一部』岩波書店、一九七三年。初出は一九六二年〉）。
(15) 吉田孝『律令国家と古代の社会』（岩波書店、一九八三年）Ⅲ章「律令時代の氏族・家族・集落」、第Ⅳ章「編戸制・班田制の構造的特質」。Ⅲ章とⅣ章の初出年は、それぞれ一九七六年と一九七二年。
(16) 石母田註(14)前掲書『日本の古代国家』第四章「古代国家と生産関係」、三三六頁。石母田「国家と行基と人民」〈同註(14)前掲書『日本古代国家論　第一部』〉、一五七頁など。
(17) 石母田註(14)前掲書『日本の古代国家』第四章「古代国家と生産関係」、三三七頁。
(18) 石母田註(14)前掲論文「古代村落の二つの問題」、二七三頁。石母田註(14)前掲書『日本の古代国家』第四章「古代国家と生産関係」、三三七頁。
(19) 吉田註(15)前掲書第Ⅳ章「編戸制・班田制の構造的特質」、二〇二頁など。
(20) 吉田註(15)前掲書第Ⅲ章「律令時代の氏族・家族・集落」。
(21) 同前。
(22) 石母田註(14)前掲書『日本の古代国家』第四章「古代国家と生産関係」。
(23) 吉田註(15)前掲書第Ⅷ章「律令国家の諸段階」、四三七頁。
(24) 『播磨国風土記』のうち、最大の里数を載せるのは西播地域の揖保郡であり、合わせて一八里がみえる。戸籍・

計帳を参考にして、仮に一里あたりの平均人口を一〇七〇人と想定して、それに一八を乗ずると、総人口は一万九二六〇人となる。なお『倭名類聚抄』にみえる揖保郡の郷数は一九である。
(25)　吉田晶『日本古代村落史序説』（塙書房、一九八〇年）。
(26)　大町健『日本古代の国家と在地首長制』（校倉書房、一九八六年）、同「村落首長と民衆」（註(10)前掲書『日本村落史講座4　政治Ⅰ（原始・古代・中世）』）。
(27)　義江彰夫「律令制下の村落祭祀と公出挙制」（『歴史学研究』三八〇、一九七二年）、同「儀制令春時祭田条の一考察」（井上光貞博士還暦記念会編『古代史論叢』中、吉川弘文館、一九七八年）。
(28)　関和彦『風土記と古代社会』（塙書房、一九八四年）、同『日本古代社会生活史の研究』（校倉書房、一九九四年）。
(29)　鬼頭清明『律令国家と農民』（塙書房、一九七九年）、同『古代の村』（古代日本を発掘する6、岩波書店、一九八五年）。
(30)　小林昌二『日本古代の村落と農民支配』（塙書房、二〇〇〇年）。
(31)　山尾註(6)前掲書。
(32)　新訂増補国史大系『令集解』儀制令春時祭田条。
(33)　坂田聡「中世の家と女性」（『岩波講座　日本通史』第八巻、岩波書店、一九九四年）。
(34)　岡田精司「宮廷巫女の実態」（同『古代祭祀の史的研究』塙書房、一九九二年。初出は一九八二年）。
(35)　田中禎昭「古代村落史研究の方法的課題──七〇年代より今日に至る研究動向の整理から──」（『歴史評論』五三八、一九九五年）、六四頁。
(36)　小林昌二「「村」と村首・村長」（同註(30)前掲書）。
(37)　吉田註(25)前掲書第三章「家父長制と個別経営」、一四六〜一五六頁。
(38)　吉田註(25)前掲書第二章「首長と共同体」、七六頁。第三章「家父長制と個別経営」、一五六頁。
(39)　田中註(35)前掲論文、七一頁。

(40)　松本信広『日本神話の研究』（平凡社、一九七一年。初版は一九三一年）、高木敏雄著・大林太良編『増訂　日本神話伝説の研究』1（平凡社、一九七三年。初版は一九四三年）、松村武雄『日本神話の研究』三（培風館、一九五五年）、西田長男『日本古典の史的研究』（理想社、一九五六年）、松本信弘『日本の神話』（至文堂、一九五六年）、土橋寛『古代歌謡と儀礼の研究』（岩波書店、一九六五年）、青木紀元『日本神話の基礎的研究』（風間書房、一九七〇年）、岡田精司「記紀神話の成立」（『岩波講座　日本歴史』二、岩波書店、一九七五年）、松前健「神話・伝説と神々――特に儀礼との関連をめぐって――」（『松前健著作集』二、おうふう、一九九七年。初出は一九八六年）、上田正昭『古代伝承史の研究』（塙書房、一九九一年）、岡田註(34)前掲書など。

なお歴史学の立場の神話分析として、石母田正氏の古典的労作「古代文学成立の一過程――『出雲国風土記』所収「国引き」の詞章の分析――」（同『神話と文学』岩波現代文庫、二〇〇〇年。初出は一九五七年）が異彩を放つ。石母田氏はこの論考で有名な「国引き神話」を取りあげ、それが民間伝承を基盤としつつも、出雲国造の地域支配儀礼と密接な関わりをもつことを説いている（次章にて詳述）。

(41)　吉田註(25)前掲書第三章「家父長制と個別経営」。
(42)　関和彦「日本古代の村落と村落制度」（『世界史認識における民族と国家』歴史学研究別冊特集、一九七八年）。
(43)　吉田註(25)前掲書第二章「首長と共同体」など。
(44)　土橋註(40)前掲書第六章「歌垣の意義とその歴史」、三九三頁。
(45)　『出雲国風土記』嶋根郡条。
(46)　『出雲国風土記』仁多郡条。
(47)　『常陸国風土記』久慈郡条。
(48)　同前。
(49)　秋本校注『風土記』（日本古典文学大系2、岩波書店、一九五八年）、二七頁。なお『常陸国風土記』の文字表現をめぐる最新の研究集成として、瀬間正之『風土記の文字世界』（笠間書院、二〇一一年）がある。
(50)　『常陸国風土記』筑波郡条。

(51)　関註(28)前掲書第二章―二「嬥歌會と春時祭田」。

(52)　吉村武彦「日本古代における婚姻・集団・禁忌――外婚制に関わる研究ノート――」(土田直鎮先生還暦記念会編『奈良平安時代史論集』上、吉川弘文館、一九八四年)。

(53)　前述のように吉村氏は、「海柘榴市」「軽市」など、集団と集団が人為的に接する場としての「市」における歌垣を重視する(吉村註(52)前掲論文)。しかし「市」における歌垣は、異集団に属する個々の男女により、自然発生的におこなわれたわけではないだろう。たとえば前章でふれた、「軽嬢子《おとめ》」の歌垣民謡で有名な「軽市」「軽術《かるのちまた》」の歌垣でも、もともとこれを主催する地元集団がいたと考えるべきである。『倭名類聚抄』には「軽郷」の記載は見当たらないが、『紀氏家牒』には、大和国の「高市郡軽里」の存在が語られている(田中卓「『紀氏家牒』について」〈同『日本国家の成立と諸氏族』田中卓著作集2、国書刊行会、二〇一二年。初出は一九五七年〉)。また『万葉集』巻一一―二六五六には、「天飛ぶや　軽の社の　斎ひ槻　幾世まであらむ　隠《こも》り妻そも」とうたわれている。これによると当地には、「槻」(ケヤキ)を神木とする「軽の社」があった。そしてこの神社は、大和国高市郡内の式内社「軽樹《かろこ》村《むら》坐神社二座(並大、月次・新嘗)」(『延喜式』巻九)をさすと思われる。当社の神の座数が「二座」というのは、祭神が男女一対の神であった蓋然性が高く、これもこの神社が歌垣と深い関わりをもつことを示唆している。これらの点からみて、大和国の軽市(軽術)の歌垣についても、「術」(衢)近辺にある男女二神を奉斎する地元集団が存在し、その神祭りを基盤にして開かれていたと理解される。

(54)　大場磐雄『祭祀遺蹟――神道考古学の基礎的研究――』(角川書店、一九七〇年)、小野真一『祭祀遺跡』(考古学ライブラリー10、ニュー・サイエンス社、一九八二年)、塩谷修「神体山としての筑波山」(茂木雅博編『風土記の考古学1「常陸国風土記」の巻』同成社、一九九四年)、大関武「筑波山中における祭祀遺跡(1)」(婆良岐考古同人会編『婆良岐考古』一六、一九九四年)、塩谷修「筑波山南麓の六所神社と巨石群」(山の考古学研究会編『山岳信仰と考古学』同成社、二〇〇三年)など。

(55)　『日本書紀』皇極天皇三年(六四四)六月乙巳条には、「向《むか》つ峰《を》に　立てる夫《せ》らが　柔手《にこで》こそ　我が手を取らめ　誰《た》が裂手《さきで》　裂手そもや　我が手取らすもや」という歌が載せられている(第一〇八歌謡)。『日本書紀』の本文中でこの歌は、大和国の三輪山に住む「猿」が詠んだ歌として紹介されている。しかし土橋寛氏によると、これは歌垣における男の誘い歌（＝求婚歌）に対する女の「はねつけ歌」に由来するという（土橋『古代歌謡全注釈　日本書紀編』〈角川書店、一九七六年〉、三三七～三三九頁）。歌の意味は、「向こう側の峰（の歌垣）に立っているあの方の柔らかい手なら、私の手を触ってもよいが、いったい誰の、ひび割れた手が、私の手を触るのか。（止めてほしいわ）」である。ここでは女性が、「私にはもう良い人がいる」といって、男性からの誘いを断っている。その理由として引き合いに出されたのが、「向こう側の峰の歌垣に立つ男性」という点が興味深い。たとえ歌の内容が事実ではないにせよ、当時の歌垣の開かれる場所では、このような歌が作られるほど、いくつかの集団ごとの歌の輪ができ、またお互いにそれを目視することができた事実をあらわすのであろう。つまり歌垣は、一まとまりの大集会の形式で開かれたのではなく、それぞれのまとまりごとに、聖地にやってきた小グループを単位としておこなわれていたとみるのが妥当である。

(56)『常陸国風土記』香島郡条。挿入されている歌の部分については、原文は万葉仮名で書かれている。しかしここでは便宜上、仮名交じり文の形で引用した。

(57)『令集解』選叙令同司主典条の釈説所引の養老七年（七二三）一一月一六日太政官処分に、「伊勢国渡相郡・竹郡、安房国安房郡、出雲国意宇郡、筑前国宗形郡、常陸国鹿嶋郡、下総国香取郡、紀伊国名草郡、合八神郡、聴レ連二任三等以上親一也」とある。

(58)大同元年牒の段階（八〇六年）では、香島神の神戸は、常陸国内に一〇五戸であると記される（新訂増補国史大系『新抄格勅符抄』、神事諸家封戸）。

(59)『常陸国風土記』香島郡条によると、孝徳朝の「己酉年」（六四九）、中臣子と中臣部兎子らが、惣領の高向大夫に請い、下総国海上国造の部内の「軽野」より南の一里と那珂国造の部内の「寒田」より北の五里を割いて、「神郡」を置いたと記されている。

(60)平野邦雄「卜部氏」（同『大化前代社会組織の研究』吉川弘文館、一九六九年。初出は一九六五年）、横田健一「中臣氏と卜部」（同『日本古代神話と氏族伝承』塙書房、一九八二年。初出は一九七一年）など。

(61)　茂木雅博『常陸国風土記の世界』（市民の考古学11、同成社、二〇一一年）、笹生衛「『常陸国風土記』と古代の祭祀――考古資料から見た鹿島神宮と浮島の祭祀――」（同『日本古代の祭祀考古学』吉川弘文館、二〇一二年。初出は二〇一〇年）など。

(62)　笹生註(61)前掲論文。

(63)　平石充「神郡神戸と出雲大神宮・於友評」（島根県古代文化センター編『古代文化研究』二一、二〇一三年）、四頁。

(64)　『続日本紀』同年三月丙子条。

(65)　平野註(60)前掲論文。

(66)　平石註(63)前掲論文。

(67)　土橋註(40)前掲書第六章「歌垣の意義とその歴史」。なお各部落の壮年や老人たちは、当初、はじめの場所で酒盛りを続けているが、青年たちの歌掛けが興に乗ってくると、その場に近づき、歌掛けに参加して自ら歌い出すという（同、三八七頁）。

(68)　古代の通婚圏について、これまでいくつかの研究が蓄積されている。吉村武彦氏や大町健氏らは、風土記の歌垣関連史料等にもとづき、かなり広域な範囲を想定する（吉村註(52)前掲論文、大町「ウヂ・イヘ・女・子ども」〈『日本村落史講座6　生活Ⅰ（原始・古代・中世）』雄山閣出版、一九九一年〉）。また考古学者の都出比呂志氏は、土器の地域的特色にもとづき、おおむね前近代社会の通婚圏の主要な範囲が、律令制下の郡という地域単位と重なりやすいと説いている（都出「土器の地域色と通婚圏」〈同註(4)前掲書〉）。筆者は当時の通婚圏のあり方と、歌垣の開催単位を基本的に村とみることは、必ずしも矛盾しないと考えている。なぜなら歌垣民謡のなかには、すでに配偶関係にある男女が交わしたと思われる歌が相当含まれており（前章参照）、男女の出会いの場は、歌垣以外にもいくつかあったと想定されるからである。

なお現代中国の雲南省や、同国西南部地方の苗《ミャオ》族、瑶《ヤオ》族、壮《チュアン》族、彝《イ》族、白《ペー》族などの間には、今でも歌垣的慣行がのこっている。それを国文学の立場から調査した工藤隆氏によると、各地の歌垣の規模は大がかりなものではなかった。たとえば、一九九六年の雲南省剣川の石宝山の林の中の傾斜地での歌垣は、二〇〇名近くの見物人に囲まれておこなわれた。しかし実際に歌掛けをおこなったのは、女性一人と二人の男性だったと報告されている（工藤『古事記の起源――新しい古代像をもとめて――』〈中公新書、二〇〇六年〉、六五頁）。ただし現在の中国の歌垣行事は、かなり観光行事化している点に注意する必要がある。

(69)　臼田甚五郎「歌垣の行方――民謡研究の一問題として――」（『國學院雑誌』昭和三三年一月号、一九五八年）、三谷栄一『日本文学の民俗学的研究』（有精堂出版、一九六〇年）、土橋寛『古代歌謡論』（三一書房、一九六〇年）、土橋註(40)前掲書、渡邊昭五『歌垣の民俗学的研究』（白帝社、一九六七年）、土橋寛『古代歌謡の世界』（塙書房、一九六八年）、桜井満「歌垣をめぐって」（『日本神話と祭祀』講座日本の神話7、有精堂出版、一九七七年）、黒沢幸三「歌垣の世界」（山上伊豆母編『講座日本の古代信仰』5、学生社、一九八〇年）、渡邊昭五『歌垣の研究』（三弥井書店、一九八一年）、内田るり子「照葉樹林文化圏における歌垣と歌掛け」（『文学』五二―一二、一九八四年）、吉村註(52)前掲論文、品田悦一「短歌成立の前史・試論――歌垣と〈うた〉の交通――」（『文学』五六―六、一九八八年）、関註(28)前掲書第二章―二「嬥歌會と春時祭田」、森朝男『古代和歌と祝祭』（有精堂出版、一九八八年）、武藤武美「祭り・饗宴・歌垣――遊芸の源流――」（『朝日百科日本の歴史』二、「記紀の世界――神話と歴史のあいだ――」、朝日新聞社、一九八九年）、舘野和己「村落の歳時記」（『日本村落史講座6　生活Ⅰ（原始・古代中世）』雄山閣出版、一九九一年）、小倉慈司「古代在地祭祀の再検討」（『ヒストリア』一四四、一九九四年）、工藤隆『歌垣と神話をさかのぼる――少数民族文化としての日本古代文学――』（新典社、一九九九年）、工藤註(68)前掲書、辰巳正明『歌垣――恋歌の奇祭をたずねて――』（新典社新書、二〇〇九年）など。

(70)　土橋註(40)前掲書第七章「歌垣の歌とその展開」。

(71)　土橋寛『古代歌謡をひらく』（朝日カルチャーブックス63、大阪書籍、一九八六年）、四頁。

(72)　『古事記』景行天皇段。

(73)　土橋註(40)前掲書第七章「歌垣の歌とその展開」、四六一～四六二頁。

(74)　柳田國男『民謡の今と昔』（ちくま文庫版『柳田國男全集』一八。初版は一九二九年）、三八〇～三八五頁。

(75) 柳田による「結婚媒介者」として老人（翁）論の特徴をまとめた研究として、山折哲雄『神から翁へ』（青土社、一九八四年）がある。

(76) 土橋註(69)前掲書第四章「古代民謡論——風土記の歌について——」、一六三～一六八頁。

(77) この依網池の所在地に関して、『倭名類聚抄』によると、河内国丹比郡に「依羅《よさみ》郷」があり、摂津国住吉郡に「大羅《おほよさみ》郷」があった（池邊彌『和名類聚抄郡郷里驛名考證』吉川弘文館、一九八一年）。さらに摂津国の住吉郡内の式内社として、「大依羅《おおよさみ》神社四座（並名神大、月次・相嘗・新嘗）」を確認できる（『延喜式』巻九、神名上）。これらの事実にもとづき、依網池は摂津国住吉郡から河内国丹比郡に接して築造された広大な貯水池の一つで、大依羅神社はその畔にあったと思われる。当社について、岡田精司氏は、依網池の「堰堤の鎮め」として、「池水の霊」を祭る神社であったと推定している（『大阪府史』第二巻第一章第三節「信仰の世界」、大阪府、一九九〇年。岡田氏執筆分、一六二頁）。その当時、こうした「池水の霊」をまつる聖地において、毎年開かれる祭祀儀礼と連動した歌垣がおこなわれていた。本文中に紹介した『古事記』の第四四歌謡は、そこから採られた歌垣民謡の一つであろう。

(78)『古事記』応神天皇段。

(79) 土橋寛『古代歌謡全注釈　古事記編』（角川書店、一九七二年）、二〇二～二〇六頁。

(80)『日本書紀』皇極天皇三年六月是月条。

(81) 土橋寛『古代歌謡全注釈　日本書紀編』（角川書店、一九七六年）、三四二～三四三頁。

(82) 吉村武彦氏は、古代の婚姻＝外婚制（族外婚を含む）の立場から、本文の『日本書紀』第一一一歌謡にもとづき、その当時、女性が「面も知らず」「家も知らず」に男の誘いを受け入れる形の結婚が、ごく普通にみられたのではないかと推測している（吉村「古代の恋愛と顔・名・家」〈吉田晶編『日本古代の国家と村落』塙書房、一九九八年〉）。氏によると、婚姻当事者の男女が、同一集落・同一村落に暮らしていれば、顔も名前も家も知っているはずだから、『日本書紀』の第一一一歌謡は、古代における外婚制の存在を示す史料だという。しかし本文で述べたように、この歌は若い女性の実体験をうたった歌とはみられない。老女が若い女性への教訓を込めてうたった歌垣民謡として解すべきであろう。しかもそれは架空の体験譚であった。

この「架空の体験談」の問題に関連して、柳田國男は、古い時代の地域社会では、「うそ」（古代では「オソ」）をつくこと、「空言《そらごと》」（虚言）をいうことの効用が重んじられていたと説いている。柳田によると、かつて「うそ」という言葉には、倫理上の「悪徳」の意味はなかった。それどころか各地の村々には、笑うべき「空言」をいう、評判のウソツキ老人が、たいてい一人ずつ住んでおり、死後もその逸話が、永く土地の住民を大笑いさせていたという（柳田「ウソと子供」〈『不幸なる芸術』ちくま文庫版全集9。初出は一九二八年〉）。柳田説を参照すれば、本文で紹介した老女の「架空」の失敗談の歌も、村人の笑いを誘う「うそつき歌」の部類に入るものとして理解される。ただし古代においても、当然、「欲情的」「一過性」の性交渉はあったと思われるが、それが即、婚姻を意味するとは限らないであろう。

(83)　土橋氏は、「小林に　我を引き入《れ》て　奸《せ》し人の　面《おもて》も知らず　家も知らずも」という歌に似通った現代民謡として、たとえば、「うらが若い時ゃ　ほらではないが　男三人は絶やしやせぬ」（愛知県・盆踊歌）、「おらも若い時ゃ　野山の芒《すすき》　今はやつれて炭だわら」（山形県・草刈歌）などを紹介している。土橋氏は歌の中にみえる「男三人は絶やしやせぬ」などというフレーズを、文字どおりに受け取り、老女自らの若い頃の「発展ぶり」を自慢したものと解するのは誤りだと説いている（土橋註(40)前掲書、四六〇〜四六一頁）。首肯されるべき意見である。

(84)　今津註(7)前掲論文、今津「歴史のなかの子どもの労働――古代・中世の子どもの生活史序説」（倉地克直・沢山美果子編『働くこととジェンダー』世界思想社、二〇〇八年）など。

(85)　古代の婚姻が究極的に当事者同士の個人意思によって成立するとしても（関口裕子『日本古代婚姻史の研究』上・下、塙書房、一九九三年）、それを促進する動きや、一定の区切りをつけさせようとする儀礼的行事は必要だったのではなかろうか。歌垣は信仰や宗教と結びついた、そうした行事の一つであったと考えられる。なお小林茂文氏は、古代でも、婚姻をめぐり、生活の区切りとなる儀礼があったはずで、その挙行の可否が大きな意味をもったと説いている（小林「古代婚姻儀礼の周辺」同『周縁の古代史――王権と性・子ども・境界――』有精堂出版、一九九四年、一二四頁。初出は一九九〇年）。

(86)　服藤早苗『平安朝に老いを学ぶ』（朝日新聞社、二〇〇一年）第二章「古代から平安社会への変容」、同「古代社会の男女と老童」（『日本史講座2　律令国家の展開』東京大学出版会、二〇〇四年）など。

(87)　新川登亀男『日本古代文化史の構想――祖父殴打伝承を読む――』（名著刊行会、一九九四年）Ⅲ―第一一章「「祖父」の歴史」。なお以上とは別の角度から古代の「翁」を捉え直そうとする見解がある。田中禎昭氏は、八世紀の翁や嫗は、「一般共同体成員の「家」から見れば「別火」の存在＝旅や山野で活動する外部の存在と見られていたと同時に、神に近くにおり、そしてそれ故にこそ、国見・春菜粥のような共同体祭祀の「場」や、共同体を代表して執り行う首長層の「家」において、同火＝饗応＝扶養される存在としてみなされたのではないだろうか」と述べている（同「「太古の遺法」と「翁さび」――古代老人をめぐる共同体の禁忌と自由――」〈『国立ハンセン病資料館研究紀要』一、二〇一〇年〉一七頁）。古代の老人を共同体の「外部の存在」とみなす史料があることは、いわば彼らが「神聖視」されていたことのあらわれだとも思われる。しかしそのことと、実際に老人がつねに共同体の「外部」に居住・存在していたか否かの問題とは別次元だと思われる。

(88)　養老戸令の三歳以下条には、「凡男女、三歳以下為レ黄。十六以下為レ小。廿以下為レ中。其男廿一為レ丁。六十一為レ老。六十六為レ耆。無レ夫者。為二寡妻妾一」（日本思想大系『律令』、二二六頁）とあり、数え年六一歳以上が「老」、六五歳以上が「耆《き》」と規定されている。

(89)　田中禎昭「日本古代における在地社会の「集団」と秩序」（『歴史学研究』六七七、一九九五年）。

(90)　服藤早苗氏は、『今昔物語集』などの史料をもとにして、平安時代後期の貴族社会での「老人」への入り口は、およそ四〇歳前後であったと指摘している（服藤註(86)前掲書『平安朝に老いを学ぶ』第一章「『今昔物語集』に見る老人の姿」一四～一五頁）。保立道久氏も、中世社会では、男が四〇から五〇歳にかけての年齢、女は三〇歳という年齢が、「老若」の区別の基準になっていたと説く（保立『【新版】中世の女の一生――貴族・領主・百姓・下人の女たちの運命と人生――』〈洋泉社、二〇一〇年。初版は一九九九年〉、一六一頁）。

(91)　御野国加毛郡半布里の戸籍データにもとづき今津勝紀氏が作成した「半布里の7歳年齢階級別人口構成図」（今津「古代史研究におけるGIS・シミュレーションの可能性――家族・村落・地域社会、日本古代社会の基本構造

――」〈新納泉・今津勝紀・松本直子『シミュレーションによる人口変動と集落形成過程の研究――二〇〇二～〇四年度科学研究費補助金・萌芽研究研究成果報告書――』二〇〇五年〉）を参考にして導き出した。

(92)「皆婚」という言葉は一般的用語ではないが、文化人類学や社会学などでは、ある社会において人口（社会構成員）の大部分の人が、一生の間に一度は婚姻するような状態を、英語で"Universal Marriage"と呼び、それを「皆婚」と訳している（木下太志『近代化以前の日本の人口と家族――失われた世界からの手紙――』〈ミネルヴァ書房、二〇〇二年〉、五〇頁）。厳密にいうと、「皆婚」が事実になっている社会と、それが規範になっている社会は区別しなければならないが、ここでは女性の「皆婚」が、一つの社会的規範になっている社会という意味で用いる。

(93)土橋註(69)前掲書『古代歌謡の世界』、八八頁。

(94)現存する古代戸籍にも、「片籍」（＝本人と所生子のみが載せられ配偶者の登載を欠く例）や「独籍」（＝既婚年齢であるにもかかわらず妻子の登載を欠く例）とされる事例が数多いと指摘されている（高群逸枝『招請婚の研究』一〈高群逸枝全集2〉第六章第三節「過渡的前婿取婚」、理論社、一九六六年。初版は一九五三年）。この事実も、「多産多死型」社会の現実を反映したものと考えられる。なお関口裕子氏は、この「片籍者」や「独籍者」の存在について言及し、これらを妻が乳児を残して死亡したケース、独身者と解することも、論理的には可能であると認める。しかし、「そう解するには、このような例は当時の戸籍にあまりにも広範にみられるのである」（関口『日本古代家族史の研究』下〈塙書房、二〇〇四年〉、八三六頁）と記し、結局、実態の反映とみることに否定的である。

(95)坂江渉「播磨国風土記の民間神話からみた地域祭祀の諸相」（武田佐知子編『交錯する知――衣装・信仰・女性――』思文閣出版、二〇一四年）。

(96)西野悠紀子氏は、飢饉や疫病による人口激減と隣り合わせの古代社会では、「子どもを多く生むのが当然とする社会規範の強制があった」と述べている（西野「古代における人口政策と子ども」〈『比較家族史研究』二四、二〇一〇年〉、二四頁）。

(97)山尾註(6)前掲書第四章「古代日本の「家」と「村」」。

(98) 関註(28)前掲書『風土記と古代社会』第二章—二「嬥歌會と春時祭田」。
(99) 同前、八六頁。なお吉村武彦氏も、古代の婚姻制度＝外婚制の視角から、「異集団に属する男女の求愛の場であった歌垣が、上位の共同体首長のとり仕切るものなり、また首長の勧農儀礼と結びつくことは十分に想定される」と述べている（吉村註(52)前掲論文、三九頁）。
(100) 関註(28)前掲書『風土記と古代社会』、七七頁。
(101) とくに『常陸国風土記』は完本ではなく、豊後国や肥前国の風土記と同様、省略本の風土記であるといわれる（秋本吉郎『風土記の研究』ミネルヴァ書房、一九九八年。初版は一九六三年）。その傾向はさらに強いと思われる。
(102) 『日本書紀』皇極天皇二年一〇月戊午条。
(103) 土橋註(81)前掲書、三三一～三三四頁。
(104) 『日本書紀』天智天皇九年四月壬申条。
(105) 土橋註(81)前掲書、三七一～三七二頁。
(106) 祝祭などの特別な場において、参集者の笑いを誘う滑稽な歌をうたうことにより、事実上、支配者を風刺することがあった点は、ほかの古代史料にも見出すことができる。本書の第I部第三章でふれたように、『万葉集』巻一六—三八八五および三八八六には、浮浪人を出身母体とする「乞食者《ほかひ》」たちが、「鹿」や「蟹」の衣装を身に着けて舞いうたったといわれるユーモラスな歌が収められている。たとえば、三八八五番の歌では、「たちまちに　われは死ぬべし　大君に　われは仕へむ　わが角は　御笠のはやし　わが耳は　御墨の坩《つほ》　わが目らは　真澄の鏡」などとみえている。乞食者は、この笑いに満ちた歌を、都城などの市に集まった民衆の前で披露して相手を「祝《ほ》ぎ」「讃え」、それに対し何らかの「施し」を受ける存在だったと推測される。

この歌を国文学の立場から分析した土橋寛氏は、乞食者がもたらす笑いは、単なる笑いではなく、古代天皇制の支配の下、自分たちの置かれた境遇や思考を代弁していることに対する、民衆たちの「共感」の笑いであったと指摘する。氏によると、歌の根底には、支配者層への批判や対抗の精神が込められており、笑いは「支配者に対する批判の隠れ蓑」であったという（土橋註(69)前掲書『古代歌謡の世界』第三章第二節「ホカヒ人の歌謡」、二三九頁）。また歴史学者の吉田晶氏は、乞食者の歌は全面的な批判精神の歌ではなかったが、大君に象徴される支配体制に対する、「諷刺と哄笑によるカラリとした批判」の歌だったと評価する（吉田「古代民衆の天皇観——『万葉集』などから——」〈歴史学研究会編『民衆文化と天皇』青木書店、一九八九年〉、三三頁）。こうしてみると、祭りや市などの公的な時間や空間において、笑いをともなう歌をうたうことにより、支配者を風刺したり、からかったりすることは、古代においても一般的にみられる習慣であった可能性が高い。歌垣の「悪口歌」の中に含まれる、高貴な女性へのからかいの歌も、この一環をなすと考えられる。

なお文化人類学者の川田順三氏は、西アフリカの無文字社会のモシ族（現在のブルキナファソ）における「ソアスガ」という、昔話やことわざが語られる口頭伝承の場での事例を分析している。氏によると、やはりソアスガでも、王を笑いものにする歌や、夫への「うらみ」や「あてこすり」を含む女性の歌がしばしばうたわれていた。しかし原則として、それは咎めや報復の対象にならないと指摘している。川田氏はこれをめぐり、そもそも歌には「聖性」があるといい、咎めや報復が及ばないことを、「声のアジール」と呼んでいる（川田『口頭伝承論』上〈平凡社ライブラリー、二〇〇一年〉、六一頁、同『口頭伝承論』下〈平凡社ライブラリー、二〇〇一年。いずれも初版は一九九二年〉、六八頁など）。

(107) 石母田註(14)前掲論文「古代法小史」、二〇六頁

(108) 石母田註(16)前掲論文「国家と行基と人民」、一五四〜一五七頁。

(109) 吉田孝『律令国家と古代の社会』（岩波書店、一九八三年）。

(110) 石母田註(14)前掲書『日本の古代国家』の全体を貫くモチーフを分析した井上勝博氏は、従来さまざまに解釈されてきた氏の「首長制の生産関係」範疇について、それが「経済的下部構造」の概念でもなければ、「政治的上部構造」の概念でもなく、その両者の間で相互に浸透し合いながら、それからは相対的な自立性を有している領域に属する「範疇」として理解する。そのうえでこれが、「自立的主体」としての共同体成員の未成立を前提とする、共同体首長と成員との間の「人格的関係」、すなわち「直接的で無媒介な人間関係」（傍点は引用者）として定立さ

れ、それは広く「未開社会」に共通する要素であったとみなされていたと評価する（井上「石母田正『日本の古代国家』におけるモティーフについて」〈『新しい歴史学のために』二二二、一九九三年〉）。この見解にしたがえば、本書で引用した「直接的で無媒介な」人格関係に律せられている社会という捉え方は、まさに石母田氏の「首長制の生産関係」論の根幹をなす議論ということになる。

さらに井上氏は、石母田首長制論の本質をこのように理解したうえで、石母田氏が「未開社会論」、あるいはそれにもとづく日中比較史の視座を強く打ち出した最大の理由としては、戦前来の津田左右吉史学との決別の問題があったと指摘する。井上氏は、一九七一年の口頭報告において石母田氏が、津田史学には、江戸時代の国学の伝統や、明治初期の「脱亜論」にもとづくナショナリズム的思考が根底にあり、「一番やはり問題なのは中国問題・朝鮮問題についての津田さんの考え方だと思います。（中略）中国や朝鮮に対しては、唐心的なもの中国的なものの日本に対する影響というものが如何に表面的なものであり、民族の内部には入ってこないものだということを強調して、それを排除することをやるわけです」（石母田「近代史学史の必要性について」〈『石母田正著作集』四、一九八九年。初出は一九七一年〉、二七七頁）という発言を紹介している。そして井上氏は、石母田氏の『日本の古代国家』が、津田史学との対決過程の一つの頂点をなし、「それは、津田の「建国の事情」に対する、いわば石母田じしんの「建国の事情」の位置をしめるものであろう」と説いている（井上前掲論文、一一頁）。

井上氏のこの見方にもとづけば、その後、吉田孝氏にも継承されていった「日中比較論」の視座は、もともと津田史学および津田国家論への対峙・対決が大きなモチーフになっていた事実がみえてくる。ただし注意すべき点は、石母田氏の古代国家論の特徴が、単なる日中比較論で終始していないことである。日本古代国家の形成過程分析において、ほかならぬ中国を中心とする「国際的交通」の果たした役割を決定的に重んじる点にあることは、本書の序章で述べたとおりである。

第三章　「国占め」神話の歴史的前提――古代の食膳と勧農儀礼――

はじめに

本章の目的は、『播磨国風土記』（以下、単に風土記と略する場合がある）にみえる神の「国占め」史料群にスポットをあて、その前提にある地域支配のため儀礼構造、とりわけ食膳と勧農儀礼の実像解明をおこなうことにある。

前章では、これまでの村落論でほとんど注目されてこなかった歌垣民謡に焦点をしぼり、婚姻・出産や村落の人口維持をめぐり農民たちが結んだ共同体組織の存在を明らかにした。当時の農民たちは、群馬県の黒井峯遺跡の集落遺構の分析から引き出せるような、およそ一五～二〇人のグループを一つのまとまりにして、日常的な農耕に従事していたとみられる。しかしそうした農民が、生産や軍事（政治）などを含めたすべての面にわたり、自立的な共同体を作り上げていたのではない。いくつかの局面で、地域族長層の支配を受けるとともに、また族長層が共同体機能を担う部分があったと予想される。

このような階層として、しかも村落に直接関わる存在として注目されてきたのは、『日本書紀』や『令集解』などにみえる「村首」や「社首」である(1)。吉田晶氏や大町健氏らが、これらを「村落首長」層として理論範疇化し、当時の村が彼らの支配下にあったこと、その下で農民たちが村落祭祀を媒介にして支配されていたことを明

らかにしたことは周知のとおりである。(2)

また西山良平氏は、右の村首らの大部分が、律令制下になると、「郡書生」「案主」「税長」「田領」「目代」など、「郡雑任」と総称される下級官吏として、諸国の各郡衙に組織・編成されたと説く。彼らは、郡衙の行政事務の実質的担い手になるとともに、生産過程から遊離して人民からの収奪業務に従事することにより、前代にもまして、村落の人々と厳しく対立・敵対することになったと推定している。(3)

このように、古代村落の中で農民に直接対峙する族長層の実像が、国家への階級結集形態も含めて、かなり具体的に解明されている。これにより、国造や郡領層を基軸にした「首長制の生産関係」論に代わる、より地域社会に即した支配関係の存在が明白になったことの意義は大きい。筆者自身も、こうした視座を基本的に支持したい。

ただし問題となるのは、右の村落首長制の議論では、支配―隷属関係や経済的な収取関係など、対峙的な諸関係の解明はすすんだが、その前提ともいうべき、族長層が担ってきた共同体機能の問題が、十分に究明されていない点である。

これは一つに、村落首長と上位の首長との関係、すなわち村落首長の担う共同体機能や公的秩序のあり方が、究極的に郡レベルの首長層の支配秩序の中に吸収・包摂されているとの見方が支配的であったからであろう。(4)つまり郡司級首長による共同体機能の掌握の問題が強調されるあまり、村落首長層のそれが軽視されてきたわけである。

しかし前述のように、当時の農民たちは、村の人口の維持や後継者の再生産のため、自ら婚姻・出産に関わる地縁的な共同体を立ち上げるほど、一定の自立性を保持していた。村落内の族長としても、そうした彼らを集団的に支配するために、何らかの共同体機能を担う必要があったとみるべきであろう。従来の研究では、族長層による支配・収奪の問題と共同体機能の問題とを相互不可分のものとして、一体的に捉える視点に欠けていたといえるのではなかろうか。

　とすれば、それはどのような史料を通じて明らかにできるのか。もちろんこれは、関連史料が豊富でない古代史研究において、相当困難な問題である。これまでの研究でも、多くの関心が特定の史料に集中していた感がある。なかでも注目されたのが、前述の『令集解』儀制令春時祭田条の「古記説」や「一云説」にみえる「村」の「社」の祭りや「社首」に関する記述であった。

　これはたしかに貴重な情報を提供するが、あくまで、祭りに参加した「村」の「男女」へ供される飲食物がどのように準備・調達されるかなど、祭りの費用の財源について法的に論じている箇所である。祭祀構造そのものを語っている史料ではなく、律令条文の法的註釈である点がもっとも気にかかるところである。

　むしろ族長層が地域支配のためにおこなう何らかの儀礼の起源やその正統性、さらにはその前提となる行為の由来などを全体として語る史料が、重要になってくる。そのような素材があればきわめて好都合ではあるが、そう簡単に見つかるものではない。

　ただそういう中、これまで意外なほどに顧みられることのなかった史料が、『播磨国風土記』に散見される「国占め」（占レ国）に関する神話史料群である。これらはいずれの場合も、神の言葉や何らかの行為・所作などと結びつけながら、各地の地名起源を語ろうとする説話史料である。

　ところが、これまでの古代史研究で、風土記に引用される右のような神話や伝承を、歴史学の立場から本格的に分析しようとする研究は少なかった。[5] これにはさまざまな要因があるが、そもそも研究者の間で、風土記の説話研究をめぐる方法論の構築やその方向性が、十分に固まっていないと認識されてきた点が大きいのではないか。

しかしこの点については、関和彦氏などによる一連の風土記研究のほか(6)、すでに石母田正氏による先駆的な研究方法の提示と問題提起があることを看過できない(7)。

早く一九五〇年代の石母田氏は、古代日本の地方社会における叙事文学的なもの、物語的なものの成立過程の分析、およびその歴史的意味を問おうとした。その際用いられた分析素材が、『出雲国風土記』意宇郡条の「国引き」神話であった。

この「国引き」の神話は、八《や》束水臣津《つかみずおみつ》野命《ぬのみこと》が、「国来《くにこ》」「国来《くにこ》」と呼びかけながら、さまざまな「国《くに》」（土地）を引き寄せ、まだ「稚《おさ》なく」小さかった出雲国を「作り縫っていく」という、口承性を帯びた長文の国作りの物語である。氏はこの神話にもとづく地名起源説話が、もともと宮廷神話（記紀神話）とは異なる、土地に根を張った民俗的な伝承を基盤にしていたと指摘する。しかしそれは民衆的世界の産物がそのまま表現されているのではなかった(8)。氏によると、この詞章は基本的に「出雲の支配層の文化(9)」の所産であり、出雲国のデスポットである国造家の権威と関係するという。そしてこれが国造一族による支配儀礼や祭祀の中で語られていた口承の一部を成し、最終的に文字化され、『出雲国風土記』意宇郡条の冒頭箇所に収められたと理解する。またその一方、八束水臣津野命の神格については、共同体や民衆の世界から分離・独立を果たそうとする「族長神」的な姿を読み取れる点などを指摘した。

石母田説では、神話と地域祭祀の不可分の結びつき、すなわち古代の神話が、それ自身、独立した文学作品（読み物）として創作されたのではなく、神祭りの儀式で実践的に語られるものであったことが説かれている。そしてそこには、族長層の地域支配のあり方と結びつく儀式内容やその縁起譚なども含まれていること、また風土記の中には、そういう口承内容が全面的にではなく断片的に取り込まれている点などが明らかにされている。戦後間もない一九五〇年代に発表された所説であるが、いまなお各国風土記の神話分析においても、有効な視角と方法を備えた研究と評価できる。

ところがこれまでの研究史全体を振り返ってみても、こうした方法は、古代の地域社会史研究において十分に活かされていない感が強い。より具体的で豊かなイメージを提供すると思われる各国風土記の神話史料に対しては、ほとんど関心が寄せられていない。石母田氏の研究を含めた神話・祭祀研究と村落史研究との成果が、お互いに交わり活かされる機会はほとんどなかったのである。

そこで筆者としては、石母田氏の方法を積極的に取り入れ、改めて古代地域社会論や村落史研究にアプローチしたいと考える。その際、主たる素材として扱う史料が、前述の「国占め」の神話史料群である。『播磨国風土記』においては、神の「国占め」を語る話（一〇例）と事実上それに相当する説話（二例）の、合わせて一二例を確認できる。これらは石母田氏が分析した『出雲国風土記』の「国引き」神話のような長文史料ではないが、比較的長めの説話を含み、ある程度のまとまった考察が期待できる史料である。

「国占め」神話については、すでに先行研究があり、「国占め」とは事実上、神によって体現される政治主体が、一定領域の「クニ」＝土地を占有・領有することを示すと指摘されている[10]。まさに古代族長層による地域支配の実像解明に迫りうる用語だといえる。しかし従来の研究では、前述の出雲国の「国引き」神話や、宮中の「新嘗＝ヲスクニ」儀礼分析と結びつけた研究など、それぞれの問題関心に引きつけた個別分散的な考察が少なくない。

そこで本章では、これを総体として取りあげ、まずは史料の全体的特徴、とくに「国占め」の「国」の範囲の問題など、これがどのような内容を語り得る史料であるかを考えてみたい。そのうえで個々の「国占め」神話からうかがえる祭祀儀礼の中身を探り出し、これを通じて古代の地域社会の実像解明にアプローチしたいと思う。

一　「国占め」神話の全体的特徴

『播磨国風土記』において合計一二例みえる「国占め」関連史料を一覧にしたものが、表Ⅱ―3である。これを参照しつつ、史料の全体的特徴や右の神話群が、従来の研究との関連で、いったいどういう問題に近づける史料であるかを考えてみよう。

(1)西播地域への偏り

第一に、史料そのものは播磨国全体に広がりをみせているわけではない。揖保《いひぼ》・讃容《さよ》・宍禾《しさは》（宍粟）[11]という西《せい》播《ばん》三郡地域に集中している事実を確認できる（二八七頁の図Ⅱ―2を参照）。そもそも「国占め」という言葉は、播磨国以外の現存する四ヶ国の風土記（常陸・出雲・豊後・肥前）において、ほとんど見出すことができない用語である[12]。また表Ⅱ―3から明らかなように、播磨国内でも東播・中播諸郡の風土記の条文にはあらわれていない。さらに「土を占める」などの関連史料（表Ⅱ―3の⑤）も讃容郡条のものであり、それ以外の郡に見出すことはできない。こうした事実は、「国占め」という語句が、古代の播磨国内のうち、とくに西播地域を取り巻く歴史的環境と関わっていることを示唆するであろう。

(2)在来神による「国占め」

第二に「国占め」の主体として描かれる神は、いずれも播磨国内の在来神であることを指摘できる。その内訳は、「伊和大神《いわのおおかみ》」（ないしは大神）が五例、「葦原志挙《あしはらしこ》（許）乎命《をのみこと》」が三例、「玉津日女命《たまつひめのみこと》」「広比売命《ひろひめのみこと》」「弥麻都《みまつ》比古命《ひこのみこと》」「占レ国之神《くにしめのかみ》」が各一例である。

表Ⅱ―3　『播磨国風土記』の「国占め」神話の関連史料一覧

郡名・地名	登場する神名	国占め神話(地名起源説話)の中身
①揖保・香山里	伊和大神	香山里。(本名、鹿来墓)。土下上。所㆔以号㆓鹿来墓㆒者、伊和大神、占㆑国之時、鹿来立㆓於山岑㆒。山岑、是亦似㆑墓。故、号㆓鹿来墓㆒。後、至㆓道守臣為㆑宰之時㆒、乃改㆑名為㆓香山㆒。
②揖保・林田里	伊和大神	林田里。(本名、談奈志)。土中下。所㆔以称㆓淡奈志㆒者、伊和大神、占㆑国之時、御志植㆓於此処㆒、遂生㆓楡樹㆒。故、詳名㆓淡奈志㆒。
③揖保・揖保里粒丘	葦原志挙乎命（vs大日槍命）	揖保里。(土中中)。所㆓称㆑粒者、此里依㆓於粒山㆒。故、因㆑山為㆑名。粒丘。所㆔以号㆓粒丘㆒者、天日槍命、従㆓韓国㆒度来、到㆓於宇頭川底㆒而、乞㆓宿処於葦原志挙乎命㆒曰、汝為㆓国主㆒、欲㆑得㆓吾所㆑宿之処㆒。志挙、即許㆓海中㆒。爾時、客神、以㆑剣攪㆓海水㆒而宿之。主神、即畏㆓客神之盛行㆒而、先欲㆑占㆑国、巡上到㆓於粒丘㆒而飡之、於㆑此、自㆑口落㆑粒。故、号㆓粒丘㆒。其丘小石。比能似㆑粒。又、以㆑杖刺㆑地。即、従㆓杖処㆒寒泉涌出、遂通㆓南北㆒。々寒南温。(生㆓白朮㆒)。
④讃容・讃容郡(里)	玉津日女命(賛用都比売命)（vs大神）	讃容郡。所㆔以云㆓讃容㆒者、大神妹妋二柱、各競占㆑国之時、妹玉津日女命、捕㆓臥生鹿㆒、割㆓其腹㆒而、種㆓稲其血㆒。仍一夜之間生㆑苗、即令㆓取殖㆒。爾、大神勅云、汝妹者五月夜殖哉、即去㆓他処㆒、号㆓五月夜郡㆒。神名㆓賛用都比売命㆒。今有㆓讃容町田㆒也。即鹿放山、号㆓鹿庭山㆒。々四面有㆓十二谷㆒。皆生㆑鉄也。
⑤讃容・速湍里凍野	広比売命	凍野。広比売命、占㆓此土㆒之時、凍㆑冰。故、曰㆓凍野・凍谷㆒。
⑥讃容・邑宝里	弥麻都比古命	邑宝里。(土中上)。弥麻都比古命、治㆑井飡㆑粮、即云、吾占㆓多国㆒。故、曰㆓大村㆒。治㆑井処、号㆓御井村㆒。
⑦讃容・柏原里筌戸(川)	大神	筌戸。大神、従㆓出雲国㆒来時、以㆓島村岡㆒為㆓呉床㆒坐而、筌置㆓於此川㆒。故、号㆓筌戸㆒也。不㆑入㆑魚而入㆑鹿。此取作㆑鱠、食不㆑入㆑口而落㆓於地㆒。故、去㆓此処㆒遷㆑他。
⑧宍禾・比治里宇波良村	葦原志許乎命	宇波良村。葦原志許乎命、占㆑国之時、勅、此地小狭如㆓室戸㆒。故、曰㆓表戸㆒。
⑨宍禾・柏野里伊奈加川	葦原志許乎命（vs天日槍命）	伊奈加川。葦原志許乎命与㆓天日槍命㆒占㆑国之時、有㆓嘶馬㆒遇㆓於此川㆒。故、曰㆓伊奈加川㆒。
⑩宍禾・柏野里飯戸阜	占国之神	飯戸阜。占㆑国之神。炊㆓於此処㆒。故、曰㆓飯戸阜㆒。々形亦似㆓檜箕竈等㆒。
⑪宍禾・石作里伊加麻川	大神	伊加麻川。大神占㆑国之時、烏賊在㆓於此川㆒。故、曰㆓烏賊間川㆒。
⑫宍禾・雲箇里波加村	伊和大神（vs天日槍命）	波加村。占㆑国之時、天日槍命先到処、伊和大神後到。於㆑是、大神大怪之云、非㆑度先到之乎。故、曰㆓波加村㆒。到㆓此処㆒者、不㆑洗㆓手足㆒、必雨。

註1：史料⑤と⑦には「占国」の文字はみえないが、関連史料として掲載した。
2：風土記の本文については、山川出版社版の『播磨国風土記』を参考にした。

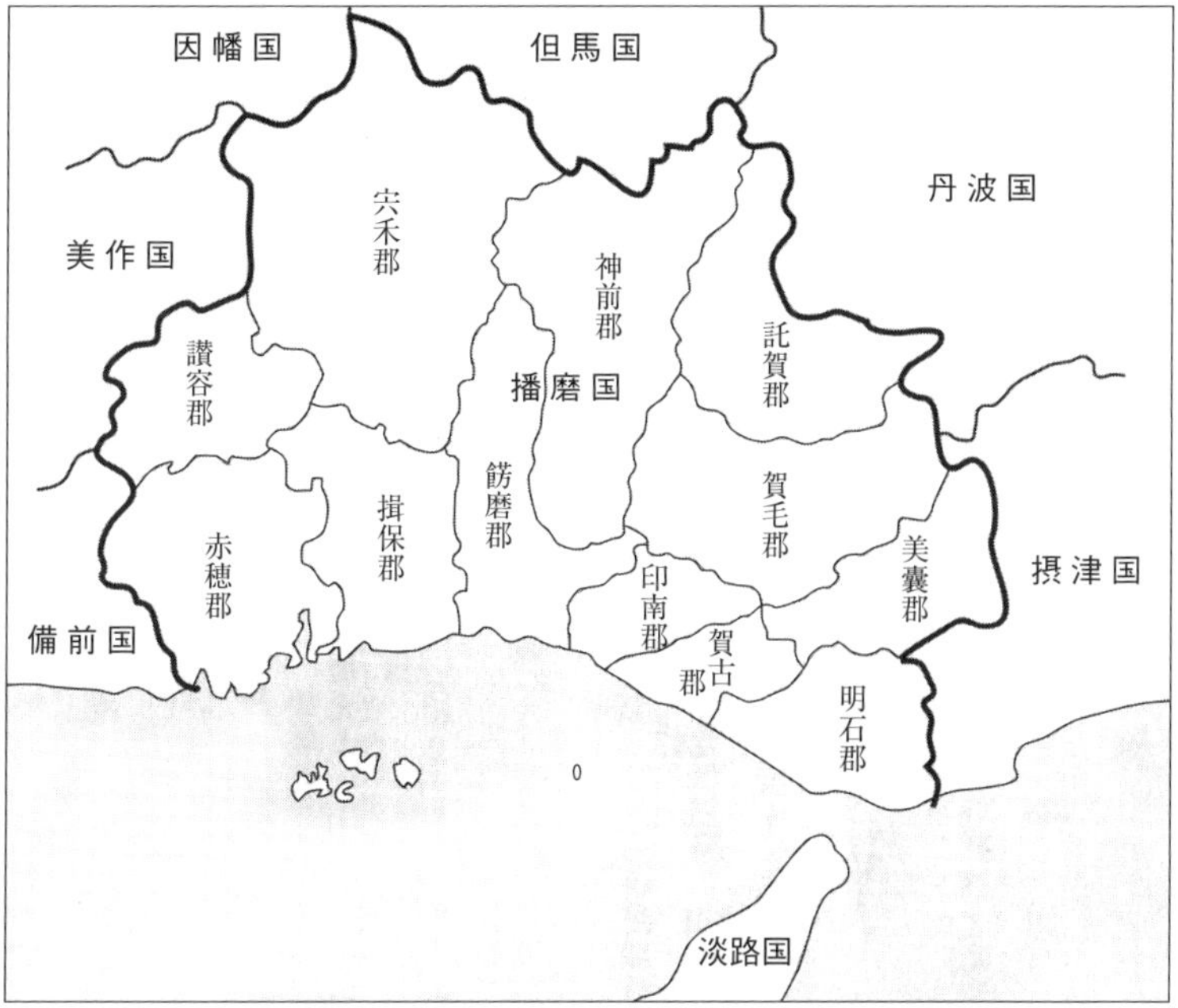

図Ⅱ—2　古代播磨国の行政区分図（『兵庫県史 別巻』地図を参考に作成）

このうち「玉津日女命」「広比売命」「弥麻都比古命」などは、他の古代史料にあらわれない神名であり、[13]各地の小地域の人々に信仰された土地神であると思われる。また「占レ国之神」についても具体的神名は記されないが、これもおそらく小地域のローカル神であろう。

つぎにもっとも類例の多い伊和大神は、宍禾郡の伊和村を本拠とする伊和君氏が奉斎したと考えられる、播磨固有のローカル神である。記紀神話には、その神名は登場しない。しかし『播磨国風土記』では唯一「大神」と称される存在であり、これをまつる宍禾郡内の式内社、「伊和坐大名持御魂神社」は、後世、「播磨国一《いちの》宮《みや》」に位置づけられる社であった。[14]

『播磨国風土記』全体を見渡すと、この伊和大神に関連する神話の断片を、合わせて二六例数えることができる。そのうち神自らが各地を巡行して「国作り」「国占め」「合戦」「求婚」等をおこなう話が一七例、各地で大神の「子」

「妻」「妹」などとされる神の説話が九例にのぼる。これを郡別にみると、宍禾・揖保・讃容郡のほか、餝磨・神前・託賀の計六郡にも及ぶ（図Ⅱ―2参照）。その信仰圏が西播のみならず、中播・北播地域にまで広がっていることがわかる。まさに播磨最高の土地神といえるだろう[15]。

こうした伊和大神および伊和系の神々の説話のうち、神自らが「国占め」に関与したと明記する話が三例ある（表Ⅱ―3の①②⑫）。また風土記で単に「大神」（表Ⅱ―3の④⑦⑪）と書かれるものも「伊和大神」に含めると、その数は合わせて六例となる。さらに妹神とされる賛用都比売命《さよつひめのみこと》による「国占め」神話が一例ある（表Ⅱ―3の④）。

つまり「国占め」に関与する神話の半数は伊和大神系ということになる。この事実は、宍禾郡内のほか揖保・讃容の二郡の各地においても、伊和大神を奉ずる何らかの儀礼が、それぞれの地域勢力の手によっておこなわれていたことを示すであろう。

ただしそれらの勢力が、完全に伊和大神を奉ずる勢力の直接支配下に入っていたことを前提にする話だとは思われない。一定の独立性を保持したまま、伊和勢力との間で緩やかな政治的な同盟関係を築いていたというのが実相であろう。この点については、伊和大神の「国占め」の話が、つねに成功譚にはならず、神がそこから「後退」する話など（表Ⅱ―3の④⑦⑫）、「神威の弱さ」とも読み取れる話が含まれていることからも確認できる（後述）。

一方、「国占め」神話中に三例登場する「葦原志挙（許）乎命」（表Ⅱ―3の③⑧⑨）は、『古事記』上巻で、「大国主神」の別名と書かれるように、一般的に出雲系とされる他国神である。しかしほかならぬ『出雲国風土記』をみる限り、この神の名は一例も出てこず、何ら事蹟は語られていない。そこからわかるように、この神を出雲系とするのは、あくまで記紀神話における観念上の操作の結果とみるべきである。

とすれば『播磨国風土記』での位置づけが問題となるが、この神が諸伝承において、むしろ他国から侵入してきた外来神（とくに但馬の天日槍命《あめのひぼこのみこと》）と対峙して、「闘う神」として描かれている点が注目される（表Ⅱ―3の③⑨のほか宍禾郡比治里奪谷条、同郡御方里条など）。つまり播磨を外側から侵略する神ではなく、その逆に播磨各地を守る神という位置づけが、風土記における葦原志挙（許）乎命の特徴の一つである。

この点に関連して神話研究者の青木紀元氏は、『播磨国風土記』の世界では、他国・異郷から侵入する外来神のうち、西播地域への外来神をとくに「天日槍命」で代表させ、それに対抗する地元神は、「葦原志挙（許）乎命」＝葦原の国の「醜男」（強い男）として物語る傾向があると指摘する。(16) 基本的にしたがうべき見解と思われ、結局これらによると、「国占め」の神として現れる葦原志挙（許）乎命についても、播磨国の在来神としてみることができよう。(17)

以上のように、『播磨国風土記』の「国占め」の主体として語られる神は、基本的に播磨在来の神々であること、しかもその多くは伊和大神につながる伝承をもつ点を指摘できる。

(3)「国占め」の前提としての「神戦さ」

第三の特徴として、右の二点目とも関わるが、在来の神が「国占め」の行為に至る時、その前提として他神との「競争」や「先後争い」など、神が相互に争う話が挿入されているケースが少なくない点がある。

一般に『播磨国風土記』には、他所の神が移動・到来してくる話がきわめて多い（四〇例以上）。(18) このうち到来した神と地元神との関係について、畿内の中央部や、より遠方地域からの神の到来譚では、両者が「衝突」したり「相争う」話はほとんどみられない。ところが隣国（とりわけ日本海諸国）や播磨国内の神々の移動の場合には、「戦い」や「競争」になる説話が、たくさん含まれる傾向がある。(19)

そうした「神戦さ」の話については、「国占め」神話群において、合わせて四例の関連史料を見出せる（表Ⅱ―3の③④⑨⑫）。そのほとんどは隣国の但馬国を代表する「天日槍命」にからむ神話である。これらの説話は、後述のように、古代の播磨国の交通関係の実相の一端を語っている可能性が高いといえるだろう。

(4)「国占め」神話の「クニ」をめぐって

第四に、「国占め」神話の多くでは伊和大神との結びつきが語られているものの、その対象となる「クニ」の範囲は、広大な領域をさすとは思われないという点がある。

一般に風土記における「国占め」というと、どうしても前述の出雲国造家の「国引き」神話での「国」のような広大なものをイメージしがちである。しかし表Ⅱ―3にみえるように、『播磨国風土記』の「国占め」の神話は、「里」「村」「川」「岡（阜）」など、小地名の起源説話に掛けて語られている。ここでいう「国」は、農民たちの生活に密接する小規模領域をさす可能性が高い。

鎌田元一氏の研究によると、古代日本における「国」という用語は、かなり重層的なものであった。その範囲は、上は「倭国」の「国」のような政治的な単位となるものから、下は農民たちの属する「故郷」としてのクニまで、多様な語義から成り立っていた。つまり、現在でも自分の出身地のことを「クニ」と呼ぶような、多様な用法が含まれている点に注意しなければならない。そして鎌田氏は、当時の「クニ」が、単に自然物としての大地を意味するのでなく、本来、人間集団の存在を前提とすること、そして第一義的には、「人間の営為」や「生活するところの一地域」と結びついた概念だと指摘している[20]。

これによると、古代のクニを「占める」ことも、人々の生活の場の支配、さらにはそこに住まう人々の支配につながることを示唆するであろう[21]。

これを踏まえて、いま一度「国占め」神話の中身に眼をやると、里（四例）、川（三例）、村（二例）、岡（二例）、野（一例）など、その対象となる地域が、すべて人々の直接的な共同生活の場といえる小地名と結びつけられているのがわかる。そしてなかでも、村の名に結びつけた「国占め」の神話が二例も含まれている事実が注目される（表Ⅱ—3の⑧⑫）。

こうしてみると『播磨国風土記』の「国占め」の神話は、事実上の「村占め」神話、あるいは村を中心とする生活の場としての「クニ」を、神が「占める」話といい換えて理解することが可能であろう(22)。

もっとも右の小地名のうち、「里」（サト）が「五十戸一里制」にもとづく、人為的な行政組織であることはいうまでもない。筆者はこれを当時の自生的な地域生活単位であるとみるわけではない。里は律令制的な徴税と軍役の徴発を目的とする人工的な組織である。

しかし『播磨国風土記』を含む多くの古代史料が語るように、「里」という行政組織は、通常、自然村落である「村」が二、三村集まって構成されていた(23)。それぞれの「村」は固有の名称をもって登場する場合が多く、『播磨国風土記』ではそうした例が三〇例前後ある。これは村が現実に一つの生活体として機能していたことをあらわす。そして重要なことは、律令制下では、里長を出す「村」が代わると、それにしたがい、それまでの「里」（五十戸組織）の名称が変わるケースがあると指摘されている点である(24)。

たとえば『播磨国風土記』においても、従来の揖保郡の「漢部《あやべ》里」が、庚寅年（六九〇）、里長の交代により「少宅《をやけ》里」に変更された例が収められている(25)。これは里長（＝五十戸長）を出すムラが、「漢部」から「少宅」に代わり、それにともないサトの名も「少宅里」に変えられたことを示すのであろう。

したがって「里」という行政組織名に冠せられる地名の起源説話の多くは、もともとは里制（五十戸制）成立の前から存在する何らかの地名、なかでも自然村落の「村」の地名の起源説話と解しうる余地がある。そうすると、「里」の地名起源説話に登場する「国占め」神話は、律令制下で里を構成する、特定の「村」をめぐる「クニ占め」神話である場合が少なくないといえるのではなかろうか(26)。

以上のように、『播磨国風土記』の「国占め」神話を全体としてながめると、これは『出雲国風土記』の「国引き」神話のような広大な領域の土地を対象とする神話ではなかった。史料の残り方に地域的偏りがあるものの、もっと農民たちに直接結びつく、村を中心とする生活の場としての「クニ」を領有し支配することに関連する神話であることが明らかになった。

前述のように、かつて、古代村落論の一環として村落祭祀研究が盛んにおこなわれた時代があった。本章での考察にもとづくと、『播磨国風土記』の「国占め」神話も、そうした村落レベルの祭祀・儀礼研究に資する史料である事実がみえてくる。

とすれば、これらの史料から、どのような祭祀の構造と支配・庇護の関係を読み取れるのであろうか。

(5) 杖立て神事と「国占め」神話の多様性

これについて、従来の研究で一つ明らかにされていることは、春先の稲作の予祝行事の一環として、首長による「杖立て」の儀があったとされる点である。その専論的な分析を加えた菊地照夫氏は、古代の杖が、呪術的性格をもっていたことを指摘する。

氏によると各地の首長たちは春の初め頃、近くの高台に登り「国見」をおこない、そこで杖を大地に衝き立てる所作をおこなう。それは、その土地に対する新たな支配秩序を可視的に創出・確認する「国占め」儀式であったという。そして『出雲国風土記』の「国引き」神話の中で、八束水臣津野命が、国引きを終えた後、意宇《おう》の社に帰り、そこに「御杖」を衝き立て「おゑ」といったと語られるのも、もともとはこの「杖立て」の儀を背景に

成立した「国占め」神話だと指摘している。(27)

「国」の範囲の捉え方、儀礼への農民の関与の問題など、気にかかる点は少しあるが、関連史料を博捜した菊地氏の研究は説得力がある。当時の「国占め」の儀式の中に、「国見」にも連動した杖立ての神事があったことは確実であろう。

播磨国の関連史料に眼を転じても、たとえば粒丘という高台に上がって「国占め」の食事をしようとした葦原志挙（許）乎命は、「杖を以て地に刺し」、そこからは「寒泉」が湧き出たと書かれていた（表Ⅱ―3の③）。これなどは「杖立て」の神事が、支配権の可視的確認という目的のみならず、農民の稲作用の水源地の確保という、勧農の機能と重なり合って実施されていたことを示唆する。

また揖保郡の談奈志里の説話では、伊和大神は「国占め」の時、「御志《みしるし》」を当地に植えた。するとそこから楡の木が生えたとみえる（表Ⅱ―3の②）。ここに登場する「御志」も、国占めの可視的標識としての「杖」をさすのであろう。さらに風土記の宍禾郡御方里条では、（伊和）大神の「形見」である「槇《まき》の御杖」がこの村にあり、だから御方（形）里と呼ぶのだという説が紹介されている。この話も「国占め」の儀礼に関わるもので、大神の「形見」というのは、神がここでその占有標識（＝形見）として「杖」を衝き刺したこと、さらにその遺物と伝えられる何らかのモノ（槇など巨樹）が、当地に現存していたことを語っていると思われる。(28)

もっとも「杖」を刺した箇所から泉が湧出したり植物が生えたりすることは、実際にはあり得ることではない。これらの話の実相は、もともとそれぞれの村里近くの湧水地（井泉）付近や、高台にあるモニュメントとなる目立つ樹の下などを祭場として、神に扮した各族長が「杖立て」の「国占め」儀礼をおこなっていたこと、そしてその際、その儀式の由来を語る話（起源譚）と、その「始め神」の功績を示す神話が語られるという事実があったのであろう。

　このようにみると、「国占め」のための杖立ての儀式が、春先（旧暦の正月から三月頃）の稲作の予祝行事の一環として各地でおこなわれていたとみる菊地説は、首肯されるべきである。ただし菊地説に付け加えるならば、一つに、「国占め」の「クニ」の内実を前記のようにみると、この儀式は各地の村の族長層によっておこなわれていたと理解される。もう一つは、「寒泉」の湧出伝承などに留意すると、杖立ての「国占め」の儀は、「クニ」内部の人々（農民）の再生産の問題との関わり、すなわち彼らに対する族長による春の勧農権行使の可視的確認という側面をもっていた点を見逃せない。つまり杖を用いる「国占め」の儀は、村に対する支配権とともに、勧農権の行使を視覚的に確認するセレモニーであったとまとめることができる。

　これらが先行研究の成果から確認できる「国占め」儀式の内容の一つである。そのほかの史料をみる限り、「国占め」の話は多様で、かつ季節的にも散らばりがあるように思われる。儀礼のあり方は、単に杖立て神事だけに尽きるものではなかった。

　その一つ一つの内容を、すべてここで明らかにすることは難しいが、残存する史料を大ざっぱに整理すれば、一つは食や食膳に関わる史料群（表Ⅱ―3の③⑥⑦⑩）、もう一つは、「鹿」「馬」「烏賊」など、動物が登場する史料群（表Ⅱ―3の①④⑦⑨⑪）に分類できる。これらの史料の中身を詳しくみれば、さらなる儀式内容を復元できる可能性がある。そこで以下、まず前者の史料群にスポットをあて、具体的に考えてみよう。

二　「国占め」の食膳儀礼

(1) 山上での食事をめぐる神話

『播磨国風土記』は、現存する五つの風土記のなかで、丘や山上での神の食事や食膳準備に関する説話がとくに多い点を特徴の一つとする。これは播磨国の平野部では、低山であってもひときわ目立つ形の丘陵がたくさん

写真Ⅱ—9　姫路城からみた「日女道《ひめじ》十四丘」（餝磨郡条）の比定地付近　（2007年5月）

写真Ⅱ—10　揖保郡条の「稲種山」に比定されるとんがり山　（姫路市 2013年11月）

あり、それらが山麓の農民により稲作の実り（＝食）をもたらす水源地として信仰・崇拝されていたこと、また山上で「食」をともなう祭祀が実際におこなわれていたことの証しだと思われる（写真Ⅱ—9・10）。

そのうち「国占め」関連の史料でも、葦原志挙（許）乎命が「粒丘」で「粒《いひぼ》」（飯穂）を食べようとした話（表Ⅱ—3の③）、弥麻都比古命が「井を治り、粮を飡した」話（表Ⅱ—3の⑥）、「国占めの神」が飯戸阜で炊飯をしたという話（表Ⅱ—3の⑩）など、神の「食」に関連する説話がある。これらをみると、右に述べた山（水源地）に対する近隣農民の信仰を土台にしつつ、「国占め」の行事として山上などで食事をとる儀式があった事実が浮かんでくる。問題は、その具体的な中身と、そこで食される食べ物（飯を中心とする酒食）の調達のされ方である。これを解く際の手がかりとして注目したいのが、当時の宮中における大王（天皇）の食膳儀礼である。

（2）神がかりによる食膳儀礼と飯の供進

岡田精司氏の研究によると、[29] 古代の宮中祭祀では、大王ないしは天皇が神座に着いて「神の依り代」となり、神として「神饌《しんせん》」や「神酒」を飲食する行事があったという。氏はその具体例として、毎冬一一月の新嘗《にいなめ》（神嘉殿）の夜の神事と、毎年六月と一二月の月次祭《つきなみ》の「神今食《かみいまけ》」の行事を挙げる。(30) これらは基本的に天皇の即位儀礼の一つ、大嘗祭の卯日の神事内容と一致する。それぞれの神饌類は、「官田」（宮内省）の民や、あらかじめ「悠《ゆ》紀《き》国」「主基《すき》国」に指定された地方の民によって献上されるのが決まりだったと述べている。

これによると、山上での儀礼というわけではないが、その当時、天皇自らが「神がかり」の状態を作り上げ、神と一体化する形で、地方の民などが供進する「食事」をとる宮中行事があったこと、しかもそれが王権や天皇に対する服属儀礼（食国《ヲスクニ》―新嘗）の一環をなしていたことがわかる。

そしてさらに注目されるのは、岡田氏がこうした儀礼の起源を、当時の地域社会での祭祀のあり方に求め、「神がかり」の祭事は、宮中だけではなく、地方の村落レベルでもおこなわれていたと推定する点である。氏は、宮中での天皇の「食事」の祭祀儀礼は、その後、早くから象徴的な模倣儀礼になっていくが、民間の秋の収穫祭などでの族長層の「食事」の儀礼は、永らく実質的意味合いをもって存続したと説いている。(31)

岡田氏のこの見方を参照すると、右に挙げた「国占め」神話の背景にある儀式も、それが同じく食膳に関する儀式である以上、その「クニ」内部の族長・農民の間の支配―従属関係に結びついたものだったといえるのではないか。すなわち、ある「クニ」の「国主《くにぬし》」である族長自らが、秋の収穫期の神事の時だけ「神」として振る舞い、しかもその神事には地域住民も参加していたこと、そしてそのうえで「クニ」内部の農民たちが収穫した「飯」（初穂）を捧げ、国主がそれを食する儀礼をおこなっていたと推定されよう。(32)

(3)「飯」を盛る話と粒丘で「粒」（飯穂）を食べる話

このうち族長による「神がかり」について、風土記の史料から直接その実施状況を読み取ることは難しい。だが農民が山上に「飯」を持ち込み、神々に捧げまつる風があったことは、近年までの各地の民俗行事の多くが物

写真Ⅱ—11 賀毛郡条の「飯盛嵩」に比定される飯盛山
（兵庫県加西市 2013年5月）

語るところである。(33)

また『播磨国風土記』でも、たとえば賀毛郡飯盛嵩条では、「飯盛嵩。右、然《しか》号くるは、大汝命《おおなむちのみこと》の御飯をこの嵩に盛りき。故に飯盛嵩と曰ふ」（原漢文）とある（写真Ⅱ—11）。きわめて短文の神話だが、その前提には「飯」の共食をともなう山上祭祀があったこと、その際、大汝命の飯を盛ったのは、この山の近くに住まう農民たちだったとみるべきである。

というのも、これに関連して民俗学の柳田國男が、説話の中の「盛る」という言葉について興味深いことを述べているからである。柳田によると「もる」という和語には、二つの意味があるという。一つは文字どおり、ものを積みあげる、一杯にするの意である。もう一つは、神や貴人に酒食などを差し出すこと、さらに転じて「もてなす」「歓待する」の意味である。このうち後者の用法は、今日も「さかもり」「おもる」（おごる）などの語句として使われていると説いている。(34)

つまり飯盛山という山名には、飯を盛ったような形の山の意味のほか、来臨した神をもてなすために農民たちが「飯」を差し出す山という意味も込められていた。これは山上祭祀における「飯盛り」や「酒盛り」などの物的基盤が、基本的に農民たちの供出物にもとづいていることを示唆する。そしてこれを傍証材料として認めるならば、「国占め」の神、すなわち神がかりした族長が山上等で食べたという「飯」も、本来、その近くに住む農民たちが捧げ出したものとみるべきではなかろうか。

表Ⅱ—3の③（二八六頁）に掲げた「粒丘」の説話では、外部から来た「客神」の勢いに畏れをなした「国

写真Ⅱ―12　「粒丘」の比定地の１つ半田山川の右岸の山　（兵庫県たつの市揖保川町 2009年３月）

主」の神の葦原志挙乎命は、急いで粒丘に登り食事をしたと記されている（写真Ⅱ―12）。これも単に机上で作られた話ではなく、粒丘という山が、この山麓に広がる「クニ」内部の農民たちが秋の収穫後、「飯」を差し出し、それを「国主」である族長が食するという、そのクニの支配権を可視的に確認する儀礼の場であることをその前提にしていたと推定される。そして「国主」は「客神」に対して、普段やっていることをいち早くおこない、それにより、自らの土地への「占有」権を主張する点に、話の眼目があったとみるべきではないか。

その儀礼内容を復元すると、おそらく何日もかけて神がかりの状態をつくった族長は[35]、粒丘の山上にのぼり、クニ内部の農民が差し出した新米（初穂《はつほ》）を、神の資格で（神と一体化した形で）、食する儀式をおこなう[36]。後述のように、この時の新米の元手《もとで》である種籾《たねもみ》の一部は、族長の関与する春から初夏の勧農行事において給付された、聖なる種子であった。そして族長はこのように呪術的で可視的な行為を、集まってきた農民たちの前で毎年繰り返すことを通じ、この地域の「国占め」の確認、すなわち土地に住まう人に対する支配権を、社会的に誇示・更新していたのではないだろうか[37]。風土記の粒丘の地名起源説話に引用される神話は、この儀式の開始由来を、外来神との「争い」という話を取り入れて語ろうとする、儀礼起源譚の一つということになるだろう。

以上のように、風土記の粒丘の神話など「食」に関する史料からは、当時の地域社会における族長層と農民たちとの間の、支配―服属の社会関係を凝縮させた、「国占め」の儀礼があることが明らかになった。これを確認したうえで、つぎに、もう一つの残存史料群に眼を向けてみよう。

三　「国占め」のための勧農行事

前節では、古代の「国占め」の儀礼として、春の初め頃、稲作の予祝の一環をなす杖立て神事と、秋の収穫期、「クニ」内部の農民との支配―服属関係を可視的に確認する、族長による「飯」を食する行事があることをみてきた。しかし「国占め」の儀礼は、これらのみで完結しなかった。いわば右にみた「飯」を食する秋の儀式の前提としてもう一つ、「クニ」内部の民の農耕に関わる、春から初夏の儀式があったようである。それが動物、なかでもシカに関連する行事である。

(1)「五月夜」の地名起源説話

その主たる素材となる史料は、表Ⅱ―3の④の『播磨国風土記』の「五月夜《さよ》」（讃容）の地名起源説話である。その内容を概略すると、まず兄神の「（伊和）大神」と妹神の「玉津日女命」の二神が、「讃容」の地で「国占め」争いをおこなった。妹の玉津日女命が、シカを生け捕りにして腹を割き、その生血がついた土地に稲種（種《たね》籾《もみ》）をまいた。すると一夜のうちに苗が育ち、それを取りあげて田に植えつけることに成功した。それをみた大神は、「あなたは五月夜に植えたんだな」といって、他所に去って行った。だから郡名を「サヨ」といい、その神の名を「サヨツヒメ」（賛用都比売）と名づけた。また、いまも「讃容の町田」という田んぼがあり、鹿を放した山を「鹿庭《かにわ》山」と呼んだと書かれている（写真Ⅱ―13）。

ここでは「サヨ」の地名起源のほか、郡内の式内社、「佐用都比売《さよつひめ》神社」の鎮座由来、さらに「讃容の町田」「鹿庭山」などの地名の起源が、国占め争いに勝利した女神のシカをめぐる呪術的な行為と結びつけて語られている。先の「イヒボ」（粒・飯穂）の地名の場合と違い、説話の中に「サヨ」という地名の真の起源を掘り起こ

写真Ⅱ—13　現在の佐用都比売神社の社叢
背後は「鹿庭山」に比定される大撫山　（2013年11月）

せる記述は見出せない。

しかし確かなことは、式内社の佐用都比売神社の境域内の祭場＝「讃容の町田」において、毎年春から初夏の頃、「国占め」のため、シカの生血を用いた稲作儀礼——おそらく田植にも連動した「種下ろし」の儀礼がおこなわれていたことであろう。[38] それを投影させた神話の一部が、右の地名起源説話に引用されていると推定される。[39] とすれば究明すべきは、神話の背景にある儀礼の実像、とくに稲種をシカの血に浸す意味と、「種下ろし」の具体的中身についてである。

(2) 聖獣としてのシカ

このうち前者の点に関していうと、古代におけるシカ（ニホンジカ）は、『豊後国風土記』の速見郡柚富郷頸峯条などをみればわかるように、農作物を食い荒らす「害獣」視される動物であった。しかし一方で、特別の呪力をもつ「聖獣」とみなされていた点に注意しなければならない。

たとえば『古事記』や『日本書紀』の伝承では、とくに白鹿が山の神の化身と考えられていたことを示す史料がある（『古事記』景行天皇段など）。また宮中祭祀では、「鹿角」「鹿皮」などが神々をまつる「料物」として用いられ、さらに稲の豊作を期する「タマ振り」儀礼の一種として、大王によるシカの「鳴き声」を聴く行事が存在したと指摘されている。[40]

このようにシカは単なる自然の生き物ではなく、作物の豊饒の祈りと結びついた聖なる動物ともみなされていた[41]。これはシカが、かなり大型の陸上生物であること、牡鹿《おじか》は毎年角が生え変わること、さらには、体毛の色合いや模様が稲作のリズムに合わせて季節的に変化するという特徴をもっていたことが大きかったらしい[42]。

こうしたシカの腹を割き、その生血を育苗・播種《はしゅ》に用いるというのは、一見すると残虐で、聖獣とみなす考え方と矛盾するようにみえる。しかし古代の人々は、シカを絶対不可侵のものとして崇めていたのではなかった。一定の狩猟の手続きや独特の作法などを経て、それを捕らえ、「膾《なます》」（＝肉の細切り）状にした肉片を生け贄として神に捧げ、さらに共同飲食の場に供することがあった点に注目すべきである[43]（『播磨国風土記』讃容郡筌戸条、宍禾郡条冒頭、神前郡勢賀川条、託賀郡阿富山条、賀毛郡雲潤里条など）。そしてそれは特別な日、すなわち各地の地域社会の神祭りの時などに実施されていたのであろう。

おそらく祭りの場において、聖獣であるシカの肉は、「生命力」「霊力」を得られる肉として食べられ、人々の貴重な蛋白源・脂肪源になったのではなかろうか。またとくにシカによる農作物被害の多い地方では、シカの狩猟と肉の共同飲食が、一定の間引き（＝害獣の部分的駆除）の役割を果たしたと推測される[44]。

(3) シカの血の霊力

これらの点を踏まえたうえで、いまいちど「五月夜」（讃容）の地名説話に戻ってみると、当時、シカ肉の神饌献上や共食の儀礼と関わって、シカの「血の霊力」に期待をかけた、種下ろしの行事もおこなわれていたとみても不思議はない。平安期以降、平安京などの都市部を中心にして極度に肥大化する血に対する「穢れ」意識は、いまだ風土記の時代の地方社会では浸透していなかった[45]。

むしろ『播磨国風土記』賀毛郡雲潤《うるみ》里条などには、川の水を流そうとした丹津日子《にっひこ》という神の申し出に対し、雲潤村の太水神は、「吾は宍の血を以て佃《たづく》る。故に河の水を欲《ほり》せず」（原漢文）といって断ったという伝承が載っている。ここにみえる「宍」とは、シカないしはイノシシであると考えられ、古代におけるシカなどの血は、忌み嫌われるどころか、田植え等の農村神事において積極的に使用されるのが普通だったことを示す。シカの血は、その肉片と同様、特別な霊力を帯びたものと考えられ、それに種籾を浸すことは、その霊力や生命力を種子の中に移し入れることを意味したのであろう(46)。

もともと古代の農民たちの間には、穀物である稲穀自体の中に神霊の存在を認め、それを重んじて崇拝することが稲作の豊穣をもたらすと信じる穀霊信仰があった。右のシカの血の呪術は、まさにこの稲魂《いなだま》に対する農民たちの信仰を土台とし、稲子そのものに対し、さらなる聖性を付する行為だったと考えられる。

つまり「五月夜」（讃容）の地名説話からは、その実効性の問題は別にして、シカの血によって稲の成長を早め、その強化と豊穣をはかろうとする呪術的な考えにもとづく「種籾下ろし」の行事が実施されていたと理解できる。この種下ろしが実施された場所は、前述のように、佐用都比売神社の境内の「町田」であった(47)。それを毎年春から初夏の頃に主宰していたのは、「佐用都比売」の神を守護神として奉斎し、しかもシカの狩猟行事の実施主体でもある、この地域の族長であったのであろう。

このように、シカに関わる「国占め」神事のあり方をおさえたうえで、さらにその「種下ろし」の内実、すなわち右の町田において、聖なる種籾は、実際どのように下ろされたかを考えてみよう。

(4) 勧農としての聖なる種籾の分与・給付

先に掲げた「五月夜」の地名説話では、女神がシカの血を用いた播種を、兄の神に先んじて（一夜のうちに）おこなうことにより、相手はその敗北を認め、他所に移って行ったと伝えられている。これからみて、話のパターンは前節の粒丘の「国占め」神話と同一である。この場合、「国占め」にとって決定的に重要とされているのは、その土地で誰よりも先に、いち早く「種下ろし」をおこなうことである。

ただしそれは、儀礼の場である「讃容の町田」の土地に、種籾が単に播種・投下されるだけではなかったのではないか。「国占め」の「クニ」という言葉が、本来、生活する人間との結びつきをもつ以上、ここでもそれはその土地に住まう人との関係性をもっていたと考えられよう。すなわちこの儀式には、その「クニ」の農民たちも参加し、実際には、いったん形式的に播種された聖なる種籾の一部が、彼らに分け与えられたとみるべきであろう。

風土記の本文には、農民への分与を語る直接の文言は見当たらない。しかし該当箇所（表Ⅱ―3の④）の史料の本文をみると、玉津日女命が、「一夜の間に苗生ふれば、即ち取りて殖えしめる」（＝一夜之間生レ苗、即令二取殖[48]一）と書かれている。

ここでは聖なる種籾の播種について「使役」の助動詞の「令」が用いられている。これは説話の前提において、儀式への第三者の関与、すなわち農民に対する種籾の分与という事実があったことを示唆するのではなかろうか。私見によれば、このような分与・給付の儀式もあったからこそ、それが「国占め」の正統化につながるという、「五月夜」の神話が形成されたのだと思われる。

すでに荒木敏夫氏が明らかにしているとおり、古代の耕地の占有権の帰属を決める際に重要だったのは、春の播種における稲種の分与であった[49]。これは荒木氏も指摘する、古代の「加功主義」の原理にもとづく慣習である。また、かつて筆者も、この問題に関連して、東大寺の越前国の初期荘園、桑原荘に関連する文書を取りあげ[50]、寄進直後の端境期の荘園「地子」の収取権の帰属をめぐり、荘民（寄進前の農民）に対する苗代用の種子の「下行」の有無が、決定的に重要であることを指摘したことがある[51]。

その時別稿で述べたように、ここでいう種子の分与・下行は、中世史でいう在地領主や名主層などによる春の

「勧農」行事の一つ、すなわち農料の下行に相当するものと思われる。(52) すなわち文書の中で、東大寺領の桑原荘の「荘官」の地位についた坂井郡司品治部広耳《ほむちべのひろみみ》は、寄進（＝天平宝字元年〈七五七〉四月）直前の春先、すでに「営田貴賤」の者に対して、苗子を「下し畢えた」事実があったという。それゆえ彼は、当年の地子進上に堪えない旨、すなわち天平宝字元年分の地子の獲得権は、新しい領主の東大寺ではなく、自分にある旨を奏上した。それに対して東大寺は、「申すところ理に合《かな》ふ」（原漢文）と答え、広耳の申し出をそのまま許可する処置を下している。

あくまでこれは初期荘園の「賃租」経営に関連する史料だが、ここからは、古代の土地領有や収穫後の「地子」収取に際しては、一般に地域の支配者の側が、種籾（種子）を単に儀式として土地に投下するのではなく、それを実際の耕作者である農民に対して分与・給付することがとくに大事だったこと、つまり勧農権の行使が、地域支配の正統性の確保（＝「理に合ふ」）につながっていた事実がみえてくる。

これを踏まえて前述の種下ろしの行事を振り返ってみると、それが「国占め」という地域支配の問題に結びついた儀礼である以上、「讃容の町田」の祭場において、これに参加した「クニ」内部の個々の農民たちに対し、種籾の分与・給付という勧農がおこなわれていたこと、しかもそれは聖獣（シカ）の血のついた「斎種《ゆだね》」の下付という形でおこなわれたとみるべきであろう。

佐用都比売の神を奉ずる祭主一族の族長は、農民たちの間に存在する稲に対する穀霊信仰を前提としつつ、稲作の豊饒をもたらすと信じられていたシカの血をつけた「聖なる稲種」を与えることを通じ、「クニ」内部の農民が「農」につくことを広めるとともに、あわせて彼ら自身の農耕・生産をまさに宗教的・呪術的に支配し、その稲の収穫物（の一部）の獲得を可能にしていたことになる。

古代の「国占め」は、秋の収穫後、そのクニ内部の農民たちが差し出す「食」を摂ることにより完了する。しかしその前提として、農民たちに対し、族長が春から初夏にかけて、前述の「杖立て」行事によって水源地の確保を強調するほか、このような宗教的・呪術的な勧農行為をおこなうことも、決定的に重要であった。当時の地域族長にとっては、農民を一方的に支配するだけでなく、彼らを庇護する機能、すなわち、きわめて呪術的な儀礼の形であるにせよ、農耕の再生産を保障する役割を可視的にとりおこなうことが大きな意味をもっていたのである。

おわりに

以上、石母田氏の所説を手がかりとして、『播磨国風土記』の「国占め」神話にスポットをあてた考察をおこなってきた。その結果を示せば、つぎのとおりである。

一、「国占め」神話は、『出雲国風土記』の「国引き」のような広大な領域の支配に関わる説話ではなく、事実上、「村」の「土地占め」神話と理解される。それは、古代の族長層が、その土地（クニ）内部に住まう人（農民）たちを支配するためにおこなっていた、定期的な祭祀儀礼の実態を反映したものであった。

二、史料群から読み取れる儀礼の内容としては、一つに、神霊を憑依させた族長による「飯」を食する儀式があった。これは秋の収穫の時期、近くの山上などで族長自らが「神がかり」して、「神の資格」において周辺農民が捧げた「新米の飯」を口にする行事であった。族長層はこのような厳粛な祭祀行事を主催し、しかも一時的に祭りの間だけ「神」として振る舞う形を通して、自己の現実的な支配・領有権を可視的に確認する作業を続けていた。

三、しかし族長層による「国占め」の儀式は、単にこれだけに留まらなかった。史料によると、それは地域によって多様な形をとるが、もっとも重要だったのは、秋に「初穂」を差し出す農民らに対する、春の勧農儀式の実施である。具体的には井戸の開削や水の分配に関わる行事があったほか、古代の「聖獣」であるシカの血を付した種籾を、農民たちへ給付する祭儀があった。当時の族長層は、田植とも連動させて、あらかじめこうした勧農行為をおこなうことにより、毎年秋の「初穂」(飯)を食する儀例を実施することができた。

四、古代の地域社会における支配のあり方は、決して生産物を一方的に収取するだけでなく、呪術的な形によって、農耕の再生産を保障するという農民庇護の機能と不可分に結びついていた。

以上が本章での結論である。「はじめに」で述べたように、旧来の古代村落論では、村ごとの祭りのあり方をめぐり、儀制令春時祭田条などの史料にもとづき、「村首」や「社首」などによる族長層の祭り(季節的には春の祭り)の準備過程における経済的収取活動、あるいは祭礼の共同飲食の場への参加などの問題に関心が寄せられてきた。しかし『播磨国風土記』の「国占め」神話に眼を向けてみると、支配や領有関係を可視的に確認・強化させる目的の農耕祭祀儀礼がおこなわれ、しかもそれが複数存在していたことが浮かびあがってきた。

日本の古代社会は、基本的に稲作を生業とする社会であった。そこで当時の地域社会の支配者たちは、稲の収穫をめぐる農民たちの信仰、すなわち稲作にとって不可欠な水の水源地である井泉や山への信仰、あるいは稲魂(穀霊)信仰などを土台にしつつ、右のような農耕の再生産保障に関わる呪術・祭祀儀礼をおこなっていた。そしてこのことを通じ、自己の現実的な支配・領有権を視覚的に顕示し、安定させようとしていたわけである。従来の研究では、このような農民たちの信仰の問題、さらにはその前提にある再生産保障や農民庇護の問題にまで踏み込んだ考察はなかったのではなかろうか。

筆者はこのような「国占め」神話の前提となる、村落支配に関わる稲作をめぐる呪術・祭祀儀礼が、多少の異同はあるものの、基本的に列島上の各地で実施されていたと考える。だとすれば、「国占め」関連の神話史料は、なぜ『播磨国風土記』においてのみ、これだけ顕著にあらわれ出ているのであろうか。

その理由については、現存する各国風土記の編集方針や、テキストの完本や省略本による違いの問題などを含め、いくつかの要因がからんでいたと思われる。そのなかで筆者がとくに重んじたいのは、当時の播磨国、とりわけ「国占め」神話が集中的にのこる、西播地域を取り巻く歴史的環境である。

西播地域は、後世の「山陽道」「美作道」とそれにつながる「出雲往来（雲州街道）」、あるいは「智頭《ちず》往来」や「因幡《いなば》往来」などと呼ばれる幹線道路が通ることからわかるように(53)、播磨国の中でもっとも人の往来が激しく、それにともなう外来者の移住・開発・侵入が顕著なところであった。風土記の地名説話によると、当地における外部からの移住・開発等のあり方は、おもに二つの動向をともなっていたようである。

一つは、五世紀末の雄略朝以降の歴史過程、とくに六世紀半ば頃の「筕磨御宅《みやけ》」の設置を画期とする、畿内の倭王権による計画的・政治的な移住・開発策である。もう一つは、おそらくこれと並行してすすみ、途中からは密接に連動しながらすすんだと思われる、おもに日本海側地域（但馬・出雲国など）からの、小集団や一定の政治勢力による主体的な移住・侵入の動きである。

このうち後者の動きは、しばしば西播各地の「クニ」＝村のあり方やその「国主」の支配に対し、さまざまな軋轢や衝突などの影響を与えたようである。たとえば二八六頁の表Ⅱ―3の③では、葦原志挙乎の神が、この土地の「国主」であったにもかかわらず、「客神」の天日槍に先んじて国占め食事をおこなったという話がみられた。これはかつて天日槍の神を奉じる但馬国の地域集団の侵入が実際にあり(54)、揖保里の地名の母体となった揖保（飯穂）村における旧来のクニ支配を危うくさせる事態があったことを反映する伝承であったのではあるまいか。

また本章第一節の(3)で述べた、「国占め」の前提として、神同士の「先後争い」や「競い合い」の話が語られているのも（表Ⅱ―3の③④⑨⑫など）、各村の在来集団と外来勢力との間の争いの反映だとも理解される。さらに『播磨国風土記』の地名説話の中には、一般的に隣国の神々と播磨国内の神との「境争い」の話（宍禾郡御方里条、神前郡邑曰野条、託賀郡都麻里条、同郡法太里条など）、あるいは国内神同士の争いの神話が少なくない。こうした事実も、この地における小勢力の移動・到来の頻度の高さのあらわれであろう。

一方、六世紀以降の畿内勢力による播磨国への計画的・本格的な移住・開発は、とくに宍禾郡に本拠を置き播磨国の最高神である伊和大神を奉ずる伊和君の政治的支配のあり方に、少なからざる影響を与えた。

山尾幸久氏によると、五世紀末の雄略朝から六世紀前半の継体朝頃の播磨（針間）では、それまでの吉備勢力（上道氏系）の政治的影響力が基本的に駆逐され、王権による「準直轄領化」がすすんでいった[55]。そして六世紀半ば頃、播磨国のほぼ中央部の餝磨地域の沿岸部において、朝鮮半島情勢の緊迫化に対応するための軍事要衝拠点的ミヤケの一つ、「餝磨御宅」[56]が設置されるに至る。

これらの一連の過程を通じて、播磨国内各地には、継体勢力系の中央氏族や渡来系氏族の播磨進出、および日本海諸国を含む周辺地域の統合策が本格化したと考えられ、その中で、従来ほぼ播磨全域に勢力を保っていた伊和君一族の支配も、かなり動揺することになったと考えられる。

この問題に関連して中林隆之氏は、王権への「石棺」の造成・調達に関与し、播磨国内に居住を確認できる石作連氏の氏族系譜が、継体天皇を擁立・支持した尾張系氏族と同一の、「火明命」を始祖と仰ぐ系譜を有している点に注目する。そして、『播磨国風土記』において、この石作氏の勢力が、伊和君の一族が居住する地域に進出したことをうかがわせる説話がみられること（宍禾郡石作里条、餝磨郡馬墓池伝承など）、また両氏の奉ずる神同士の勢力交代を暗示するような神話がみられること（餝磨郡伊和里十四丘伝承）などにより、六世紀の半ば頃までに、それまでの播磨の政治構造が変容し、伊和君の一族の支配力が大きく抑え込まれたと指摘する[57]。

風土記の地名説話や神話の中身を中央政治史の変動の問題とも結びつけて論じた中林氏の解釈は、たいへん興味深い。たしかにこの過程を通じて、旧来、播磨国の最高神である「伊和大神」を奉じてきた伊和君の一族は政治的な勢いを失い、「後退」することになった可能性が高い[58]。そして、それに代わって王権の側についた播磨直氏が、これ以降、播磨国内でその勢力を拡大していったとみられる[59]。

つまり六世紀の播磨国の西部地域では、交通の要衝に位置することにも起因して、小集団の頻繁な移住・侵入が続くとともに、王朝交代など、中央政治の変動に連動した畿内勢力の計画的・本格的な進出が始まった。また王権による周辺地域（とくに日本海側）の統合策の進展により、前者の動きは新たな局面を迎え、人の出入りはより激しくなったと考えられる。

右のような一連の事態の進行が、『播磨国風土記』の西播（揖保・讃容・宍禾郡）地域の地名起源説話にたくさんみられる、地元神による「国占め」の起源を語る神話やその支配の正当性を語ろうとする神話、あるいは播磨の最高神である伊和大神の「神威」の不完全さを語る神話の形成につながったと考えられる。『播磨国風土記』の中に、「国占め」神話が多く含まれる大きな理由としては、六世紀以降の播磨国の他地域との交通関係と人の動きの進展、および畿内勢力との政治的な交流の変動が横たわっていると考えられる。

註

（1）『日本書紀』大化二年（六四六）正月甲子朔条、大化二年三月甲申条、『令集解』儀制令春時祭田条など。

（2）吉田晶『日本古代村落史序説』（塙書房、一九八〇年）、大町健『日本古代の国家と在地首長制』（校倉書房、一九八六年）。

（3）西山良平「「律令制収奪」機構の性格とその基盤」（『日本史研究』一八七、一九七八年）、同「日本〈律令国家〉研究の展望・序説」（『新しい歴史学のために』一五九、一九八〇年）、同「〈郡雑任〉の機能と性格」（『日本史研究』二三四、一九八二年）。雑任層については、このほか中村順昭「律令官人的編成と地域社会」（『歴史学研究』七二九、一九九九年）、鐘江宏之「律令国家と国郡行政」（『歴史学研究』七二九、一九九九年）などの研究がある。

（4）たとえば吉田晶氏は、村落首長が契約・身分・婚姻などの民事上の問題について、地域の公的秩序を人格的に体現し、一定の権限をもって地域を支配していたと説く（吉田註（2）前掲書、六九頁）。しかしそれは、「それだけで自立的かつ封鎖的な世界を形成するものではなく、国造の権威のもとで、それに包摂されてのみ存在するもの」であり（同書、七六頁）、「六世紀以降の村落首長の保持する共同体に対する権威が、その共同体に対して自立的・絶対的な内容を持ちえていなかった」と述べる（同書、七六頁）。

（5）その中で祭祀論・神話論の立場からの岡田精司氏の論考、「大化前代の服属儀礼と新嘗――食国（ヲスクニ）の背景――」（同『古代王権の祭祀と神話』塙書房、一九七〇年。初出は一九六二年）は、唯一の例外的研究といえる。以下の行論も、この岡田説に負うところが多い。ただし岡田論文は、題名からわかるように、古代王権の宮中祭祀、新嘗―ヲスクニ儀礼や大嘗祭の実態解明をめざし、基本的に国家的な服属儀礼論として展開されている。その点が筆者の視点との違いになっている。

（6）関和彦『風土記と古代社会』（塙書房、一九八四年）、同『日本古代社会生活史の研究』（校倉書房、一九九四年）、同『古代出雲世界の思想と実像』（大社文化事業団、一九九七年）、同『新・古代出雲史――『出雲国風土記』再考――』（藤原書店、二〇〇一年）、同『古代出雲への旅――幕末の旅日記から原風景を読む――』（中公新書、二〇〇五年）、『『出雲国風土記』註論』（明石書店、二〇〇六年）、同『古代に行った男ありけり――古代の心象風景を出雲に探る――』（今井出版、二〇一二年）、同『古代出雲の深層と時空』（同成社、二〇一四年）など。

なお『播磨国風土記』については、これまで国文学者の飯泉健司氏によって、以下のような業績が蓄積されている。飯泉「播磨国風土記・粒丘伝承考――〈国占め〉伝承の基盤と展開――」（『上代文学』六三、一九八九年）、同「播磨国風土記・佐比岡伝承考――風土記説話成立の一過程――」（『古代文学』三三、一九九四年）、同「三山相闘（上・下）――播磨国風土記・神阜伝承作成者の視点――」（『國學院雜誌』一〇〇―八・九、一九九九年）、同「風土記〈在地伝承作成者〉の視点」（『埼玉大学紀要教育学部［人文・社会科学Ⅱ］』四八―一・二、一九九九年）、同「播磨国風土記」（植垣節也・橋本雅之編『風土記を学ぶ人のために』世界思想社、二〇〇一年）、同「仏像に似る神――播磨国風土記神嶋条の表現性――」（『国語と国文学』八一―一一、二〇〇四年）、同「播磨国風土記――「素朴」に隠された編纂者の知恵」（『国文学　解釈と鑑賞』七六―五、二〇一一年）など。

（7）石母田正「古代文学成立の一過程――『出雲国風土記』所収「国引き」の詞章の分析――」（同『神話と文学』岩波書店、二〇〇〇年。初出は一九五七年）。

（8）石母田註（7）前掲書、一六八頁、一八〇頁など。

（9）石母田註（7）前掲書、一五九頁。

（10）岡田註（5）前掲論文、小松和彦「日本神話における占有儀礼――風土記を中心に――」（『日本神話と祭祀』講座日本の神話7、有精堂出版、一九七七年）、飯泉註（6）前掲論文「播磨国風土記・粒丘伝承考」など。

（11）播磨国内の郡名表記は史料によってさまざまあるが、本書では、原則として『播磨国風土記』の記述にしたがう。

（12）ただし『出雲国風土記』の仁多郡三処《みところ》郷条には、「大穴持命、此の地の田好し。故に吾が御地《みところ》として古より経《おさ》めると詔る。故に三処と云ふ」（原漢文）とある。この史料は事実上、『出雲国風土記』にみえる「国占め」神話の一つといえるだろう。

（13）讃容郡の邑宝《おほ》（大）村を「占めた」という「弥麻都《みまつ》比古命」（表Ⅱ―3の⑥）については、これを天皇名（ミマツヒコカヱシネ＝孝昭天皇）と考える見解がある。しかしその蓋然性はきわめて低い。むしろ古代史料において、「皇孫《すめみま》」「天孫《あめみま》」の言葉があるように、「弥麻《みま》」＝「孫」ではなかろうか。つまり某神の「孫の彦神（男神）」というのがその神名の意味である。『延喜式』の神名帳によると、阿波国名方郡に「御間都比古神社」という式内社があり（巻一〇、神名下）、これも同種の神名だと思われる。とすれば播磨国での「弥麻都比古命」が何神の孫神であるかが問題になるが、今後の究明課題にしたい。なお風土記の餝磨郡条冒頭にみえる「大三間津日子命」についても、ひとまず右と同様に理解しておきたい。

（14）中世諸国一宮制研究会（代表：井上寛司）編『中世諸国一宮制の基礎的研究』（岩田書院、二〇〇〇年）、四四八～四四九頁。

（15）「延喜神名帳」によると、東播の明石郡と西播の赤穂郡において、それぞれ「伊和都比売神社」を名乗る式内社がある（『延喜式』巻一〇、神名下）。これを伊和大神に関連する社名とみると、伊和大神の信仰圏は、加古川流域の賀古郡・賀毛郡などを除く、ほぼ播磨全域に及んでいたと理解できる。

(16) 青木紀元『日本神話の基礎的研究』第一編第一章「風土記の神」（風間書房、一九七〇年）。

(17) なお青木氏は、葦原志挙（許）乎命の「闘う神」「争う神」としての性格は、伊和大神とも通ずる点でもあると指摘する（表Ⅱ―3の④⑫のほか『播磨国風土記』神前郡多駝里粳岡条など）。ところが氏によると、葦原志挙（許）乎命という神の名は、地元民の信仰に根ざした神名ではなかった。そこで西播地域では、この神と「伊和大神」とが相重なる傾向を生じたと説いている。ただし青木氏は、両者を当初から同一の神とみるのは間違いで、別々の根拠のうえに存在する神であることも強調している（青木註(16)前掲書、七四～七五頁）。

(18) 本書第Ⅲ部第三章参照。

(19) 坂江渉「『播磨国風土記』からみる出雲・播磨間の交通と出雲認識」（『古代出雲の多面的交流の研究』島根県古代文化センター、二〇一一年）。

(20) 鎌田元一「日本古代の「クニ」」（同『律令公民制の研究』塙書房、二〇〇一年。初出は一九八八年）。

(21) これに関連して、興味深い古代土地所有論を提起しているのが菊地康明氏である。菊地氏は、広く前近代社会の土地所有の解明にあたっては、人と物との物権的視角ではなく、物（大地としての土地を含む）をめぐる人と人との社会的関係の解明こそが重要だと説いている（菊地『日本古代土地所有の研究』〈東京大学出版会、一九六九年〉、八～九頁、二七五～二七八頁）。継承すべき見方であり、これにしたがって「国占め」の説話を見直すと、従来とは異なる形の歴史像を得られると思われる。

(22) 古く神話学者の松村武雄氏は、『播磨国風土記』にみえる「国占め」神話について、それが、「原初文化史的に観ずれば「村占め」に他ならぬ」と指摘している（松村『日本神話の研究』第一巻「序説篇」第三章第四節「風土記の検討」〈培風館、一九五四年〉、二八八頁）。

(23) 鬼頭清明「郷・村・集落」（『国立歴史民俗博物館研究報告』二二、一九八九年）、今津勝紀『日本古代の税制と地域社会』（塙書房、二〇一二年）第二部第五章「日本古代の村落と地域社会」など。

(24)　山尾幸久『日本古代国家と土地所有』（塙書房、二〇〇三年）第四章第二節「国家掌握下の地域共同組織「村」」、三一四頁。

(25)　『播磨国風土記』揖保郡少宅里条。

(26)　なお「里」の名が、既存の「村」名ではなく、里内のそれ以外の小地名（自然地名）や、「郡家里」「駅家里」などのように、新たに創出されるケースがあったことは否定できない。

(27)　菊地照夫「国引き神話と杖」（『出雲古代史研究』一、一九九一年）。

(28)　『播磨国風土記』揖保郡枚方里の大見山条では、品太天皇（応神天皇）がこの山の嶺《みね》で「国見」をしたから「大見山」と呼んだとみえている。それに続く条文では、「御立ちする処に盤石《いは》あり。高さ三尺ばかり、長さ三丈ばかり、広さ二丈ばかりなり。その石の面には、往々《ところどころ》に窪める跡あり」（原漢文）とある。そしてこれを名付けて、「御沓《みくつ》と御杖《みつえ》の処と曰ふ」と記されている。これをみると、本史料は品太天皇を主人公にした地名起源説話となっているが、もともとは、国見行事と結びついた地元神を主人公とする「国占め」神話をオリジナルにしていた可能性が高い。

(29)　岡田精司「即位儀・大嘗祭をめぐる問題点」（同『古代祭祀の史的研究』塙書房、一九九二年）。

(30)　岡田精司「大王就任儀礼の原形とその展開——即位と大嘗祭——」（岡田註(29)前掲書。初出は一九八三年）。このうち毎冬一一月の卯の日の新嘗の夜の祭儀では、天皇は自ら「高皇産霊尊《たかみむすび》」となり、「厳瓮《いつべ》之粮《おもの》」を「嘗《な》」める神事をおこなう。その内容は、『日本書紀』の神武天皇即位前紀の、神武天皇による「顕斎《うつしいはひ》」の神話と表現されているという（岡田註(29)前掲論文、一〇〇～一〇一頁）。

(31)　岡田氏は、当番神主（一年神主）が祭儀の期間だけ神として振る舞って供物などを口にする民俗事例をいくつか紹介し、今日、全国的に有名な「神がかり」神事として、出雲国の美保《みほ》神社の「蒼柴垣神事《あおふしがき》」を挙げている（岡田註(29)前掲論文、一〇一頁）。蒼柴垣神事については、和歌森太郎『美保神社の研究』（国書刊行会、一九七五年。初版は一九五五年）、島根県古代文化センター編『島根半島の祭礼と祭祀組織』（島根県古代文化センター、一九九七年）を参照のこと。

(32)　ただし岡田氏は、宮中の「新嘗」「神今食」の儀に関わる説話群には、「食」の要素とともに、「性」の要素も濃厚に入っていると指摘している。氏によると、かつてそれらの儀式には、「神がかり」した大王と、貢上されてきた地方豪族の子女（采女）による「聖婚」儀礼が実施されていたという（岡田註(29)前掲論文、一〇二〜一〇六頁）。しかし『播磨国風土記』をみる限り、祭祀時の「性」の要素は、歌垣に関連する史料以外に感じ取れない。

(33)　播磨国の揖保郡の故地の一つ、新宮町（現在は兵庫県たつの市新宮町）でも、一九六〇年代の半ば頃まで、毎年卯月八日（四月八日）には、弁当を持参して山に登り、海を眺めたり豊作祈願をしたりする風習があったという（『播磨新宮町史』の編纂委員会古代史部会が二〇〇三年七月一五日に開催した歴史講座参加者におこなった聞き取り調査による）。

(34)　柳田國男「酒もり塩もり」（ちくま文庫版全集一七『食物と心臓』。初出は一九四〇年）。

(35)　山城賀茂社の玉依日売、三輪の大物主神の妻となった活玉依毘売の話など、一般に古代では、神のタマ（魂、玉）を依り憑かせるのは、女性（巫女）の役割というイメージが強い。しかし六国史には、男性が「神がかり」した話も載せられている。

たとえば、壬申の乱の最中、大和国高市郡の大領高市県主許梅《こめ》は、「にわかに口閉《つぐ》びて言《ものい》ふこと能はず。三日の後に、方に神着《かみかか》りて言はく、吾は高市社に居ます、名は事代主神なり。また身狭《むさ》社に居ます、名は生霊《いくみたま》神なり」といったという（『日本書紀』天武天皇元年〈六七二〉七月条、原漢文）。また貞観七年（八六五）、甲斐国八代郡の擬大領無位の伴直真貞は、浅間明神（富士山）の託宣を下したといい、『日本三代実録』ではそれについて、「真貞の身、或は伸びて八尺ばかり、或いは屈みて二尺ばかり、身を変えて長短をなし、件等の詞《ことば》を吐く。国司之を卜筮に求めるに、告ぐる所、託宣と同じ」と書かれている（同書、貞観七年一二月九日丙辰条。原漢文）。ただしこのうち前者の史料の大領高市県主許梅《こめ》は、女性である可能性も否定できない。

(36)　前述のように、毎冬一一月の卯の日の新嘗の夜におこなわれる宮中神事では、天皇は自ら「高皇産霊尊」となり、「厳瓮之粮」を「嘗」める行為をしたといわれる（岡田註(29)前掲論文）。これによると新嘗の神事で天皇が憑依させる神霊は、天皇家の「祖霊」ということになろう。しかし古代の民間の神祭りの世界において、「祖霊」信仰が芽生えだすのは、平安時代以降のことだと思われる。風土記の時代においては、族長層が自らに憑依させるものは、「祖霊」ではなく自然物そのものを体現させた地域の「守護霊」とみるべきである。

(37) ただし説話によると、食事の際、神はご飯粒をこぼしたと書かれ、それが「粒丘」の地名由来だと説かれている。こういう記述になったのは、よほど神が慌てていたという、やや滑稽なニュアンスが込められていると考えられる。と同時に、この儀式が限られた人間だけが参列する「秘儀」であったのではなく、一定の公開性をもっていたことをあらわすであろう。なお「粒丘」の真の地名由来は、風土記の中にも書かれるように（表Ⅱ―3の③）、丘の上の小石がご飯粒に似ている事実だと思われる。

(38) 『三国志』巻三〇の「魏書東夷伝」の韓条には、三世紀の韓人の習俗として、「常に五月を以て種を下ろす。訖って鬼神を祭り、群聚して歌舞し、飲酒して昼夜休むことなし。その舞ふや数十人、倶に起きて相随ひて地を踏み、手足を低く昂くして相応じ、節奏は鐸舞に似たるあり。十月の農功おわれば、またまたかくの如し」（中華書局版『三国志』三〈魏書三〉、八五二頁。原漢文）と記されている。これはあくまで朝鮮半島の「韓人」の稲作の祭りに関する情報であるが、風土記の時代の播磨国の讃容郡地域でも、これと同様、春から初夏にかけて、田植とも連動する「種下ろし」の祭祀儀礼があったと想定しておきたい。

なお日本各地の農耕民俗や田遊び（芸能）の研究をすすめる新井恒易氏によると、列島上の農耕祭祀儀礼において、伝統的に盛大な規模になる行事は、旧暦五月の「種下ろし」と、一〇月の「収穫」の、二つの祭りであるという（新井『農と田遊びの研究』下Ⅱ第一章「農耕儀礼と田遊び」〈明治書院、一九八一年〉、同『日本の祭りと芸能』〈ぎょうせい、一九九〇年〉）。

(39) 横田健一氏も、この史料の中身について、動物犠牲をともなった「祭儀神話」の断片とみている（横田『日本古代の精神――神々の発展と没落――』〈講談社、一九六九年〉、三三一～三三三頁）。

(40) 岡田精司「古代伝承の鹿――大王祭祀復元の試み――」（同『古代祭祀の史的研究』塙書房、一九九二年。初出は一九八八年）。辰巳和弘『風土記の考古学――古代人の自然観――』（白水社、一九九九年）第七章「獣」など。

(41) 弥生時代の農耕祭祀道具といわれる銅鐸には、さまざまな動物が描かれている。その数がもっとも多いのがシカで、全体の六割以上を占める。ついでサギ・魚・イノシシの順だという〈国立歴史民俗博物館編『歴博フォーラム　銅鐸の絵を読み解く』Ⅲ「対論・銅鐸の絵をどう読み解くか　佐原真／春成秀爾」〈小学館、一九九七年〉、一四一頁〉。平林章仁『鹿と鳥の文化史――古代日本の儀礼と呪術――』〈白水社、一九九二年〉も参照のこと。

(42)　この点に関連して考古学者の春成秀爾氏は、「鹿の角は稲とともに成長し、稲が稔る秋には完成して成長してとまる。毎年、夏から秋にかけて例外なく見事に成長する鹿の角は、稲の成長を誘導する特別な霊力をもつものとして、稲作民の眼に映るようになったのではないだろうか」と述べている〈国立歴史民俗博物館編註(41)前掲書、一四四頁〉。

(43)　海の生き物であるウミガメも、古代以来、各地で聖獣視される動物である。ただしそれは絶対的な崇敬を受けていたわけではなかった。祭りなどの特別の日、産卵のために上陸したウミガメの一部は、「聖界」から「俗界」入りの可視的確認儀礼など特別の作法を経て捕らえられ、共同飲食に付される習俗があった〈坂江渉「神戸・阪神間の浜辺にやって来ていたもの――ウミガメの上陸・産卵をめぐる文化史――」〈同編『神戸・阪神間の古代史』神戸新聞総合出版センター、二〇一一年〉〉。

(44)　なお『播磨国風土記』の「五月夜」の地名起源説話の末尾には、わざわざ「即ち鹿を放ちし山を鹿庭山と号く」〈原漢文〉とあることからみて、供犠用に捕らえられたシカのうち共同飲食や血の呪術用に供される以外のシカは、みな放獣されたとみられる。

(45)　大山喬平「中世の身分制と国家」〈同『日本中世農村史の研究』岩波書店、一九七八年。初出は一九七六年〉、三九九頁。

(46)　祭祀と供犠《くぎ》の関係を分析した中村生雄氏によると、殺生禁断の仏教思想や血の「穢れ」意識が蔓延する以前の地域社会では、「生きものの血の中」に、「いのちのエネルギーの源」を認める観念が存在したと推定する〈中村『祭祀と供犠――日本人の自然観・動物観――』〈法藏館、二〇〇一年〉、四頁〉。また民俗学者の野本寛一氏は、古代において稲に活力を与えると考えられたものは、五月頃にちょうど出産期を迎える牝鹿の「腹の血」ではなかったかと指摘する〈野本『共生のフォークロア――民俗の環境思想――』〈青土社、一九九四年Ⅱ―一「鹿」〉〉。

(47)　横田健一氏は、「讃容の町田」を、佐用都比売神社の「マチ田」、すなわち「祭り田」「神田」であり、それが風土記編纂の当時まで存在していたのだと指摘する（横田註(39)前掲書、一二六頁）。
(48)　『播磨国風土記』讃容郡条冒頭。
(49)　荒木敏夫「8・9世紀の在地社会の構造と人民――律令制下の土地占有の具体化によせて――」（『歴史学研究』別冊特集、一九七四年）。
(50)　天平宝字二年（七五八）正月一二日付「越前国坂井郡司解」（『大日本古文書』東南院文書之二、一六〇頁）。
(51)　坂江渉「土地所有と律令国家」（『日本史研究』三三一、一九九〇年）。
(52)　大山喬平「中世における灌漑と開発の労働編成」（大山註(45)前掲書。初出は一九六一年）。
(53)　兵庫県教育委員会編『山陽道（西国街道）』歴史の道調査報告書第二集（兵庫県教育委員会、一九九二年）、岡山県教育委員会編『出雲往来』（岡山県歴史の道調査報告書第四集、岡山県教育委員会、一九九三年）、兵庫県教育委員会編『美作道』（歴史の道調査報告書第四集、兵庫県教育委員会、一九九四年）、鳥取県教育委員会文化課編『智頭往来』（鳥取県歴史の道調査報告書第一集、鳥取県教育委員会、一九八九年）、岡山県教育委員会編『因幡往来・因幡道・倉吉往来』（岡山県歴史の道調査報告書第五集、岡山県教育委員会、一九九三年）など。
(54)　『播磨国風土記』にみえるアメノヒボコ＝「天日桙（槍）命」については、これまで日本海ルートから進出してきた新羅系の渡来集団の象徴的存在として捉えられてきた。しかし筆者はこれを、朝鮮から渡来し、さらに出石郡の伊豆志神社の「八種の宝」＝「珠二貫・振レ波比礼・切レ浪比礼・振レ風比礼・切レ風比礼・奥津鏡・辺津鏡」（『古事記』中巻、応神天皇段）を将来したという伝承をもつ、但馬国を代表する神格であると理解する。これに関連して横田健一氏は、伊豆志神社に将来されたという八つの神宝が、「風」「浪」など、海洋的生活者の呪具である色彩が濃厚なもので、朝鮮からではなく、日本でできた物ではないかと推測する。そして、「大体、天日矛が新羅王子という伝えが怪しい」と述べている（横田「天之日矛伝説の一考察――神宝関係記事を中心として――」〈同『日本古代神話と氏族伝承』塙書房、一九八二年。初出は一九六二年〉、一二五頁）。
(55)　山尾幸久『日本古代王権形成史論』Ⅳ篇七章「倭王権による近畿周辺の統合」（岩波書店、一九八三年）。

(56)『播磨国風土記』餝磨郡条の末尾には、餝磨御宅が「大雀天皇の御世」＝仁徳朝に設置されたと書かれる。しかしこれは「聖王」「聖帝」とされた仁徳天皇＝「仁政」観にもとづく潤色と考えられる（仁藤敦史『古代王権と支配構造』第二編第二章「古代王権とミヤケ制」〈吉川弘文館、二〇一二年。初出は二〇〇五年〉参照）。餝磨御宅も含めた瀬戸内海沿岸部のミヤケの設置は、実際には、六世紀半ば前後の朝鮮半島情勢の緊迫化に対応した、王権による軍事的拠点の整備・拡充策と密接に連動していると考えられる。
(57) 中林隆之「石作氏の配置とその前提」（『日本歴史』七五一、二〇一〇年）。
(58) 西本昌弘氏は、伊和君氏の本拠地である「伊和村」について、いわゆる『魏志倭人伝』にみえる「伊邪国」がこれに対応すると説いている（西本「魏志倭人伝にみえる播磨・畿内の二一国名」〈『ヒストリア』一二七、一九九〇年〉）。
(59) なお直木孝次郎氏は、伊和君をめぐる勢力交代時期について、伊和君氏はおそらく五世紀に朝廷勢力によって圧倒されたと指摘する。そして伊和氏に代わって播磨中央部に勢力を持ちだしたのが佐伯直氏で、やがて同氏は播磨国造に任命されたと説く（『兵庫県史』一〈兵庫県、一九七四年〉、三八八頁）。

第Ⅲ部

古代の水陸交通と境界の呪術・祭祀

第一章　古代国家とミナトの神祭り

はじめに

本章では、神戸・西摂地域のミナトをめぐる国家的な祭祀伝承に焦点をしぼり、そこでの神祭り構造の解明や、それが古代国家の海外交通において、どのような役割や意味をもったかを考える。なお、古代の港津については史料上さまざまに記される。本章では「水門」の読みに由来するミナトと統一表記する。

一　ミナトの呪術・祭祀伝承

古代の神戸・西摂地域に関連する史料に眼をやると、ミナトの呪術・祭祀に関わる神話や伝承が少なくない。有名な神功皇后の新羅征討譚で、帰国時に難波入りしようとする皇后の船が突然進まなくなった。そこで船は「務古水門《むこのみなと》」に引き返す。現在の兵庫県の武庫川の河口付近にあったと推定されるミナトである（図Ⅲ―1参照）。皇后はその場で「神占い」をおこなった。すると住吉三神など何柱かの神が現れる。それぞれが託宣を下し、難波の住吉大社のほか西摂の広田・生田・長田三社の鎮座起源が語られる、という伝承がある。『日本書紀』には、この前半の場面について、「皇后之船、直指二難波一。于時、皇后之船廻二於海中一、以不レ能レ進。更還二務古水門一而卜之」[1]と記されている。

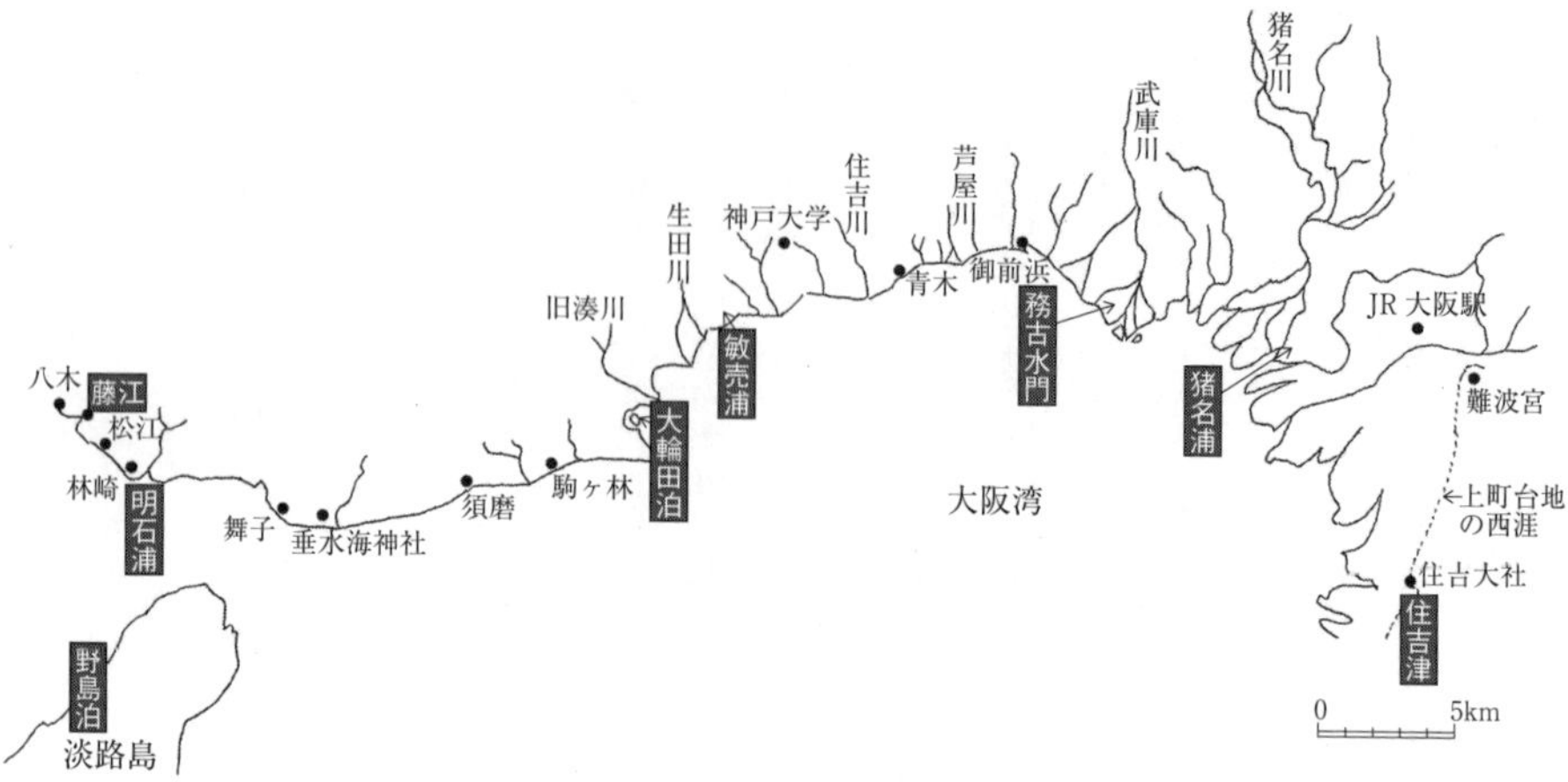

図Ⅲ―1　神戸・西摂～明石海峡のミナト（明治前期の陸測図をもとに作図）

これは史実ではなく、あくまで説話にすぎない。しかし実際に神を招霊し「卜占」をおこなうためには、一定の手続きと空間とを必要とする。この伝承の前提には、務古水門の内に、呪術・祭祀をする条件を満たす場所があったことをうかがえる。

九世紀の元慶年間以降に成立したといわれる『住吉大社神代記』には[2]、住吉大社の鎮座起源譚とともに、各地の住吉社領や系列神などが載っている。そのうち現在の兵庫県の猪名川の河口部にあったと考えられる猪名浦の「江尻」の西側に、「神前審神《さにわ》浜」（鯖浜）という所領があったと書かれている[3]。

この「審神」とは、「沙庭」「斎庭」「湯庭」とも書かれ、神の託宣を聞き、その意思を判断する場所をさす。また「神前」は、古代の河辺郡内の東南付近、現在の兵庫県尼崎市神崎町から大阪府豊中市庄本町あたりに比定される地名である。西摂地域を代表するミナトの一つ、猪名浦の一角に、「神依せ」に適した浜辺があった事実が浮かんでくる。

さらにこの神前と呪術・祭祀との結びつきは、『摂津国風土記』の美奴売《みぬめ》松原条の逸文にもみえる。それによると美奴売松原に鎮座する神は、もともと能勢郡の美奴売山に住まう神であった。ところが新羅へ軍事出兵する際、神功皇后が諸々の

「神祇《かみ》」を集め、「礼福《さきはひ》」を請い願った。その時この神も出現し、大きな霊験を示す。こうして神々が集まった場所が、「神前松原」だったと書かれる。(4) この史料からも、神前の地が、一つの宗教上の聖地として意識されていた点がみえてくる。

つぎにこの神前に隣接する土地に関連して、『日本書紀』の履中天皇五年条の説話にも注目したい。履中天皇は宗像三神の祟りによって、后妃を亡くしてしまった。天皇はそのことを悔い、祟りの原因を探ろうとする。すると車持君という豪族の犯した「罪」による祟りであることが判明する。そこで償いをさせるため、車持君に「祓禊《はらへみそ》ぎ」を命じた場所が、「長渚崎《ながすのさき》」であったという。(5)

この長渚という地名は、通説では、前述の神前の地より、やや南側の土地で、現在の兵庫県尼崎市長洲町あたりをさすとみられている。また車持君が命じられた「祓禊ぎ」という行為は、祭祀行為そのものをあらわさない。だがそうした呪術的な行事が、猪名浦近くの長渚崎でおこなわれたとする点に留意したい。つまり、猪名浦の南側の海辺には、祭祀や呪術に関わる場所が集中的に分布していたことがわかる。

さらに前述の摂津国の「美奴売」のミナトについても、呪術儀礼にまつわる史料がある。『延喜式』巻二一の玄蕃寮諸蕃条に、「新羅客」などの外国使が海路来日した時、中臣氏の官人一人を遣わし、「神酒」を給うという規定がある。その給付場所は二つあり、一つは難波津の近くにあった迎賓用施設の難波館。もう一つが現在の神戸市灘区の大石・味泥・脇浜あたりに比定されている敏売浦《みぬめのうら》の「敏売崎」であった（ただし所在地については大輪田泊と同一視する見方もある）。

この敏売浦は、『万葉集』に何度も登場し、たとえば、「八千桙の　神の御世より　百船の　泊《は》つる泊(6)」などと歌われるミナトである。右の『延喜式』の規定は、このような敏売浦近くの「崎」における、来日使節に対する外交儀礼の一つである。その条文には、「神酒」という言葉や中臣氏の官人を派遣する条項がみえるように、この儀式が何らかの呪術的要素を帯びていたことは明らかである（詳しくは次章を参照）。

このように神戸・西摂地域のミナトについては、神事・呪術行為と結びついた伝承や史料が多い。こうした結びつきは、現代の我々の常識からすると、一見不可思議な現象にみえる。ミナトと宗教が、なぜ関わり合うのであろうか。またこうした史料が、この地域に偏って残存しているのはなぜか、しかもそれらが国家的な祭祀伝承としてあらわれている点をどうみたらよいか。

そこでまず考えたいのは、当時のミナトを取り巻く自然環境についてである。次節ではこの点に検討を加え、さらにそこから古代のミナトにおける民間信仰の場の具体相を探ってみたい。

二　ミナトの自然環境と信仰の場

(1)ミナトの自然環境

これまでの考古学・歴史地理学などの研究成果によると、古代のミナトは、今日の港湾施設のあり方と大きく異なっていた。当時の船体構造（浅い扁平の船底）や操船技術などに制約され、直接、外洋に接する所にはミナトを造ることができなかった。そのため、外海からの風波を遮れる、海岸線を深く湾入したラグーン・大河川の河口部の干潟など、低湿地形において形成された。砂泥地という自然環境を利用した「天然の良港」というのが、古代のミナトの実像であった[7]。

そこで実際に船が出入りするミナトの水路の周りには、変化に富む自然地形や、砂の堆積が形作る、さまざまな景観があった。そこには、後背湿地の前面の内海や汀線に並行してできた沿岸州（＝砂堆《さたい》列・浜堤・砂丘）、大小さまざまな砂州状の島々、あるいは砂嘴《さし》などの微高地がみられた。また低湿地ならではの葦が群生する水辺、その近くで水鳥たちがたわむれる姿、さらに砂堆上に生える松林（白砂青松）の風景など、まさに風光明媚な光景が展開していたはずである。このような場所は、古代の人々にとって心なごむ場であるとともに、神と人が接触する場としても認識されていたと考えられる。

干潟状のミナトのうち、これまで信仰との関連で着目されてきたのは、砂州状の島々である。海の潮の満ち干にしたがい一日ごとに形を変え、浮き沈みを繰り返す砂州状の島々の光景は、当時の人々にとって、神秘的で生命力に満ち溢れたものであったらしい。

従来の研究によると、海辺で生活する海人《あま》（海部）たちは、これを精霊（魂）の宿る場所とみなし、「生島《いくしま》」「足島《たるしま》」という美称で敬意をあらわして信仰し、海路の安全や豊漁を祈る慣習があった。そしてこういう民間信仰を一つの基盤にして、古代の大王（天皇）の即位儀礼の一つ、八十島《やそしま》祭も成立したと考えられている(8)。

写真Ⅲ—1　白砂青松と砂州の景観
（兵庫県たつの市新舞子浜 2009年９月）

(2) 砂嘴の地形

しかしミナトにおける信仰の場所として、筆者がもっとも注目したいのは、干潟状の入り江の開口部などに沿岸漂砂《ひょうさ》の作用により形成される砂嘴である。砂嘴には、「単純砂嘴」「鈎状《かぎじょう》砂嘴」「複合砂嘴」「二重砂嘴」など、さまざまなタイプがある(9)。しかしいずれにせよ、砂嘴とは、陸地から細長い半島になって海に突き出した海岸州をいう。現存する砂嘴の景観として有名なものは、日本三景の一つ、京都府宮津市の「天橋立」である。

一般に古代社会において、海岸線・湖沼・河川等の水辺に陸地が突出する箇所は、刀剣の穂先、弓矢、桙、梯、箸、柱、そして巨木等の尖塔部などと同じく、神の依り憑くところ、神霊の往き来する場所などとして畏敬

表Ⅲ―1　『延喜式』神名帳にみえる「サキ」に関連する神社

国	郡	社　名	備　　考
和泉国	日根郡	（男神社）	呼於郷、雄水門あり
		神前神社	神前船息あり
伊勢国	度会郡	神前神社	大神宮摂社二四座の一
	飯野郡	石前神社	
	奄芸郡	尾前神社	
	三重郡	神前神社	
	桑名郡	（尾津神社）	「景行記」に尾津前がみえる
駿河国	廬原郡	（御穂神社）	
上総国	埴生郡	玉前神社	『古今著聞集』一に関連記事
	海上郡	姉埼神社	
近江国	伊香郡	神前神社	
		足前神社	
		甘櫟前神社	
	高島郡	大前神社	
下野国	都賀郡	大前神社	
	芳賀郡	大前神社	
陸奥国	牡鹿郡	零羊埼神社	名神大
越前国	敦賀郡	志比前神社	椎前神三戸（大同元年牒）
		和志前神社	敦賀市鷲崎付近か
		金前神社	
		大神下前神社	
		三前神社	
	足羽郡	推前神社	
	坂井郡	御前神社	
		糸前神社	
加賀国	石川郡	佐奇神社	
	加賀郡	（大野湊神社）	犀川の河口部付近か
越後国	魚沼郡	大前神社	大和町大崎付近か
	磐船郡	（湊神社）	
出雲国	意宇郡	前神社	『出雲国風土記』にもみえる
	島根郡	（美保神社）	
	出雲郡	御碕神社	
讃岐国	寒川郡	神前神社	神埼郷あり

視されていた。

たとえば『延喜式』巻九、一〇の「神名帳」では、「〇前」「△崎」などと称する神社を約三〇例近く確認できる。表Ⅲ―1はそれを一覧にしたものである。神社に冠せられた名のほとんどは、それぞれの所在地の地名であろう。しかもその地名は、本来、現地の地形（半島や尾根）に因むものだと思われる。表Ⅲ―1をみるとわかるように、もっとも類例が多いのは「神前神社」で五例、「御前」「三前」「佐奇」などの名をもつ神社がそれに続く。またこれとは別に、駿河国廬原《いおはら》郡に「御穂《みほ》神社」、出雲国島根郡に「美保《みほ》神社」がある。ここにある「穂《ほ》」という文字は、「稲穂」「浪穂」「槍穂」などの言葉が示すように、「突端」「卓出して目立つもの」「秀でたもの」を意味する。それにプラスして尊称をあらわす接頭語の「御」（美）が冠せられている。そこで駿河と出雲の二つの「ミホ神社」も、陸地の突出部分、すなわち岬の先端を畏敬視した神社名ということになろう。

また『古事記』や『日本書紀』の神話や説話にも、「碕」に関する史料がたくさん登場する。それによると「碕」や「御埼」（岬）の地は、神が「宿」り、「遊」ぶ空間であり[10]、また宮中祭祀用の素材「御綱柏」などを採取する神聖な場所として認識されていた[11]。さらに『摂津国風土記』住吉条の逸文によると、諸国を巡行した住吉大神が、最後に「住まうのに良い国」として国誉めして鎮座した地が、「沼名椋《ぬなくら》の長岡の前《さき》」であったと記されている[12]。

(3)天橋立の神話と海人の信仰

これらの伝承によると、陸地が水辺に突出する場所や半島は、古代において神聖視されていたことが明らかである。もっとも右の文献史料にみえる「崎」や「前」と、砂嘴状の「サキ」とは、厳密にみると、地形上のタイプを異にするものである。しかし砂嘴状の「サキ」であっても、陸地が海等に突き出す点では同様のものとして、古代では「崎」や「前」と表記され、しかも神聖視されていたことを示す史料がある。それが前述の「天橋立（椅立）」の地名起源説話である。『丹後国風土記』の逸文には、つぎのようにある。

与謝《よさ》郡。郡家東北隅方、有二速石《はやし》里一。此里之海、有二長大前一。長一千二百廿九丈、広或所九丈以下、或所十丈以上廿丈以下。先名二天椅立一、後名二久志浜一。然云者、国生大神伊射奈芸命、天為二通行一、而椅《はし》作立、故云二天椅立一。神御寝坐間、仆伏。仍怪二久志備坐一、故云二久志備浜一。此中間云二久志一。自レ此東海云二与謝海一、西海云二阿蘇海一。是二面海。雑魚貝等住。

写真Ⅲ－2　丹後国の天橋立
（京都府宮津市 2003年3月）

但蛤乏少。[13]

これによると「天椅立（橋立）」は、当時、与謝郡の郡家からみて東北方向にある速石里に属していた。長さは一二〇〇余丈（約三・七キロメートル）、幅は九〜二〇丈（約三〇〜六〇メートル）。現在の砂嘴の実長よりも、やや短めの長さが書かれている。その形状について、ここでは「浜」と記されるとともに、「長大《とほしろ》き前《さき》」と記されている。これは現在の宮津市江尻から南南西方向に長く延び、東側の「与謝海」と、西側の「阿蘇海」とを隔てている砂嘴（＝大天橋）の形を的確に表現したものである。つまり天橋立のような細長く海に延びる砂嘴であっても、古代においては、それは「前」（崎）なのであった。

それでは当地の砂嘴は、なぜ「天椅立」と呼ばれることになったのか。その理由として右の説話では、「イザナギノミコト」が天に通うため、まず近くに「椅《はし》」（はしご）を作り立てたからだという。民俗学者の柳田國男は、この「椅立ての地」の実際の比定地として、砂嘴の北側にある西国三十三所巡礼の札所、「成相《なりあい》山」付近だと推定する。[14]ところが神が居眠りしている間にそれが倒れ伏した。だから当初「天椅立」と呼び、のちに「久志浜」というようになったと伝えている。これをみると、天橋立のような砂嘴も、古代においては神話の舞台となる聖なる場所と位置づけられていたことがわかる。

現在、この天橋立の北詰の付け根付近に、後世の丹後国一宮で、延喜式内社（名神大社）の「籠《この》神社」が鎮座する。籠神社は日本最古の家系図の一つ、「海部氏系図」を所蔵することで有名である。代々の宮司家（祝）は、「彦火明命《ひこほあかりのみこと》」を始祖として仰ぐ海部直氏であった。一方、右の「椅立」伝承に登場する神は、一般に海人系氏族が奉じたといわれる「イザナギノミコト」であった。この二つの点に着目すると、籠神社を奉斎する海人系氏族の海部直氏と、その眼前に広がる砂嘴（＝大天橋）は、かつて信仰や祭祀儀礼を通じて、不可分の結びつきをもっていたと思われる(15)。

おそらく「阿蘇海」の沿岸一帯を直接支配下に置く海部直氏は、砂嘴そのものを一族や地域全体の共同守護霊が宿り憑く神体として、あるいは守護霊が海から来臨する通り路として、信仰していたのではないか。その守護霊を迎え入れ、まず一次的な祭りをする場は、砂嘴の先端の浜辺付近――今日「橋立明神」の祠が鎮座するあたりだったのであろう。その後、神霊をさらに遷し、氏人たちによる本祭のおこなわれる区画が、現在の「籠神社」の境内付近であったと考えられる。このような砂嘴に対する海部直氏らの信仰の存在が、先の風土記逸文における「イザナギノミコト」の天椅立伝承の大きな基盤の一つになったと理解される。

以上のように、天橋立の地名起源説話からは、砂嘴状の「サキ」が、その近辺の海人たちの信仰の対象であったことを読み取れるのである。

(4) 大飛島遺跡の砂嘴と祭りの重層性

つぎに考古学遺構に眼を向けてみると、砂嘴に対する祭祀や信仰の痕跡を語るものとして、岡山県笠岡市の大《おお》飛《ひ》島《しま》遺跡が注目される。

大飛島は瀬戸内海の笠岡諸島の西南端付近に浮かぶ島で、笠岡港から高速定期船に乗って約一時間一五分程度の距離である。その島の「洲《す》」という所にある、旧飛島小・中学校の校庭脇の巨石群の周辺から、一九六二年、貴重な祭祀遺跡が見つかった。地下八〇センチ前後の砂層を中心にして、奈良時代から平安前期の須恵器・土師器のほか、奈良三彩の小壺、唐花文六花鏡、ガラス器、玉類、そして大量の皇朝十二銭などが発掘された。出土

写真Ⅲ―3　小飛島に延びる砂嘴（2003年1月）

写真Ⅲ―4　砂嘴上からみた祭祀遺構
（左奥の樹木の下の石柱付近 2003年1月）

遺物の中身からみて、これはとうてい地元住民の祭祀に関わる遺構にとどまるものではなかった。遣唐使など、中央の対外使節による航海安全の祈願等、国家的祭祀にまつわる遺跡であったと理解されている(16)。

このような場所で、なぜ国家的レベルの祭りがおこなわれたか。その大きな理由は、この遺跡の眼前の砂浜に、東隣の小飛島《こひしま》に向かって伸びる砂嘴（写真Ⅲ―3）が現れるからである。つまり大飛島遺跡は、砂嘴と一体化した祭祀遺跡である。

そもそもこの大飛島付近は、瀬戸内海域のほぼ真ん中に位置する。東端の入り口の紀伊水道と、西端の入り口の豊後水道から流れ満ちてきた「上げ潮」が合流するのが、ちょうどこのあたりであった。そこでこの島には、沿岸漂砂などによる細長い砂嘴が形成されやすい環境ができあがったらしい。現在、この砂嘴は、「大飛島の砂州」として笠岡市の天然記念物に指定されている。しかし近年、海水位の上昇や漂砂量の減少などにより痩せ細り、大潮の時にも現れなくなっており、かなり危機的な状況に置かれている。

写真Ⅲ―3・4は、二〇〇三年一月段階の砂嘴の姿である。撮影したのは、大潮の翌日の干潮時で、砂嘴の長さは、最大で約五〇メートルを観察できた。しかし二〇～三〇年前の干潮時には、約三〇〇メートルの長さの砂嘴がみられることもあったという。(17) かつてこの島では、このような大規模な砂嘴が、潮の干満にしたがって、現れたり、隠れたりする動きを繰り返してきた。さらに季節によっては、その先端の方向が微妙に変化することもあったらしい。

これらの現象は、古代の人々にとって、かなり神秘的なものとして映り、砂嘴に神が宿るとの強い実感を与えたようである。(18) このような、いわばむき出しの砂嘴は、前述の天橋立のような白砂青松の砂嘴と様相を異にする。しかしその素朴な神秘性ゆえに、ここもまた聖なる場所として仰がれたとみられる。

そこで、古代のある時期、この海域の近くを官船で通過しようとする中央の使者（遣唐使など）が、おそらくこの海域のことをよく知っている地元海人や船乗りの案内・協力を得て、わざわざこの島に立ち寄った。そして航海の安全等を期して、この砂嘴の付け根付近の巨石群（大飛島遺跡）のもとで、臨時の祭祀・奉幣をおこなったと考えられる。

大飛島の祭祀遺跡は、地元の人々による祭りの跡ではない。考古学的に中央貴族らによる国家的祭祀の痕跡であることを示す。しかしその祭祀の前提には、この砂嘴に対する地元の信仰――具体的にはこの島を含む海域を自らの活動領域や「縄張り」と考える、海人・漁民らによる信仰があったのではなかろうか。

その祭祀形態の具体像を復元することは難しい。ただ一つの可能性として、大飛島の砂嘴のちょうど延長線上

写真Ⅲ―5　磐座の前の境内で「暴れる」神輿
（小飛島の嶋神社にて 2003年7月）

に位置する、対岸の小飛島《こひしま》の磐座の祭りと一体化した神事を想定できるかもしれない。というのも、この磐座を神体とする「嶋神社」は、現在も飛島島民全体の「氏神」としてまつられ、しかも毎年夏の大潮の日には、大飛島への神輿の「お渡り」神事がおこなわれているからである（現在は七月の別の日に固定して実施されている。写真Ⅲ―5参照）。その際、大飛島の砂嘴への上陸行事はみられないが、かつてこの神事が大潮の日におこなわれていた点に着目すれば、もともとは砂嘴の出現と連動した神事だった可能性がある。ここでは、そういう在来の信仰の存在を推定し、それと重層する形で、右の国家的祭祀もおこなわれたと考えておきたい(19)。

　このように、海に向かって細長く延びる砂状のサキ（砂嘴）も、古代において、神秘的な景観として畏敬視され、海の神の依り憑く場所、または神霊が往き来する場所として、信仰の対象になっていた。こうした砂嘴の景観は、戦後の高度経済成長期の沿岸「開発」事業などにより、今日ほとんど消え去ってしまっている。しかし古代には、砂質海岸が発達した各地の浜辺において、サキ（砂嘴）は、ごく普通にみられた風景だったであろう。そしてそれは、神戸・西摂地域の干潟状のミナトでも、同様だったのではないか。

　このような観点によって、いま一度冒頭に掲げたこの地域の呪術・祭祀関連史料を振り返ってみると、猪名浦近くの「神前松原」や「長渚崎」、敏売浦にあった「敏売崎」など、いずれの場合も、呪術・祭祀の実施場所の地名の一部に、「崎（前）」の文字が付されている点が注目される。

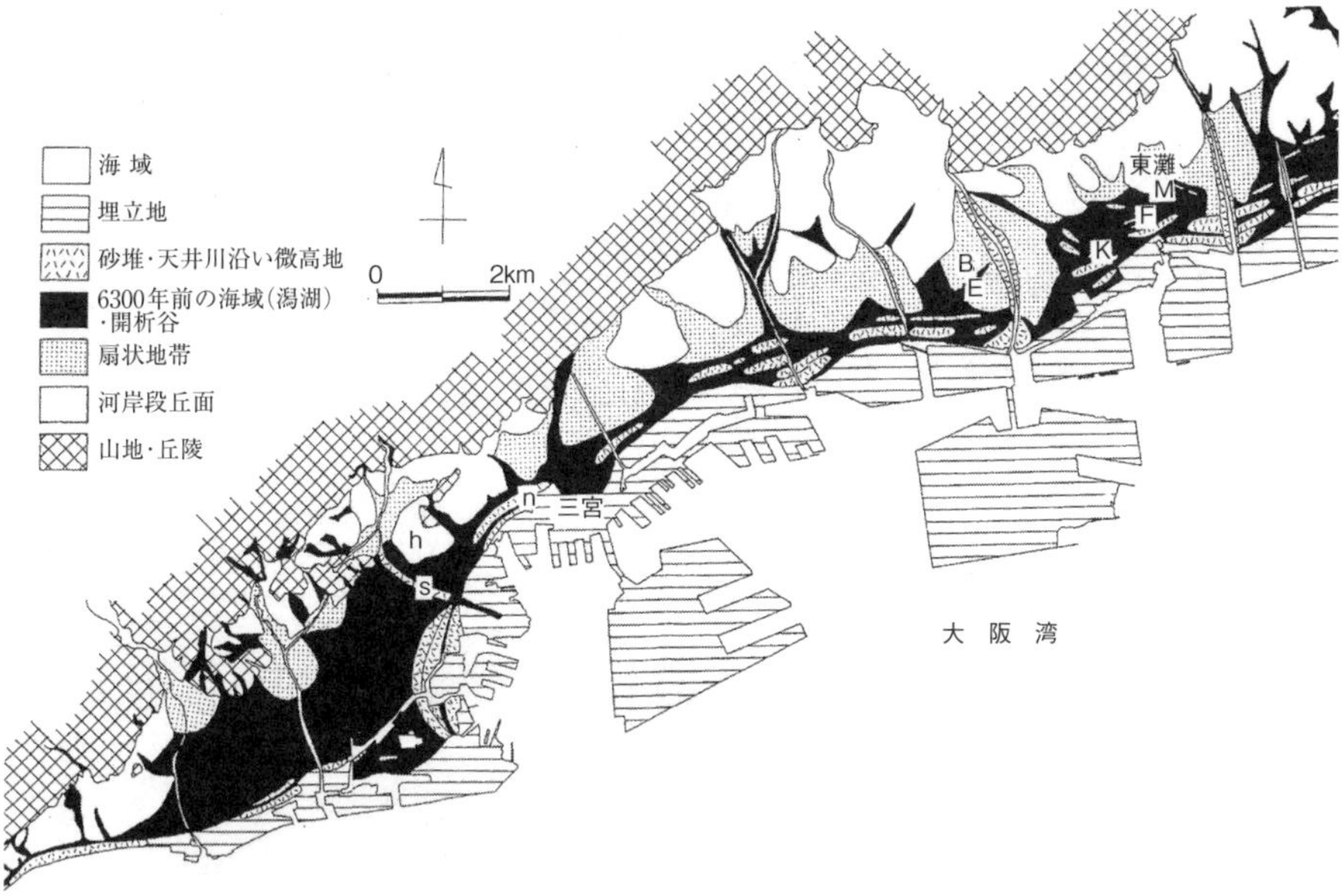

s：新開地・湊川　　h：神戸大学病院　　n：南京街
B：坊ヶ塚遺跡　　E：住吉東古墳　　K：北青木遺跡　　F：深江北町遺跡　　M：本山遺跡

図Ⅲ―2　六甲山南麓地域の地形環境図
（高橋学「1995年兵庫県南部地震被害の地形環境分析」より）

この事実は、それらのミナトでも、砂州の先端や砂嘴などが、干潟状の入り江の湾口付近において相当発達していたことをあらわすのではないか。また「務古水門」には「崎（前）」の字はみられないが、「水門」と記される点が留意される。務古水門では、汀線沿いに延びる二つの砂嘴（＝二重砂嘴）が近接する景観がみられたのであろう。

実際、このあたりの地形環境分析の成果によると、ここは東西方向の四つの砂州列（浜堤列）、および砂嘴が形成されやすい構造になっていたようである[20]。そしてそのような地形のうち、とくに先端部分が、神の鎮座地、あるいは神の依り憑く聖なる「崎」として、信仰されていたと考えられる。その信仰を担ったのは、それぞれの周辺地域の住民、なかでも天橋立のケースを参照すれば、海人・海部と称される人々であったとみるべきである。彼らは自分たちの根拠地とするミナト内に存在する砂嘴の一角で、毎年、海の神を迎え入れる神事をおこなっていたと想定される。

以上、本節では、古代のミナトを取り巻く自然環境と、それにもとづく民間信仰の場の具体相、とりわけ砂嘴に対する地域祭祀の存在を述べてきた。つぎに、このような実態のミナトの神祭りについて、現存する史料が、なぜそれを国家的な祭祀伝承として伝え、さらになぜそれが、ことさら神戸・西摂地域のミナトに偏っているかを考えてみよう。

三　古代国家の海洋祭祀と海部の編成

(1)王権直属の神社

まず国家的な祭祀伝承の多さの問題に関していうと、古代の列島上の要所要所には、王権直属の神社が設置され、そこでは国家的な管理・運営の下、恒常的な祭祀がおこなわれていた事実がある。

その代表格が大王家の守護霊をまつる伊勢神宮である。そのほか、王権の軍神である石上神宮、東国の鎮守神の鹿島神宮、あるいは、住吉津の守護神でありかつ国家的な航海神である住吉大社などがあった。これらは特定氏族の氏神ではなく、まさに王権に直接結びついた国家神である。しかし、このような国家機関の一部ともいえる神社が、古代のミナトの各地に置かれて日常的な祭祀がおこなわれ、そうした事実を反映したものが、先の史料群であるとは理解できない。

もっとも右のうち住吉神は、住吉津（墨之江）の近くの住吉大社（住吉坐神社四座）のみならず、王権の対外政策の拡張にしたがい、関門海峡や博多湾付近、壱岐・対馬など、西日本を中心とする海上交通路の要衝のミナト付近などに分祀されていたことが知られる(21)。しかしこれとても、西国や大陸に向かう主要航路上のすべてのミナト近くに設置されていたわけではなかった。とすれば、前掲のミナト祭祀の国家的伝承をどうみればよいか。

ここで改めて確認すべきことは、先の一連の伝承が、神功皇后の新羅への軍事遠征譚において、王権の船の朝鮮半島への軍事出兵時あるいはその帰還時など、特定の時期の話として描かれている点である。

これまでの日朝関係史の研究成果にもとづくと、四世紀半ばから後半にかけて、倭王権は、南下策をとる高句麗との対抗関係を基軸にして、朝鮮半島の百済や伽耶諸国（金官国、卓淳国、安羅国）と「対等互酬の軍事同盟」を確立させていた。それを通じて朝鮮側から鉄資源を中心とする先進文物を輸入するとともに、その見返りとして軍事力を提供していたといわれる(22)。これにともない四、五世紀以降、瀬戸内海〜玄界灘〜朝鮮海峡という形で、西日本各地と大陸間を船で行き交う軍事的な人とモノの流れが、急速に膨れ上がっていったと考えられる。

このような状況がすすむなか、気象条件の把握や造船・操船の技術を高めていこうとする動きのほか、海外に向かう危険な航路の安全を期する宗教的な営み、すなわち航海途中の各地における臨時の神祭りや呪術儀礼などをおこなう頻度が高まっていったと思われる。神功皇后の話を含むミナトの祭祀関連史料は、あくまで説話ではある。しかしそれらの説話の中には、こうした大陸諸国との対外交渉の拡張にともなって始まった、航路上の地元神への臨時祭祀のあり方が、色濃く反映されているとみられないであろうか。

(2) 対外交渉時の臨時の神祭り

以上の視点にもとづき、改めて古代国家の対外交渉時の呪術・祭祀構造の全体像を整理してみると、祭祀のあり方は、

①前述の住吉神など渡航以前の畿内中央でおこなわれる臨時祭祀と、帰国後の報賽《ほうさい》の祭り

②官船出発後の航海途上の臨時祭祀

という二つの形態に分けることができる。そして②については、さらに、

(イ)出発後の船上での呪術・祭祀
(ロ)航海ルート上の現地の神々への陸上祭祀

という二つの内容に区分して捉えることができる。

このうち本章の論点との関わりで注目されるのは、②の(ロ)である。従来この関連で言及されてきたのは、大陸への海上航路上にある主要な島嶼での祭祀、すなわち「島神」への神祭りである。たとえば「海の正倉院」といわれる玄界灘の沖ノ島（＝宗像神）への国家的祭祀が有名であるし、また捉え方によっては、前述の大飛島遺跡の祭祀遺構もその一つにカウントされる。しかし筆者は、これに加え、各地のミナトの神々への臨時の祭祀・奉幣も、この形態の一つとして理解したい。

この点について、当時の記録類や考古学的資料をながめても、大陸への航路上にある瀬戸内海から西日本沿岸のミナトの地元神が、そこに停泊した官船の人々によって国家的な祭祀を受けたことを示す、直接的な史料は存在しない。しかし『日本書紀』仲哀天皇八年条にみえる、九州北部の「岡の水門《みなと》」での臨時の神祭りに関する説話は、その内容を考えるうえで、一つの手がかりを提供する。

それによると、この時、仲哀天皇の船は「熊襲征討」のため、海路筑紫に向かった。九州北部の遠賀川河口付近の「岡浦《おかのうら》」へ入港しようと、その「水門」に到ると、船が突然進まなくなった。そこで天皇はその理由を問いただす。すでに服属していた岡県主の祖の熊鰐《わに》が、「これは自分の罪ではなく、この岡浦の「口」に坐す男女二神の意志による」と答えた。それを聞いた天皇は祈禱して、「挟抄者《かぢとり》」の倭国の菟田人《うだのひと》の伊賀彦を、その「祝《はふり》」としてまつらせた。すると船は進むことができたという。[23]

ここにみえる岡浦の「水門」と「口」と書かれる場所は、同一の場所をさすのであろう。それは汀線に沿って両側から延びる砂嘴が近接するところ、いわゆる「二重砂嘴」の間の水路の意味だと思われる。この説話では、そこには男神と女神とが坐すと語られている。二つの砂嘴が向き合っているわけであるから、まさに一対の男女の神が鎮座するにふさわしい場所である。ところがその二柱の神は、天皇の船の進行を妨害した。それに対して天皇が丁重にまつらせると、船はふたたび進みだしたと伝える。

これもあくまで説話・伝承の部類に属する史料で、しかも対外交渉時の船に関する話でもない。しかし、かつて大王に直属する船団が、軍事遠征のため各地のミナトに立ち寄った時、この伝承に反映されるような、地元神への臨時の祭祀が、しばしばおこなわれていたのではあるまいか。

実際、古代のミナトの出入り口付近で砂州や砂嘴が延びる景観は、天橋立がそうであったように、あたかも港津全体のシンボル神として、またはその守護神が依り憑く場所として、崇敬されるにふさわしい構造にあった。また二重砂嘴の間の狭い水路は、潮の流れが速く、地形そのものも変化に富む。慣れない船舶がここを通ろうとする時、きわめて注意を払わねばならない所でもあった(24)。

そこで、初めてそういう港津に入港しようとする船は、そのミナト（＝水門）の地元神に敬意を表し、かつ今後の航海安全やそのほかの祈願のため、上陸後、一定の神祭りをおこなう。このような光景が各地でみられたのではなかろうか。おそらくそれは、大陸に向かう官船が瀬戸内沿岸のミナトに寄港した時も、同様だったと思われる。

要するに古代王権の官船は、寄港地周辺の人々に尊ばれている民間の神々や聖地に対して無関心ではあり得なかった。必要とあらば、各地の主要なミナトに入港し、臨時の神祭りと奉幣をおこなったと推測される。ただしその祭祀形態は、それぞれの土地の在来祭祀と同じではなかった。官船が地元民の定例の神祭り行事に出くわすことはきわめて稀である。また旅の途中で十分な時間的ゆとりもなかった。そこで、あくまで簡略化された物忌みと、略式の祭りがおこなわれたとみられる。

柳田國男は、交通や人の往来の進展が、日本における他所の神社への「参詣」の風習、すなわち簡略化された物忌みと祭りの方式を生み出したと説いている[25]。これを厳密にいうと、交通一般ではなく、まずは古代国家の対外交渉の進展や、官人や貴族による公的往来の進展が、そうした事態をもたらしたとみるべきであるが、柳田の説は基本的にしたがうべき見解であろう。公的な交通の拡大・発展には、往来途中に座する地方神や在来神に対する重層的な祭りを促進、助長する側面があったのである。

要するに古代のミナト神への祭りは、その周辺に住まう海人系氏族の人々のみならず、対外交渉の拡張の下、大陸諸国に向かう王権の官船や軍船の人々によってもおこなわれるという、重層的な形をもっていた。つまりミナトという境界領域における神祭りは、一元的ではない複雑な構造をもとっていたのである。そしてこのような事実の反映が、神戸・西摂のミナトをめぐる国家的祭祀伝承の残存という形であらわれているのであろう。このように理解して、さらに各地のミナト入りした官船による国家的祭祀の目的についても、従来とは異なる視点で検討したい。

(3) 臨時の祭祀・奉幣を通じた海部の編成

各地の寄港地に立ち寄った古代国家の船がおこなう祭祀の目的の一つは、すでに述べているように、船の遭難や乗組員の罹病など、航海途中に起きるさまざまな危険や海難事故を回避したり、各地の「荒ぶる神」の怒りを鎮め、無事の帰国を祈願することであったと思われる。『万葉集』の羈旅歌の部などには、神に対するそうした思いを込めた個人の歌が、たくさん収められている。旅先のミナトでの祭りや祈りが、このような目的をもっていたことは否定できない。

しかしミナト神への祭祀・奉幣に関しては、もともとその神に対して日常的な祈りを捧げている地元集団がいることを看過できない。つまりこの場合、「祈る側」と「神」との直接的な関係のほかに、「祈る側の集団」と「祈られる神を奉斎する集団」との関係にも、眼を向ける必要がある。より具体的にいうと、王権による祭祀には、寄港地での臨時の祈りや祭祀を通じて、それぞれの神を信奉する地元勢力、とりわけ海人・海部と呼ばれる集団の、積極的な援助・協力を引き出そうとする目的もあったのではなかろうか。

すでに説かれているように、古代の海人・海部は、単なる海辺の民や漁業民ではなかった。王権に強く従属して、自らが得た海産食料品等を大王に進上する、貢納の民である。それとともに彼らは、水手・操船・水先案内人などとして、王権の舟運や海上輸送を担う業務も負わされていた。

『日本書紀』の応神天皇二二年条では、淡路の御原（三原）の海人八〇人が、「水手《かこ》」として召喚され、天皇の皇妃のため吉備へ遣わされたとみえる(26)。同書の仁徳天皇即位前紀の説話でも、淡路の海人八〇人が、「水手」として動員され、今度は「韓国《からくに》」へ派遣されたとある(27)。また神功皇后の新羅征討伝承では、「吾瓮《あへ》の海人」の「烏摩呂」や「磯鹿《しか》（志賀）の海人」の「名草」などが、遠征軍の「斥候」をつとめた話が出ている(28)。

古代の列島各地には、西日本を中心にしてたくさんの海部が居住していた。彼らは役割の違いこそあれ、さまざまな形で王権の水上交通の任に従事していたといわれる(29)。またさらに、そのうち淡路島を中心とする大阪湾岸一帯の海人たちは、より古い時代、大王や王権に直属する「親衛軍」として編成されていた事実も指摘されている(30)。それが対外関係の緊張等にともない、外征軍の水軍兵力に転用されることも当然あり得たであろう。

七世紀後半の対外戦争である「百済戦役」で「前将軍」の地位にあったのは、海人系氏族の「阿曇連比邏夫」であった。彼はこの時、「船師《ふないくさ》」一七〇艘を率いて、百済王豊璋らを本国まで送り届けたと伝えられる(31)。

このような対外交渉時や軍政時における海人系氏族の役割の大きさをみると、当時の王権としては、彼らの根拠地のミナトの地元神や、守護神として尊ばれる海辺の聖地などを、そのまま素通りするわけにはいかなった。

海外に向かう王権の船は、海人系氏族の地元に入った時、彼らの協力や動員を促すため、そこで一定の神祭りをおこなう必要があった。つまり略式であったにせよ、ミナトの神などへの臨時の祭祀・奉幣は、王権が、それぞれの神を奉ずる勢力や海人たちを国家的に編成し、外征や外交に動員するための、象徴的行為という側面をもっていたことになるだろう。また他方、各地の海人の側においても、そういう祭祀・奉幣を期待する、強い意向や要望がはたらいていたと思われる。

ミナトの神に対する国家的な祭祀の目的を、以上のような二つの側面から捉えるとすると、最後にのこる問題は、神戸・西摂地域のミナトにおいて、なぜそういった国家的な祭祀伝承、とりわけ神功皇后の新羅征討に関わる祭祀伝承が集中しているかという点である。

四　神戸・西摂地域から明石海峡の海人とその動員編成

(1)「海人の宰」につながる海人系氏族の点在

この問いについて筆者が注目したいのは、神戸・西摂地域、さらには明石海峡にかけての地域の、居住氏族の特徴である。この地域一帯は、倭王権の政権中枢部に比較的近い所であるにもかかわらず、朝廷内へ「大夫」層を送り込むような有力氏族はほとんどみられない。むしろ目立つのは海人系氏族、しかも単なる海部一般ではなく、地方の海部を統率する地位の海人系氏族（＝海人の宰《みこともち》）に系譜的につながる、有力海人集団が濃厚に点在するという事実である。

たとえば前述のように、現在の尼崎市から豊中市の一部をその領域に含む河辺郡には、「神前審神浜（鯖浜）」という所領があった（写真Ⅲ―6）。これは本来、海人系氏族だったといわれる津守連（宿禰）氏が神主をつとめる、住吉大社の社領であった[32]。またこの「尼崎」という地名の起源についても、もともとは「海人」の居住に因

むと推定でき、鎌倉時代以降の史料には、同地を「海崎」「海士崎」と記すものがみられる。(33)

その西側に隣接する武庫郡に眼をやると、『万葉集』の「武庫の海」を詠む歌に、「海人の釣船　波の上ゆ見ゆ」と詠まれている。(34)また武庫水門に面していたと思われる「津門《つと》郷（里）」に関して、藤原宮跡から、「津刀《つと》里津守連」と書かれた木簡が見つかっている。(35)ここにも津守連氏の一族が住んでいたことは確実であろう。さらに遅くとも平安時代末頃までに、郡内の西宮付近において、漁民や船乗りの厚い信仰を受けた「西宮戎《えびす》神社」が形成されていた事実がある。(36)

つぎにもっと西側の菟原郡については、『倭名類聚抄』にもとづくと、ここには「津守郷」という地名があった。また『続日本紀』の神護景雲三年（七六九）条に、「摂津国菟原郡人正八位下倉人水守等十八人、賜㆓姓大和連㆒。播磨国明石郡人外従八位下海直溝長等十九人、大和赤石連」とある。(37)これらをみると、本郡には明石郡の海直氏ともゆかりのある大和連氏がいたことがわかる。

写真Ⅲ―6　「神前松原」「神前審神浜」の故地近くの椋橋総社の社叢
（豊中市庄本町　2009年7月）

大和連氏は、もともと海人系氏族の軍事指揮官的地位にあったとされる倭直《やまとのあたい》氏（大和国造）と同祖伝承をもつ氏族である。(38)『古事記』と『日本書紀』によると、この倭直氏の祖とされるサヲネツヒコは、カムヤマトイハレヒコ（のちの神武天皇）の一行の船が、現在の明石海峡をさすと思われる「速吸門《はやすいのと》」にさしかかった時、ウミガメの「甲《せ》」に乗って現れ、「海導者《うみのみちびき》」（水先案内）としての功績をあげたと記されている。(39)菟原郡から明石海峡付近には、津守系の海人の影響が及んでいたほか、ウミガメのような海洋生物をも操るという伝承をもつ、中央の倭直氏系の海人も居住していた。

さらに雄伴郡（八部郡）にも、須磨あたりを中心にして、たくさんの海人がいた痕跡があるが[40]、それがより顕著にあらわれるのは、国境を越えた西隣の播磨国明石郡においてである。『倭名類聚抄』によると、ここには「住吉郷」という地名がみられ、津守連氏の配下にあった船木連氏という氏族も暮らしていたらしい[41]。また郡内の式内社として、垂水郷に「海神社三座」（名神大）があり[42]、本社は明石海峡付近の海洋信仰の中心地、すなわちこの近辺の海人たちの一大信仰拠点であったと推定される。

(2)海人の編成・動員を見越した臨時の神祭り

このように西摂から明石海峡の地は、中央の有力海人系氏族、とくに津守系と倭直系の海人に系譜的につながる海部一族が連続的に点在する地域であった。一方、この地域の沿岸部には、前述のように、猪名浦・務古水門・敏売浦・明石浦など、各氏族の拠点となるべき良好なミナトがあった。そして各ミナトの湾口付近には、それぞれが信奉する聖地（サキ）が存在していた。このように、「海人の宰《みこともち》」に直接つらなるクラスの氏族がたくさん居住し、その宗教的聖地があったことが、この地域のミナトにおける国家的な祭祀伝承の多さにつながっているのであろう。

神戸・西摂地域のミナトは、まさに王権の外港である住吉津や難波津から出港した官船が、最初に立ち寄るべき位置にあった。したがって王権の船は、海外派兵などをおこなうたびに、まずはここに船をすすめたのであろう。そして外征に向けて、この地の海人系氏族の援助・協力を引き出すとともに、彼らが管掌・統率する、西日本各地の海部たちの編成・動員をよりスムーズにおこなうため、この地で臨時の祭祀・奉幣をおこなった。このような実情や慣行の存在が、とくにこの地域内のミナトに国家的な祭祀伝承が集中する事実としてあらわれていると推測できるのではなかろうか。旧来、ほとんど注目されていないが、神戸・西摂地域から明石海峡一帯の海人系氏族の居住の意義とその役割について、このように捉え直したいと思う。

おわりに

以上、本章では、おもに神戸・西摂地域の呪術・祭祀に関わる史料を出発点としつつ、古代のミナトの自然環境と神祭りの実態、それに対する対外交渉時の国家的祭祀の問題などをあつかってきた。神戸・西摂地域を含むミナトの在来神への神祭りは、一元的なものではなく、地元勢力による日常祭祀と国家による臨時祭祀の重層構造で成り立ち、そのうち後者は、地元勢力である海人を国家的に編成し、外征や外交に動員するための象徴的行為という側面をもっていたことなどを述べた。

ただしミナトにおける神祭りは、当然、瀬戸内海から西国方面に至る沿岸部以外の場所でもおこなわれていたはずである。その一つとしてとくに留意したいのは、日本海側の、とりわけ渤海との国際交通の主要ルートになった北陸道の沿岸地域である。能登国の気多神社が鎮座する南側の海辺の砂堆上に、寺家遺跡という祭祀遺構があることはよく知られている[43]。この寺家遺跡と気多神社がどのような勢力に信奉され、また付近にどのようなミナトがあったのか、さらにそれらが渤海使節の派遣・航行の問題とどのように関連するのか。こういった課題の解明が望まれるところである。

またミナトの神祭りは、海だけでなく、琵琶湖などの湖上交通の拠点・結節点となるミナトでもおこなわれていた。滋賀県北部の塩津港遺跡では、近年、興味深い祭祀遺物（神像など）が見つかり、しかも遺跡の場所は、砂嘴や砂州の自然景観とも関連しそうである[44]。今後、これらの祭祀遺構の問題究明についても取り組みたいと思う。

註

（1）『日本書紀』神功皇后摂政元年二月条。
（2）坂本太郎「『住吉大社神代記』について」（『坂本太郎著作集』四、吉川弘文館、一九八八年。初出は一九七二年）。
（3）『住吉大社神代記』（沖森卓也・佐藤信・矢嶋泉編『古代氏文集』山川出版社、二〇一二年）。
（4）『万葉集註釈』巻三所引。
（5）『日本書紀』履中天皇五年一〇月甲子条。
（6）『万葉集』巻六―一〇六五。
（7）森浩一「潟と港を発掘する」（大林太良編『海をこえての交流』日本の古代3、中央公論社、一九八六年）、日下雅義『古代景観の復原』（中央公論社、一九九一年。のち、講談社学術文庫『地形からみた歴史――古代景観を復原する――』として二〇一二年に復刊）など。
（8）岡田精司「即位儀礼としての八十嶋祭」（同『古代王権の祭祀と神話』塙書房、一九七〇年。初出は一九五八年）。
（9）鈴木隆介『建設技術者のための地形図読図入門』第二巻「低地」（古今書院、一九九八年）、四三九頁。
（10）『古事記』上巻、稲羽の素兎の段、大国主神の国作りの段、事代主神の服従の段、『日本書紀』神代上・第八段一書の第六、神代下・第九段正文など。
（11）『古事記』仁徳天皇段、『日本書紀』仁徳天皇三〇年九月乙丑条。
（12）『釈日本紀』巻六所引。
（13）『釈日本紀』巻五所引。
（14）柳田は、『地名の研究』の中で、「天橋立」という地名の本来の所在地について、つぎのように記している。「天橋立という語は、（中略）『釈《しやくに》日本紀《ほんぎ》』に引用した『丹後風土記』の文にも見えているが果して今の地を指した地名か否かは疑いがある。それはハシダテといえば梯《はし》を立てたような嶮しき岩山をいうのが常のことで、その梯が倒れて後にこれを橋立というのは不自然なるのみならず、『風土記』に大石前《おおいそざき》とあるのが今と合わぬ。これはむしろ湾の外側の岩山のことであったのを、名称と口碑がいつか湾内の砂嘴に移って来たものと見られる。現在の橋立の名前としては、今では山上の寺となっているところの成相《なりあい》の方が当っている」（ちくま文庫版『柳田國男全集』二〇〈初版は一九三六年〉、二五八頁）。

(15)　黛弘道「海人族のウヂを探り東漸を追う」（大林太良編『海人の伝統』日本の古代8、〈中央公論社、一九八七年〉）。

(16)　亀井正道「海路の祭り」（『講座日本の古代信仰』三、学生社、一九八〇年）、真壁忠彦・真壁葭子『日本の古代遺跡23　岡山』（保育社、一九八五年）、栄原永遠男「瀬戸内の海道と港」（門脇禎二編『地方文化の日本史』一、文一総合出版、一九八八年）、笠岡市教育委員会編『大飛島の遺跡と砂洲』（同会、二〇一〇年）など。

(17)　安東康宏「奈良・平安時代の海の祭場――備中大飛島遺跡――」（岡山理科大学『岡山学』研究会編『瀬戸内海を科学するPart. 2』吉備人出版、二〇一四年）。

(18)　亀井正道「海と川の祭り」（小田富士雄編『古代を考える　沖ノ島と古代祭祀』吉川弘文館、一九八八年）。

(19)　坂江渉「古代国家の交通とミナトの神祭り」（『神戸大学史学年報』一八、二〇〇三年）。

(20)　高橋学「地震災害と平野の古環境」（歴史資料保全情報ネットワーク編『歴史と文化をいかす街づくりシンポジウム記録集』歴史資料保全情報ネットワーク、一九九五年）、同「1995年兵庫県南部地震被害の地形環境分析」（『地質学論集』五一、一九九八年）、田中眞吾「六甲山地南麓の完新世浜堤の形成過程」（田中ほか編『日本の地形6　近畿・中国・四国』東京大学出版会、二〇〇四年）、同『兵庫の地理――地形でよむ大地の歴史――』（神戸新聞総合出版センター、二〇〇七年）など。

(21)　岡田精司「古代の難波と住吉の神」（林陸朗先生還暦記念会編『日本古代の政治と制度』続群書類従完成会、一九八五年）、同『神社の古代史』第四章（大阪書籍、一九八五年）。

(22)　山尾幸久『古代の日朝関係』（塙書房、一九八九年）、田中俊明『大加耶連盟の興亡と「任那」――加耶琴だけが残った――』（吉川弘文館、一九九二年）、吉田晶『七支刀の謎を解く――四世紀後半の百済と倭――』（新日本出版社、二〇〇一年）、田中俊明『古代の日本と加耶』山川出版社、二〇〇九年）など。
(23)『日本書紀』仲哀天皇八年正月壬午条。
(24)岡浦の潮汐が船の航行やミナトの機能を左右するものであったことは、中川ゆかり氏の分析がある（同「ミナトと「潮」――河口の景観から――」〈『風土記研究』三四、二〇一〇年〉）。
(25)柳田國男『日本の祭』（ちくま文庫版『柳田國男全集』一三。初版は一九四二年）。
(26)『日本書紀』応神天皇二二年三月丁酉条。
(27)『日本書紀』仁徳天皇即位前紀。
(28)『日本書紀』神功皇后摂政前紀。
(29)薗田香融「古代海上交通と紀伊の水軍」（同『日本古代の貴族と地方豪族』塙書房、一九九一年。初出は一九七〇年）。
(30)岡田精司「河内大王家の成立」（同註(8)前掲書、初出は一九六六年）。
(31)『日本書紀』天智天皇元年（六六二）五月条。
(32)『住吉大社神代記』「神前審神浜」。
(33)『尼崎市史』一、第四章第一節「鎌倉時代の尼崎」（尼崎市役所、一九六六年）。
(34)『万葉集』巻一五―三六〇九。
(35)木簡学会『木簡研究』二（一九八〇年）。
(36)吉井良隆編『えびす信仰事典』（神仏信仰事典シリーズ2、戎光祥出版、一九九九年）。
(37)『続日本紀』同年六月癸卯条。
(38)『新撰姓氏録』摂津国神別地祇条。
(39)『古事記』中巻、神武天皇東征の段、『日本書紀』神武天皇即位前紀甲寅年一〇月辛酉条。
(40)『万葉集』巻三―四一三、巻六―九四七など。
(41)『住吉大社神代記』「御封奉寄初」。

（42）『延喜式』巻一〇、神名下。
（43）小嶋芳孝「高句麗・渤海との交流」（網野善彦ほか編『日本海と北国文化』海と列島文化一、小学館、一九九〇年）。
（44）財団法人滋賀県文化財保護協会「滋賀県塩津港遺跡（伊香郡西浅井町）」（『考古学研究』五五―一、二〇〇八年）、塩津浜歴史研究会編『塩津港遺跡』（サンライズ出版、二〇〇九年）など。

第二章　古代国家と敏売崎《みぬめのさき》の外交儀礼

はじめに

現在の兵庫県の神戸市域は、倭王権の政権所在地に近いことや、水陸交通ルートの要衝に位置することなどにより、比較的多くの古代史料に恵まれている。本章ではそのうち、敏売崎でおこなわれていた特殊な外交儀礼について定める『延喜式』の条文に焦点をしぼり、その儀礼の中身や目的などについて検討を加え、古代国家と当地との関わりについて考える。

一　敏売浦と敏売崎の外交儀礼

(1) 所在地と景観

古代の神戸・西摂地域では、六甲山など、中国山地の土砂が河川を通じて大量に流れ出し、沿岸部にたくさんの砂州（浜堤《ひんてい》）列や砂嘴《さし》が形成されていた。それにより複雑で変化に富む海岸線が続くとともに、前章で述べた、いくつかの干潟状のミナトが形成されていた。その中で当時の神戸地域を代表するミナトが、敏売浦《みぬめのうら》である（「みぬめ」の地名については、敏馬・三犬目・美奴売・汶売・見宿などさまざまな表記がある。以下、原則として敏売と表記する）。現在、神戸市灘区の岩屋中町の段丘涯上に「敏馬《みぬめ》神社」という社があり、通説ではこの近くに敏売

図Ⅲ―3　明治時代の和田岬から敏馬神社あたり
（明治18～19年の陸測図を合成して作成）

浦の入り江があったと考えられている（図Ⅲ―3参照）。

しかし「延喜神名帳」において、当社は「生田神社」「長田神社」などと並び、摂津国八部《やたべ》郡の式内社として、「汶売《みぬめ》神社（小社）」と記されている。[1] 八部郡（雄伴郡）は現在の神戸市域の西よりにあった、旧湊川の右岸に位置する郡である。したがって現在の岩屋中町の敏馬神社は、古来の汶売神社ではない可能性が高い。

筆者は、敏売の「崎」の美しさを詠んだ『万葉集』の歌があることなどにより（後述）、敏売浦は、現在の和田岬付近の北側の入り江状のミナト、すなわち後世の大輪田泊と同一箇所をさすのではないかと考える。[2] 敏売浦の比定地については、いちおう、このような見通しを立てて論をすすめる。

『万葉集』には、敏売浦について、たくさんの歌が載せられている。巻六の田辺福麿の歌集の中の歌の一つでは、「八千桙《やちほこ》の　神の御代より　百船《ももふね》の　泊《は》つる泊と　八島国　百船人の　定めてし　敏売の浦は……[3]」と詠まれている。当時の船乗りや都人の間に、ここがかなり早くから開けたミナトだったという認識があったことをうかがえる。また「島伝ひ　敏馬の埼を　漕ぎ廻《み》れば[4]」や、「敏馬の埼を　帰るさに　ひとりし見れば[5]」という歌もみられるように、浦の近くにはかなり目立つ岬があった。おそらくこの「埼（崎）」が、現在の神戸市兵庫区の和田岬を示すと考えられる。さらに『摂津国風土記』の逸文と考えられる、鎌倉時代の『万葉集註釈』巻三によると、付近には美しい松林の砂浜があり、ミナト内には北摂地域の能勢郡の美奴売《みぬめ》山から遷って来た「美奴売の神」がまつられていた。[6]

(2) 特殊な外交儀礼の開催

敏売浦に関連して注目されるのは、外国使節の一行が大宰府経由で海路入京して来た時、浦の近くの崎において、特殊な外交儀礼が催されていたという事実である。『延喜式』巻二一の玄蕃寮新羅客条には、つぎのようにある。

凡新羅客入朝者、給神酒《みき》。其醸酒料稲、大和国賀茂・意富《おお》・纒向・倭文《しとり》四社、河内国恩智《おんち》一社、和泉国安那志《あなし》一社、摂津国住道《すむち》・伊佐具《いさぐ》二社各卅束、合二百卅束送住道社。大和国片岡一社、摂津国広田・生田・長田三社各五十束、合二百束送生田社。並令神部《かんべ》造、差中臣一人、充給酒使。醸生田社酒者、於敏売崎給之。醸住道社酒者、於難波館《なにわのむろつみ》給之。若従筑紫還者、応給酒肴、便付使人。其肴惣隠岐鰒《あわび》六斤、螺《さざえ》六斤、腊《ほじし》四斤六両、海藻《め》六斤、海松《みる》六斤、海菜六斤、蓋卅八口、匏《ひさご》十柄、案六脚。(被責還者不給)。蕃客従海路来朝、摂津国遣迎船。(王子来朝、遣一国司、余使郡司。但大唐使者、迎船有数)。客船将到難波津之日、国使著朝服、乗一装船、候於海上。客船来至、迎船趨進、客船迎船比及相近、客主停船。国使立船上、客等朝服出立船上。時国使喚通事、通事称唯。国使宣云、日本(尓)明神(登)御宇天皇朝廷(登)、某蕃王(能)申上随(尓)参上来(留)客等参近(奴登)、摂津国守等聞著(弖)、水脈(母)教導賜(幣登)宣随(尓)迎賜(波久登)宣、客等再拝両段謝言、訖引客還泊。(7)

『延喜式』は、一〇世紀前半に編纂された古代国家の官人用の行政マニュアル集である。本史料ができる直前、すでに史料冒頭の新羅という国は滅亡しており、右の規定はほとんど意味をなしていなかった。しかし『日本書紀』の推古天皇一六年(六〇八)六月丙辰条や舒明天皇四年(六三二)一〇月甲寅条などによると、この儀式は早く七世紀初頭の推古朝頃に始まっていたと考えられる。しかもその対象には新羅だけでなく、中国からの使者も含まれていた。そのような儀礼の細則が、右のような形で『延喜式』の中に収められたようである。(8)同書にはこのように事実上無効になった条文が所載されているケースが少なくない。(9)

右の条文によると、新羅など海外の使者の乗る船が西国から入京して来た際、現在の大阪市付近の難波館とともに、神戸市内の敏売崎で、「神酒」と「肴」を給う儀式がおこなわれた。神酒は中央から派遣された中臣氏の官人によって給付され、敏売崎で振る舞われる酒は、生田神社で醸造されることになっていた。瀬戸内海を通って都入りをめざしていた外国使の一行は、いったん敏売浦に入港・上陸し、そこから歩いて敏売崎に向かったのであろう。

また規定によると、敏売浦に来る以前、外国使が何らかの事情で筑紫（大宰府）からそのまま帰国する場合にも、酒と肴は直接彼ら自身に付された。しかし朝廷の「叱責《しっせき》」を受けて帰る時には、支給されない(10)。さらに史料の後半部分にみられるように、外国使の難波館入りの直前、難波津の沖合で、客船と迎船による海上儀礼がおこなわれる決まりもあった。

(3) 神酒と肴の給付目的をめぐる諸説

一連の儀式のうち、敏売崎などで神酒と肴を外国使に給付する目的については、これまで数多くの研究が蓄積されている(11)。遠来の客を慰労するという目的のほか、「神酒」と書かれる点や、その「料稲」が各神社から調達される点に注目して、何らかの呪術的・宗教的なねらいがあったとみるものが大半である。その中でももっとも通説的な見方は、外国人の「祓《はら》え清め」説である(12)。王権は彼らが都入りする直前、敏売崎と難波館の二ヶ所で神聖な酒を与えることにより、彼らのもたらす「ケガレ」を除去しようとしたとみなすわけである(13)。

しかし王権内の外国人に対するケガレ観念が肥大化し、さらにそれに排斥感情が加わるのは九世紀以降になってからであった(14)。また古代における「祓え清め」は、幣物や供献品にケガレを付着させ、それを河瀬や海に流し去る方法が普通である。神酒による「祓え清め」は一般的なやり方ではない。さらに右の儀式では、「神酒」のほか「肴」も与えられ、しかも前述のようにそれらは、外国使が何らかの理由で筑紫（大宰府）からそのまま帰国する場合にも、直接「付す」ことになっていた。

つまり都に入ろうとする場合だけでなく、倭国から出て行く際にも、神酒と肴を与えるという原則がある。これからみて、儀式の目的をケガレの除去のための「祓え清め」とみることには無理があろう。使者に酒肴を与え、飲食させること自体に、もっと積極的な意味を見出すべきである。

二　神酒と肴の共同飲食

(1)入京後の「共食」行事

この点で注目されるのは、来日した外国使の入京後、「共食者《あひたげひと》(共食使)」という臨時の使者が相席する饗宴が開かれていることである。

たとえば、推古天皇一八年(六一〇)一〇月九日、飛鳥の都で、その年来日した新羅使と任那《みまな》使に対する「拝朝の儀」がおこなわれ[15]、その八日後の一〇月一七日に宴が設けられる。『日本書紀』によると、「饗二使人等於朝一。以二河内漢《かわちのあや》直《のあたひ》贄《にへ》一為二新羅共食者一、以二錦織《にしこりの》首《おびと》久僧《くそ》一為二任那《みまな》共食者一[16]」と記され、二つの国別に「共食者」が任じられている。

また九世紀の承和九年(八四二)と元慶七年(八八三)に入京した渤海《ぼっかい》使の場合にも、それぞれ五位クラスの官人に、「共食(供食)」を命じた史料を見出すことができる[17]。さらに『延喜式』巻二一の治部省蕃客条には、「蕃客」、すなわち外国使の入京時に、「共食二人」を任命するという規定がみられ、その職務として、「掌下饗日各対二使者一飲宴上[18]」という割注が付されている。

このように外国使の入京後の行事の一つとして饗宴があった。それに際しては、彼らと向かい合って共同飲食する任を帯びた特別な官人が任命されていた。いわば「異国の使を饗応《きょうおう》する相伴人《しょうばんにん》」をともなう饗宴が開催されていたわけである。

その行事の意味について、「共食」と誓約との関連性を分析した原田信男氏は、「これは単なる饗応ではなく、言語や習俗を異にする海外の使者に対し、共食をもって互いの意志の疎通を計ろうとした一種の儀式と考えられる」と指摘する[19]。そしてもともと倭国には、「共食」によって「心が同じ」になるという思想があったと説く。

たしかに記紀神話の中のイザナミノミコトの「黄泉戸喫《よもつへくい》」の説話にみられるように、古代の倭国には「同じ竈《かま》の飯を食うと、その種族の一員や仲間になる」という考え方があった[20]。また戦後のある時期までみられた婚姻習俗の一つとして、「嫁の飯」「ツツカケ膳」「ブッツケモチ」などといわれる民俗行事が各地にあり、新しい嫁が婚家に来着早々、家員と一緒に食事を摂る風があったと報告されている。これは婚姻当日、すぐに「共同の食事」をおこなうことにより、婚家と嫁家の双方の間柄を密接に連絡させ、嫁が婚家の一員となったことを視覚的に明らかにするねらいがあったと理解されている[21]。

こうしてみると、古くから倭国では、共同飲食とある団体（種族）への加入との間に、密接な関連性があったことがわかる。入京後の「共食」をともなう外国使への饗宴行事も、こうした考え方を土台にしておこなわれ、「共食」を通じて、外国使と「共食者」との「連帯」や「一体化」をはかろうとしていたといえるであろう[22]。

(2) 敏売崎と難波館での酒肴の共同飲食

以上の点をおさえ、敏売崎での神酒と肴の給付行事の問題に戻ってみると、先の『延喜式』には、「給酒使」の派遣規定はあるものの、「共食者」の任命・派遣を示す条文は明記されていない。しかし推古天皇一六年（六〇八）、中国の隋の使者、裴世清《はいせいせい》らが来日して筑紫経由で難波館に入った時、『日本書紀』に、「以二中臣宮地連烏磨呂・大河内直糠手・船史王平一為二掌客《まろうどのつかさ》一」[23]とみえている。また舒明天皇四年（六三二）、唐の使者の高表仁《こうひょうじん》の一行を難波館に迎え入れた時、「令二難波吉士小槻・大河内直矢伏一、為二導者一到二館前一。乃遣二伊岐史乙等・難波吉士八牛㆒、引㆓客等㆒入㆓於館㆒。即日給㆓神酒㆒[24]」と記されている。

前者の史料における三人の「掌客」、後者の史料の伊岐史乙等と難波吉士八牛の二人について、史料上、外国使の「共食」役をつとめたとは書かれていない。しかし「掌客」は、外国使の接待役を意味し、後者の史料では、客らを館の中に案内した後、「即日に神酒を給う」と記されている。それぞれの官人が難波館において、外国使と共同飲食した可能性は高いのではなかろうか。関連する史料はこれしかないが、難波館の儀礼では、倭人の官僚と外国使との「共食」があったと理解しておきたい。

また右の史料では、敏売崎の行事のことは、いっさいふれられていない。しかしこれは難波館と同一の行事であるため省略したものと考えられる。また右の史料に登場する「大河内直」氏は、まさに敏売浦の近辺の摂津国菟原郡や八部郡などに勢力をもった有力氏族であった[25]。これらを考慮すれば、神酒と肴の共同飲食行事は、やはり敏売崎でもおこなわれていたと考えられる。それぞれの場所での儀礼の目的は、外国使と「共食者」の共同飲食を通じて異質な集団を相互に結びつけ、双方の一体化（同質化）を可視的に確認・強化することであった。

写真Ⅲ—7　敏馬神社（神戸市灘区 2001年頃）

(3) 小中華思想にもとづく国際意識

ただしこの儀礼を通じて確認されようとした結合や一体化の実態を、普遍的な人間同士の連帯や友情のようなものであったとみてはならないであろう。

外国使との共同飲食という中央での行事は、すでに五世紀後半の雄略朝において実施されていたようであるが[26]、敏売崎などでの行事は、前述のように、七世紀初め頃から開始されたとみられる。

留意すべき点は、この時期の倭王権の内部では、前代までとは異なる、新しい国際意識が芽生えていたことである。それは、周辺諸国や諸民族を従属国（従属集団）とみなす「小中華帝国意識」の成立である。これは大王を頂点とする倭国を宗主国とし、周辺諸国、とくに朝鮮半島諸国を、大王に臣下の礼をとる朝貢国と位置づける大国主義的な国際認識であった[27]。石母田正氏は、「推古朝の外交の目的は、「華夷思想にたいする挑戦」ではなく、反対に朝鮮諸国を諸蕃とし、自らを「中夏」とするための外交にほかならなかった」と述べている[28]。こうした認識と外交方針にもとづき、右の「共食」をともなう外交儀礼についても、政治的な服属関係、すなわち「同じ大王（天皇）の臣下になった者同士の連帯」、あるいは「大王の臣下集団への仲間入り」を可視的に確認する目的をもち始めたのではないかと推測される[29]。

ところが、こうした大国主義的な国際認識とそれにもとづく外交方針は、実際には関係する諸国家との現実の力関係によって、必ずしも倭国側の思いどおりにはならなかった。臣下の礼をとらない使節の来日も十分に想定できた。そのため王権は、まず筑紫（大宰府）において、「饗宴」の実施等を通じて来日した外国使の「検分」をおこなうシステムを確立する。入京させるか否かの判断を最終的におこなったのは、筑紫に派遣された中央の使者だったといわれる[30]。もし朝貢形式をとらず、倭国側の宗主国意識を満足させないと判断された場合には、「叱責」を与え、入京させず強制帰国させる処置をとり始める。これにより、七世紀後半から八世紀にかけて、新羅の使者がそのまま帰国する例（放還・追却）もしばしばみられた。

つまり前述の「叱責」されて帰国する外国使には「神酒」と「肴」を与えないという『延喜式』の規定は、このような事態に対応していたわけである。これを逆にいうと、敏売崎と難波館まで来て、そこで酒肴の支給を受けることは、すなわち、その使節がすでに筑紫での「検分」を通過し、大王の臣下として入京・朝貢することを受け入れていたことを示す[31]。敏売崎と難波館における共同飲食の儀礼は、あくまで擬制的ではあるものの、このような立場で都入りをめざす外国使節の、「大王の臣下集団への仲間入り」という政治的な服属を可視的に確認する意味をもつものであった。

三　古代国家にとっての神戸・西摂地域

(1)敏売崎の位置

では、このような外交儀礼が、難波館のみならず、わざわざ敏売崎でもおこなわれた理由は何だろうか。その一つとして考えられるのは「崎」という場所の聖地性、すなわち当時の人々の間に、海に突き出す岬や砂嘴が神の宿る神聖な所であるという信仰があったことが大きい（前章参照）。いわば宗教性や神聖なものを媒介として、「共食」による「結束」をより一層深め、固定化する意味が込められていたと思われる。

もう一つの理由としては、敏売崎や敏売浦のある神戸・西摂地域全体の政治的な位置の問題がある。この地域は古代のある時期から、畿内―畿外の国土区分法のうち、畿内という領域の、もっとも西の境界地帯に位置づけられた。

この畿内―畿外というシステムは、自然発生的な地域区分法ではなく、中華思想と関わる、古代中国で確立された皇帝（天子）を中心とする人為的・政治的な国土区分法であった。このうち畿内とは、都城とその周辺地域をさし、通常それは各王朝の都を去る五百里（約二〇〇キロメートル）以内の地とされていた[32]。ここは皇帝の礼教や統治が直接に及ぼされる点で、もっとも重んじられる特別行政区域であった。いわば、皇帝からみて「直轄領」や「聖域」の意味をもつのが畿内であった。したがって、ここに居住する住民たちに対しては、皇帝からさまざまな政治上・経済上の特権や優遇措置が与えられた。

　このような中国の畿内制の倭国への導入にあたり、孝徳朝の「大化改新の詔」（六四六年）によると、畿内は「うちつくに」と訓《よ》まれ、その具体的な境界は、東西南北の「四至」表示、すなわち当時の都の飛鳥から延びる道路上の「四隅」を示す方法で定められた。そのうち西の境界域は、「赤石《あかし》の櫛淵《くしふち》」[33]と規定され、その比定地は、現在の神戸市垂水区塩屋町から須磨区一ノ谷付近の海岸線一帯であるとされている[34]。

(2) 畿内の最西端としての神戸・西摂地域

　これによると、現在の須磨区から東側にある神戸・西摂地域は、大王の直轄領の、もっとも西の端の境界地域に組み込まれたことになる（図Ⅲ―4）。これを西国方面から海路入京する外国使からみると、当地は畿内という大王の「聖域」の、西の玄関口の役割をもつことになった。そこで王権は、外国使一行の船が、まさに聖域である畿内の内側に入った時、最初のミナトである敏売浦にわざわざ寄港させ、敏売崎まで出向かせた。そしてそこで、「大王の臣下集団への仲間入り」を確認する共食行事をおこなわせたのではなかろうか[35]。

　従来、畿内制の厳密な施行時期については、文字どおり、右の「大化改新の詔」の孝徳朝の頃とみるのが有力である[36]。しかし西本昌弘氏は、すでにそれを遡る推古朝において、冠位制・衣服制・軍礼など、中国的な礼制実施策の一環として、後世とほぼ同様の規模の畿内制が樹立されたと推測している[37]。

　もしこの見方が正しければ、倭国の王権は、七世紀初頭頃、中華思想や畿内制など、中国の礼制実施と強く連動した形の外交儀礼を、敏売崎と難波館の二ヶ所で開始させたと理解できる。前述のように、倭国の官人同席の下、外国の使者に酒肴を与え、共同飲食させる行事は、本来、倭国における古いタイプの外交形式の一つであった。しかし推古朝以降は、この儀礼に、中華思想にもとづいて設定された畿内という領域制度と不可分の関連性

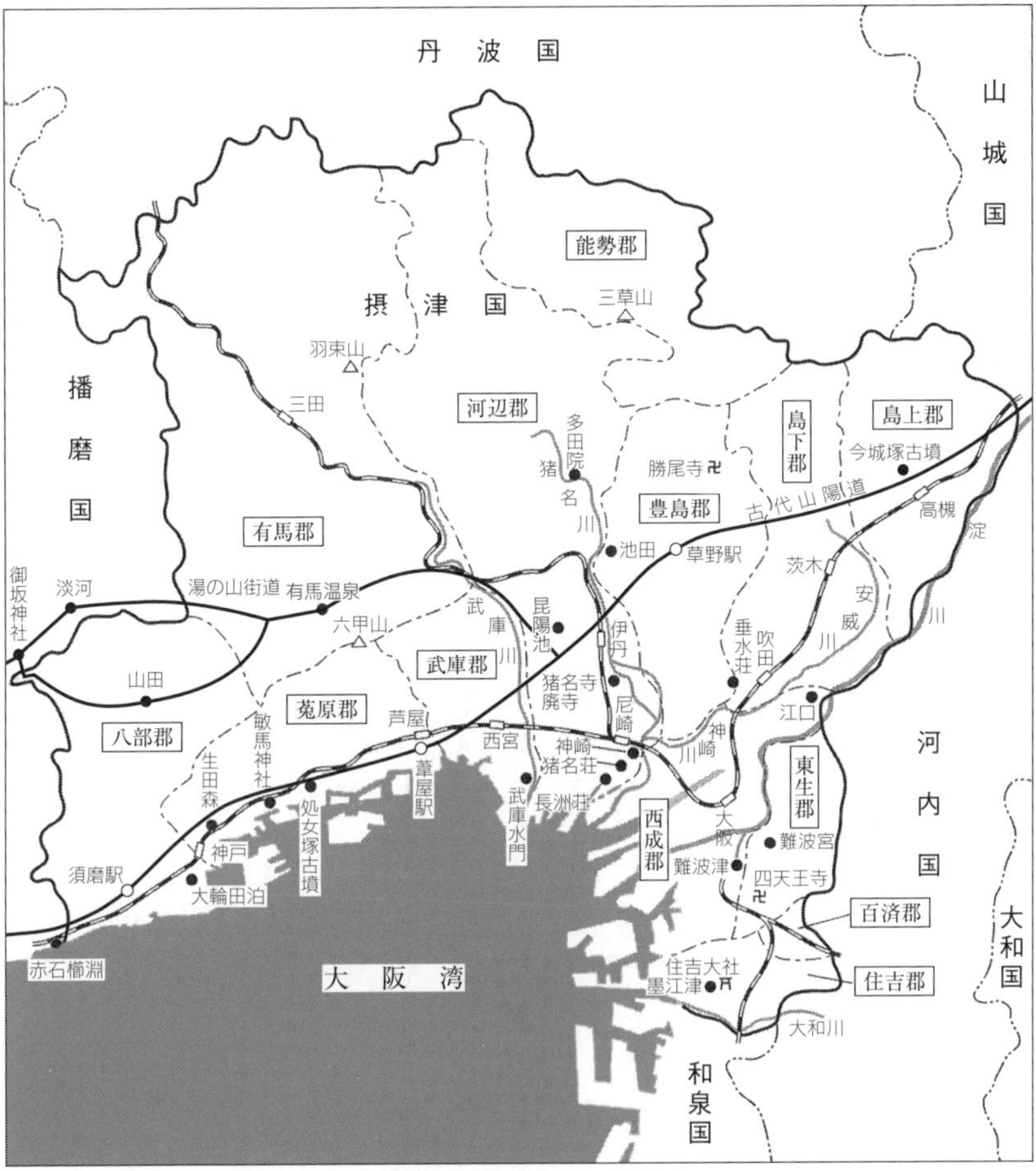

図Ⅲ―4　古代の摂津国を中心とする地名想定図
（『国史大辞典』巻8をもとに作成）

をもたせるようになる。まさに畿内の最西端という境界領域上において、共同飲食を通じ、大王に対する政治的な服属を可視的に確認しようとする目的をもって始められたのが、敏売崎の外交儀礼であった(38)。一方、この儀礼が難波館でもおこなわれたのは、難波という場所が、瀬戸内海航路の最終ターミナル――いわば海と陸の交通の境界領域に位置することによるのであろう。

おわりに

以上、『延喜式』巻二一の玄蕃寮諸蕃条の史料に焦点をしぼった考察をおこなってきた。それによると、敏売崎における外交儀礼が、外国使と倭国官人による神酒と肴の共同飲食という、呪術的な形をとるものの、小中華思想にもとづく政治的な服属関係を可視的に確認しようとする行事であったこと、またそれが敏売崎でおこなわれた理由については、当地を含む神戸・西摂地域全体が、推古朝以降、畿内という特別行政区画の西の玄関口、西の境界領域に位置づけられていた事実が大きかった点などを述べた。

周知のように、神戸・西摂地域では、これ以降、大輪田泊の修築、平清盛による福原遷都、あるいは中世から近世の兵庫津の繁栄、そして近世末における神戸開港など、それぞれの時期の政治権力と結びついた形での、国際的な港湾都市域としての発展がみられる。その要因は各時代ごとにいくつも考えられようが、そのもっとも根本的な原因としては、つねにここが畿内という権力中枢域の西の玄関口でありつづけたことが大きいのではなかろうか。現在にも及ぶ、当地の国際性を帯びた地域としての伝統は、すでに古代において決定づけられたのであった。

註

（1）『延喜式』巻九、神名上。
（2）また「敏馬の浦」を詠んだ『万葉集』巻六―一〇六五の長歌の「反歌」では、「浜青み　浦うるはしみ　神代より　千船の泊つる　大和太の浜」（巻六―一〇六七）とある。「大和太の浜」とは、「大きく湾曲した浜」の意味だと思われるが、ここからも「敏売浦」＝「大輪田泊」である可能性が浮かんでくる。
（3）『万葉集』巻六―一〇六五。
（4）『万葉集』巻三―三八九。
（5）『万葉集』巻三―四四九。
（6）秋本吉郎校注『風土記』（日本古典文学大系2、岩波書店、一九五八年）参照。なお能勢郡の美奴売山と敏売浦との関わりについては、造船用の船材供給、木工集団の問題と結びつけた高橋明裕氏の研究がある（高橋「古代の猪名地方における猪名部と猪名県」〈『地域史研究―尼崎市立地域研究史料館紀要―』二九―三、二〇〇〇年〉）。
（7）『延喜式』巻二一、玄蕃寮新羅客条（虎尾俊哉編『延喜式　中』訳注日本史料、集英社、二〇〇七年）。
（8）すでに指摘されているように、本条文が「式文」として成文化されたのは、延暦一一年（七九二）から承和一一年（八四四）までの間の時期だったと考えられる（平野卓治「山陽道と蕃客」〈『国史学』一三五、一九八八年〉など）。
（9）虎尾俊哉『延喜式』（吉川弘文館、一九六四年）。
（10）「叱責」を受けて帰るとは、七世紀以降の国史にみえる、新羅使等の「放還」「追却」記事に対応する措置を示すと思われる。
（11）おもなものとして、横田健一「律令制下の西宮地方」（『西宮市史』一、一九五九年）、井上薫「穴師神社の一考察」（橿原考古学研究所編『近畿古文化論攷』吉川弘文館、一九六三年）、川辺賢武「敏馬の浦」（『歴史と神戸』八―一、一九六九年）、瀧川政次郎「七世紀の東亜の変局と日本書紀」（横田健一編『日本書紀研究　第六冊』塙書房、一九七二年）、吉井良隆「生田社で醸す神酒」（『神道史研究』二一―三、四、一九七三年）、落合重信『神戸の

歴史　研究編』（後藤書店、一九八〇年）、鳥居幸雄『神戸港一五〇〇年——ここに見る日本の港の源流——』（海文堂出版、一九八二年）、中村英重「畿内制と境界祭祀」（『史流』二四、一九八三年）、森浩一「菟原処女の墓と敏馬の浦」（同編『万葉集の考古学』筑摩書房、一九八四年）、平野註(8)前掲論文、中野高行「延喜玄蕃寮式に見える新羅使への給酒規定」「難波館における給酒八社」「新羅使に対する給酒と入境儀礼」（同『日本古代の外交制度史』岩田書院、二〇〇八年。初出はそれぞれ一九八九年、一九九二年、一九九六年）、森公章「古代難波における外交儀礼とその変遷」（同『古代日本の対外認識と通交』吉川弘文館、一九九八年。初出は一九九五年）、栄原永遠男「宝亀の唐使と遣唐使」（専修大学社会知性開発研究センター編『東アジア世界史研究センター年報』二、二〇〇九年）などがある。

(12)　瀧川註(11)前掲論文、中野註(11)前掲論文「難波館における給酒八社」、森公章註(11)前掲論文、栄原註(11)前掲論文など。

(13)　ケガレ意識の捉え方については、山本幸司『穢と大祓』（平凡社、一九九二年）を参照。

(14)　村井章介「王土王民思想と九世紀の転換」（『思想』八四七、一九九五年）。

(15)　『日本書紀』同年一〇月丁酉条。

(16)　『日本書紀』同年一〇月乙巳条。

(17)　『続日本後紀』承和九年（八四二）四月己巳条、同月癸酉条、『日本三代実録』元慶七年（八八三）五月五日庚午条、同月一〇日乙亥条など。

(18)　『延喜式』巻二一、治部省蕃客条（虎尾俊哉編『延喜式　中』訳注日本史料、集英社、二〇〇七年）。

(19)　原田信男「食事の体系と共食・饗宴」（吉田孝ほか編『生活感覚と社会』日本の社会史8、岩波書店、一九八七年）、六九頁。

(20)　松村武雄『日本神話の研究』二、第六章「黄泉国訪問神話」（培風館、一九五五年）、高嶋弘志「日本古代国家と共食儀礼」（『釧路公立大学紀要　人文・自然科学研究』一、一九八九年）など。

(21)　瀬川清子『婚姻覚書』（講談社学術文庫、講談社、二〇〇六年。初版は一九五七年）。

(22) 日本古代国家の外交形式全般を分析した田島公氏も、入京後の「共食」の儀礼を、倭国の古い型の外交形式だとみる（田島「外交と儀礼」〈岸俊男編『まつりごとの展開』日本の古代7、中央公論社、一九八六年〉、二一四頁）。
(23) 『日本書紀』同年六月丙辰条。
(24) 『日本書紀』同年一〇月甲寅条。
(25) 吉田晶「凡河内直氏と国造制」（同『日本古代国家成立史論――国造制を中心として――』東京大学出版会、一九七三年）、笹川進二郎「凡河内直氏の成立について――丁未の役と難波津との関連で――」（『立命館文学』五〇九、一九八八年）、高橋明裕「倭王権の摂津支配と凡河内氏」（坂江編『神戸・阪神間の古代史』神戸新聞総合出版センター、二〇一一年）など。
(26) 『日本書紀』雄略天皇一四年四月甲午朔条。
(27) 石母田正「国家成立史における国際的契機」（同『日本の古代国家』岩波書店、一九七一年）、西本昌弘「畿内制の基礎的考察――日本における礼制の受容――」（同『日本古代儀礼成立史の研究』塙書房、一九九七年。初出は一九八四年）。
(28) 石母田註(27)前掲論文、二六頁。
(29) 日本古代国家の「共食儀礼」を分析した高嶋弘志氏は、この儀礼が、「政治的統属関係を設定するために必要な神事であった」と説く（高嶋註(20)前掲論文、一〇頁）。
(30) 酒寄雅志「七・八世紀の大宰府――対外関係を中心として――」（『国学院雑誌』八〇―一一、一九七九年）。
(31) 衣服の問題を身分標識の観点から分析する武田佐知子氏は、註(30)前掲の酒寄雅志論文にもとづき、先の『延喜式』の中の、難波津の沖合の海上儀礼において「客使」が船上で着用した「朝服」が、倭国の朝服であったのではないかと推測する。氏によると、この時の朝服は、「蕃客が好むと好まざるとにかかわらず、わが国の衣服制にのっとった衣服が用意された」（武田「日本古代における民族と衣服」〈吉田ほか編註(19)前掲書〉、二〇頁）という。そしてそれはおそらく大宰府に派遣された「賜衣服使」によって賜与されたと指摘する。
(32) 渡辺信一郎『天空の玉座――中国古代帝国の朝政と儀礼――』（柏書房、一九九六年）、西本註(27)前掲論文など。

(33)『日本書紀』大化二年正月甲子朔条。

(34)畿内の西の境界域に関する近年の研究成果として、米田雄介「畿内の西の境界を考える」(辻川敦・大国正美編『神戸~尼崎海辺の歴史――古代から近現代まで――』神戸新聞総合出版センター、二〇一二年)がある。

(35)外国使の来日と畿内制との関連で注目すべき点に、理念上、畿内の「北端」に位置づけられた山城国宇治郡の「山科村」付近での外交儀礼の開催の問題がある。『日本三代実録』元慶七年(八八三)四月廿八日甲子条には、渤海使を「山城国宇治郡山階野辺」において、「郊労」するための使者が派遣される記事がみられる。「郊労」とは、古代国家の外交儀礼上、都城での「迎労」の前、宮城「郊外」でおこなわれる歓迎の儀のことを示す(田島註(22)前掲論文)。しかし当地が、畿内の最北端に位置することを考慮すれば、この郊労の儀においても、「神酒」と「肴」の給付と、それにもとづく共同飲食の儀がおこなわれた可能性が高いのではないか。

(36)吉川聡「畿内と古代国家」(『史林』七九―五、一九九六年)。

(37)西本註(27)前掲書、八二頁。

(38)古代瀬戸内海航路と停泊地の全体分析を試みた松原弘宣氏も、敏売崎での外交儀礼は、七世紀初頭には成立していたと推測する(同『古代国家と瀬戸内海交通』〈吉川弘文館、二〇〇四年〉第一部第三章、一四二頁)。

第三章　『播磨国風土記』からみる地域間交通と祭祀
――出雲国と王権との関連で――

はじめに

本章では、『播磨国風土記』の地名起源説話のうち、とくに出雲国からの人や神の移動に関わる諸伝承に焦点をしぼる（『播磨国風土記』について、以下、単に風土記と略する場合がある）。その分析を通じて、つぎの二点の解明をめざす。

第一に、風土記に収められる説話が、出雲―播磨間交通のどのような実態を語りうるものであるか、それを単なる地域間交流論としてだけではなく、倭王権の段階的な地域統合論とも結びつけて検討する。第二に、右の点に留意しながら、これまでほとんど論じられてこなかった播磨国内における出雲―播磨間の具体的な交通路の復原、およびそのルート上でおこなわれていた祭祀の実相究明を試みる。これらの作業をおこなうことにより、『播磨国風土記』が、古代の地域史研究に対し、どのような視点を提供するものであるかも考えてみたい。

現存する『播磨国風土記』には、合わせて三六五例以上の地名起源説話が載せられている。その大きな特徴の一つとして、地名由来を外来者の移住・開発や、他所の神の到来と結びつける話の多さがある。その総数は一〇〇例以上、全体の三分の一前後の数に及んでいる。これは現存するほかの四つの風土記（常陸・出雲・豊後・肥前）にはみられないデータ数である。この事実は、古代の播磨国が、交通の要衝地として、かなり人の出入りの激しい地域であったことをあらわすであろう。

その内容をみると、まず人（氏族、集団）の移動譚が六〇例以上ある。内訳は畿内系氏族二二、畿外系氏族二〇（但馬五、出雲四、讃岐・筑紫各二）などである。また同じく、神の往来（神争いを含む）に関連する話がみられ、その数は四〇例以上ある（天日桙命九、出雲・讃岐各四、筑紫三、近江・丹波各二、伊予一……）。後者の神話群に含まれる神名のうち、「天日桙命」（九例）が但馬系の神名だとすると、出雲に関連する人と神の外来説話は、畿外地域に限定してみると、但馬国の一四例に次いで多い八例となる。

本章では以下、この出雲国に関連する八つの史料に焦点をしぼり、その特徴を整理するとともに、また揖保郡条にみえる二つの断片的神話にも光をあて、前記の課題に迫ってみたい。

一　出雲国の関連説話の特徴

（1）美作道や伯耆・因幡を経由する道

表Ⅲ—2は『播磨国風土記』にみえる出雲国に関連する地名起源説話を、大きく神話と人に関わる話に区分して一覧にしたものである。

表Ⅲ—2　『播磨国風土記』にみえる出雲関連の地名起源説話一覧

	郡名・地名	地名起源説話の中身
①	揖保・上岡里	出雲国の阿菩大神は大和三山の争いを諫めるためにここまで来たが、戦いが止んだと聞き、乗ってきた船を伏せて鎮座した。だから神阜と呼ぶ。
②	揖保・意比川	品太天皇（応神天皇）の世、出雲御蔭大神が枚方里の神尾山に坐して、往来者の半分を殺していた。その時、伯耆の小保氏、因幡の布久漏、出雲の都伎也の三人が憂いて朝廷に申し出た。そこで額田部連久等

		らが遣わされ禱り上げた。久等は屋形を屋形田に作り、酒屋を佐々山に作り祭って酒宴した。すなわち山の柏を帯と腰にかけ、川を下って献上した。だから圧川という。
③	揖保・枚方里佐比岡	神尾山にいる出雲の大神は、出雲国の人がここを通れば、その半分を留め殺していた。そこで出雲国の人らは佐比を作ってこの岡で祭ったが、神はそれを受けなかった。そのわけは比古神が先に来て、比女神が追いかけてきたが、男神はここから立ち去り、女神はそれを怒ったからである。その後、河内国茨田郡枚方里の漢人がここに住み、山辺で神を敬い祭った。すると神の怒りはおさまった。そこで神がいることにより神尾山と名づけ、佐比を作って祭ったところを佐比岡と呼ぶ。
④	讃容・柏原里筌戸	大神が出雲国から来た時、島村の岡を呉床《あぐら》とし、筌をこの川に置いた。だから筌戸という。しかし魚はそれに入らず鹿が入ってきた。これを捕り、鱠にして食べようとしたが、口に入らず地面に落ちた。そこで神はここを去り、よそに遷っていった。
⑤	賀古・比礼墓	大帯日子命（景行天皇）が印南別嬢を妻問いした。別嬢は各地に逃げ隠れたが、結局、二人は結ばれた。そこで「媒」をした賀毛郡の山直らの始祖、息長命（一名は伊志治）に対して、別嬢の「掃床人」だった出雲臣比須良比売が与えられたという。
⑥	餝磨・餝磨御宅	大雀天皇（仁徳天皇）の世、人を派遣して、意伎・出雲・伯耆・因幡・但馬の五国造が召還された。ところが五国造たちは、召還の使を水手として上京してきた。これを罪として、播磨国に退けて田を作らせた。この時、作られた田を意伎田・出雲田・伯耆田・因幡田・但馬田と名づけた。すなわちそれらの田の稲を納める御宅を餝磨御宅といい、また賀和良久三宅とも呼ぶ。
⑦	揖保・日下部里立野	昔、土師弩美宿禰が出雲国に往来して、途中、日下部野に宿り、そこで病気になり亡くなった。その時、出雲国の人が来て、並び立って川の礫を運び渡し、墓山を作った。だから立野という。そこでその墓屋を名づけて出雲墓屋と呼ぶ。
⑧	揖保・桑原里琴坂	大帯比古天皇（景行天皇）の世、出雲国の人がこの坂で休息した時、老父とその女子が坂本の田を耕していた。出雲人はその女を感《かま》けようとして、琴を弾いて聞かせた。だから琴坂という。ここには銅牙石がある。形は双六のサイに似ている。

註：No.①～④は神に関わる話、⑤～⑧は人（集団）に関わる話

この表から引き出せる一つ目の特徴として、史料の多くが西播磨地域、とくに揖保川流域に集中している点が注目される（二八七頁の図Ⅱ―2参照）。そのうち揖保郡の上岡里（表Ⅲ―2の①）、日下部里（表Ⅲ―2⑦）、桑原里（表Ⅲ―2⑧）、讃容郡の柏原里（表Ⅲ―2④）などは、いずれも古代の駅路の美作道や山陽道沿いにあったと推定される里である[1]。

この事実からみて、出雲―播磨間の主要な交通ルートは、山陰道の日本海沿いを通る道ではなく、因幡や美作国などの中山間部を経由する道であったことがわかる。すでに指摘されているように、出雲国から山陰道を通るルート（伯耆→因幡→但馬→丹波）は、波状に連なる丹波高原の峠道を越えねばならず、相当厳しい道のりであった[2]。そこで峻険な道を通るよりも、脊梁山脈を越えて南に出た方が楽であり、そのような径路が、右の史料の残り方としてあらわれたのであろう。

風土記の伝承は、その具体的径路までは語ってくれないが、おそらく後世の「出雲往来（雲州街道）[3]」やそれにつながる「美作道[4]」、あるいは「因幡往来[5]」や「智頭往来[6]」、途中からは「山陽道[7]」などが用いられたのだと思われる（図Ⅲ―5）。ただし播磨国内に入ると、駅路とは異なるルートも使われていたらしく、これについては後述する。

(2) 畿内系氏族と但馬国の関連説話との対比

つぎに出雲関連説話の二点目の特徴を述べると、説話の内容が多様性に満ちている点を指摘できる。これは他国関連の説話のケースとの違いをなす。

たとえば氏族の移動に関する話で比べると、もっとも多い畿内系氏族の移動に由来する地名説話（一二例）の大半は、きわめて単純な形になっている。具体的には、「○○の祖（遠祖・上祖）がこの地に到り来て居《す》んだの

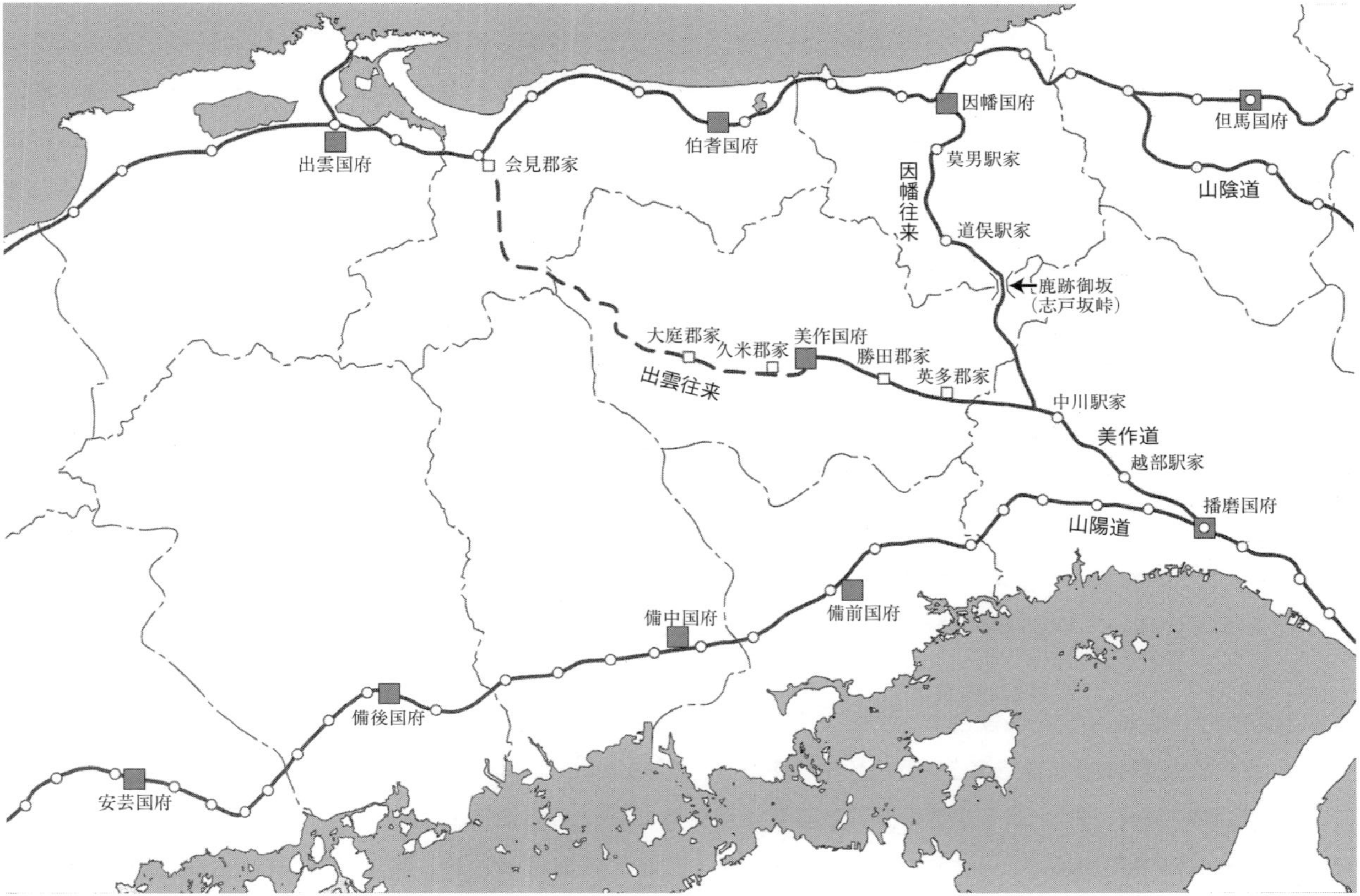

図Ⅲ—5　播磨国と日本海諸国を結ぶ道の概略図
(中村太一「「出雲」をめぐる陸上交通路とその多様性」の図1をもとに作成)

で、△△と名づけた」などと書かれるのを基本とする。また一六例ある渡来系氏族の説話でも、一部の例外を除き、同様である。ここには、地元の人々との軋轢、神同士の「争い」や「神戦さ」を語る記述などを見出せない。おそらくこれらの説話が作られる前提には、王権による播磨国の「準直轄領化」（五世紀末の雄略朝から六世紀前半の継体朝）の事実があったと思われる。(8)これ以降、中央氏族や渡来系氏族の播磨進出も本格化するのであって、そうした、いわば「権力介在的な移住・開発」策の進展の反映が、右のような叙述形式となってあらわれたとみるべきである。

一方、畿外系の国のなかでもっとも類例の多い但馬国の場合（人に関わる話が五例）も、これと似通ったことがいえる。たとえば播磨国内に新たに設置された「餝磨御宅《しかま》（屯倉）」への但馬国造の奉仕起源説話（餝磨郡餝磨御宅条）、あるいは特定氏族の「越部《こしべ》屯倉」への奉仕譚（揖保郡皇子代里条）、さらには大王に対する国造の贖罪の話（餝磨郡安相《あさご》里条）など、政治性を帯びた話がその中心をなしている。ここにもやはり在来住民との軋轢やトラブルを語る記述は含まれていない。この点で一連の話は、右の畿内勢力をめぐる権力介在的な移住譚と同一の流れをなすといえるだろう。

ただし但馬国の関連史料のうち、一〇例近くある神話の方は、これと様相を異にする。但馬を代表する「天日桙（槍）命」の神が、播磨の在来神として描かれる「伊和大神」や「葦原志許乎命」などとの間で、さかんに「国占《くにし》め」のための争いや合戦を繰り広げる話が多くみられる（揖保郡揖保里粒丘条、宍禾郡比治里奪谷条、同郡柏野里伊奈加川条、同郡雲箇里条、同郡御方里条、神前郡多駝里粳岡条など）。

ここにある「国占め」とは、ある一定の土地（クニ）を、ある神によって体現される地域族長層が政治的・社会的に領有する行為をさす（第Ⅱ部第三章参照）。(9)これもたしかに政治性を含む言葉ではあるが、その中には王権や中央神が関与・介在するような要素は入り込んでいない。あくまでもローカルな神の単独の行為や、神同士の争いが記されるだけである。とすれば、これらの神話の内容は、天日桙命を奉ずる但馬地域の族長層が率いる小集団が[10]、主体的に隣国の播磨国に侵入したという事実があったこと、そしてその際、各地の在来勢力との間で、土地の領有をめぐる争い、小ぜりあいがあったことを示していると思われる。

つまり『播磨国風土記』の但馬関連の地名起源説話からは、一方で、但馬国造らに対する、倭王権による政治的な地域編成や強制力をともなう播磨国への移住・開発策、負担・動員策があるとともに、それと重層する形で、但馬国内各地の小勢力による主体的な播磨国への侵入（国占め）の動きがあったことを、読み取れるであろう。

この二つの動きが、時間的にどのような先後関係にあったかは、明確にし難い。ただし但馬国造らが政治的に奉仕することになったという、瀬戸内海沿いの「餝磨御宅」の設置は、六世紀半ば前後の朝鮮半島情勢の緊迫化に対応した、王権による軍事的拠点の整備・拡充策の一環をなすと思われる。したがって但馬の国造勢力に対する政治的統合は、直接的には六世紀半ば頃にすすみだしたと考えられよう。一方、但馬国内の小勢力の播磨進出は、すでにそれ以前からあり、六世紀半ば以降には、右の動きと並行しながら、複合的に展開したのであろう。

このように『播磨国風土記』の地名起源説話においては、各地で歴史的に積み重ねられてきた諸関係が、一見したただけでは、同一平面的に描かれているようにしかみえない。したがって、それぞれの歴史段階性を意識しながら、立体的に掘り起こしていくことが重要になる。

（3）多様性に富む出雲関連説話

これに対して、『播磨国風土記』の出雲関連の地名起源説話の内容は、前述のように、多様性を有していた。表Ⅲ—2の⑤⑥の説話にみられるような王権介在型の史料、Ⅲ—2の④の「国占め」につながるような族長層の移動・開発譚のほか、Ⅲ—2の①②③⑦⑧のように、必ずしもこれらの枠組みに括れない多彩な内容の説話が含まれている。

たとえばⅢ—2の①では、「出雲の阿菩《あぼ》大神」が、大和三山の神争いの仲裁に向かってきたという。ところが揖保郡上岡里の地に来て争いが終わったと聞き、船を伏せてここに鎮り座したと書かれる。また表Ⅲ—2の⑧では、揖保郡琴坂の地名由来は、わざわざここを通った出雲の人が、坂本の田で農作業している女性をかまけよう（誘惑しよう）として、この坂で琴を弾いたからだと語られている。双方とも、いわば権力との関わりの希薄な、素朴な出雲人像、あるいは融和的な出雲神のイメージがあらわれている。

ところが一方、表Ⅲ—2の②③は、出雲の神が播磨国内のある山に鎮座して、その近くを行き交う人の半分を留め殺したという地名起源説話である。一転してここでの出雲神は、表Ⅲ—2の①の神の姿とは異なる、『古事記』や『日本書紀』にみられる「祟り神」「荒ぶる神」型の出雲神のイメージにも通じる神として描かれている。(11)

このように『播磨国風土記』の地名起源説話の中の出雲（神）像は、かなり多様である。このこと自体、古代の出雲—播磨間の多彩な交通関係のあらわれだといえるだろう。ところが従来の研究史を振り返ってみると、風土記の中の出雲認識の形成については創作性が強く、そもそも出雲と播磨との実際的な交流や結びつきは弱かったとみる見解がある。

たとえば松尾光氏は、出雲勢力の痕跡、とりわけ神々をめぐる説話について、「『播磨国風土記』における出雲系の神々の跋扈は、『風土記』の編集段階の観念的な操作の結果である。記事には出雲の神々が跳梁しているとあるが、それは播磨びとが目にしていた実態ではなかった(12)」と述べている。また瀧音能之氏も、これをほぼ踏襲する見解を出している。(13)

（4）考古学的資料が語る山陰諸国との交流

しかし考古学的な研究成果にもとづくと、播磨国内でもっとも多くの出雲関連の説話がみられる揖保川流域（揖保郡と宍禾郡）では、すでに古墳時代前期の古墳から山陰地方との交流を示す土器の出土がみられる事実を看過できない。

たとえば宍粟市の伊和中山四号墳（揖保川上流域左岸）や姫路市の丁瓢《よほひさご》塚《づか》古墳（大津茂川下流域左岸）などから、竹管模様などをほどこす「山陰系特殊土器」が出土していることが有名である。また近年、大手前大学史学研究所とたつの市教育委員会により、揖保川下流域右岸の丘陵上の龍子三ツ塚古墳群（たつの市）の総合調査がおこなわれた結果、域内の前期古墳から、やはり山陰系の土器類が多数発掘されたことが報告されている。発掘調査に携わった奥山貴氏は、円筒形器台を通じた山陰地方と揖保川流域の交流関係は、古墳の造営や儀礼に関わる思想や体系の導入をともなうものではなかったが、「直接的な人の移動をともなう関係性」であったと指摘する(14)。また同じく龍子三ツ塚一号墳の土器搬入を検討した山本亮氏は、この地域の集団は、複数の地域・集団との交流をすすめていたと述べ、その地域の具体例として、畿内や讃岐地域のほか山陰地方を挙げている(15)。

もちろんこれらの発掘事例は、直接出雲からの土器や遺物の搬入を語るものではない。しかし龍子三ツ塚古墳の出土物の中には、『播磨国風土記』で人の移動・往来伝承が多い畿内や讃岐地域からの土器も多数含まれている。時代的なズレがあるものの、考古学的資料と文献史料の内容に一致する点がみられる。これからみて、山陰地方とくに出雲と播磨との間では、遅くとも古墳時代から人の移動をともなう交流が盛んであり、そのような事実が風土記の神話・伝承につながったといえるのではなかろうか。

要するに『播磨国風土記』にみえる多様な出雲像の形成は、風土記編者による机上の創作物ではなかった。実際の出雲―播磨間の交通関係の多様性を反映し、そこには出雲の人々と播磨の人々の多彩な接触・交流のあり方があらわれていると理解される。

ただしこうした見方ができるにしても、出雲関連の各説話が、どの時代の交通の実相を語り、また倭王権の播磨に対する実際的な支配関係といかに結びついているかについては、可能な限り究明すべきであろう。ここで八つの関連史料のすべてを分析する用意はないが、そのうち表Ⅲ―2の②③の「出雲大神」神話、⑤の「出雲臣比須良比売」伝承、⑥の「餝磨御宅」説話については、いくつかの手がかりがのこされている。そこでつぎに、⑤「出雲臣比須良比売」と⑥「餝磨御宅」伝承を取りあげ、②③の「出雲大神」神話については、第二節で改めて考える。

(5)「餝磨御宅」と「比須良比売」伝承

餝磨御宅（屯倉）の設置をめぐる問題は、すでに本節（2）の但馬国造らの政治編成の問題であつかったが、風土記の本文の起源説話では、その時期を仁徳朝（大雀天皇の世）としている[16]。しかしこれは、仁藤敦史氏が指摘するように、「聖王」「聖帝」とされた仁徳天皇＝「仁政」観にもとづく潤色だと思われる[17]。

前述のように、餝磨御宅も含め、瀬戸内海沿岸部の屯倉の設立は、六世紀半ば前後の朝鮮半島情勢の緊迫化に対応した、倭王権とりわけ継体系王朝による軍事的拠点の整備・拡充策と密接に関わると推定される。したがって出雲国造の餝磨御宅への奉仕起源説話も、六世紀半ば頃の軍事的な奉仕の事実を反映していたと考えられる。おそらく出雲国造は、餝磨御宅の設置以降、ミヤケに対する「軍糧」の確保・運搬・集積等の奉仕を課せられるようになったのではなかろうか。これは但馬国造のケースと同様、餝磨御宅の設置にともない、播磨国だけにとどまらず、その周辺地域に位置する日本海側諸国に対する地域統合策がすすめられ、その結果にもとづくと理解される。

ところが、倭王権の出雲地域に対する政治的な接触と交流は、六世紀段階だけでなく、これより前の時代にも存在していた痕跡がある。その関連史料が、表Ⅲ―2の⑤の「比礼墓」造営起源譚にみえる「出雲臣比須良比《ひすらひ》売《め》」の伝承である。風土記の説話本文をみると、印南別嬢《いなみのわきいらつめ》に対する大帯日子命《おおたらしひこのみこと》（景行天皇）の妻問いの物語が、「比礼墓《ひれ》」「南毗都麻島《なびつま》」「六継村《むつぎ》」など、現在の加古川下流域に比定される印南野各地の地名起源説話と結びつけて語られている[18]。

それによると印南別嬢への妻問いは、結局、「媒《なかだち》」をした山直《やまのあたい》らの始祖、「息長命《おきながのみこと》」（別名伊志治《いしぢ》）のはたらきにより成功する。その功績により、息長命に対して、印南別嬢の「埽床人《とこはらひ》」であった出雲臣比須等比売が与えられ、さらに息長命の墓は賀古駅の西にあるという。

ここでは何人かの人物が登場しているが、このうち「息長命」を中心にして、この説話の意味を読み解こうとしたのが今津勝紀氏である。今津氏はまず、景行天皇の妻問いを受けた印南別嬢が、『古事記』の景行天皇の后妃伝承において、「吉備臣らの祖、若建《わかたける》吉備津日子の女《むすめ》」の「針間の伊那毗能大郎女《いなびのおほいらつめ》[19]」と書かれる点に注目する。今津氏はこれにより、かつて加古川下流域と吉備勢力との間には政治的つながりがあったと指摘する。また息長命の墓が賀古郡内にあるとされる点などにもとづき、加古川中流域の賀毛郡に本拠を置く山直勢力と加古川下流域における吉備系勢力、なかでも『続日本紀』の天平神護元年（七六五）にみえる「上道臣息長借鎌[20]」を上祖と仰ぐ勢力が、「共通の始祖」を戴く関係にあったと推定する。そして清寧天皇以前、播磨国内の山部は、吉備系（とくに上道氏系）勢力の影響下にあったこと、しかも右のような息長命をめぐる伝承が、加古川流域にみられることの背景には、吉備の上道氏のほか、息長・ワニ・住吉といった集団が当地に影響力を保持し、そうした事態の展開は五世紀に遡ることなどを指摘した[21]。

今津説では、六世紀より前の時代、その頃、倭王権を構成する各地の首長同士が当地を舞台にして展開した交流実態の復元が試みられている。今津氏は出雲をめぐる問題には言及していない。しかし、もし右の見方が正しければ、「出雲臣比須良比売」が印南別嬢の「掃床人」だったとされること、また彼女が息長命（賀毛郡の山直氏の祖）に与えられたという説話については、実は五世紀における出雲―播磨間の交流、さらには吉備勢力と結んだ倭王権、とくにワニ系王権と出雲勢力との間の、首長間交流の実態の反映と理解できる可能性が出てくる。

播磨国との関連性において、古墳時代以降の出雲国造の支配形態や、七～八世紀以前の出雲国内の政治的状況、あるいは倭王権との関わりは、従来、必ずしも明らかにされていない。しかし『播磨国風土記』の地名起源説話の史料断片は、播磨国を媒介項にして、五世紀の出雲の国内勢力と、ワニ系の倭王権との結びつきや交流を示す素材になりうる。風土記の比礼墓起源譚にみえる比須等比売の伝承は、播磨と出雲、そして吉備と倭王権をつなぐ勢力間の政治的交通の一端を語ってくれるのである。

以上のように、『播磨国風土記』の出雲関連説話からは、六世紀前半、さらにそれを遡る五世紀の、出雲と播磨の地域間交流、あるいは倭王権との結びつきの痕跡を見出すことができる。それぞれの話の内容は、必ずしも風土記編者によるフィクションではなく、ある程度歴史的な事実を反映したものであった。

これらの点を確認したうえで、つぎに考察したいのは、表Ⅲ―2の②③の地名起源説話に関してである。これまで、両史料とも一般的に「荒ぶる神」の交通妨害伝承としてあつかわれてきた。ところが注意されるのは、人の往来を妨げる神が、播磨の神ではなく「出雲大神」（出雲御蔭大神）とされる点、また妨害を受ける者が、往来者一般ではなく出雲や山陰地方の人々に限定されるなど、かなり特殊な内容になっている点である。さらに出雲国の人々は、神の怒りを鎮めるため、わざわざ「佐比《さひ》」（金属製品。後述）を作って祭り上げたとも伝えられている。これらの事柄を総合すると、出雲関連の地名起源説話をどのように捉えたらよいであろうか。

そこで以下、フィールド調査研究によって明らかになった(22)、説話関連の現地比定の問題とその歴史的な環境の復元、出雲―播磨間の交通ルートの新たな提示、神話の前提にある祭祀の実相解明、さらには倭王権の播磨支配の新局面などについて考えてみたいと思う。

二　六世紀後半以降の出雲―播磨間交通と往来者による境界祭祀

（1）『播磨国風土記』の揖保郡枚方里佐比岡条と意比川条

まず表Ⅲ―2の②③の地名起源説話の全文を、それぞれ引用してみよう。

〔史料A〕『播磨国風土記』揖保郡枚方里佐比岡条（表Ⅲ―2の③）

佐比岡。所三以名二佐比一者、出雲之大神、在二於神尾山一。此神、出雲国人経二過此処一者、十人之中、留二五人一、五人之中、留二三人一。故、出雲国人等、作二佐比一、祭二於此岡一、遂不二和受一。所二以然一者、比古神先来、比売神後来、此、男神不レ能レ鎮而、行去之。所以、女神怨怒也。然後、河内国茨田《まむた》郡枚方里漢人、来至居二此山辺一、而敬祭之、僅得二和鎮一。因二此神在一、名曰二神尾山一。又、作二佐比一祭処、即号二佐比岡一。

〔史料B〕『播磨国風土記』揖保郡意比川《おひがわ》条（表Ⅲ―2の②）

意比川。品太天皇之世、出雲御蔭大神、坐二枚方里神尾山一、毎遮二行人一、半死生。爾時、伯耆人小保弖《こほて》、因幡布久漏《ふくろ》、出雲都伎也《つきや》三人、相憂申二於朝庭一。於レ是、遣二額田部連久等《くと》々一、令レ禱。于時、作二屋形於屋形田一、作二酒屋於佐々山一、而祭之、宴遊甚楽、即擽《うつ》二山柏一、挂レ帯捶《さす》レ腰、下二於此川一相献。故号二圧川《おそひがわ》一。

これによると、揖保郡枚方里の神尾山という山に、「出雲之大神」（〔史料B〕では「出雲御蔭大神」）が鎮座していた。この神はたいそう怖ろしい神で、ここを通ろうとする出雲国の人たちなどの半分を止め殺していた。そこで〔史料A〕では、これに困った出雲国の人々が、「佐比」を作ってこの岡（佐比岡）でまつったが、神はそれを受けなかったと記す。そのわけは、比古神（男神）が先に来て比女神（女神）が追いかけて来たが、男神はここから立ち去り、女神がそれを怒った（嫉妬した）からである。しかしその後、河内国茨田郡の枚方里の漢人がここに移り住み、山辺において神を敬いまつった。すると神の怒りはおさまった。そこでこの神がいることにより神尾山と名づけ、また佐比を作ったところを佐比岡と呼んだと伝える。

一方、〔史料B〕によると、交通を妨害する神のことを憂いたのは、伯耆・因幡・出雲国から来た三人で、しかも彼らは朝廷に対しその改善を願い出たと書かれる。すると額田部連久等らが派遣され、神を禱りあげた。久等らは屋形（館）を屋形田に作り、酒屋を佐々山に作りまつった。宴を開いて楽しく遊ぶとともに、柏の葉を帯や腰に差し掛け、意比川を下って献上した。だから圧川《おそひがわ》と呼ぶようになったと伝えている。

二つの史料とも、「荒ぶる神」を出雲の神とする点、および神の怒りは最終的に鎮められるという点で、内容は一致する。しかしその祭祀方法と場所、祭りの主体などの部分が異なっている。神尾山の所在地が枚方里とされる点からみて、おそらく〔史料A〕が本来的な神話で、〔史料B〕がその異説と捉えられるであろう。

(2) 神尾山と佐比岡の現地比定

そこで以下、主に〔史料A〕の分析を中心にすすめるが、まず問題となるのは、神尾山と佐比岡の実際の所在地である。

従来、『播磨国風土記』の基本的なテキストとされる日本古典文学大系『風土記』（岩波書店、一九五八年）や、新編日本古典文学全集の『風土記』（小学館、一九九七年）などでは、これらの比定地は曖昧にされてきた。枚方里の里名に関して、現在「平方」という地名が存在するから、おおまかな場所は、兵庫県揖保郡太子町の平方付近とされる。しかし神尾山や佐比岡の比定地は、判然としていなかった(23)。

ところが近年、地元の自治体史編纂や個別研究の進展により、かなりの見通しがついてきた。そのなかで注目

写真Ⅲ—8　笹山の「男明神」の巨岩（手前）と　坊主山（2008年4月）

されるのが、国文学者の飯泉健司氏の研究である。飯泉氏は、現地での聞き取り調査にもとづき、神尾山を現在の太子町とたつの市の境界付近に立地する「明神山」（笹山とも[24]。以下、笹山と呼ぶ）、佐比岡をちょうどその南側にある「坊主山」とみなす新しい見方を提起した[25]。

その最大の根拠は、笹山には、かつての信仰の対象となったと考えられる「男明神」「女明神」と呼ばれる巨岩が、山の北側から南方に延びる二つの尾根上に、一対の形で屹立していることである（写真Ⅲ—8参照）。氏はこれを〔史料A〕にみえる「比古神」「比売神」の男女二神の伝承と重ね合せ、笹山が本来、神体山的な条件を備えた山だったと理解する。

また坊主山については、かつてその西側にある福田集落の人々が、日照りの時この山に登って「雨乞い」をしたなどの言い伝えにもとづき、坊主山付近が祭祀地として選ばれた可能性は高いと指摘する。フィールドワークの手法を取り入れた飯泉氏の研究は斬新であり、筆者もこの見解を支持したいと思う[26]。

(3) 古代の佐比をめぐって

ただし飯泉説において気にかかる点は、「佐比岡」の地名由来の本義を、「川の水を障《さ》ふ（遮る・せき止める）岡」の意味に求め、具体的には、この西側をほぼ南北方向に流れる現在の林田川の洪水を抑える農耕神と観念されていたのが、佐比岡だったと理解する点である。

古代の「佐比」という言葉の用法は基本的に二つある。一つは、「鋤」

や「刀」などの金属製品の意味で使われるケースである。『古事記』上巻の「佐比持神」の説話での「佐比」や、〔史料A〕の「佐比を作りて、此の岡に祭る」（原漢文）というのは、この用法にあたるであろう。[27]

もう一つは、飯泉氏も言及する、動詞「障《さ》ふ」（下二段）の連用形「サヘ」の音転化とみて、「遮る所」「妨げる所」などの意、さらに転化して、「境」「境界」の意味でもちいる用法である。これはかつて民俗学者の柳田國男が『石神問答』の中で、「サヘ」や「サイ」、あるいは「サク」「シャク」の語の意味が、「塞防」「限境」「結界」の義であると繰り返し提唱していた説でもあった。[28]

このうち〔史料A〕の「佐比岡」の地名の本来的な命名は、「佐比」の祭りに由来するのではなく、おそらく後者の用法に由来すると思われる（後述）。しかしそれを、飯泉説のように「川の洪水を妨げる岡」の意味と解するのは、うがちすぎであろう。やはりここでは人の交通の妨害、すなわち「出雲国の人」など、他国の地からこの地を通り過ぎようとする往来者たちを、あたかも「遮る」ような岡、の意味としてみるべきではないか。

古代の地名において、「佐比」を交通路の「障《さ》ふ」問題と結びつけた具体例としては、現在の京都市南区吉祥院あたりの地が、平安期には山城国紀伊郡に属し、「佐比」「佐比河原」と呼ばれていた事例がある。その地名のいわれを考えてみると、この地が平安京の「佐比の大路の南の極《はて》」「要路の極《はて》」にあたるとともに、葛野川（桂川）と鴨川との合流地であったこと、しかも山陽道が交差する場所でもあった事実が大きいと理解される。まさに西国諸国から京に向かってやってきた人や牛馬が、「佐比津」「佐比川橋」「佐比渡」などにより、いったん交通を遮られ難渋に及ぶ要衝の地、すなわち「境界の地」「限境の地」であったことが、この地における「佐比」の地名の形成につながったとみられる。そしてこのような事実にもとづき、この近辺には「佐比寺」という寺院が建立されていたように、当地は神仏に対する信仰が営まれる地でもあった。[29][30][31][32][33]

こうしてみると播磨国の佐比岡の周辺には、おそらく出雲国の人たちも行き来するような交通路が通り、佐比岡はちょうどそれを「遮る」位置、まさに交通ルート上の「境界の地」「限境の地」にあたるのではなかろうか。そこでここを通り過ぎようとする往来者は、「佐比の神（賽の神）」の通過儀礼、すなわち臨時の境界祭祀をおこなっていたという事実があった。そうした慣習の存在が、「佐比岡」の本来的な地名の形成につながったと思われる。その地名の由来を、出雲国人がここで「佐比」を作りまつったからとする風土記の話は、二次的に付加されたものであろう。

(4)「筑紫大道」とその前身の道での境界祭祀

このような推測を裏づける点で注目されるのは、これまでの中世絵画資料の分析や考古学上の発掘成果などにより、佐比岡の比定地の坊主山の近くを、中世の山陽道（筑紫大道）が東西方向に走っていた事実が明らかにされている点である。

奈良県の法隆寺には、嘉暦四年（一三二九）と至徳三年（一三八六。北朝年号）の作成（書写）年紀をもつ二枚の播磨国揖保郡法隆寺領「鵤《いかるが》荘絵図」が伝えられている。両絵図には、同荘の中心地の斑鳩寺や牓示石などの位置が明示されるほか、『播磨国風土記』の伝承の比定地である笹山と坊主山の該当地も描かれている（図Ⅲ—6参照）[34]。

それをみると、笹山については「楽々山」、坊主山は「佐岡山」と書かれているのを確認できる。「楽々山」はおそらく「ささやま」と読み、これは現在の同地の「笹山」と同じ読み方である。一方、「佐岡山」というのは、風土記時代の「佐比岡」の音転訛の可能性があろう。

またそれぞれの丘陵の上や山麓付近をながめると、その当時の信仰の痕跡を示すいくつかの堂宇などが描かれている。楽々山の丘陵上には、残念ながら男明神と女明神の磐座に関わる情報は記されていない。しかしその中

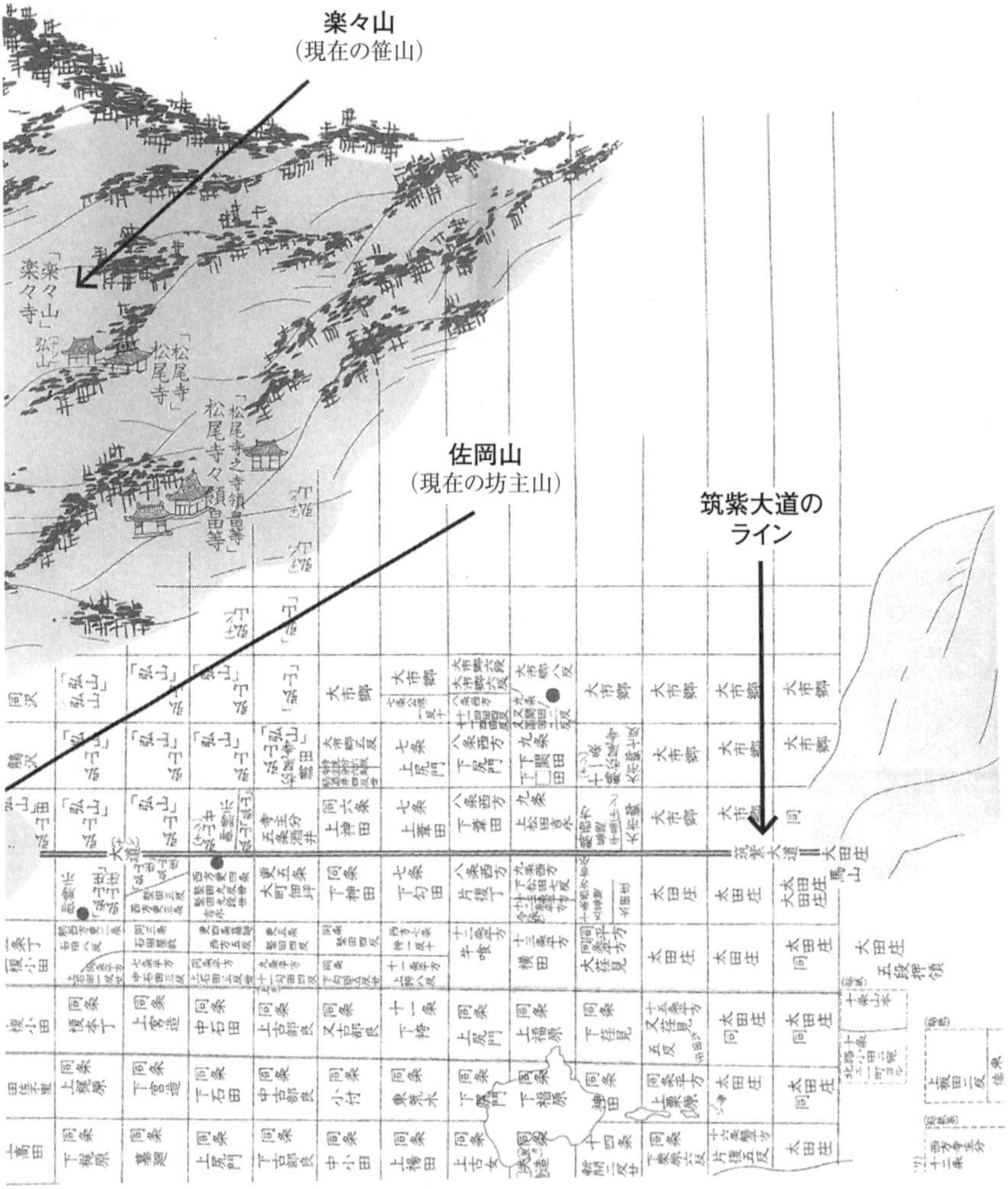

にみえる楽々山、佐岡山、筑紫大道（太子町史１、付図４の解読図に加筆）

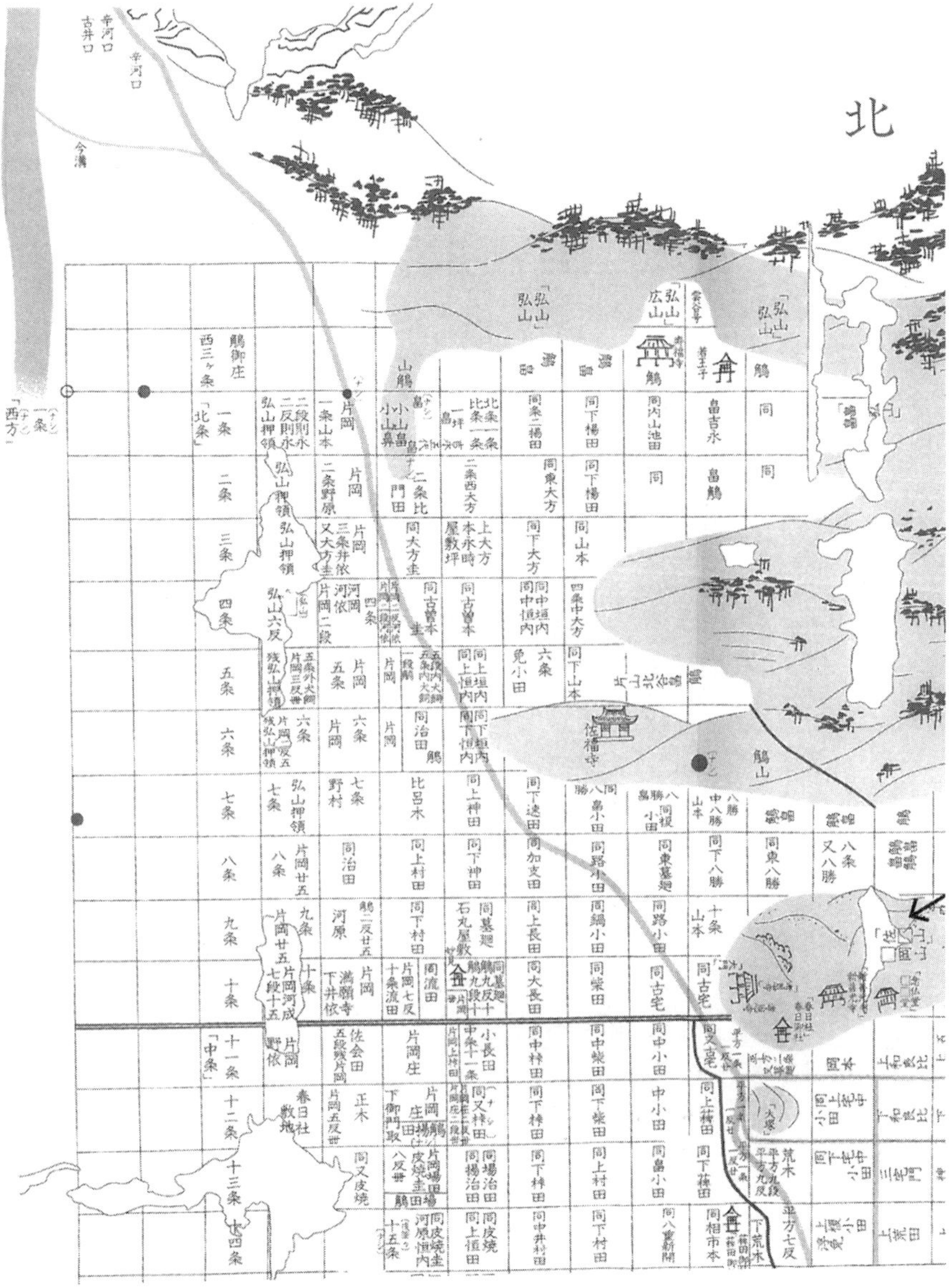

図Ⅲ—6　嘉暦四年図と至徳三年図の両方から復元された鵤荘解読図

央部付近に、「松尾寺」という寺院名とその堂宇が書き込まれている。また佐岡山にも「春日社」「念仏堂」「新善光寺」「孝恩寺」「大門」などの建物が描かれており、二つの山が一四世紀段階においても、付近の人々の信仰の対象になっていたことをうかがわせる。

この鵤荘絵図のうち、興味深いのは、至徳三年図（嘉暦四年図を至徳三年に書写したとの裏書きをもつ）の東端の「大田庄馬山」付近に「筑紫大道」と書かれ、そこから西の「佐岡山」に向かい黄褐色のラインが引かれていることである。このラインは佐岡山付近に来ると、まさにこの山に遮られ、その南側を迂回しながら西側に出る。そこからは東側のラインより一町南（実際には二町南）にずれて、ふたたび西に向かってまっすぐ延びる形で描かれている。[35]

従来の研究によると、このラインで結ばれる「筑紫大道」こそが、中世において九州筑紫に通じる「大道《たいどう》」、すなわち中世山陽道だったと推定されている。[36]しかもその存在は、発掘調査によって、考古学的にも裏づけられるようになった。[37]

問題となるのはそれが成立した時期である。発掘調査によると、古代遺物は見つかっているものの、道路遺構が古代にあったことを積極的に示す証拠は検出されていない。筑紫大道遺跡（太子町佐用岡字堂ノ後）や福田片岡遺跡（たつの市誉田町福田字片岡）などの調査では、幅員約六〜八メートルの道路遺構（土砂と川原石による道路敷と側溝を確認）が見つかり、道路の成立は鎌倉時代後期、その背景には一三世後半の蒙古襲来があった点などが指摘されている。[38]したがって筑紫大道、あるいはその前身の道が、直接古代にまで遡る保証は今のところ何もない。ちなみに古代の山陽道は、この筑紫大道ルートの北方約一〜二キロメートルのところを東西方向に敷設されていたと推定されている（図Ⅲ―7参照）。

しかし古代の道は必ずしも駅路だけが存在したのではない。集落と集落をむすぶ各地の「里道《りどう》」、国庁から郡衙間をむすぶ「伝馬《てんま》の道」など、それぞれの土地において、大化前代以来の多様な交通システムがあり、また多くの場合、そこでは水上（河川）交通も併用されていた。[39] そのような交通網のうち、揖保郡内の幹線的な道の一つとして、このあたりを東西方向に走る、中世山陽道の「前身」となる古代交通路が存在し、しかもそこは出雲を含む諸国の人々が往来していたと想定したとしても、それほど無理はないのではないか。

鵤荘絵図に描かれる筑紫大道が、絵図外の部分でどのように延び、それが古代の山陽道や美作道の推定ルートといかに接続していたかは不明である。しかしここで一つの想定をおこなえば、出雲・伯耆・因幡などの古代の山陰地方の人々は、まずは後世の「美作道」や「因幡往来」などのルートを通って播磨国をめざしてやって来た（図Ⅲ―7も参照）。播磨国に入ってからは、おそらく揖保川下流域の河川交通を利用して南下し、風土記の「広山里」比定地あたりで上陸する。[40] そしてここからは筑紫大道の前身と呼ぶべき陸路を通って東にすすむことになる。ところがまもなく、あたかも「交通を遮る岡」のような様相の丘陵、「佐比岡」に到着する。そこで人々は、その山辺において羇旅と通過の安全を祈る臨時の神祭り（境界の地における賽の神の祭祀）をおこなったのではないかと考えられる。[41]

もちろんその場合、往来者たちが祈りを捧げた先は、この佐比岡の北方にあり山麓部からも目視できる二つの磐座（男明神と女明神）によって象徴される、神尾山の「神」であった（磐座は現在も南西付近の麓から目視可能である。三八八頁の写真Ⅲ―9参照）。『播磨国風土記』の中で、「此神、出雲国人経二過此処一者、十人之中、留二五人一、五人之中、留二三人一」という〔史料A〕の伝承ができあがった前提には、右にみた佐比岡（坊主山）と神尾山（笹山）の交通路をめぐる位置関係の問題が大きかったのではないかと予想される。[42]

先に述べたように、従来、古代の出雲と播磨とを結ぶおもな交通路としては、因幡道や智頭往来、美作道とその延長ルート（のちの出雲往来）が用いられていたと考えられてきた。ここではさらに、播磨国内には、河川交

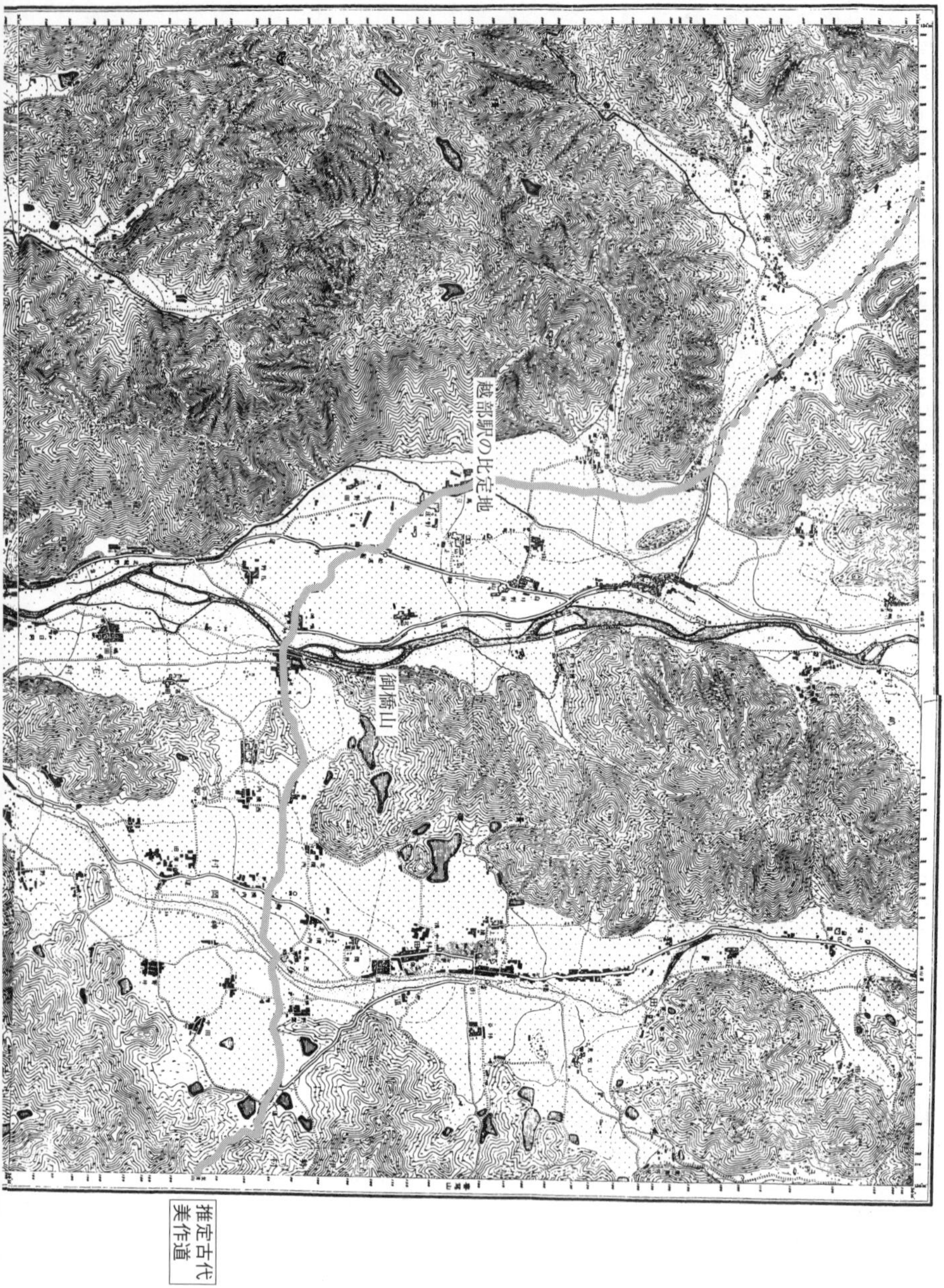
越部駅の比定地
御橋山
推定古代美作道

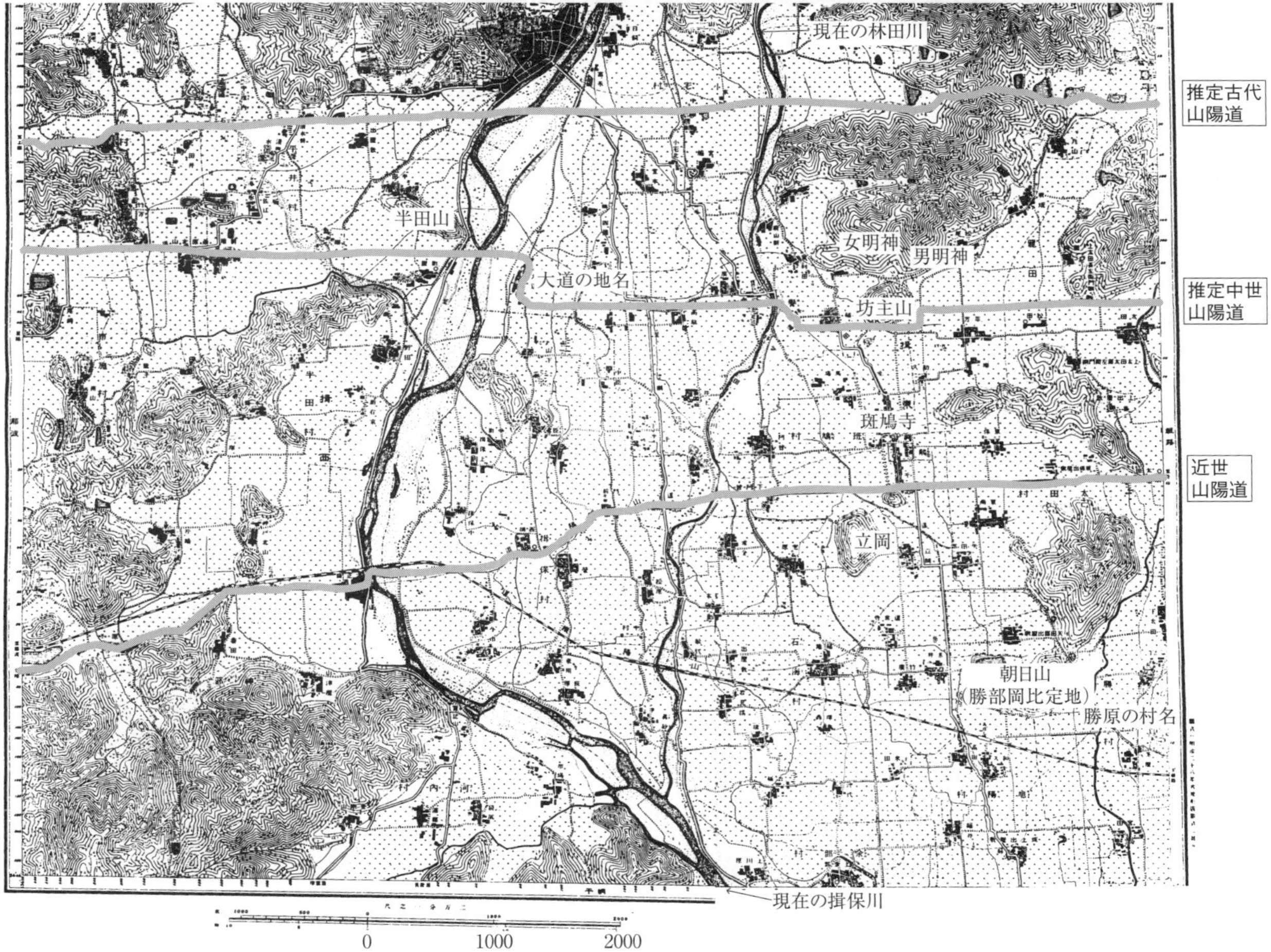

図Ⅲ—7　揖保郡内の古代から近世の山陽道と古代美作道の推定ルート
(明治28年発行の２万分の１陸測図「林田」「龍野」をもとに作成)

通も含む右の径路をとる交通路があったことも、指摘したいと思う。

このように『播磨国風土記』の地名起源説話を読み解くと、必ずしも駅制ルートだけに留まらない、実態的な交通ルートの存在が浮かび上がってくる。またそのルート上の一角にあった「佐比岡」付近では、往来者による臨時の境界祭祀の場があったことも確認することができた。

三　境界祭祀の重層性と出雲の「荒ぶる神」

(1) 境界祭祀の二元性

前節では、〔史料A・B〕にもとづき、新たに出雲と播磨を結ぶ交通路の復元、またルート上の結節点ともいうべき佐比岡の山辺における、往来者による神祭りの実態があったことを指摘した。

しかし〔史料A・B〕には、ここを通る出雲国の人の「佐比」を用いた祭りはうまくいかず、最終的に「荒ぶる」出雲の神の怒りは、渡来系の漢人の「祖」、あるいは「額田部連氏」によって鎮められたと記されている。これらの説話の意味を、全体としてどのように捉えればよいのであろうか。

写真Ⅲ―9　南西からみた女明神と男明神の磐座
右端の山影は佐比岡に比定される坊主山（2013年11月）

まず交通上の要所・結節点や境界領域における神祭りは、決して一元的なものでなく、重層的な形態をとる場合が多い点に留意すべきである。従来の交通祭祀研究では、右の「佐比」を用いた出雲国人の祭りのように、交通路を通る側の人々の祭祀・呪術のみに眼が向かいがちであった。ところが、たとえばミナトという舟運路の結節点での祭りでは、そこを出入りする外部者による臨時の祭祀・奉幣があるとともに、地元の海民や海人による日常的な祭りが重なり合って存在していた。この点は、本書第Ⅲ部第一章で述べたとおりである。

この視点にもとづき、いま一度〔史料Ａ・Ｂ〕を読み返してみると、両史料とも、まずは神尾山の出雲大神の「荒ぶる性」が語られる。それに対して〔史料Ａ〕では、出雲国人による「佐比」を用いた祭りと、新たに移住してきたという伝承をもつ地元の漢人らによる祭りのことが伝えられている。一方、〔史料Ｂ〕では、交通遮断の実情を出雲国人の都伎也《つきや》らの三人が朝廷に申し出た結果、そこに遣わされた額田部連久等らがおこなった祭祀と呪術のことが記されている。〔史料Ｂ〕の方ではあまり明瞭に記されていないが、両史料で強調されているのは、説話の後半部分、新たに移住・派遣されてきた漢人氏と額田部連氏（の祖）の祭祀・呪術により、荒ぶる神の怒りがなんとか鎮まったという点であろう。

つまり二つの起源説話では、漢人一族と額田部連氏の祖の功績が顕彰されている。とくに〔史料Ａ〕では、漢人一族を新しい祭主として始まった地元祭祀の起源と、その正統性を明かそうとするねらいがあったとみられる。というのも風土記の起源説話は、それが採録・編纂された時、基本的にそこに現住する氏族や地域集団の視点に立って書かれるのが普通だからである。したがってその当時、神尾山と佐比岡の付近では、「荒ぶる神」の出雲大神に対する祭りは、ここを通ろうとする往来者による臨時の神祭りだけでなく、それらと、新規に移住してきた一族を祭主とする地元祭祀とが重層して存在していたことになる。

これらは全体として「賽の神」の祭り、境界祭祀として位置づけられるが、このうち漢人一族を祭主とする地元集団の祭りでは、荒ぶる神に対して、行路上の安全が祈られていたわけではない。現存する各国風土記にみえる「荒ぶる神」の地名起源説話をながめると、ある一族の「祖」が荒ぶる神を鎮祭することにより、結果的に、「家々が平穏になった」「禍いがおさまった」(43)などと記されるケースが少なくない。

これをみれば、神尾山の麓に住まう漢人を中心とする人々も、荒ぶる神を単なる怖ろしい神としてではなく、むしろ地域社会に静謐と安全をもたらす守護神として仰ぎまつっていたのではないかと考えられる。神尾山の荒ぶる神は、彼らによって繰り返し日常的に鎮めまつられることを通じて、疫病など、外的な災厄の侵入から地域社会を守る神格に転化していたとみるべきであろう。〔史料A・B〕の後半部分にみえる漢人や額田部連久等らによる「神鎮め」の伝承は、そのような形の地元祭祀の起源と、特定の一族を祭主とすることの正統性を語ろうとする目的をもっていたと理解される。行路上の境界領域に位置する場所でおこなわれる神祭りは、このように重層的な構造をもっていた。

(2)出雲の「荒ぶる神」伝承の前提

とすれば、そうした荒ぶる神が、なぜ出雲大神と記され、しかも出雲など山陰地域の人々の交通を妨害する話が語られているのであろうか。私見によれば、〔史料A〕の伝承で出雲国人が「佐比」＝鋤などの鉄製品を用いた祭りをおこなったと語られることが示すように、これについては六世紀後半から七世紀初頭頃の国家的開発をめぐる問題がからんでいるように思われる。つまりこの時期の揖保郡付近では、前代までとは質を異にする、王権による直接的な支配・開発がすすみだしていた。それにともなう政治的動員を受ける形で、出雲国の多くの民衆が、しばしば当地にやって来る機会、ないしは一時的に留まるケースが増えていたのではなかろうか。

『播磨国風土記』の揖保郡条をながめると、枚方里を含む揖保郡の南部地域において、六世紀後半以降、大和国の大王直属の供御料田、「倭　屯田《やまとのみた》（屯倉）」における先進的な技術を投入した国家的開発がすすめられた痕跡がみられる。たとえば風土記によると、枚方里の約三～四キロ南方付近に比定される大家《おほやけ》里の勝部岡の地名由来について、「小治田河原《をはりだのかはらの》天皇」の時代、大倭千代《やまとのちよ》の勝部《すぐりべ》がここに派遣されて開墾にあたり、この岡の麓に住みついたからだと記されている[44]。

この大倭千代の勝部という一族は、もともと「倭屯田」内に根拠地をもち、優れた開墾技術をもって屯田の維持に関与した、渡来系の氏族であった[45]。したがって彼らが大家里付近に遣わされたという伝承は、舘野和己氏が説くとおり、おそらく推古朝の時代（＝小治田の河原の天皇の世）、倭屯田の優れた技術でもって、このあたりを計画的に開発する国家的施策がすすめられていたことを意味するのであろう[46]。この施策は、前述の斑鳩《いかるが》寺の建立や鵤荘の成立など、揖保郡の南部地域がその後、大和の法隆寺の所領として国家的に開発・編成されていくことと結びついていると思われる。

また当地と倭屯田との関わりについては、〔史料B〕に登場する額田部連氏も、本来、倭屯田に関与した可能性が高い一族ともいわれる[47]。さらに〔史料A・B〕に登場する出雲国人の故郷に根拠を置く、出雲国造（出雲臣氏）についても、その一族の「祖」の「淤宇宿禰《おうのすくね》」が「屯田司《みたのつかさ》」であるとの伝承が、『日本書紀』に伝えられている[48]。

このように『播磨国風土記』の揖保郡条とその関連史料には、倭屯田の開発の問題に関与する氏族たちの伝承がたくさんみられる。こうした事実からみて、六世紀後半から推古朝にかけての播磨国の西部地域では、前代にも増して王権による直接的な支配が強まったといえる。これは六世紀半ば前後の餝磨御宅の設置が、その土台になっていることはいうまでもないが、その支配と地域編成のあり方は、より本格的・直接的なもので、多くの労働力編成をともなったものであったと考えられる。

これにより、出雲国造の支配下にあった出雲の民の多くが、この時期、遠く大和に向かい、倭屯田の耕営の任に従事し、あるいはその途中、揖保郡内の開発のため徭役労働に徴発・動員されるといったことが、急速に増大したのであろう。そうした状況のなか、先の出雲の「荒ぶる神」を主人公とする地域伝承もできたのではないか。それがどのようなメカニズムと意味合いをもって形成されたかについては確たる史料もなく、これ以上の分析は不可能である。しかしわざわざ出雲大神が「荒ぶる神」として描かれる背景の一つには、このような王権による計画的で大規模な開発政策への出雲の人々の動員・編成の進展と、それにともなう何らかの軋轢の問題がからんでいたものと推測したい(49)。

同じ揖保郡内であっても、風土記の枚方里佐比岡条にみえる出雲大神のイメージは、上岡里の「出雲阿菩大神」（表Ⅲ—2の①）とは異なり、ずいぶん怖ろしいものになっている。そのイメージの中には、出雲—播磨—畿内間において六世紀後半以降に展開した政治的交通と、それによる何らかの軋轢の出来の実態が映し出されていると評価できよう。

おわりに

以上、『播磨国風土記』を素材にして、出雲—播磨間の交通と道の問題について考えてきた。それによると風土記の地名起源説話の中には、出雲・播磨間で古くから多様な地域間交流が展開していたことを示す史料が存在するとともに、五世紀から六世紀半ば前後、そして六世紀後半から推古朝の頃までの各時期など、倭王権の播磨支配の内実と、その段階性に応じた出雲・播磨の首長間の連合と政治的編成の諸形態を語る史料があることが明らかになった。また両地域間をつなぐ交通路については、日本海沿いの山陰道経由ではなく、因幡・美作などの中国山地の中山間部地域を経由したルートが主要なものであり、播磨国内に入ると、後世の駅馬システムに関わりをもたない準幹線的な交通路が存在したことも明確になった。さらにその交通路上の結節点、政治・経済上の要所ともいえる箇所には、往来者と新規の地域集団による重層的な神祭りの場が存在していたことも指摘した。

本文で述べたように、『播磨国風土記』にみえる出雲関連の伝承の数は、風土記全体を通じて相当多く、その内容も多彩である。本章では、そのすべての伝承に論及できず、また「出雲大神」の交通妨害説話については、さらに解明すべき点をのこすことになった。これらの点を今後の研究課題としつつ、ひとまずここで擱筆したい。

註

（1）たつの市立埋蔵文化財センター編『特別展　播磨国風土記の世界～揖保川流域を中心として～』（たつの市立埋蔵文化財センター図録7、たつの市立埋蔵文化財センター、二〇一〇年）、岸本道昭「7世紀の地域社会と領域支配――播磨国揖保郡の古墳と寺院、郡里の成立――」（『国立歴史民俗博物館研究報告』一七九、二〇一三年）などを参照。

（2）直木孝次郎「遠い異境への往還」（播磨学研究所編『播磨国風土記――古代からのメッセージ――』神戸新聞総合出版センター、一九九六年）。

（3）岡山県教育委員会編『出雲往来』（岡山県歴史の道調査報告書第四集、岡山県教育委員会、一九九三年）。

（4）兵庫県教育委員会編『美作道』（歴史の道調査報告書第四集、兵庫県教育委員会、一九九四年）。

（5）岡山県教育委員会編『因幡往来・因幡道・倉吉往来』（岡山県歴史の道調査報告書第五集、岡山県教育委員会、一九九三年）。

（6）鳥取県教育委員会文化課編『智頭往来』（鳥取県歴史の道調査報告書第一集、鳥取県教育委員会、一九八九年）。

（7）兵庫県教育委員会編『山陽道（西国街道）』（歴史の道調査報告書第二集、兵庫県教育委員会、一九九二年）。

（8）山尾幸久『日本古代王権形成史論』Ⅳ篇第七章「倭王権による近畿周辺の統合」（岩波書店、一九八三年）、中林隆之「石作氏の配置とその前提」（『日本歴史』七五一、二〇一〇年）など。

（9）神話学の松村武雄氏は、『播磨国風土記』に出てくる「国占め」は、「原初文化史的に観ずれば「村占め」に他ならぬ」と説く（松村『日本神話の研究』第一巻〈培風館、一九五四年〉、二八八頁）。

（10）横田健一氏は、天日桙命に関わる但馬国の伊豆志神社に将来されたという八つの神宝が、「風」「浪」など、海洋生活者の呪具である色彩が濃厚で、朝鮮からではなく日本でできた物ではないかと推測する。そして、「大体、天日矛が新羅王子という伝えが怪しい」と説いている（横田「天之日矛伝説の一考察——神宝関係記事を中心として——」〈同『日本古代神話と氏族伝承』塙書房、一九八二年。初出は一九六二年〉、一二五頁）。筆者もこれと同じく、『播磨国風土記』にみえるアメノヒボコ＝「天日桙（槍）命」については、朝鮮から渡来し、さらに出石郡の伊豆志神社の「八種の宝」＝「珠二貫・振レ浪比礼・切レ浪比礼・振レ風比礼・切レ風比礼・奥津鏡・辺津鏡」（『古事記』中巻、応神天皇段）を将来したという伝承をもつ、但馬国を代表する神格であると理解する。横田氏の示唆するように、とくに但馬国沿岸部に活動の場をもつ、海人勢力の奉ずる神格の可能性が高いのではなかろうか。したがって筆者はアメノヒボコ＝日本海側からの渡来系集団とはみなさない。なおアメノヒボコらの但馬集団の播磨進出伝承については、近年、古市晃氏による新しい解釈が提起されている（古市「古代播磨の地域社会構造——『播磨国風土記』を中心に——」〈『歴史評論』七七〇、二〇一四年〉）。

（11）　坂江渉「『播磨国風土記』からみる出雲・播磨間の交通と出雲認識」（島根県古代文化センター編『古代出雲の多面的交流の研究』島根県古代文化センター、二〇一一年）。

（12）　松尾光「『播磨国風土記』の神々と出雲」（同『白鳳天平時代の研究』〈笠間書院、二〇〇四年〉、五〇八頁。初出は二〇〇一年）。

（13）　瀧音能之『古代出雲の社会と交流』第Ⅱ部第三章「『播磨国風土記』の中の出雲——出雲大神の問題を中心として——」（おうふう、二〇〇六年）。

（14）　奥山貴「円筒形器台と古墳時代前期の地域間関係」（大手前大学史学研究所龍子三ツ塚古墳調査団編『龍子三ツ塚古墳群の研究——播磨揖保川流域における前期古墳群の調査——本文編』たつの市教育委員会、二〇一〇年）、三九四頁。

（15）　山本亮「龍子三ツ塚1号墳出土土器の系譜と地域間関係」（大手前大学史学研究所龍子三ツ塚古墳調査団編註（14）前掲報告書）。

（16）　『播磨国風土記』餝磨郡末尾の餝磨御宅条。

(17) 仁藤敦史「古代王権とミヤケ制」(同『古代王権と支配構造』吉川弘文館、二〇一二年。初出は二〇〇五年)。
(18) 『播磨国風土記』賀古郡比礼墓条。
(19) 『古事記』景行天皇段。
(20) 『続日本紀』同年五月庚戌条。
(21) 今津勝紀「古代播磨の「息長」伝承をめぐって」(『日本史研究』五〇〇、二〇〇四年)。
(22) 風土記の現地調査の詳細については、坂江渉『播磨国風土記を通してみる古代地域社会の復元的研究【改訂版】』(二〇〇七年~二〇〇九年度科学研究費補助金・基盤研究(C)研究成果報告書、二〇一〇年)、坂江渉『播磨国風土記の現地調査研究を踏まえた古代地域社会像の提示と方法論の構築』(二〇一〇年~二〇一二年科学研究費補助金・基盤研究(C)研究成果報告書、二〇一三年)を参照のこと。両報告書とも、神戸大学学術成果リポジトリKernelで公開している。
(23) たとえば戦前に風土記の地名考証をおこなった井上通泰は、『播磨国風土記新考』(臨川書店、一九八六年。初版は一九三一年)の中で、「今龍田村の大字に佐用岡あり。是佐比岡の名の転じたるにて其南方にありて太田村に跨れる山ぞ神尾山ならむ」と推察している(同、二四五頁)。これを受け日本古典文学大系『風土記』は、佐比岡について、「太子町佐用岡が遺称であろうが、どの丘を指すか明かでない」(同、二九四頁)と述べ、また神尾山については「遺称がない」(同、二九五頁)と記している。従来、その比定地が不明確だったのが本条の伝承地である。
(24) 法隆寺領の鵤荘《いかるが》の調査研究に関連して、龍野市教育委員会(当時)がおこなった現地聞き取り調査によると、地元では、後述の男女明神から西側部分を「笹山」、その南西付近の小尾根部分を「明神山」と呼んでいるという(龍野市教育委員会編『播磨国鵤荘現況調査報告V(兵庫県龍野市誉田町福田・内山地区現況調査報告書)』〈龍野市教育委員会、一九九三年〉、一一頁)。
(25) 飯泉健司「播磨国風土記・佐比岡伝承考――風土記説話成立の一過程――」(『古代文学』三三、一九九四年)。
(26) 龍野市教育委員会(当時)の聞き取り調査によると、現在の笹山の南側にあるため池「谷口池」を東に入ったところは、「神尾山」(カミオヤマ)と呼ばれ、昔そこにはお堂があったという(龍野市教育委員会編註(24)前掲書、六九頁)。これは「神尾山」という『播磨国風土記』の地名が、いまも笹山の一角にのこっていることを示す。

(27)『古事記』上巻、海神宮訪問の段。

(28)柳田國男『石神問答』(ちくま文庫版全集一五。初版は一九一〇年)。

(29)『日本三代実録』貞観一一年(八六九)一二月八日辛卯条。

(30)『日本紀略』延暦一四年(七九五)七月戊寅条、『日本後紀』延暦一五年(七九六)八月戊辰条、延暦一八年(七九九)一二月癸酉条など。

(31)いわゆる「賽《さい》の河原」と当地とは別ものの可能性が高く、賽の河原については、現在の京都市の三条通と御土居(西堀川小路)が交差するあたりの「最勝河原」、あるいは現在の阪急西院《さいいん》駅あたりの「西院《さい》の河原」とみるのが有力である(勝田至『日本中世の墓と葬送』第二部第二章「「京師五三昧」考」〈吉川弘文館、二〇〇六年〉、二一〇〜二一二頁)。

(32)『日本三代実録』貞観一一年(八六九)一二月八日辛卯条。

(33)現在、全国各地にみられる「賽ノ神」「才ノ神」「道祖神川」「賽ノ神峠」「才の浜」などの地名も、おそらくこのような、交通と境界領域の問題と関連していると思われる。

(34)太子町史編集専門委員会編『太子町史』一(太子町、一九九六年)。

(35)嘉暦四年図には、佐岡山の東側に同じラインは認められないが、その西側には至徳三年図と同系統の彩色を確認できる(太子町史編集専門委員会編(34)前掲書、六〇九頁)。

(36)小林基伸「中世の山陽道」(兵庫県教育委員会編註(7)前掲報告書)。

(37)岸本道昭「発掘された筑紫大道」(同『山陽道駅家跡――西日本の古代社会を支えた道と駅――』同成社、二〇〇六年)。

(38)兵庫県教育委員会埋蔵文化財調査事務所編『兵庫県文化財調査報告書第94冊　福田片岡遺跡――太子・竜野バイパス建設工事に伴う発掘調査報告書――(本文編)』(兵庫県教育委員会、一九九一年)、兵庫県教育委員会編註(7)前掲報告書など。

(39) 中村太一「「出雲」をめぐる陸上交通路とその多様性」（島根県古代文化センター編註(11)前掲書）。
(40) 中村太一「山国の河川交通」（鈴木靖民・吉村武彦・加藤友康編『古代山国の交通と社会』八木書店、二〇一三年）。なお古代の揖保川の下流域の流路は、現在とまったく異なっていた可能性がある（松下正和「古代播磨の災害〜水害と地震〜」〈坂江渉編『風土記からみる古代の播磨』神戸新聞総合出版センター、二〇〇七年〉）。
(41) すでに横田健一氏は、〔史料A〕の「佐比」を作って祭るという説話について、佐比＝鋤をもって祭るというのは「民族学的（ママ）に」根拠がなく、これを「賽《さい》の神の祭」とみるべきとの見解を示している（横田「大化前代の播磨」〈同『日本古代神話と氏族伝承』塙書房、一九八二年。初出は一九五九年〉、三八〇頁）。筆者の考えと通じる説である。ただし氏は論考の中で詳述していない。
(42) 天平一九年（七四七）の『法隆寺伽藍縁起幷流記資財帳』には、法隆寺領の「山林丘嶋等」が、合わせて二六地挙げられ、そのうち播磨国揖保郡の「五地」として、「於布弥岳」「佐伯岳」「佐乎加岳」「小立岳」「為西伎乃岳」が記されている（松田和晃編『索引対照　古代資財帳集成　奈良期』すずさわ書店、二〇〇一年）。この「五地」のうち、「佐伯岳」は、本条の「佐比岡」である可能性が高いと思われる。これらの詳細な比定については、鷺森浩幸「法隆寺の所領」（同『日本古代の王家・寺院と所領』塙書房、二〇〇一年）を参照のこと。
(43) 『播磨国風土記』揖保郡伊勢野条、『肥前国風土記』基肄郡姫社郷条、同神埼郡条、同佐嘉郡条、『伊勢国風土記』逸文・安佐賀山条など。
(44) 『播磨国風土記』揖保郡大法山条。
(45) 岸俊男「「額田部臣」と倭屯田」（同『日本古代文物の研究』塙書房、一九八八年。初出は一九八五年）。
(46) 舘野和己「畿内のミヤケ・ミタ」（山中一郎・狩野久編『新版古代の日本5　近畿I』角川書店、一九九二年）。
(47) 前掲註(45)岸論文。なお仁藤敦史氏は、〔史料B〕の額田部連氏を『新撰姓氏録』にみえる明日名門命系の額田連氏とみて、神事・祭祀（とくに境界祭祀）を本来的職掌とする氏族と理解する（仁藤「額田部氏の系譜と職掌」『国立歴史民俗博物館研究報告』八八、二〇〇一年）。
(48) 『日本書紀』仁徳天皇即位前紀。

(49)　神尾山の荒ぶる出雲の神を、自分たちの「守護神」として祭っていたと推定される枚方里の漢人に関して、鷺森浩幸氏は、彼らも河内国茨田郡枚方里から当地に移住し、揖保郡内の開発に従事していたと指摘している（鷺森「『播磨国風土記』に見える枚方里の開発伝承」〈同註(42)前掲書。初出は一九九一年〉）。あるいはこの漢人たちを主体とする開発と、〈倭屯田―大倭千代勝部―出雲国人〉系列による開発との方向性をめぐり、何らかの軋轢やトラブルが生じたのかもしれない。詳細は他日に期したい。

終　章　日本の律令国家と地域社会

本書では、農民規範と浮浪人に関する史料を素材にして、日本の律令国家の社会編成原理の特徴とその変遷過程の分析をおこなった。また地方伝承や民謡などの諸史料にもとづき、その根底にある地域社会の共同体のあり方や支配構造の内実解明をめざしてきた。終章ではそのまとめをおこなうとともに、のこされたいくつかの課題と展望について述べる。

一　日本律令国家による社会編成

(1)東アジアの国際交通

律令体制が確立される前から、倭国（日本）と中国・朝鮮半島の諸国や王権は、相互に無関係に並存していたわけではなかった。社会構成の違いや発展段階のズレがあるがゆえに、早くから一定の交渉、交通の機会をもっていた。

とりわけ東アジアの大陸諸国からみてもっとも東の辺縁部に位置し、発展段階の遅れた倭国は、紀元前後から各勢力が中国や朝鮮諸国との接触に乗り出し、鉄を含む先進的な文物の独占的摂取のための争いを繰り広げた。

そして、それに打ち勝った王権や支配層が、交通から締め出された国内勢力や一般農民層との隔絶化・差異化をはかろうとした長い歴史過程があった。

たとえば、三世紀の卑弥呼の王権が、中国の魏王朝に遣使・朝貢をおこなったことは有名である(1)。それは、「狗邪韓国」(のちの金官伽耶国)の鉄資源の入手を通じて、倭国内の敵対国である「狗奴国」(卑弥弓呼王)との抗争を有利に導こうとするねらいをもっていた。それとともに鏡・剣・衣幘《いさく》など中国製の威信財や可視的・感性的な身分標識を獲得することにより、一般庶民層との社会的隔絶をはかる目的があったことを見落とすことはできない(2)。

また魏王朝の滅亡ののち、四世紀半ば以降の倭王権は、金官伽耶国や百済などと互酬的な軍事同盟を結んでいった。そして、それらの国々から鉄資源を取り込むとともに、その再配分機能を掌握することにより、権力の独自化をすすめていった。またそれと引き換えに、北方に盤踞する高句麗と同盟国の間に軍事的な危機が生じた場合、援助のため軍事力を提供する体制をとり始めた(3)。

ついで五世紀の倭の五王が中国南朝に入貢したのは、第一義的には、軍事的称号の獲得(冊封)を通じて朝鮮半島内での政治的影響力を高め、半島南部の加耶地域からの鉄の安定的供給を期する点にあった。それとともに宋王朝に対し、「倭隋《わずい》等十三人」や「上《たてまつ》る所の二十三人」などの「徐正」要求もおこなうことにより(4)、倭王の軍事統率権を中核にした、国内的な身分序列の明確化を意図していたとも解されている(5)。

また六世紀に入ると、欽明から敏達朝の王権が、百済から意図的・政策的に仏教を導入し、それに続く各時期にも、一貫して仏教興隆策が推進されていく事実がある。これには対外的には朝鮮半島の新羅王権への「対抗」の目的がある一方、国内的には「灌仏会」「盂蘭盆会」など、定期的な一斉法会《ほうえ》(仏事)を宮廷内の爵制と連動させせて恒例化することを通じ、大王を頂点とする支配層の結集や、君臣統合をはかる目的があったと理解されて

いる。(6)

さらに七世紀初頭前後の推古朝になると、王権は儒教的な礼制秩序意識を本格的に受容する。王権内の官人秩序を律する爵制（冠位制）・衣服制・軍礼の樹立や、(7)王都を中心とする国土区分制度（中華思想に基盤を置く畿内―畿外制）の創出などに向かいだした（第Ⅲ部第二章）。そして七世紀半ば以降、中国から律令制を継受することにより、天皇を中心とする、より高次の中央集権化国家を確立させていったことは周知の事実である。

このように倭国の支配層や王権は、古くから律令制の時代に至るまで、中国・朝鮮などの大陸諸国の文物の独占的な交通関係の樹立を試みることにより、一般社会から隔絶した権力の独自化と地域統合、および階級的優位性の確立をめざす動きをとっていた。

これに関連して石母田正氏は、不均等で異質な社会構成で成り立つ東アジア世界において、国際交通が果たした役割の大きさについて注意を喚起している。氏によると、大陸諸国と比して発展段階の遅れた倭国内の支配層は、早くから国際交通を通じて、他民族の歴史の達成物や経験を、人民に対して「先取り」していたという。そしてこのような後進国の支配層・王権による先取り現象は、階級闘争の一側面を特徴づけると述べている。(8)

ここでは、国際交通を通じた大陸諸国からの人の移動と文物の摂取が、所与のものとして理解されるのではなく、国内の諸階層に「先んじた」支配層の主体的・能動的な動きとして捉えられている。

これにもとづくと倭国内の支配層は、たえず国際交通をおこなうことを通じて、自らの階級的優位性の確立をめざし、結果としてそれが社会や被支配民の文明的な「成熟度」を抑えていたと理解することも可能である。したがって、早くから展開した国際交通の歴史過程の問題を事実上捨象して、律令制下という「定点」に立った国制比較・社会比較だけにもとづき日中両国の発展段階の違い等を論じたとしても、あまり積極的な意味をもたないのであろう。

たとえば、「文書主義」を基本とする八世紀の律令制下には、肉体労働と知的労働を社会的に分離した支配体制ができあがった。しかしそれは短日裡に確立したわけではない。古墳時代以降、長い年月をかけて大陸から摂取された漢字という文字と文章技術を支配者層が習得していく過程が、その前史としてあった。それはまさに、支配者層が知的労働を独占し、そこから一般民衆を排除していくプロセスでもあった。律令制の確立には、それに先立つ国際交通の歴史があり、それにより支配者層が先進的な「文明」を独占的に摂取していく過程があったのである。

国際交通論をめぐるもう一つ重要な点は、その関係が決して不変的なものではなく、歴史的にみて可変的で、多様な回路の可能性を有していたことである。石母田氏がいうように、東アジアの国際交通は、初期の支配形態では支配者層に独占される。しかしある時期以降、共同体内部での反作用を呼び、それとは異なる「人民的交通」を生み出すこと、そしてそれが古代国家の国制に影響を与えるなど、新たな歴史の展開を切り開く側面をもっていた。(9)

(2)「人民的交通」の前提条件

古代の列島上の地域間においては、すでに律令制以前の時代から、一定の人の往き来と、それにもとづくモノの移動がみられた。とくに倭王権が、大陸諸国と倭国中枢部とを結ぶ交通路の整備（ミヤケなどの拠点施設の構築など）や、その一環として周辺地域の統合策をすすめることにより、それはなお一層加速していった（第Ⅲ部第三章）。また六世紀半ば以降、大陸諸国との関係ばかりでなく、倭国の「周辺」部をなす北方社会との間で、交易・戦争・朝貢―饗給儀礼など、多様な交流関係も展開し始めた。(10)

他国の人々と地域社会の人々との出会いや接触は、必ずしもスムーズにいかず、しばしば宗教上のトラブルも生じた。『播磨国風土記』の地名起源説話に眼をやると、そのことを示唆するたくさんの神話断片を見出すことができる。とくに外部的世界の人々との接触は、現実に疫病などの災厄を地域社会にもたらす危険性をはらんでいた。そこで基幹交通ルート近辺の地域社会の人々と族長層、なかでも新規に入植した一族が、村境・坂（峠）・河川渡河地・隘路などにおいて、往来者の通交を妨害する「荒ぶる神」を、自分たちの守護神として鎮まつろうとする祭祀形態がみられた（本書第Ⅲ部第三章）。

しかしそれにしても、列島上における地域間交通の進展は、各地の住民が、異質な地域の文化にふれ、新しい知識や技術を取得する機会を増大させたことはたしかである。対外戦争や外交使節団の派遣など、倭王権と大陸諸国との国際交通の進展は、必然的に多くの人々を海外に動員、編成する体制をともなっていた（第Ⅲ部第二章）。それゆえこれが、国家間の交流だけに留まらない、民衆レベルの新たな交通回路を切り開くきっかけを作った。

なかでも新規の宗教思想である仏教に関していうと、対外戦争などの国際交通が、仏教と地域社会の人々とを直接的に結びつける役割を果たす場合もあった。倭国にとって七世紀最大の対外戦争である白村江の戦いに際しては、二万七〇〇〇人もの兵力が動員・派兵されていた[11]。『日本霊異記』には、その時、従軍した備後国の豪族が無事の帰国を祈る「願」を立て、終戦後、朝鮮半島の百済人の僧侶（禅師）を直接故郷に連れ帰り、地元での造寺・造仏に従事させたという説話がみられる。そしてその禅師は、備後国以外の各地でも仏教的教化をおこなったと記されている[12]。

これはあくまで仏教説話ではあるが、対外戦争への従軍の経験が、結果として地域社会の人々に仏教を広め、その帰依者を増やしていくような事態は、少なくなかったであろう。

仏教受容を示す考古学資料として、「瓦」「礎石」「基壇」以外の、「銅腕」「柄香炉」など仏器の出土事例に着目した古市晃氏は、仏教が天武・持統朝より以前の段階で、列島上の広範な地域で受容されていた可能性が高いと指摘している。[13] 初期段階の仏教が、地方の民衆の中にどれだけ浸透していたのか、また仏教法会がどのような役割を担うものであったのか、なお不明瞭な部分は多々ある。しかしこの見方によると、少なくとも七世紀の列島上において、仏教がこれまで想定されてきた以上に各地に広がっていたことはたしかであろう。

しかし、六世紀に支配者層の統合論理として摂取された仏教が、思想上、民衆の中にも入り込み、しかも歴史上初めて古代国家の国制に大きなインパクトを与えるのは、八世紀初頭の律令制下に入ってからのことであった。

(3) 律令国家の社会編成原理と浮浪人の「朋党」集団

日本の律令国家が、戸籍・計帳の全国的作成にもとづき農民を一元的な統治対象とする支配体制を確立させたのは、七世紀後半の天智・天武・持統朝を段階的に経た八世紀初頭のことであった。これは「士農工商」の分業論的社会編成の原理をとる中国の律令国家とは異なる統治形態であった（第Ⅰ部第二章）。

ところがその直後、八世紀前半の和銅から養老年間には、農民に対する一元的な社会編成原理を補完しようとする、国制上の改革が実施された。律令国家は、全国的な規模で初めて国家的な農民規範（あるべき農民像）を提示し、その奨励に乗り出した。

和銅五年（七一二）には、毎年、各国国司の部内巡行時に、三つの規範要件、すなわち①農桑労働への専念、②社会的弱者の救済、③儒教的家族倫理の実践と才能・知識が官途《かんと》〈出身〉に堪える能力の保持、という条件に合致する百姓を探し出し、それを推挙・褒賞するシステムを確立した。

ついでその約一〇年後の養老五年（七二一）以降には、右の三要件に合致する百姓を「力田」と呼び、それを国家的な大事や慶事に際し、臨時に推挙・褒賞する政策を始めた。

これらの一連の政策は、もともと古代中国の前漢王朝の施策に起源をもち、それを日本の王権が、まさに国際交通を通じて、学び取ったものであった。しかしそれは、支配体制を強化するための単なる「青写真」として摂取されたものではなかった。

力田の規範要件や関連史料からみて、その前提には、百姓（農民）による浮浪・逃亡の激化という倭国内の社会的な要因が横たわっていた。力田の制度が、それへの対応策の一つとして実施されたことは明らかである。当時の国家はこれを通じて、浮浪の抑止をはかるとともに、百姓が本貫地に地着し、農桑労働に専念して社会的弱者を救済していくことこそ正当な規範意識であると示し、その普及をはかろうとしていたと考えられる（第Ⅰ部第二章）。

百姓による浮浪・逃亡は、日本の律令体制の成立過程や、その変質過程の問題と、密接不可分の関係をもっていた。浮浪人に関する史料は、すでに七世紀後半の『日本書紀』の記事において登場する。日本最初の全国的戸籍である庚午年籍（六七〇年）の作成時には、「造二戸籍一、断二盗賊与浮浪一」[14]とみえる。また戸令（飛鳥浄御原令）にもとづく最初の戸籍といわれる庚寅年籍（六九〇年）の造籍関連史料でも、「浮浪」の摘発・捕捉が、戸籍編成の重大目標に掲げられていた[15]。

これをみると、百姓による浮浪が、七世紀後半、造寺・造宮事業などにともなう中央力役システムや調庸物の京進制度の整備・拡充などにより、かなりの勢いですすみ、成立期の国家にとって、すでにその抑止が大きな課題であったことが判明する。日本の律令国家の統治対象である百姓＝農民は、中国のように「工商」の民との対比ではなく、浮浪する民との対比の下において、地域別・領域別に土地に緊縛される体制下に置かれた存在であるという見方が可能である（第Ⅰ部第二章）。

しかし八世紀の初頭以降に進展した浮浪の実態は、七世紀段階のそれと異なる様相を示していた。その特徴は、とくに霊亀年間以降、畿内を中心とする仏教的な結社活動、すなわち多くの浮浪人を組織化した行基らによる集団的な宗教活動と結びついて展開していた点に求められる。

行基らへの禁圧の初見史料である霊亀三年（七一七）の『続日本紀』の記事には、「方今、小僧行基幷弟子等、零二畳街衢一、妄説二罪福一、合二構朋党一、焚二剥指臂一、歴レ門仮説、強乞二余物一、詐称二聖道一、妖二惑百姓一。道俗擾乱、四民棄レ業。進違二釈教一、退犯二法令一」とあった。[16]

これによると、行基らの動きと百姓の浮浪との間に密接な関連があることを読み取れる。彼らの教説（「説罪福」「称聖道」）により、多くの浮浪人や共同体から離脱した百姓の集団的な組織化（朋党化）がすすみ、それが国家の禁圧対象になっていたことをうかがえる。

従来の研究によると、ここで行基らが「妄り」に説いたという「罪福」や「聖道」については、その根底には中国王朝で異端視された「三階《さんがい》教」（三階宗・普法宗とも）の教えがあったといわれる。[17] これは隋の信行が唱えた、山林修行を否定して集落における「乞食」生活を是とする、集団的な仏教運動の思想であった。[18] 行基はそれを、彼の「師」とされ入唐経験がある道昭から学んだと考えられている。[19]

つまりこの時期の百姓による浮浪は個別的なものではなく、道昭と行基とを媒介にして中国から得られた新しい仏教の教説を基盤にして集団化しており、しかもその結合原理は、旧来の族制的・血縁的、そして地縁的な関係をも超越した「朋党」という宗教結社的な形をとっていた。この形態は、それ以前の百姓の浮浪行為と大きく異なるものであった。

僧尼令にもとづくと、「朋党」を組織することは、もとより法律上、厳しく禁じられた行為であった。[20] また僧尼による民間布教も固く禁止されていた。[21] しかしそれが、行基を基軸にして現実のものとしてあらわれた。当時の王権を構成する為政者の間で、「街衢」における一定の組織力と結束性をもつ朋党の活動は、百姓の地着という統治原理の基本を揺るがし、ひいては課役制度の弱体化など、国家秩序の混乱と社会的不安を招くと感じられたのであろう。確立したばかりの律令国家は、この未曾有の事態に対し危機意識を強め、行基集団そのものに弾圧を加えるとともに、一方で、先に述べた一連の力田制度、すなわち農民規範の提示とその普及策の確立に踏み出したと考えられる。

仏教をめぐる新しい形の国際交通、すなわち中国の信行—道昭—行基—日本の百姓という人民的な「回路」をとる国際交通の所産が、この時期に実施された国制改革であったと理解できる。

もちろん激化した百姓の浮浪、とくに行基らによって組織化された浮浪人らの動きが、日本の国家的な社会編成原理の確立をもたらしたとみるわけではない。しかし個別的な形ではなく、朋党化・集団化した彼らの活動が、統治者に律令国家の社会編成原理を補完する役割をもつ八世紀初頭の国制改革の実施を踏み切らせるに至ったことは、たしかである。

前述のように、律令国家の成立プロセスやその変質過程において、百姓の浮浪問題は、つねに重要な役割を果たしていた。そのなかで霊亀から養老年間のそれは、人民的な回路の国際交通によって得られた仏教的教説と結びついていた点に特徴があり、そのことが、律令国家の国制に対し、歴史上初めて大きなインパクトを与えた。石母田氏流の見方をすれば、この時、人民的交通の成果が、一つの国内的な階級闘争として作用したのである。

(4)「不論土浪」策の登場

編戸・造籍にもとづき農民を領域別に一元的な統治対象とする体制は、基本的に奈良時代全般を通じて維持され、行基を中心とする結社活動は、結局は体制内に組織された。しかし百姓による浮浪は、その後も律令国家を揺り動かす大きな社会問題でありつづけた。各時期の王権は、奈良時代を通じて、何度か浮浪をめぐる国制上の改革に着手しなければならなかった。七一五〜七二一年、七三六〜七八〇年には、籍帳とは別枠の、浮浪人帳にもとづく支配システムが実施された時期があった。

これを浮浪人身分の積極的な公認策とみる意見が存在する。しかし浮浪人を浮浪人として籍帳と別の帳簿で把握することの意味は、本書の第I部第三章でみたように、彼らを編戸民と区別して、法制上・倫理上の「逸脱者」と遇する点にあった。とくに天平八年（七三六）以降、それにもとづき各国衙による懲罰的な労役制度も始められた。奈良時代の律令国家は、浮浪人の存在を認めず、編戸した百姓を基本的な統治基盤とする点で一貫していた。

ところが八世紀末の延暦朝に入り、この支配体制に大きな変化があらわれる。延暦九年（七九〇）、諸国の土人と浪人を区別することなく征夷負担を求めた政策の発令以降、[22]各政策ごとに両者の区別を停止し、「皇民」などとして同等に扱う形の「不論土浪」策が断続的に打ち出されていく。[23]

従来の通説的理解では、これと「不論民夷」という文言をともなう政策とを、同一基調のものとして評価する。[24]そのうえで、「不論土浪」策を「土人」（公民）と「浪人」（浮浪人）の融合策の一環として捉え、これが九世紀を通じて出されることにより、やがて両者は同質化・一体化していったと考える。

しかし「土浪を論ぜず」課役を免除する、あるいは「土浪を問わず」使役する政策は、両者の制度的区分や差別の解消をめざしたものではない。なぜなら、そもそも一〇世紀までにおいて、しばしば「土浪を論ぜず」という文言が繰り返し使われること自体、両者を差別化し浮浪人を特別視する認識が、少なくとも地方官衙の官人レベルまで根強く浸透していたことのあらわれである。中央政府は個別の政策の発令ごとに、両者の区別意識を払拭させるため、いちいち「不論土浪」という文言を用いざるを得なかったという見方もできる。

しかも右の一連の政策では、永遠不朽の「不論土浪」は命じられてはいない。個々の施策ごとに、一時的・部分的に土浪間の区別を停止し、両者を同列に扱うことを命じているだけである。「不論土浪」策を、公民と浮浪人の融合策として捉えるのには無理があるといわざるを得ない。

九世紀以降でも、なお公民と浮浪人は、公民籍と浮浪人帳という別枠の公的帳簿で把握されるべきものであった。実際、浮浪人帳は平安時代中期に編纂された『政事要略』（巻五七、交替雑事）において、公文である「大帳」（計帳）の「枝文」の一つとしてカウントされている。[25] 依然、平安時代中期においても、公民と浮浪人は、制度上、区別して統治される対象であった。

ただしその一方、「不論土浪」策の中には、新しい要素がみられる。それは一時的・部分的な形であるにせよ、土人と浪人とを「皇民」という概念で包み込み、しかも両者が同列であることを強調する認識が示されている点である。これは奈良時代にはみられなかった新しい考え方である。ここに「不論土浪」策登場の歴史的意義の一つを見出せる。

日本の律令国家は、八世紀末の延暦年間に至り、それまでの一元的な支配体制を転換し、浮浪人帳に登載された浮浪人と籍帳に編戸された土人とを、場合によっては同等に扱って支配しようとする、二元的な社会編成原理に移行したと理解できる。これは統治原理の全面的な転換ではない。しかしこれ以降、個々の政策の中身に応じて、浮浪人を身分として肯定的に認める体制に初めて入ったのであった。

こうした施策の登場については、民夷間の区別・差別をめぐる問題にも、似通った事実が指摘されている。九世紀以降のエミシ認識を分析した田中聡氏の研究によると、この時期、小帝国構造の解体による「夷狄の消滅」などという事態は生じていなかった。むしろ逆に両者間の差異認識は広がり、しかも夷狄の側では、夷狄を名乗ることが集団的な自己意識（アイデンティティー）の核とさえなっていったという。そして田中氏は、律令国家がこれ以降も、つねに「民」と「夷」を別のグループとして捉え、「不論民夷」策のたびに、その区別が視覚的に再認識されたと説いている。[26]

つまり前代以来、国家的に設定された土浪間の、そして民夷間の差別構造は曖昧化しておらず、それぞれが同質化した「安定的な国制」は現出していなかった。換言すれば、平安時代前期の国家的な支配原理の特徴は、民夷間と土浪間の間の区別・対抗関係を明確に維持したまま、それぞれの安定的な両立をめざそうとする点に求められる。差異化を前提としながら、両者の安定的両立をはかろうとするのが、この時期以降の国家の基本スタンスになったと理解できるであろう。

そして注目される点は、土浪間の新しい施策（＝「不論土浪」策）の登場が、今までみられなかった民夷間の新しい「交通」関係の進展に対応して始まっていると考えられる点である。

（5）「皇民」意識と辺境部をめぐる「人民的交通」

本書の第Ⅰ部第三章第二節で述べたように、「不論土浪」策の事実上の初見史料、および二番目の史料は、いずれも征夷戦への動員・協力を命じる八世紀末の勅であった。その中では、土人・浪人の双方が同じく「皇民」であることが強調されていた。[27] また別の史料では「王臣」とも表現されていた。[28]

「皇民」や「王臣」という言葉は、「公民」などの概念と位相を異にする用語である。これらは、基本的に「対外」諸集団との関係、すなわち夷狄や俘囚などの「化外民」という用語に対置される概念であった。これより前の時代の史料をながめても、「皇民」概念の中に浮浪人を含み込むことは一度もなかった。

ところがここでは土人（公民）と並び、初めて浪人（浮浪人）をもその中に包摂している。つまり延暦初年に登場した「不論土浪」策は、本来、別ものである土人と浪人の「共属性」、すなわち双方が夷狄と対比される皇民（＝化内の民）という集団に属している点で同じであることを強調し、そのうえで等しく軍事力を提供することを求めているわけである。律令国家の対エミシ関係において、あえてこのような点を強調せざる得ない何らかの事態が発生したことを想定させるものである。

その一つとして考えられるものは、ちょうどこの頃、「富豪浪人」と呼ばれる階層が社会的に台頭し、その経済力や力量が国家に着目され始めたことである。史料には明確にのこらないが、この勅が出される直前、一部の富豪浪人が、軍粮の調達・運搬など、いわば自主的に対エミシ戦争に協力するような事態があったのかもしれない。

二つ目は、この時期の対外的契機、すなわち民夷間の差別政策と裏腹に進行した、民と夷の間の新しい「交通」関係の展開である。延暦年間の直前、宝亀一一年（七八〇）から始まったいわゆる伊治公呰麻呂の「蜂起」の中で、俘囚軍と一般百姓が軍事的に同盟して官軍に抵抗する事態が起きたことが、もっとも大きな要因であったと考えられる。

前述のように、六世紀段階から、倭国の「周辺」部をなす北方社会との間で、戦争・交易・朝貢―饗給儀礼など、多様な交流関係が展開し始めていた(29)。そして奈良時代に入ると、律令国家と北方社会の住民との間では、何度か紛争や軍事的衝突が起きた。しかしその関連史料をながめても、彼らとその近くに住む公民百姓との結合関係を語るものは皆無である。

ところが右の呰麻呂の蜂起に関連する史料を読むと、歴史上初めての民夷間の実際的な連携・同盟関係の進展という事態を見出すことができる（第Ⅰ部第三章第二節）。その前提には、宝亀五年（七七四）、蝦夷・俘囚の朝貢先が奥羽両国の地方官衙に一本化され、その後、エミシらに対する事実上の掠奪的交易が進展したこと、またその対価調達のための国司の「苛政」、すなわち奥羽管内の百姓に対する極度の搾取強化がすすめられたという事実があったと考えられる[30]。

民と夷の同盟関係の結成については、これまでの研究では、元慶二年（八七八）に出羽国で起きた蝦夷・俘囚の大反乱に際し、国司の「苛政」によって「奥地」まで踏み入った公民百姓と蝦夷・俘囚との同盟関係が結ばれたと推定し、それを律令国家に対する「反律令闘争」の一形態であると評価する戸田芳実氏の分析があった[31]。筆者は、律令国家に対する民夷間初の「共同闘争」の時期を、元慶二年を遡る宝亀から延暦年間であると想定し、まさにこのような反律令闘争が、浮浪人も「皇民」であることを強調した「不論土浪」策の確立要因の一つになったと考えたい。

律令国家が土浪間の制度的区別を前提としながらも、一時的・部分的であるにせよ、両者の安定的両立に踏み切った理由としては、列島上の辺境部における民夷間の結合という未曾有の国家的危機が生じていたことを挙げられる。

すでに何度か引用しているように、石母田氏は、東アジア世界における国際交通には多様な回路があり、やがてその中から共同体内部での反作用を踏まえた人民的交通が熟し、その成果が、内部的な階級闘争の一つとして作用してくると説いている[32]。その所産の一つが、八世紀初頭の畿内・近国で、多くの浮浪人等を組織した行基らの朋党集団の動きであったことは、前述のとおりである。

しかしここではさらに、律令国家と北方エミシ社会との関係も広い意味での「国際交通」の一形態として捉え[33]、その展開の中で、やがて延暦末年に至り民夷間連携という新たな人民的な交通関係が生まれ、それが反律令闘争として作用したと指摘したいと思う。

かつて地域世界史像の見通しを提起した西洋史家の太田秀通氏は、一つの階級社会としての「文明」が形成される時、先行する「文明」諸国との関係のみならず、その「周辺」地域との間においても、必ず構造的な関係が築かれ、それが各地の歴史に対して与えた影響力の大きさを説いている(34)。

これは倭国の「文明」化の過程にもあてはまる。倭王権は早くからの大陸諸国との接触・交流関係だけでなく、六世紀以降、列島上の北方社会（エミシ社会）との間でも、多様な交通関係を展開し始める。しかも留意すべき点は、北方社会から入手される希少な物財が、王権内の支配者層の結集に寄与したばかりでなく、朝鮮諸国との外交儀礼で重要な役割を果たすなど、北方社会との交通が、大陸諸国との外交関係とも密接不可分の結びつきをもっていたことである(35)。

本書では、このように構造的な形をとる倭国と北方社会との交通関係の展開にも眼を向け、その中から生まれた民と夷の同盟が、やがて八世紀末、律令国家の社会編成原理の転換につながったと理解した。

列島上の古代国家の形成やその変遷過程の問題については、相互に不均等で異質で、さらに幾重にも重なりあって構成される東アジア世界の構造のあり方に眼を向けるべきである。そしてそこで能動的・主体的に展開された王権による国際交通と、その進展の中から生まれた「反作用的交通」のあり方を基軸にして理解する必要があろう。

二　律令制下の地域社会と共同体

それでは、律令制が確立・展開した時期の地域社会はどのように理解できるのであろうか。以下、この問題をめぐる全体像を述べてみる。

律令国家が全国的な編籍を通じて、百姓＝農民を戸を単位にして統治していたことは前述のとおりである。八世紀には地域社会全体は、これを前提としながら、国━郡（評）━里制の枠組みにもとづき把握されていた。

このうち制度上の最末端をなす里（以下、サトと記す）は、当初、「五十戸」という呼称で表記・編成されていた。五十戸制は、まず評制下の天智朝頃までに確立され、天武朝末年から持統朝初年の頃、里制に移行したと解されている。[36] そして八世紀初頭の大宝令制下に至り、国―郡―里制が完成する。[37] さらに七一七～七四〇年前後には、一時的に国―郡―郷―里制が施行されるが、その後は国―郡―郷制が定着することになった。

(1) サトと村

サトの制は、当初の「五十戸」という数値的呼称が示すように、人為的・機構的な組織であった。これが自然村落ではなく、国家の徴税や徴兵（兵士役）の基本的単位であることは、先行研究が説くとおりである。[38] しかしその当時、自然村落が存在しなかったわけではない。史料上、「村」と書かれる村落があった。

「村」の記述は、古代史料のあちこちに散見する。なかでも和銅六年（七一三）の官命を受けて各国で作成された風土記のうち、現存する五つの風土記には、たくさんの関連記事がある。大山喬平氏の整理によると、五ヶ国で合わせて一三三例の「村」が登場し、その内訳は、播磨七七、出雲一八、常陸一六、肥前一五、豊後七である。[39]

もっとも類例の多い『播磨国風土記』の七七例のうち、半分以上の四六例において、「村」は固有の地名（村名）をもって記されている。この事実は、村が抽象的な存在ではなく、現実の暮らしの単位として機能していたことを示すであろう。古代の地域社会には、それぞれの土地に拠って立つ生活上のまとまりである村という地縁的な組織があった。「五十戸」（一里）を編成するにあたっては、地域的偏差はあったと考えられるものの、この既存の村を利用せざるを得ない場合が多かったと思われる。

各サトのもとの村の数について、風土記などの関連史料によると、通常、三つ程度だったらしい。郷里制下（七一七～七四〇年前後）の「里《こざと》」はこれに対応し、「里」は従来の「村」に置き換えられるものであったと考え

られる。(40)

サトは五〇戸で編成される原則であったから、一つの村の戸数は、だいたい一六戸前後、その人口規模は、正倉院の戸籍・計帳の研究成果を参照して機械的に割り出すと、(41)約三五〇人程度であったと推測される。

このような実態の村と国家との関係については、日本の律令には関連規定がなく、村に公法上の位置は与えられていなかった。しかし村は、行政組織であるサトとまったく無縁ではなかった。

『播磨国風土記』には、サト（里）に関する具体的地名と、その地名起源説話が八〇例以上載せられている。注目されるのは、そのうち三〇例の起源説話では、サトの地名の由来を説明しながら、最終的に村の地名の由来譚となるケースや、サトと村を同義に扱う説話を見出せる点である。(42)

たとえば、「益気里。（土中上）。所二以号一レ宅者、大帯日子命、造二御宅於此村一。故曰二宅村一」(43)「英保里。（土中上）。右、称二英保一者、伊予国英保村人、到来、居二於此処一。故号二英保村一」(44)「邑宝里。（土中上）。弥麻都比古命、治レ井湌レ粮、即云、吾占二多国一。故曰二大村一」(45)などがそれである。また「的部里。（石坐神山、高野社）。土中々。右、的部等、居二於此村一、故曰二的部里一」(46)「修布《すふ》里。（土中々）。所三以号二修布一者、此村在レ井。一女、汲レ水、即被二吸没一。故曰号二修布一」(47)などの例がある。(48)

こうした事例をもって、筆者は村とサトの両者を、組織上同一のものとしてみるわけではない。(49)村＝里（郷）ではない。またこれを、同義反復を避けようとする風土記の編者によるレトリックと解しうる可能性もあるが、現存する『播磨国風土記』は、修辞上の操作や、用字・文体における「あや」が少ないテキストだといわれる。(50)とすれば、サトと村を重ねる説話の記述をどうみたらよいか。

史料を素直にみて考えられるのは、サトの地名と村の地名の一致、すなわち既存の村の地名が、律令制のサトの地名として継承された可能性である。つまり律令制のサトの地名は、その領域内に存在する村の地名をそのまま採用するケースがあり、風土記の右の記述はそれを反映したものと理解される。

もちろん律令制下のサトの地名の付され方は多様であり、「駅家」「神戸」「余戸」など、まったく新しい地名が立てられる場合がある。また領域内の何らかの自然地名がつけられることもあった。郷里制下の戸籍として有名な養老五年（七二一）の下総国葛飾郡大嶋郷戸籍をみると、「大嶋郷」のもとにあった「里《こざと》」は、「甲和」「仲村」「嶋俣」の三つであった(51)。ここにサト名と一致するコザト地名を見出すことはできない。

しかし、郷里制下において、「郷」の地名と「里」の地名が重なる事例を、伊豆国・若狭国・但馬国・播磨国・伊予国などの出土木簡資料で確認することができる(52)。これからみて、サトの地名として、既存の村（郷里制下の里）の地名を用いるケースが少なくなかったと考えられる。

その命名のメカニズムは、サト内の中核的な村の名前が採用されたとみられてきたが(53)、それを一歩すすめて興味深い提起をしたのが山尾幸久氏である。山尾氏によると、律令制下では、里長を出す村が変わると、それにしたがい、それまでの「サト」（五十戸組織）の名称が変わるケースがあったという(54)。

実際、『播磨国風土記』の地名起源説話をながめると、たとえば、西播地域の揖保郡にあった「漢部《あやべ》里」というサトが、庚寅年（六九〇）、里長の交代により、「少宅《をやけ》里」に変更された例がある(55)。これは里長（五十戸長）を出す村が漢部から少宅に変わり、それにともないサトの名も少宅里に変えられたことを示す可能性がある。

つまり、律令制下の行政組織であるサトの地名は、里長（五十戸長）の出身母体である村の名が採られ、それがサト全体を包み込む名称とされる場合があったことを想定できる。それは、右の播磨国の例からみて、七世紀後半の五十戸制の施行下でも同様であったのではないか。

このように律令制下の行政組織であるサトと村は、決して無縁ではなかった。両者は里長の選ばれ方を通じて結びついていた。村は里長を出す基盤になり、サトの名称となる場合があった。

(2)厳しい社会の現実と生業・生存の維持をめぐる信仰

律令制下には、自然村落である村が存在したが、それはフラットな構成では成り立っていなかった。右にみた里長のほか、国郡の「雑任」などに就く支配者層が存在する階層的な社会であった。そうした支配者層と村の一般農民はどのような関係をとり結び、また村の成員たちは相互にどのような関係を軸にしてまとまっていたのであろうか。

第Ⅱ部第二章、第三章で記したように、それらは、いずれも宗教的な場、すなわち村の神祭りにおける神事と呪術儀礼の際、目にみえる形ではっきりとあらわれた。古代の地域社会の支配のあり方や共同体結集の具体像を考える場合、神祭りや信仰の問題を抜きにすることはできない。

従来の古代村落論でも、村ごとにあった「社」の春秋の祭りの重要性は説かれてきた(56)。しかしその際、当時の村のメンバー間の、生業(稲作)と生存の維持を祈り願おうとする信仰の問題、さらにはその前提にある社会の「現実」の問題に眼が向けられることはなかった。

近年の新しい研究成果により、古代の地域社会が、過酷な自然・生活環境に置かれていた事実が明らかになってきている(第Ⅱ部第二章、第三章)。八世紀前後には、飢饉と農業危機が連年続き、それとともに疫病が蔓延して、一度に多数の人たちが亡くなる事態があった。「多産多死」型の人口構成といわれるように、多くの人が生まれるものの、同時に人の命が簡単に尽きるのが、この時代の現実であった。また婚姻関係も決して安定的でなく、配偶者をすぐに失う男女、さらには片親や両親がいない子どもたちが発生する頻度が相当高かった。

したがって農民相互間のつながりや結束は、現在と比べものにならないほど強かったはずである。過酷な環境を生き抜くため、生業(稲作)や子育て・養育・看護などをめぐり、村の成員間の日常的な相互扶助や協力関係が重視されたと想定される。

奈良時代の一つの戸（郷戸）が、約二〇人程度の兄弟姉妹や従兄弟同士の複数のグループから成り立っていたのも、血縁親族や姻族同士が互いに寄り添って生きていこうとした結果であるとも考えられる。[57]

また厳しい社会の現実は、人々の信仰のあり方や宗教意識にも大きな影響を与えた。各村の農民たちは、米作りの安定化や生存の維持を共同で祈るため、地縁的に結集し、自らの守護神を奉斎する神祭りを定期的におこなった。当時の神祭りにおいて、もっとも重んじられたものは、つぎの二つの「生」をめぐる問題であろう。すなわち、①食糧の「生産」＝米作りの維持・拡大と、②人の「生殖」＝人口の維持・再生産である。過酷な社会環境の下にあっては、この二つの「生」の問題が、生活上つねに大きな課題であり、また信仰の世界の中心に据えられていたと考えられる。

一年間に何度か開かれる村の神祭りでは、それぞれの維持・再生産が真剣に祈られ、また豊作と多産を祝う各種の行事がおこなわれた。また外部的世界との接触が頻繁な幹線交通路近くの村々では、②に関連して、疫病などの災厄から、生命と地域を守ろうとする祭りもおこなわれていた（第Ⅲ部第三章）。

このうち①の「生」＝稲作をめぐる信仰に関連していうと、古代の水田稲作は、大河川からの灌漑によるのではなく、天水のほか、里山から流れる小河川の水や丘陵山麓部の湧水など、山の保水力に依存する農耕が基本であった。そのため水源地である農村近くの丘陵や独立した山は、神聖な場所として、農民たちの信仰対象になっていた（第Ⅱ部第三章）。

『播磨国風土記』の地名起源説話に引用される断片的神話の多くでは、そうした場所が、神の日常的な鎮座地として伝えられたり、神に対する食事や食膳を供出する地として描かれている。[58]これは、稲作の水源地・保水地としての山に対する農民信仰が、その土台にあったとみられる。またそうした信仰を踏まえた祭祀儀礼が、山上やその山麓部などにおいて、実際におこなわれていたことの反映である。

山尾幸久氏は、古代の村は六世紀以降に成立し、具体的にはそれは祭祀共同体として現出したと説いている(59)。村の成立時期の問題はひとまず措くとして、基本的に継承されるべき見解である。とすれば、そうした祭祀共同体において、具体的にどのような儀礼があったと復元できるのか。

(3)食膳と勧農の祭祀儀礼

現行の民俗事例でもわずかながらみられるように、古代の民間の祭祀儀礼は、一日や二日で終わるものではなく、かなり長期にわたるものであった。農村の場合、原則として、春の播種から田植え作業の前後の祭りと、秋の収穫後の祭りのそれぞれにおいて、さまざまな神事と呪術がおこなわれていた。

そのメインをなすのは、右に述べた①の「生産」の維持の問題、すなわち山上などの聖地から祭場に招き入れた神に対し、生産(稲作)の実り・豊作を祈願し、またそれを祝い感謝する厳粛な神事の執行である。多くの祭りでは、その祭主は村の族長層がつとめ、祭主自身が一時的に神霊を憑依させ、神と一体化する形でとりおこなわれた。

『播磨国風土記』の地名起源説話の中の「国占め」神話群にもとづくと、その一つとして、秋の収穫後、農民たちが「飯」などの酒食を神に差し出し、神がかりした祭主(族長)がそれを実際に食べる食膳の儀式を復元できる。

また春の播種から田植え作業の前後の祭りでは、神がかりした祭主による「杖立て」や農民に対する「斎種《ゆだね》」の給付など、米作りの維持・再生産をめざす勧農の祭儀がおこなわれた。

春の神祭りも「予祝《よしゅく》」儀礼の側面をもっていた。したがってその際にも、神をもてなし豊作を祈願するため、酒食が持ち込まれた。そしてそののち、それぞれの祭りでは、同じ酒食が祭儀の参列者にも振る舞われ、続けて農民たちによる共同飲食の宴が繰り広げられたと思われる。

日常的に食糧が枯渇するこの時代、農民たちが定期的な神祭りに際し、自ら酒食を負担し、こうした食膳や勧農の神事を維持していくことは並大抵のことではなかった。にもかかわらず、これがおこなわれたのは、貴重な酒食を神に提供し豊饒を祈り祝うことが、自分たちの生活の維持や向上につながると意識されていたからである。現在でも各地の民俗行事でみられるように、神々へのもてなし行事が盛大になればなるほど豊作や繁栄がもたらされるという、呪術的思考があったのであろう。

一方、これを儀礼の祭主をつとめた族長層の側からみると、秋の食膳の神事や春の勧農の儀は、「クニ」内部の人たちに対する支配―庇護関係を可視的に確認する行為を意味した。

古代の自然村落である村は、階層的な社会であった。したがって毎年定期的に開かれる神祭りでは、農民同士のつながりや結束を強めようとする民衆的行事だけでなく、族長層と農民たちの支配―庇護の関係を視覚的に確認しようとする神事もおこなわれていた。その際、祭主をつとめた支配者層の一族は、このような神事を毎年繰り返しおこなうことにより、村の成員に支配関係を確認させるとともに、農耕の再生産の前提条件を保障する立場にあることを示す必要があった(60)。

このように古代の村々における支配・庇護の社会関係は、宗教を媒介にして実現されていた。その前提には、厳しい社会環境の下、自分たちの生業と生命の維持を願い祈ろうとする農民たちの生活実態と、それにもとづく信仰があった。

(4) 生殖と多産の促進をめざす農民の共同体

一方、もう一つの「生」の問題、すなわち人口の維持など「生殖」をめぐる祭祀儀礼については、国造層レベルの祭儀において、「神主」である国造が「神宮采女」(61)と名づけた領域内の百姓女子との間で交わす性的儀式（聖婚神事）があったともいわれる(62)。

しかし村落レベルの祭儀では、いまのところ、こうした儀式の痕跡を確認することはできない。むしろ関連史料から引き出せるのは、農民たちを主体とする呪術行事、歌垣（嬥歌）の存在である。

現存する各国風土記や『古事記』『日本書紀』の歌謡、『万葉集』などには、歌垣に関連する史料がたくさん残されている。歌垣は七〜八世紀において、全国各地で催されていたと考えられる。

従来、この歌垣については、「飲食」「歌舞」「性的解放」の三つを特徴とする、配偶者探しの場であったと説かれている(63)。しかしこれは単なる配偶者探しの場ではなく、もともとは村の神祭りに連動する呪術行事の一つであった。先に述べた生業（稲作）に関わる厳粛な神事が執行され、そののち、酒食の共同飲食がすすむにつれて、歌垣はおこなわれだしたと考えられる。

神祭りと連動している以上、この「歌掛《うたか》け」に参加したのは、未婚の男女のみに限らなかった。既婚者はもとより、村の老人たちも参加し、酒食が入る中、彼ら自身も歌の席に立つという、共同体全体の行事という側面をもっていた。諸史料をみる限り、この歌垣に村の族長層などが関与した形跡を見出すことはできない。

残されている歌垣民謡の内容をみると、とくに老人や老女たちは、歌の応酬の場において重要な役割を果たしていた。彼らは自らの経験や過去の見聞に事寄せて、若者たちを叱咤激励したり、笑いを交えた教訓の歌などをうたい、男女の結合を勧めることがあった。また老女が若い頃の自分の失敗談をうたうことを通じ、娘たちに対し、一定の節度と秩序にもとづく性愛行動を求めるという、事実上の「性教育」を施す場合もあった。

歌垣というと、若い男女が抒情的な歌を交わし求愛し合う場というイメージで捉えがちである。しかしこれは、老人を含む当事者以外の人たちが、神祭りに際し、結婚適齢期の男女や配偶者を失った者に向かい、刹那的・衝動的ではない性愛行動や、分別を身につけた結婚・再婚（再々婚）活動を、社会的に奨励する場でもあった。

また残存する歌垣民謡にもとづくと、各地の歌垣では、美女に対する「悪口歌」と分類される誘い歌が盛んにうたわれていた。たとえば、その場に決して出てこない豪族の子女や巫女、あるいは身持ちの堅い女性たちを引き合いに出して、「花の命は短い」「応じないと損をする、不幸になる」などと、からかうタイプの歌がそれである。これは歌垣に参加している若い女性を間接的に誘い出そうとする求婚歌の一種である。しかしその根底には、女性はすべからく早めに婚姻すべしという、社会的な「皆婚」規範があったことを読み取ることができる。

男女の平均寿命がわずか三〇歳前後という事実が示すように、奈良時代前後の時期は、まさに「人の命が短い」時代であった。そういう状況下では、生業の維持と並び、生殖の問題、すなわち皆婚と多産による村の人口の維持・拡大が、きわめて重要視されていた。だからこそ村の人々の間では、皆婚という自前の社会規範が形成されていたし、またこれにもとづき、歌垣では老人たちによる励まし歌や戒め歌、さらには男性からの誘いに応じない美女を揶揄し、からかう歌が、繰り返しうたわれることになった。

このように古代の農村の神祭りに際しては、族長層による厳粛な神事の開催とともに、農民たちを主体とする、人の生殖をめぐる呪術行事、歌垣が開かれていた。そこでうたわれた歌の内容にもとづくと、当時の農民たちの間では、「皆婚」という他者同士の関係をも律する自前の規範意識が形成され、しかも、実際の男女間の性愛には一定の節度と秩序性を重んじた行動をとるべきという社会的意識が存在した事実が浮かんでくる。毎年、定期的に開かれる歌垣は、そうした規範と社会的意識が、具体的に発露する場であった。

このような点からみて歌垣は、厳しい自然・生活環境の下、婚姻と出産という生殖の問題をめぐり、各地の村の農民たちが自ら結集する場であり、また村人同士の共同体的な結束を確認する行事であったといえる。

従来の古代史研究では、村の存在は認められるものの、その位置づけは、全体として低く評価されてきた。古代の村は、国家や在地首長に対して自立的な単位たり得ず、それに代わる郡の共同体組織としての役割の高さが強調されていた[(64)]。そして地域社会全体は血縁的な原理、すなわち親族組織的な原理で成り立っていたとみるのが通説である[(65)]。

しかし村落に関連する史料や歌垣民謡などをみる限り、村を構成する農民たちは、基本的に地縁にもとづく生活をいとなんでいた。しかも彼らは、族長層に依存することなく、村の人口を維持・再生産していくため、婚姻をめぐり、相互関係を律する自前の規範と秩序意識をもって自律的に結集し、生殖と多産の促進をめざす行事をおこなっていた。

こうした自律性は、軍事的・政治的な側面や稲作の再生産の前提条件の問題にまで及んではいない。しかし当時の村は、少なくとも婚姻と出産という生殖の問題については、国家や族長層から自立した単位になっていた。古代の地域社会に生きる農民たちは、自分たちの生存の維持や社会そのものの存続のため、自立的な共同体組織をもっていたと理解できる。

これまでの古代地域社会論では、このような地縁組織の存在を否定的にみる議論が主流を占める一方、その存在を認める研究においても、共同体関係を、事実上、村落首長と農民の支配―被支配関係に置き換えて理解したり、それに包摂させて説明しようとする見解が少なくなかった。

しかし右にみてきたように、生殖や生命の維持を自律的に担おうとする農民たちの共同体組織が確実に存在しており、それは毎年定期的に開かれる村の祭祀・呪術の場において、目にみえる形で具体的にあらわれていた。

三　今後の課題

以上、本書を通して、日本の律令国家による社会（農民）編成のあり方、およびその変遷過程、さらにはその根底にある地域社会の実態解明がある程度深められたように思う。最後に、本書で十分解明し尽くせなかった点について述べたい。

その一つが、浮浪人と村の共同体との関係、すなわち中央力役や税制の整備・確立によって拡大した都鄙間交通や百姓による浮浪現象が、地域社会の人々に対してどのような影響を与え、また何をもたらしたかという問題である。

この点については、第Ⅰ部の第二章において若干言及し、当時の官道近くの農民たちが役民や往来者に対してかなり閉鎖的な態度をとり、しばしば「財物」を強要するような事態があったことを紹介した。

ところが逆に、役民らの一時的滞在や滞留が、地域の農民たちや共同体結集のあり方に対して、どのような影響をもたらしたかについて直接的に語る史料は存在せず、それ以上の分析を試みることができなかった。

これに関連して、『播磨国風土記』の西播諸郡の地名起源説話の中には、外来や他国の神々が地域社会に侵入し地元神との間で「神戦さ」などを繰り広げたことを語る断片的神話がいくつかみられる（第Ⅱ部第三章）。これらはあくまで神話史料群であるが、これが八世紀の浮浪人や役民をめぐる問題に対して、どのような素材を提供し、そこから何を読み取れるかについては、今後の研究課題の一つにしたいと思う。

二点目は、もう少し時期が降ってからの問題、すなわち八世紀後半以降に展開した列島辺境地域との「交通」（＝対エミシ戦争やそれにともなう民衆の徴発・動員や掠奪的交易など）が、倭人側の共同体関係、とりわけ信仰・祭祀面における結合関係や農民生活そのものに対し、どのような影響を与えたかの問題である。

この点についても、一点目の課題と同様、『続日本紀』などの国史には、その実態を明瞭に語る史料を確認することはできない。しかし近年、千葉県の鳴神山遺跡など、奈良後半から平安前期の東国を中心とする集落遺構において、「国玉神《くにたまのかみ》」信仰の急速な広がり（国玉神と個人名を並記した墨書銘の発見）や、仏教浸透の一端を語る墨書土器資料が大量に出土している(66)。それらの資料から、この頃に、東国地域の集落における個人レベルの祭祀の成立をみようとする研究もあり(67)、また九世紀の関東地方では、在来の現世利益的呪術と「混淆」した仏教信仰が、かなりの広がりを見せていたという指摘もある(68)。

この問題については、おそらく当時の疫病の蔓延や、対エミシ戦の軍事的徴発の増大による、坂東諸国の社会的疲弊の問題が大きく関与していたと考えられる。なかでも国玉神の関連資料にみえる「国」や「国玉（国魂）」の文字が、第Ⅱ部第三章で述べた風土記の「国占め」神話の「クニ」とも関連して、どのような意味をもつのか、たいへん興味のある点である。しかしこれらの点についても、本書では分析をおこなうことができなかった。今後の研究課題の一つにしたい。

三点目は、二点目とも関わるが、仏教の地域的広がりが、在来の村落祭祀や信仰とどのように関連したかの問題である。

本章の第一節で述べたように、当初、支配者層の統合原理として輸入された仏教は、七世紀後半には、予想以上に各地に普及していた可能性が高い。またそれに続く八世紀初頭以降、百姓の浮浪が激化し、それが政治問題化した要因としては、新しい仏教的教説にもとづく行基らの宗教的結社活動があった。それは律令国家の国制改革、すなわち力田成立の確立につながることにもなった。結局、行基らの「朋友」集団の動きは、国家秩序内に編成されたが、仏教が各地の農民たちに浸透していったことは間違いない。これを地域社会論や農民たちの神祇祭祀信仰の問題と関連づけて検討することは、大きな課題となる。

すでにこの問題に関連して鈴木景二氏は、『日本霊異記』『東大寺諷誦文稿』などを素材にして、奈良時代後半から平安時代前期頃の地域社会における仏教の受容形態を明らかにした。それによると、この時期の各地の寺や堂において、「檀主」としての有力者が「利他行」の原理にもとづく私的な法会を催し、そこには多くの民衆が集まっていたこと、法会では南都の官大寺僧が「導師」をつとめ、檀主の徳を讃美するとともに、寺堂の縁起、地元の地名起源説話などを唱え上げていたこと、そして法会の開催は、檀主である地元豪族や有力者が新たな支配秩序を形成するにあたり重要な役割を果たしていたことなどが指摘されている(69)。

きわめて興味深い見解であり、今後さらに深めるべき研究対象である。そのなかで筆者からみてもっとも気にかかる点は、法会において導師が、地元の地名起源説話をも語っていたことである。

たとえば、『東大寺諷誦文稿』の一節には、「今、此堂ハ、名ヲ某（と）云（ふ）。〈里（の）名は某甲（の）郷（は）此（れ）〉。何故に某（の）郷（と）云ふ。〈然（る）故（の）本縁〉。何故に某堂と云（ふ）。〈然（る）故（の）本縁〉。此（の）堂（は）、大旦主（の）先祖の〈本願〉（の）建立（なり）。堂モ麗（しく）厳り、仏像モ美しく造（り）奉（る）。郷モ忖怜し。寺所モ吉（し）。井モ清（し）。水モ清（し）(70)」（二七九〜二八一行）などとみえている。

この点について鈴木氏は、「『風土記』に筆録されているような伝説が、在地の私的な法会の場面にとり込まれ語られていた(71)」、あるいは「私的法会は、在地に根付いていた地名起源説話をも吸収し、在地社会の秩序を私的にとりこむことを可能にした(72)」などと述べている。

残存する各国風土記の地名起源説話をみると、地名の由来を、植生や自然物の多寡、天皇や皇族の事蹟、豪族の移住・開墾などに求める話のほか、地元に鎮座するローカル神の名や神々の言葉や行動などに求める伝承が多く含まれている(73)。このような神話にもとづく地名起源説話が、八世紀後半以降の地域社会の仏教法会において具体的にどのように語られ、あるいは改変されたのか、大いに関心のあるところである。またこれは神仏習合の問題とも関連してくる。これらの問題も今後の課題としたい。
以上、三つの課題を述べたうえで、本書を終えたいと思う。

註

（1）『三国志』魏書、巻三〇、東夷伝倭人条。
（2）武田佐知子「東アジア世界における国家の形成と身分標識」（同『古代国家の形成と衣服制――袴と貫頭衣――』吉川弘文館、一九八四年。初出は一九八二年）、同『衣服で読み直す日本史――男装と王権――』（朝日新聞社、一九九八年）、一〇六頁。
（3）山尾幸久『古代の日朝関係』（塙書房、一九八九年）、田中俊明『大加耶連盟の興亡と「任那」――加耶琴だけが残った――』（吉川弘文館、一九九二年）、吉田晶『七支刀の謎を解く――四世紀後半の百済と倭――』（新日本出版社、二〇〇一年）、田中俊明『古代の日本と加耶』（山川出版社、二〇〇九年）など。
（4）『宋書』巻九七、蛮夷伝倭国条。
（5）川口勝康「大王の出現」（朝尾直弘ほか編『日本の社会史』第三巻、岩波書店、一九八七年）。
（6）中林隆之「古代国家の形成と仏教導入」（同『日本古代国家の仏教編成』塙書房、二〇〇七年）、古市晃『日本古代の王権の支配論理』（塙書房、二〇〇九年）など。
（7）西本昌弘『日本古代儀礼成立史の研究』（塙書房、一九九七年）。
（8）石母田正「官僚制国家と人民」（同『日本古代国家論』第一部、岩波書店、一九七三年）、七六、一〇一頁など。
（9）石母田正「国家成立史における国際的契機」（同『日本の古代国家』岩波書店、一九七一年）、一七頁、同「国家と行基と人民」（同註（8）前掲書）、一一五頁など。
（10）蓑島栄紀「倭王権の初期「蝦夷支配」と陸奥」（同『古代国家と北方社会』吉川弘文館、二〇〇一年）。
（11）『日本書紀』天智天皇二年（六六三）三月条。

(12)『日本霊異記』上巻―七「贖二亀命一放生得二現報一亀所レ助縁」。
(13) 古市晃「七世紀日本列島諸地域における仏教受容の諸相」(同註(6)前掲書。初出は二〇〇六年)。
(14)『日本書紀』天智九年(六七〇)二月条。
(15)『日本書紀』持統三年(六八九)閏八月庚申条。
(16)『続日本紀』霊亀三年四月壬辰条。
(17) 井上光貞「行基年譜、特に天平十三年記の研究」(竹内理三博士還暦記念会編『律令国家と貴族社会』吉川弘文館、一九六九年)。
(18) 吉田靖雄「行基の信仰・思想の背景と所依の経典」(井上薫編『行基事典』国書刊行会、一九九七年)。吉田氏は、三階教の特質の一つとして、山林に居住して修行することを否定し、集落こそ仏法実現の場とする「在俗主義」であると説いている(同、一六五頁)。
(19) 井上薫『行基』(人物叢書、吉川弘文館、一九八七年。初版は一九五九年)。井上註(17)前掲論文。
(20) 僧尼令三宝物条。
(21) 僧尼令非寺院条。
(22)『続日本紀』延暦九年一〇月癸丑条。
(23) なお「不論土浪」という文言は見あたらないが、事実上の初見史料は、『続日本紀』延暦二年(七八三)六月辛亥条にみえる「坂東八国」に対する勅であった(本書第Ⅰ部第三章「はじめに」参照)。
(24) 吉田孝『律令国家と古代の社会』(岩波書店、一九八三年)。この一四年後に出版された『日本の誕生』(岩波新書、一九九七年)の中で吉田氏は、九世紀に入ってからの「大八州」は、「閉ざされた空間となり、そのなかの人びとは、言語と文化を共有するという観念が、しだいに形成されていった。境界内のエミシ(蝦夷)への差別はしだいに希薄化し、それに対して、境界外のエゾ(アイヌ人)は、はっきり異種族として差別されるようになる」(同書、一八九頁)と記している。
(25) 新訂増補国史大系『政事要略』巻五七、交替雑事(雑公文)。

(26) 田中聡「民夷を論ぜず――九世紀の蝦夷認識――」(『立命館史学』一八、一九九七年。のち、同『日本古代の自他認識』〈塙書房、二〇一五年〉に所収)。
(27) 『続日本紀』延暦二年（七八三）六月辛亥条、延暦九年（七九〇）一〇月癸丑条。
(28) 『類聚三代格』（巻一七、蠲免事）弘仁二年（八一一）八月一一日太政官符「応浮浪人水旱不熟之年准平民免調庸事」。
(29) 蓑島註(10)前掲論文。
(30) 鈴木拓也「陸奥・出羽の調庸と蝦夷の饗給」(同『古代東北の支配構造』吉川弘文館、一九九八年。初出は一九九六年)。
(31) 戸田芳実「中世成立期の国家と農民」(同『初期中世社会史の研究』東京大学出版会、一九九一年。初出は一九六八年)。
(32) 石母田註(9)前掲書、第一章、一七頁。
(33) もちろん蝦夷との交通は、海外の大陸諸国の交通と質的に異なる側面をもっている。しかし今日的な研究成果にもとづくと、古代の蝦夷と呼ばれた人たちは、異民族集団として国家的に「擬制」された存在ではなく、形質的・文化的に倭人種と異なる集団であったと説かれている（田中註(26)前掲論文など）。これからみて蝦夷と王権間の交通を、「国際的」交通の一形態として捉えても問題ないであろう。
(34) 太田秀通「思想としての世界史像」(『歴史評論』二〇〇、一九六七年、一七頁。のち、同『世界史認識の思想と方法』青木書店、一九七八年に所収)。
(35) 蓑島註(10)前掲論文。
(36) 市大樹「飛鳥藤原出土の評制下荷札木簡」(同『飛鳥藤原木簡の研究』塙書房、二〇一〇年。初出は二〇〇九年)。
(37) 荒井秀規「領域区画としての国・評（郡）・里（郷）の成立」(独立行政法人国立文化財機構・奈良文化財研究所編『古代地方行政単位の成立と在地社会』同、二〇〇九年)。

(38) 浦田（義江）明子「編戸制の意義――軍事力編成との関わりにおいて――」（『史学雑誌』八一―二、一九七二年）、今津勝紀「古代的国制の形成と展開」（同『日本古代の税制と社会』塙書房、二〇一二年）など。
(39) 大山喬平「風土記のムラ」（同『日本中世のムラと神々』岩波書店、二〇一二年。初出は二〇〇三年）。
(40) 鬼頭清明「郷・村・集落」（『国立歴史民俗博物館研究報告』二二、一九八九年）、山尾幸久「古代日本の「家」と「村」」（同『日本古代国家と土地所有』吉川弘文館、二〇〇三年）。
(41) 鎌田元一「日本古代の人口」（同『律令公民制の研究』塙書房、二〇〇一年。初出は一九八四年）。
(42) この問題については、すでに八木充「律令制村落の形成」（同『律令国家成立過程の研究』塙書房、一九六八年。初出は一九六一年）や小林昌二「古代集落の素描」（同『日本古代の村落と農民支配』塙書房、二〇〇〇年。初出は一九九一年）などの指摘がある。
(43) 『播磨国風土記』印南郡益気里条。
(44) 『播磨国風土記』餝磨郡英保里条。
(45) 『播磨国風土記』讃容郡邑宝里条。
(46) 『播磨国風土記』神前郡的部里条。
(47) 『播磨国風土記』賀毛郡修布里条。
(48) 『播磨国風土記』でサトと村を同義に扱う地名起源説話は、このほか賀古郡望理里、印南郡含芸里、餝磨郡巨智里、揖保郡栗栖里、同郡越部里、同郡広山里、同郡枚方里、同郡大家里、同郡大田里、同郡石海里、同郡萩原里、同郡少宅里、同郡出水里、宍禾郡高家里、同郡石作里、同郡御方里、神前郡川辺里、託賀郡都麻里、賀毛郡楢原里、同郡起勢里、同郡端鹿里、同郡穂積里、同郡川合里などの各条にみられる。
(49) 「未編戸村落」説を唱える八木充氏は、サト制の確立にあたっては、既存の自然村落的結合を無視できず、旧村がそのままサトに移行するケースが一般的だったと説いている（八木註(42)前掲論文）。
(50) 奥田俊博「『播磨国風土記』の表記――文体との関わり――」（神田典城編『風土記の表現――記録から文学へ――』笠間書院、二〇〇九年）。

(51)　関和彦「大嶋郷と村落」（葛飾区郷土と天文の博物館編『東京低地と古代大嶋郷――古代戸籍・考古学の成果から――』名著出版、二〇一二年）。
(52)　たとえば「伊豆国賀茂郡三島郷三島里」、「伊豆国中郡石火郷石火里」（奈良国立文化財研究所『平城宮発掘調査出土木簡概報22』一九九〇年）、「若狭国遠敷郡野郷野里」（『平城宮発掘調査出土木簡概報1』、一九六三年）、「(但馬国気多) 郡高生郷高生里」（『平城宮発掘調査出土木簡概報29』一九九四年）、「揖保国揖保郡林田郷林里」（『木簡研究』七、一九八五年）、「伊予国越智郡旦倉郷同里」（『木簡研究』五、一九八三年）などの例がある。
(53)　市註(36)前掲論文、三七二頁。
(54)　山尾註(40)前掲書、三一四頁。
(55)　『播磨国風土記』揖保郡少宅里条。
(56)　義江彰夫「儀制令春時祭田条の一考察」（井上光貞博士還暦記念会編『古代史論叢』中巻、吉川弘文館、一九七八年）など。
(57)　鎌田註(41)前掲論文の付表を参照。
(58)　坂江渉「播磨国風土記の民間神話からみた地域祭祀の諸相」（武田佐知子編『交錯する知――衣装・信仰・女性――』思文閣出版、二〇一四年）。
(59)　山尾註(40)前掲書、三〇四頁。
(60)　現存する風土記の断片的神話にもとづくと、こういう厳粛な祭儀に際して、儀式そのものの起源を語ろうとする「神語り」の神事もおこなわれていたと考えられる。そこでは地元神の鎮座由来、クニや村の自然景観の作られ方、神による恩恵ともてなしの来歴、「国誉め」の言葉、さらには祭りの開始由来や神と祭主一族のつながりの縁起などが、祭主一族の子女などにより、参加した農民たちに対し口承で語られていたと推察される。口承による「神語り」は、祭主一族の地域支配のあり方を「音声」を通して強化する役割を果たしていた。そして各地の「神語り」の一部は、やがて風土記の作成時に地名起源説話として断片的に採取され、最終的に文字化された資料として後世に伝えられることになった。

(61)『類聚三代格』巻一（神宮司神主禰宜事）、延暦一七年（七九八）一〇月一一日太政官符「禁出雲国造託神事多娶百姓女子為妾事」。

(62) 岡田精司「大化前代の服属儀礼と新嘗──食国（ヲスクニ）の背景──」（同『古代王権の祭祀と神話』塙書房、一九七〇年。初出は一九六二年）。

(63) 土橋寛「歌垣の意義とその歴史」（同『古代歌謡と儀礼の研究』岩波書店、一九六五年）。

(64) 石母田註(9)前掲書。

(65) 吉田孝『律令国家と古代の社会』（岩波書店、一九八三年）。

(66) 荒井秀規「神に捧げられた土器」（栄原永遠男ほか編『神仏と文字』文字と古代日本4、吉川弘文館、二〇〇五年）など。

(67) 笹生衛『神仏と村景観の考古学──地域環境の変化と信仰の視点から──』（弘文堂、二〇〇五年）。

(68) 中林隆之『日本古代国家の仏教編成』（塙書房、二〇〇七年）、三六八頁。

(69) 鈴木景二「都鄙間交通と在地秩序──奈良・平安初期の仏教を素材として──」（『日本史研究』三七九、一九九四年）。

(70) 中田祝夫『東大寺諷誦文稿の国語学的研究』（風間書房、一九六九年）の訓み下し文による。文末に原文の該当行数を示した。

(71) 鈴木註(69)前掲論文、四四頁。

(72) 鈴木註(69)前掲論文、四五頁。

(73)『播磨国風土記』にみえる三六五例以上の地名起源説話のうち、もっとも類例が多いのは、神話にもとづくものである。その件数は合わせて一二〇例前後にのぼる。

〔初出一覧〕

序　章　本章の課題と構成（新稿）

第Ⅰ部　日本古代国家の農民規範と浮浪人

第一章　日本古代の力田について
原題「古代における力田者について」（『ヒストリア』一三七号、一九九二年）を改稿。

第二章　律令国家の農民規範と浮浪・逃亡
原題「古代国家と農民規範――日中比較研究アプローチ――」（『神戸大学史学年報』一二号、一九九七年）を改稿。

第三章　律令国家の社会編成原理の転換と浮浪人認識――「不論土浪」策の登場――
原題「古代国家の社会編成と浮浪人認識――土浪を論ぜず――」（『歴史評論』五八六号、一九九九年）を全面改稿。

第Ⅱ部　古代の共同体と地域社会

第一章　古代女性の婚姻規範――美女伝承と歌垣――
「古代女性の婚姻規範――美女伝承と歌垣――」（『大阪外国語大学言語社会学会誌EX ORIENTE』一二号、二〇〇五年）を改稿。

第二章　人を取り巻く自然・社会環境と古代の共同体
原題「古代の地域社会と農民結合――風土記・歌垣民謡研究からみえてくるもの――」（坂江渉編『平成一九年度～平成二一年度科学研究費補助金・基盤研究Ⓒ研究成果報告書　播磨国風土記を通してみる古代地域社会の復元的研究』（坂江渉、二〇一〇年）を改稿。

第三章　「国占め」神話の歴史的前提――古代の食膳と勧農儀礼――
「「国占め」神話の歴史的前提――古代の食膳と勧農儀礼――」（『国立歴史民俗博物館研究報告』一七九集、二〇一三年）

を改稿。一部に「土地所有と律令国家」（『日本史研究』三三一号、一九九〇年）を含む。

第Ⅲ部　古代の水陸交通と境界の呪術・祭祀

第一章　古代国家とミナトの神祭り
「古代国家の交通とミナトの神祭り」（『神戸大学史学年報』一八号、二〇〇三年）と、原題「ミナトの自然環境と神祭り」（三宅和朗編『環境の日本史』二、吉川弘文館、二〇一三年）を改稿。

第二章　古代国家と敏売崎の外交儀礼
原題「敏売浦と古代の神戸――地域史研究の一視角――」（『神戸大学大学院文化学研究科　文化学年報』一七号、一九九八年）を全面改稿。

第三章　『播磨国風土記』からみる地域間交通と祭祀――出雲国と王権との関連で――
原題「『播磨国風土記』からみた地域間交通と道――出雲国との関連で――」（『条里制・古代都市研究』二七号、二〇一二年）を改稿。

終　章　日本の律令国家と地域社会（新稿）

あとがき

本書は、二〇一三年二月、神戸大学に提出した学位請求論文「日本古代国家の社会編成と地域社会」がその骨格をなしている。審査していただいた主査の市澤哲先生、副査の奥村弘・福長進・古市晃・今津勝紀の各先生方にあつく御礼申し上げます。また執筆にかかるまでの過程で、さまざまなご指導と励ましを賜った鈴木正幸・髙橋昌明の両先生にも御礼申し上げます。

神戸大学の博士課程在学中から、何度も論文を仕上げるように指導を受けていた。しかし生来怠惰である筆者は、なかなか一歩前へ踏み出すことができなかった。関西近辺の研究者仲間が学位論文をまとめ、つぎつぎに自著を上梓されていくことが、大きな励ましや刺激にもなった。しかしそれが一方ではあせりにもつながり、興味が分散して、何も書けない時期もあった。その点で本書は、著者の「苦節二十年」の結晶と自ら考えている。

古代史に興味を持ち始めたのは、高校生の時からであったが、本格的に歴史学を勉強し始めたのは、滋賀大学経済学部に入学してからである。その頃の滋賀大学には、北欧初期社会史研究者の熊野聰先生がおられ、複合的世界史の見方やその移行の論理、国家論や共同体論について教わった。卒業論文は日本古代史を扱ったが、何分にも、古代史料の基礎的な知識と読解力を身につけておらず、内容は「理論」中心の空虚なものとなってしまった。そこで卒業後、ふたたび神戸大学文学部に学士入学して、日本史を一から勉強し直すことにした。

神戸大学に入学後の恩師は戸田芳実先生であった。先生からはつねづね、①実際に現地を歩くこと、②東アジア世界史の視点に立つこと、③つぎの時代も見渡しておくこと、の三点の重要性について指導された。このうち③について、ある日先生が、「古代史と中世史の間では、富豪層の理解に大きなズレがある」と仰ったことがある。何気ない一言ですぐには何も考えられなかったが、結局この言葉をきっかけに、その後、本書でも扱った「力田」や農民規範の問題にアプローチするようになった。先生はすでに鬼籍に入られているが、改めてその学恩に感謝したい。

学問生活の前半期のテーマは、国家論や土地制度史であったが、研究の方向性が地域史研究に向かいだしたのは、一九九五年に起きた阪神・淡路大震災をきっかけとする。被災した歴史資料の救出・保全のボランティア活動や、その後始まった神戸大学の地域連携事業などを通じて、兵庫県各地の自治体史の執筆・編纂に携わる機会を得た。それにより地域史料の面白さに気づくようになった。

とくに大きかったのは、『播磨国風土記』との出会いである。同風土記の地名起源説話については、約三六五例ある「地名」の比定研究は盛んであるものの、そこに引用される地方神話や伝承などの考察は、一部の国文学的研究をのぞき不十分であることを知った。

そこで、小学生時代からお世話になっている滋賀県の岡田精司先生のお宅を訪問し、神話研究や祭祀史料分析の方法を学ばせていただくことにした。岡田先生は、戸田先生と同じように、現地を歩くことの重要性を説かれ、実際に先生のご案内で、各地の祭祀遺跡や珍しい祭りの見学にいく機会にも恵まれた。それとともに先生は、柳田國男などの民俗学の研究成果を吸収することの大切さも強調された。

これにより、次第に風土記に引用される神話や伝承の魅力にとりつかれ、その地方色豊かな史料内容が、当時の信仰や祭祀儀礼など、地域社会像の復元にも役立つのではないかと考えるようになった。先生の学恩に感謝するとともに、今後さらなる精進につとめ、古代の地域社会像の解明に取り組みたいと思う。

三〇年にも及ぶ研究生活を続けられたのは、右の恩師のほか、「愉快な仲間たち」ともいわれる、ほぼ同世代の研究者仲間との研究交流があったからである。二〇〇〇年代の初頭頃、関西を中心として、「八・九世紀研究会」という研究会を立ち上げた。その時の設立メンバーである井上勝博・今津勝紀・髙橋明裕・田中聡・樽本修・中村聡・中林隆之・松下正和・毛利憲一・森岡秀人らの各氏とは、科研調査・自治体史編纂の共同調査などを通じて、いまだに楽しい研究交流が続いている。その研究成果として、二〇〇七年に『風土記からみる古代の播磨』（神戸新聞総合出版センター刊）、二〇一一年には『神戸・阪神間の古代史』（同刊）を刊行することもできた。

「八・九世紀研究会」は、現在、休会状態であるが、開催当時には、吉田晶先生と山尾幸久先生もしばしば来られ、さまざまなご意見を頂戴できた。これも誠に幸いなことであった。

また兵庫県を中心とする地域史研究に着手してからは、いちいちお名前は記さないが、県内外の自治体の文化財担当者や博物館・資料館関係者、および地元の地域史研究者からも、さまざまなご協力とご支援を賜ってきた。それぞれの地域の研究者しか知り得ない情報や資料の提供、あるいは民俗伝承の存在などのご教示、ご案内をいただいている。また科研調査などの一環として、合同研究会や共同の聞き取り調査などもおこなっている。地域史研究を成り立たせるためには、さまざまな研究者同士の連携と信頼関係の構築が不可欠である。関係者のみなさんの学恩に感謝申し上げます。

本書の出版計画を思文閣出版にご仲介いただいたのは、大阪大学名誉教授の武田佐知子先生である。先生には、すでにこれ以前から、大阪外国語大学などの非常勤講師職の紹介など、公私にわたりさまざまなご指導を賜ってきた。この場をかりて、改めて御礼申し上げます。

本書の出版にあたっては、思文閣出版の編集担当者の田中峰人氏に多大なご迷惑をおかけするとともに、適切なご教示を賜った。御礼申し上げます。
最後に私事になるが、筆者の学問生活を見守ってきてくれた亡き父の孝夫、郷里の滋賀にいる母の節子、生活をともに支えてくれた妻の愛、娘の水穂にも、心から感謝したい。本書を彼らに捧げたいと思う。

二〇一五年九月　大阪豊中市にて

坂江　渉

◎著者紹介◎

坂江　渉（さかえ　わたる）

1959年　大阪府生まれ、滋賀県育ち
1978年　滋賀県立膳所高等学校卒業
1982年　滋賀大学経済学部経営学科卒業
1984年　神戸大学文学部史学科卒業
1986年　神戸大学大学院文学研究科（修士課程）修了
1992年　神戸大学大学院文化学研究科（博士課程）単位取得満期退学
2013年　神戸大学より博士（文学）取得
職　歴　神戸大学助手・講師・特命准教授、大阪外国語大学・神戸女学院大学などの非常勤講師を経て、現在、兵庫県立歴史博物館ひょうご歴史研究室・研究コーディネーター

〔主要業績〕
「大宝田令荒廃条の特質と墾田法の変遷」（『日本史研究』313号、1988年）
坂江渉編『風土記からみる古代の播磨』（神戸新聞総合出版センター、2007年）
坂江渉編『神戸・阪神間の古代史』（神戸新聞総合出版センター、2011年）
「播磨国風土記の民間神話からみた地域祭祀の諸相」（武田佐知子編『交錯する知――衣装・信仰・女性――』思文閣出版、2014年）
「風土記の「荒ぶる神」の鎮祭伝承――王権と広域権力による地域編成の一断面――」（『出雲古代史研究』25号、2015年）

日本《にほん》古代《こだい》国家《こっか》の農民《のうみん》規範《きはん》と地域《ちいき》社会《しゃかい》

2016（平成28）年1月25日発行

定価：本体9,000円（税別）

著　者　坂江　渉
発行者　田中　大
発行所　株式会社　思文閣出版
〒605-0089　京都市東山区元町355
電話 075-751-1781（代表）

印　刷
製　本　亜細亜印刷株式会社

 ISBN978-4-7842-1787-8　C3021

事項索引

あ

明石浦　322, 342
明石海峡　340～2
赤石櫛淵　358, 359
足柄岳　239
葦原志挙(許)乎命
285, 286, 288, 289, 293, 295, 298, 307, 370
按察使　135～8, 150, 155, 158
アヂスキタカヒコネ　193
阿曇連百足　192
阿比泥の浜　197
吾瓮の海人　339
阿倍引田臣比羅夫　181
海人(海部)
246, 325, 328, 329, 331, 333, 338～43, 388
アマガサキ(尼崎・海人崎・海崎・海士崎)
340, 341
海直溝長　341
天橋立(天椅立)　325, 327～9, 331, 333, 337
天日桙(槍)命
193, 286, 289, 290, 307, 366, 370, 371
漢人　367, 377, 378, 388～90
荒ぶる神　193, 372, 376, 378, 388～92, 403

い

(播磨国)粒丘　293, 298, 302
(兵庫県)飯盛山　297
(播磨国)鵤荘　381, 383～5, 391
イザナギノミコト　327, 329
イザナミノミコト　354
石作　308
出雲往来(雲州街道)　307, 368, 369, 385
出雲大神　366, 367, 374, 376, 377, 389, 392
出雲国造　290, 367, 374, 376, 391
出雲阿菩大神　366, 372, 392
出雲臣比須良比売　367, 374～6
伊勢都比古・伊勢都比売　192
夷狄　144, 148, 152, 153, 409, 410
(摂津国)猪名浦(泊)　322, 323, 332, 342
因幡往来　307, 368, 369, 385
印南別嬢　176, 367, 375, 376
伊福部五百足　49, 59, 98
異類意識　143
異類婚　175, 181
伊和(大神)
192, 285～90, 293, 299, 308, 309, 367, 370
磐座　240, 332, 381, 385, 388
(常陸国)石門　188, 238
伊和君　287, 308

う

歌垣(嬥歌)　186～91, 194～202, 204～10, 212～4, 235～42, 244, 246～59, 262～4, 421～3
(摂津国)歌垣山　189
海上安是嬢子　187, 188, 237
(常陸国)童子女松原　187, 188, 237
采女　178, 181, 204, 217, 421
優婆夷・優婆塞　91, 140, 141
占部(卜部)　187, 188, 190, 237, 242～6

え

疫病　101, 102, 211, 252, 254, 390, 403, 417, 418, 425
エミシ(蝦夷)　143, 144, 147～59, 181, 409～13, 424, 425

お

奥羽(地域)　130, 131, 152～7, 411
王臣・王民　118, 148, 157, 410
オウナ(嫗)・オキナ(翁)　253
(常陸国)大井　188, 239
(出雲国)大井社　238
大江匡房　81
大河内直　354, 355

大津皇子の乱 151
(岡山県)大飛島・小飛島 329〜32
(摂津国)大輪田泊 322, 323, 349, 350, 359, 360
(筑前国)岡の水門 336
息長命 367, 375
沖ノ島 336
オケ・ヲケの皇子 177, 178, 183, 193
(兵庫県)男明神・女明神 379, 381, 385, 387, 388
弟日姫子(佐用姫) 176
(出雲国)邑美の冷水 189, 237
オホヤケ 6, 19, 20, 230

か

詿誤 131, 151
皆婚(Universal Marriage) 203, 223, 276
皆婚規範 207, 262, 422
外婚制 239
賈誼 74, 76, 77
科挙(制) 42, 44
白檮原童女 177, 179, 201
(常陸国)香島大神(鹿島神宮) 242〜6, 334
苛政 97, 152, 411, 412
繦児 209, 214
(下総国)香取神 246
家父長制 6, 9, 175, 260
神戦さ 289, 370, 424
神今食 296
(播磨国)神尾山 366, 367, 377〜9, 385, 389, 390
神がかり 296, 298, 305, 419
神語り 247
上道臣息長借鎌 375
鴨部首福主 49, 98
からかい(歌) 254, 258, 422
軽嬢子・軽皇子 196, 197
(大和国)軽市 196, 239
川枯首吉守 49, 101
(出雲国)川辺の出湯 187, 189, 237
(摂津国)神前審神浜 322, 340, 341
(摂津国)神前松原 323, 332, 341
感性的身分標識 79, 400
官途(出身) 53, 60, 72, 83, 84, 99, 135, 404
勧農 41, 42, 68, 71, 72, 74, 158, 234, 259, 280, 293, 299, 419, 420
神戸(神部) 243〜6, 351, 416
官吏(官人)登用 47, 48, 60

き

記紀神話(宮廷神話) 283, 288, 354
飢饉 101, 211, 252, 417
(肥前国)杵島山 187, 189, 238
疑似民族集団 18
擬制的な集団帰属意識 148, 158
畿内(制) 7, 91, 92, 104, 135, 145, 289, 307〜9, 357, 358, 360, 364, 366, 368, 373, 401, 406, 412
畿内官田(制) 97, 145, 146, 157
紀朝臣広純 149, 150
厳しい生存条件 190, 263
九品中正 42
饗宴(饗給) 18, 154, 155, 353, 356
境界祭祀 377, 381, 388〜90
郷官 63, 72, 73
行基 91〜7, 103, 104, 117, 137, 159, 260, 261, 406, 407, 412, 425
郷挙里選 42, 46, 54, 61, 72
教訓歌 250, 257, 421
共食者 353〜5
共同飲食(共食) 187, 190, 234, 236, 242, 247, 301, 306, 353〜8, 360, 420, 421
共同体機能 5, 6, 19〜22, 230, 234, 264, 280〜2

く

傀儡 81
(河内国)日下 177, 180
苦使 129, 141
(丹後国)久志浜 327
国占め(神話) 194, 282, 284〜300, 302〜7, 309, 312, 370, 371, 419, 425
国作り(神話) 283, 287
国主 296, 297, 307
国引き(神話) 283, 284, 290, 292, 305
国見 190, 194, 292, 293

久米舎人妹女　49, 52, 98
(大阪府)椋橋総社　341
倉人水守　341
(茨城県)厨台遺跡　243～5
(群馬県)黒井峯遺跡　227～9, 231, 280
郡領　68, 92, 99, 174, 281

け

景行天皇　367, 375
継体朝・継体天皇　82, 308, 370
計帳　4, 8, 121, 123, 126, 127, 404, 409
ケガレ　352, 353
血縁的・族制的関係　92, 260, 261, 406
結婚適齢期　199, 209, 252, 421
ゲルマン社会　4, 229, 260, 261
賢者(賢人)　42～44, 59～61, 72, 101
元正天皇　57, 58
原生的共同体　6, 19, 230
健全な(健康的な)恋愛　212, 213
献物叙位(制度)　99

こ

庚寅年籍　104, 405
郷戸籍　79, 86, 116
庚午年籍　95, 104, 116, 405
孝子　44～51, 55, 73, 98, 151, 173
口承(性)　183, 184, 186, 206, 283
交通機能の独占　16, 17, 402
郷戸　8, 228, 229, 418
皇民　118, 144, 145, 148, 149, 151, 153, 157, 408～10, 412
郷里制　255, 414, 416
国際交通(論)　17, 18, 69, 105, 159, 343, 399～404, 407, 410～13
国造　189, 239, 256～8, 260, 281, 283, 420
国造黒田別　193
国造許麻　178, 181, 193
国例　119, 121
穀霊信仰　302, 304, 306
越部屯倉　370
五十戸一里制　229, 291
戸籍(編戸)　4, 8, 58, 78, 79, 86, 94～6, 104, 116, 117, 121, 125～27, 129, 145, 228, 404, 405, 407, 408, 416
子育て　212, 417
古代の野　191～4
(丹後国)籠神社　328
個別経営　37, 46, 233
伊治公呰麻呂　149～52, 155～7, 411
婚姻規範(モラル)　174, 175, 212, 253, 255
婚姻儀礼(儀式)　19, 175, 198, 208
婚姻・出産　191, 236, 423
婚姻制度　175, 207～10
婚姻(結婚)促進　240, 249, 255, 262, 264
婚姻同盟(関係)の起源譚　185, 186, 206, 214
婚姻(結婚)媒介　249, 253, 256

さ

災異　39, 40, 42, 43, 56, 57～61
再婚(再々婚)　173, 204, 207, 211, 212, 240, 255, 263, 422
祭祀共同体　255, 419
祭主　304, 389, 419, 420
在地首長制　3～6, 19, 229～31, 233, 256, 264, 423
(播磨国)佐岡　189
(播磨国)佐岡山　381, 382, 384
盛りの年　177, 179, 180, 183
サキ(崎・前・埼・岬・碕)　327～9, 332, 333, 342, 350, 357
先取り(論)　6, 14, 16～8, 159, 401
(大和)桜児　209, 214
(播磨国)佐々山・笹山・楽々山　367, 378, 379, 381, 382, 385
砂嘴　324, 325, 327～34, 336, 337, 343, 348, 357
誘い歌(求婚歌)　196, 197, 200, 202, 205, 207, 247, 258, 422
察挙　42, 46, 60
サト(里・郷・五十戸)　86, 126, 228, 229, 239, 242, 244, 291, 292, 413～6
佐比　367, 376～81, 388～90
(播磨国)佐比岡　377～81, 385, 388, 389
(山城国)佐比河原　380
(山城国)佐比寺　380

佐比の神(賽の神)　381, 385, 389
佐比持神　380
サヨツヒメ(賛用都比売)　288, 299
(播磨国)佐用都比売神社　299, 300
サヲネツヒコ　341
山陰道　368, 369, 392
三階教　159, 406
三十八年戦争　149, 150, 154
山陽道
307, 368, 369, 380, 381, 384, 385, 387
三老　39～43, 59, 71, 72

し

(滋賀県)塩津港遺跡　343
シカ(鹿・宍)
190, 193, 286, 294, 299～302, 304, 306, 367
鹿皮・鹿角　300
鹿跡御坂(志戸坂峠)　369
磯鹿(志賀)の海人　339
餝磨御宅(屯倉)
307, 308, 367, 370, 371, 374, 391
(石川県)寺家遺跡　343
自己の経験に事寄せる
195, 198, 249～52, 421
市籍　79, 116
士籍　116
自然村落　8, 230, 291, 414, 417, 420
自前の規範意識　102, 262～4, 422, 423
(出雲国)漆仁の川辺　189, 238
士農工商(四民)　43, 70, 78, 79, 86, 90, 91, 103, 116, 404, 406
支配者風刺　259, 264, 277, 278
支配－庇護関係　23, 306, 420
下総国葛飾郡大嶋郷　416
社会的弱者の救済　48, 52, 53, 58, 60, 83, 84, 94, 96, 99, 100, 103, 104, 135, 404, 405
社会的分業　77～9, 85, 87, 103
社交(性)　241, 248
奢侈的風潮　76
周辺(周縁)・辺境　12～4, 18, 148, 156～9, 356, 357, 374, 402, 411, 412, 424
儒教的家族道徳
51, 53, 83, 84, 135, 136, 262, 404
儒教的婚姻道徳(規範)　182, 183, 213
守護神(霊)
289, 302, 329, 334, 337, 339, 390, 403, 418
種子(種籾)の分与・給付
41, 75, 298, 303, 304, 306
首長間交流　375, 376, 392
首長制論　16, 32, 278, 279
掌客　354, 355
常挙　42, 54, 61, 73
祥瑞　39, 40, 42, 43, 45, 46, 54～6, 60, 61, 85, 98, 131, 151
小中華思想(小中華帝国意識)
6, 121, 144, 152, 355, 356, 360, 409
食膳(儀礼)　254, 294～6, 418～20
抒情的歌謡　184, 195, 196, 248, 421
女性の婚姻規範　173, 175, 176, 203, 208, 210, 212, 213, 253～5, 264
自立的な共同体組織　260～4, 423
神功皇后　322, 335, 339, 340
人口維持
102, 252, 254, 255, 263, 280, 281, 420, 423
人民的交通
17, 149, 151～9, 402, 407, 410～13

す

住吉神(住吉三神)　321, 334, 335
住吉大社　322, 334, 340, 359
住吉津(墨之江)　322, 334, 359

せ

制挙　42～4, 46, 54, 60, 61, 72
性教育　198, 251, 264, 421
聖獣　300, 301, 304, 306
性的解放　187, 236, 421
藉田(籍田)
40, 41, 72, 74～7, 80～2, 86, 103
摂津国菟原郡　341
摂津国雄伴郡(八部郡)　342, 350
摂津国河辺郡　340
摂津国武庫郡津門郷　341
刹那的な性愛(生殖行動・性関係・性交渉)
175, 209, 263, 421
節婦　46, 48～51, 55, 73, 98, 151, 173, 174,

183, 185, 203, 204, 213, 262
前部宝公 49, 52, 98

そ

双系制 6, 19, 230
族長神 283
村内婚 240
村法 260
村落共同体
4〜7, 19〜22, 230, 233, 259〜64, 280〜4
村落祭祀 235, 280, 292, 421, 425
村落首長制 5, 21, 231〜3, 280, 281, 423

た

対偶婚 175, 198, 207, 209, 212
大智度論 181
多賀城 149, 150, 154
(常陸国)高浜 188, 239
多産・多死 210, 213, 252, 254, 255, 263, 417, 418, 420, 422, 423
但馬国造 367, 370, 371, 374
祟り神 323, 372
(兵庫県)龍子三ツ塚古墳群 373
(播磨国)玉丘 177, 178, 193, 206, 214
(兵庫県)玉丘古墳 178
(上総周淮)珠名娘子 208
男耕女績(夫耕婦績) 41, 52, 70, 81, 82
丹後国与謝郡速石里 327, 328

ち

地域世界史(構想) 11〜4, 412
地縁 4, 20, 21, 229, 231, 233〜5, 240, 259, 261, 263, 281, 406, 414, 418, 423
智頭往来 307, 368, 385
趙過 41
朝貢 18, 154, 155, 356, 357, 402, 411
朝集使 74, 83, 84, 90
晁錯 76, 77

つ

杖立て 292〜4, 299, 305, 419
(兵庫県)筑紫大道遺跡 384
筑紫大道 381, 382, 384, 385
(常陸国)筑波山
187, 188, 237, 239, 240〜2, 249, 250
(大和国)海柘榴市 239

て

天人相関 55, 56

と

道昭 406, 407
当処苦使 57, 129, 134, 140, 141, 143
当所編附 121, 125, 139
屠膾之類・屠児視 143
徳政・徳治 55, 56, 59, 90
土断法 57, 58, 94, 95
土人(土民) 81, 117〜21, 132, 142, 144〜6, 148, 157, 408〜10
土浪の安定的両立 153, 412
土浪の融合論 121, 143, 145, 158, 408, 409

な

那賀寒田郎子 187, 188, 237
(摂津国)長渚崎 323, 332
中臣宮地連烏麻呂 354
謎かけ歌 197, 247
難波津 323, 342, 351, 352, 359
難波館 323, 351, 352, 354〜7, 360
隠び妻 176
(播磨国)南毗都麻島 375
鱠(膾) 143, 286, 301, 367
(千葉県)鳴神山遺跡 425

に

新嘗・ヲスクニ 284, 295, 296
(摂津国)西宮戎神社 341
日中(日唐)比較
6〜11, 14, 16, 103, 260, 261, 279, 401
丹津日子の神 301

ぬ

額田部連 366, 377, 378, 388〜91
沼名椋の長岡の前 327
蓴(ジュンサイ) 250, 251

ね

根日女　176, 177, 180～4, 186, 191, 193, 194, 203～7, 214

の

農･工商間分業の不均等発展　77, 80, 86, 103
農桑労働への専念　43, 52, 53, 60, 68, 70, 73, 75～7, 82～5, 87, 96, 103, 104, 135, 404, 405
納粟授爵制　76
農料の下行　304

は

配偶者選び　236, 255, 264, 421
励まし歌　198
(丹後国)橋立明神　329
(大和国)箸墓　176
花の盛りは短い　199, 202, 205, 212, 254, 255, 422
はねつけ歌　197, 198, 247
速吸門　341
祓え清め・祓禊ぎ　323, 352, 353
播磨直　309
針間国造　181
(兵庫県)半田山　298, 387
反律令闘争　152, 153, 156, 412

ひ

(大和国)引田　177, 180, 181, 186, 194
(大和国)曳田神社二座　195
引田部赤猪子　175～86, 194～6, 201, 203～7, 214
比古神　238, 367, 377
美人薄命　183
比売神・比女神　238, 367, 377
百姓の悪状四条　135
百姓の「挙」「罰」　135～7
百姓の善状四条　135
(播磨国)比礼墓　176, 375, 376
(肥前国)褶振峯　176
広比売命　192, 285～7

ふ

不均等発展の理論　13, 15, 16, 152, 401
(兵庫県)福田片岡遺跡　384
俘軍　150, 152
富豪層　37, 46, 50, 61, 120, 146, 147
富豪浪人　120, 121, 143, 147, 149, 153, 411
俘囚　152～4, 410～2
仏教結社　91, 92, 97, 103, 104, 137, 406
部内巡行　52, 53, 60, 61, 69, 83, 84, 100, 134, 404
浮浪(人)帳　121, 125～9, 139, 141～5, 148, 156, 408, 409
浮浪人(浪人)　22, 57, 58, 81, 94, 95, 117～22, 124, 128～34, 138～47, 153, 156～8, 399, 405～12, 424
浮浪人認識　3, 18, 124, 134, 138, 139
浮浪人の長　140, 141
浮浪人身分の積極的公認論　121, 127, 128, 130, 139, 141, 156, 157, 408
不論土浪(策)　117～24, 126, 142～7, 149, 151, 153, 156, 407～13
不論民夷(策)　121～3, 408
分業論的社会編成原理　78, 86, 103, 404

へ

平均寿命　101, 210, 213, 253, 422
平民　58, 118, 120, 128
(大和国)平群　248, 249
編戸民　120, 128, 142, 148, 152, 153, 156, 408

ほ

火明命　308, 328
伯耆国造　367
伯耆国　366, 368, 378, 385
(兵庫県)坊主山　379, 381, 382, 385, 387, 388
朋党　91, 92, 406, 407, 412
朋友　260, 425
法隆寺　381, 391
北方社会　18, 23, 149, 154, 158, 402, 411, 413

ま

(勝鹿)真間娘子 208

み

未開な社会(未開性) 6～9, 11, 14, 16, 260
神酒 295, 323, 351～6, 360
巫女 176, 182, 201, 204, 213, 422
(摂津国)汶売神社(敏馬神社) 348～50, 355, 359
敏売 322, 323, 332, 342, 348, 350～2, 354～8, 360
(摂津国)美奴売松原 322
(摂津国)美奴売山 322, 350
御野国加毛郡半布里戸籍 210
(出雲国)美保神社 326, 327
美作道 307, 368, 369, 385～7
(阿波国)御間都比古神社 311
弥麻都比古命 192, 285～7, 295, 311
身持ちの堅さ(貞操・貞淑・貞節・貞淑性) 201～4, 213, 214, 254, 258, 264, 422
(大和国)御諸 177, 179, 180, 186, 201
三宅連笠雄麻呂 100
(大和国)美和河 177, 179, 181, 186
(大和国)三輪山 185, 194, 195, 197, 201
(大和国)三輪地方 186, 204, 206, 214
三輪引田君 181
民夷間連携(同盟) 152, 153, 155～9, 412, 413
民夷雑居 153
民会 4, 229

む

(摂津国)務古水門 321, 322, 333, 342, 359
陸奥国上治郡 149
陸奥国伊治城 132, 133, 150
村 239, 255, 282, 306, 307, 414, 419
村占め神話 291, 305, 312
村首 5, 233, 234, 280, 306

も

物忌み 337, 338
物部連道吉 49, 98

や

八重子の刀自 200, 258
社首 5, 231～4, 280, 282, 306
八十島祭 325
八田若郎女 199
八束水臣津野命 283, 292
大和赤石連 341
大和国造 341
ヤマトタケルノミコト 248
ヤマトトトヒモモソヒメ 176
倭屯田 390, 391
山部小楯 177, 193

ゆ

雄略天皇 82, 177, 179, 183, 186
斎種 304, 419

よ

養蚕 41, 70, 75, 77, 81, 82
依網池 250
予祝 196, 236, 242, 292, 294, 299, 419
(兵庫県)丁瓢塚古墳 373
黄泉戸喫 354
依り代 295, 332
(沖縄県)与論島 246, 247

り

力田 37～66, 69, 71～5, 81, 84, 85, 87, 89, 94～104, 135, 138, 145, 157, 173, 174, 404, 407, 425
(中国の)力田 38, 42～5, 71, 78, 80, 87
力田の規範要件 51～4, 69, 83～5, 135～8, 404, 405
力田之輩 37, 46, 97, 119, 146, 157
理想的な農民像 51, 61, 70, 80
利他行 426
律令国家の社会編成原理 18, 69, 96, 116, 122, 142, 145, 147, 156, 157, 159, 404, 407, 413
掠奪的交易 155, 411, 424

れ

礼制 7, 78

ろ

老女
179, 183, 198, 240, 251, 252, 262, 264, 421
老人歌 198, 204, 209, 213, 247

わ

童謡(謡歌) 196, 200
笑い 196, 203, 206, 213, 250, 251, 258, 274, 277, 278, 421
笑わせ歌 200, 247
悪口(歌) 199〜203, 205, 207, 209, 212〜4, 247, 253〜5, 258, 264, 422

史料名索引

い

『出雲国風土記』意宇郡条(冒頭)　283
——嶋根郡条　268
——仁多郡条　268
——仁多郡三処郷条　311

え

『延喜式』巻21、玄蕃寮諸蕃条　323, 350
——巻21、治部省蕃客条　353, 362
——巻22、民部省(上)貢限条　169
——巻24、主計寮(上)　169
——巻50、雑式　65

お

『尾張国郡司百姓等解文』　97

か

『菅家文草』　165
『漢書』恵帝紀４年正月条　38, 71
——文帝紀２年正月丁亥条　74
——文帝紀12年３月条　38, 42, 71
——文帝紀13年２月甲寅条　74
——食貨志　41, 63, 77, 108
——高后紀元年２月条　38

き

『紀氏家牒』　269

く

『傀儡子記』　109
『旧唐書』職官志　107

こ

『後漢書』礼儀志　63, 107
『古事記』上巻、海神宮訪問の段　396
——景行天皇段　375, 395
——景行天皇段(第31歌謡)　213, 248
——応神天皇段　317, 394
——応神天皇段(第44歌謡)　250
——仁徳天皇段　344
——仁徳天皇段(第64歌謡)　199
——允恭天皇段(第84歌謡)　196
——允恭天皇段(第87歌謡)　197
——雄略天皇段　177
——雄略天皇段(第92, 94歌謡)　201

さ

『三国志』魏書東夷伝韓条　315
——魏書東夷伝倭人条　427

し

『下総国葛飾郡大嶋郷戸籍』　416
『続紀歴朝詔詞解』　65
『続日本紀』大宝３年11月癸卯条　64
——大宝３年７月甲午条　67
——和銅元年正月乙巳条　173
——和銅４年９月丙子条　112
——和銅５年正月乙酉条　112
——和銅５年５月甲申条　65, 83, 164
——和銅５年９月己丑条　148, 166
——和銅５年10月乙丑条　112
——和銅６年３月壬午条　112
——和銅７年11月戊子条　215
——和銅８年５月辛巳朔条　90, 110, 162
——霊亀元年10月乙卯条　109
——霊亀２年４月乙丑条　112
——霊亀３年４月壬辰条　91, 428
——霊亀３年５月丙辰条　113
——養老元年４月壬辰条　110, 165
——養老３年７月庚子条　164
——養老４年３月己巳条　112, 113
——養老５年２月甲午条　66, 113
——養老５年４月癸卯条　45, 85, 95, 164
——養老５年８月癸巳条　165
——養老６年閏４月乙丑条　114

——養老6年7月己卯条 113
——神亀元年3月甲申条 112
——天平2年4月甲子条 162
——天平3年7月乙亥条 162
——天平3年8月癸未条 113
——天平6年2月癸巳朔条 219
——天平7年閏11月戊戌条 66, 215
——天平8年11月丙戌条 110
——天平10年10月己丑条 113
——天平14年5月庚午条 64
——天平15年5月乙丑条 162
——天平15年10月乙酉条 114
——天平16年7月戊戌条 162
——天平18年3月己未条 66
——天平18年3月丙子条 245
——天平21年2月丁酉条 113
——天平21年4月甲午朔条 66
——天平勝宝6年10月乙亥条 162
——天平宝字元年7月戊午条 168
——天平宝字2年2月己巳条 67
——天平宝字3年5月甲戌条 112
——天平神護元年5月庚戌条 375
——神護景雲元年8月癸巳条 66
——神護景雲3年正月己亥条 164
——神護景雲3年6月癸卯条 341
——宝亀元年3月辛卯条 219
——宝亀3年12月壬子条 215
——宝亀4年3月己丑条 162
——宝亀5年正月庚申条 169
——宝亀10年9月戊子条 162
——宝亀11年3月丁亥条 168
——宝亀11年10月丙辰条 139
——天応元年6月戊子朔条 168
——天応元年正月辛酉朔条 151
——延暦2年6月辛亥条
160, 164, 166, 167, 428, 429
——延暦3年10月戊子条 115
——延暦5年8月甲子条 162
——延暦9年10月癸丑条
144, 160, 167, 428, 429
『続日本後紀』承和7年3月乙未条 162
——承和9年4月己巳条 362
——承和9年4月癸酉条 362
『新撰姓氏録』 346, 397

す

『住吉大社神代記』 322, 346

せ

『政事要略』巻57、交替雑事 126, 409
『摂津国風土記』逸文、住吉条 327
——逸文、美奴売松原条 322

そ

『宋書』巻97、蛮夷伝倭国条 427

た

大同元年牒（『新抄格勅符抄』神事諸家封戸） 270
『大唐六典』巻3、戸部尚書条 106
——巻30、京兆河南太原牧及都督刺史条 68, 73
『丹後国風土記』逸文、与謝郡条 327

て

天平宝字2年正月12日付「越前国坂井郡司解」 317

と

『東大寺諷誦文稿』 426

に

『日本歌謡類聚』下巻 223
『日本紀略』延暦14年7月戊寅条 396
『日本後紀』延暦15年8月戊辰条 396
——延暦18年12月癸酉条 396
——弘仁2年閏12月辛丑条 167
——弘仁4年2月戊申条 161
『日本三代実録』貞観7年12月9日丙辰条 314
——貞観11年12月8日辛卯条 396
——元慶5年2月8日丙戌条 64, 114, 166
——元慶7年4月28日甲子条 364
——元慶7年5月5日庚午条 362
——元慶7年5月10日乙亥条 362
『日本書紀』神武天皇即位前紀甲寅年

10月辛酉条 346
——神武天皇即位前紀 313
——崇神天皇10年9月条 216
——仲哀天皇8年正月壬午条 346
——神功皇后摂政元年2月条 344
——応神天皇22年3月丁酉条 346
——仁徳天皇即位前紀 397
——仁徳天皇16年7月戊寅朔条 217
——履中天皇5年10月甲子条 344
——雄略天皇6年3月丁亥条 109
——雄略天皇14年4月甲午朔条 363
——継体天皇元年3月戊辰条 109
——推古天皇16年6月丙辰条 351
——推古天皇18年10月乙巳条 362
——推古天皇18年10月丁酉条 362
——舒明天皇4年10月甲寅条 351, 363
——皇極天皇2年10月戊午条(第107歌謡) 257
——皇極天皇3年6月乙巳条(第108歌謡) 197, 269
——皇極天皇3年6月是月条(第111歌謡) 251
——大化2年正月甲子朔条 25, 309, 364
——大化2年3月甲申条 25, 88, 112, 309
——天智天皇2年3月条 427
——天智天皇9年2月条 160, 428
——天智天皇9年4月壬申条(第124歌謡) 200, 277
——天武天皇元年7月条 314
——持統天皇称制前紀・朱鳥元年10月己巳条 168
——持統天皇称制前紀・朱鳥元年10月丙申条 168
——持統天皇3年閏8月庚申条 160, 428
——持統天皇4年9月乙亥朔条 160
——持統天皇5年8月辛亥条 219
『日本文徳天皇実録』嘉祥3年11月丙申条 162
——仁寿元年正月庚子条 162
『日本霊異記』上巻-7 428
——中巻-33 224
——中巻-34 225
——下巻-14 140, 165

は

『播磨国風土記』揖保郡揖保里粒丘条 286
——揖保郡談奈志里条 293
——揖保郡大法山条 397
——揖保郡少宅里条 431
——揖保郡意比川条 366, 377
——揖保郡香山里条 286
——揖保郡上岡里条 366
——揖保郡日下部里立野条 367
——揖保郡桑原里琴坂条 367
——揖保郡枚方里大見山条 313
——揖保郡枚方里佐比岡条 367, 377
——揖保郡林田里条 286
——印南郡益気里条 430
——賀古郡比礼墓条 367, 395
——賀毛郡飯盛嵩条 297
——賀毛郡雲潤里条 301
——賀毛郡修布里条 430
——賀毛郡玉野村条 176
——神前郡多駝里粳岡条 218
——讃容郡速湍里凍野条 286
——讃容郡邑宝里条 286, 430
——讃容郡条冒頭 286, 317
——讃容郡柏原里筌戸(川)条 286
——餝磨郡餝磨御宅条 367
——宍禾郡石作里伊加麻川条 286
——宍禾郡雲箇里波加村条 286
——宍禾郡柏野里飯戸阜条 286
——宍禾郡柏野里伊奈加川条 286
——宍禾郡比治里宇波良村条 286

ひ

『常陸国風土記』香島郡条 187, 242, 243, 270
——久慈郡条 268
——筑波郡条 268

ま

『万葉集』巻3-389 361
——巻3-413 346
——巻3-449 361
——巻6-947 346

——巻６－1065　344, 361
——巻６－1067　361
——巻９－1801～３　226
——巻９－1809～11　226
——巻15－3609　346
——巻16－3786～87　226
——巻16－3788～90　226
——巻16－3808　221
——巻16－3885～86　277
——巻19－4211～12　226
——巻20－4493　109

み

『御野国加毛郡半布里戸籍』　210, 211, 275

り

『律』逸文・捕亡律非亡浮浪他所条　162
——逸文・捕亡律部内容止他界逃亡浮浪者条　162
『令義解』考課令国郡司条　105
——戸令為里条　105
——戸令国守巡行条　64, 65, 105
——戸令造戸籍条　110
——戸令戸逃走条　162
——職員令大国条　105
——神祇令季夏条　20
——僧尼令修営条　164
——僧尼令准格律条　164
『令集解』儀制令春時祭田条　255, 267, 282, 306, 309
——田令外官新至条　110

る

『類聚国史』巻54、弘仁14年３月甲戌条　215
——巻54、神護景雲２年６月乙未条　215
——巻83、天長７年４月戊辰条　162
『類聚三代格』巻１、延暦17年10月11日太政官符　432
——巻３、養老６年７月10日太政官奏　113, 165
——巻７、養老３年７月19日格　113, 135
——巻８、延暦16年８月13日太政官符　163
——巻12、延暦４年６月24日太政官符　163, 166
——巻12、天平８年２月25日勅　66, 94, 128
——巻12、天平８年２月25日勅所引の養老５年４月27日格　94, 163
——巻17、弘仁２年８月11日太政官符　163, 429
——巻17、弘仁２年８月11日太政官符所引の和銅８年５月１日格　113, 162
——巻19、延暦６年正月21日太政官符　168
——巻19、弘仁10年６月２日太政官符　225

研究者名索引

あ

青木和夫　3, 25
青木紀元　268, 289, 312
明石一紀　163
秋本吉郎　216, 239, 277, 361
浅野充　28
阿部猛　114
網野善彦　110, 165
新井恒易　315
荒井秀規　28, 429, 432
荒木敏夫　112, 303, 317
安良城盛昭　8, 27
有富純也　106
安東康宏　345

い

飯泉健司　310, 311, 379, 380, 395
飯沼二郎　110
池田温　26
居駒永幸　219
石井克己　265
石上英一　25, 26, 32
石母田正　3〜6, 8, 10, 14〜22, 24, 25, 29 〜 32, 78, 92, 93, 96, 104, 108, 111, 113, 114, 148, 159, 164, 165, 167, 169, 229〜33, 235, 260〜6, 268, 278, 279, 283, 284, 311, 356, 363, 401, 402, 407, 412, 427, 429, 432
泉谷康夫　217
市大樹　429, 431
井上薫　109, 361, 428
井上勝博　167, 278, 279
井上寛司　311
井上通泰　395
井上光貞　3, 25, 428
李炳魯　63
今泉隆雄　32, 165, 168
今津勝紀　27, 28, 30, 115, 210〜2, 215, 216, 224, 225, 228, 265, 274 〜 6, 312, 375, 376, 395, 430
岩崎和子　216

う

上田早苗　63, 74, 107, 108
上田正昭　216, 268
上原専祿　11, 30
ウォーラーステイン、I　30
臼田甚五郎　221, 272
内田るり子　220, 272
梅沢重昭　265
梅村喬　65
浦田(義江)明子　8, 27, 430

え

江村治樹　59, 60, 66
遠藤耕太郎　220

お

大隅清陽　26
大関武　269
太田秀通　12〜4, 18, 30, 412, 429
太田愛之　62
大津透　26, 27, 109
大場磐雄　269
大林太良　268
大町健　5, 21, 25, 28, 33, 62, 112, 160, 231, 232, 267, 271, 280, 309
大山喬平　316, 317, 414, 430
大和田建樹　223
岡崎玲子　164
岡田精司　267, 268, 273, 295, 296, 310, 311, 313〜5, 344〜6, 432
岡部隆志　220
沖森卓也　216, 220, 221, 344
奥田俊博　430
奥山貴　373, 394

小倉慈司　272
落合重信　361
小野勝年　109
小野真一　269
大日方克己　110

か

影山輝國　57, 66
堅田理　164
勝浦令子　113
勝田至　396
加藤友康　29, 160, 397
鐘江宏之　309
金子修一　107
狩野久　111, 167
鎌田重雄　63, 73, 106
鎌田元一　58, 66, 94, 95, 112, 114, 134, 164, 167, 265, 266, 290, 312, 430, 431
紙屋正和　106
亀井正道　345
亀田隆之　37, 38, 44, 62〜4, 161
川口勝康　427
川田順三　278
川辺賢武　361

き

菊地照夫　292, 294, 313
菊池英夫　31
菊地康明　312
岸俊男　8, 27, 397
岸本道昭　393, 396
北村優季　26
鬼頭清明　21, 31, 33, 231, 267, 312, 430
木下太志　223, 276
金燁　63

く

日下雅義　344
櫛木謙周　28, 110, 111, 160
工藤隆　220, 271, 272
熊谷公男　161
熊田亮介　168
熊野聰　30
倉地克直　110, 274
黒沢幸三　272
黒田俊雄　13, 14, 30
桑原正史　115

こ

小島宏　223
小嶋芳孝　347
小谷汪之　30
小林茂文　274
小林昌二　21, 33, 231, 233, 267, 430
小林基伸　396
小松和彦　311

さ

坂上康俊　7, 28, 161
栄原永遠男　114, 345, 362
坂江渉　27, 32, 107, 224, 266, 276, 312, 316, 317, 345, 394, 395, 397, 431
坂田聡　267
坂本太郎　344
酒寄雅志　363
鷺森浩幸　27, 28, 397, 398
桜井満　220, 272
笹川進二郎　363
笹生衛　28, 271, 432
佐藤宗諄　29
佐藤信　216, 220, 221, 344
佐原真　316
沢山美果子　274

し

塩谷修　269
品田悦一　223, 272
新川登亀男　27, 225, 275

す

菅原征子　62, 65, 215, 223
杉本一樹　27
鈴木景二　105, 106, 426, 432
鈴木隆介　344
鈴木拓也　154, 155, 162, 169, 429
鈴木哲雄　169

鈴木正幸　107
鈴木靖民　29, 397

せ

瀬川清子　362
關尾史郎　44, 64
関和彦　21, 33, 222, 231, 239, 256, 267～9, 272, 277, 283, 310, 431
関口裕子　28, 207～10, 215, 222, 224, 225, 265, 274, 276
関敬吾　216
瀬間正之　268

そ

曹咏梅　220
薗田香融　346

た

高木敏雄　268
高木博志　110
高島英之　28
高嶋弘志　362, 363
高橋明裕　361, 363
高橋学　333, 345
高群逸枝　276
瀧音能之　372, 394
瀧川政次郎　164, 361, 362
武田佐知子　50, 65, 215, 223, 363, 427
武田祐吉　219
田島公　363, 364
辰巳和弘　315
辰巳正明　220, 272
舘野和己　168, 272, 391, 397
田中聡　32, 143, 144, 158, 161, 166, 169, 409, 429
田中眞吾　345
田中卓　269
田中俊明　345, 346, 427
田中禎昭　115, 225, 232, 234, 253, 267, 275
谷口義介　63
田村憲美　115, 211, 225

つ

次田真幸　219, 222
津田左右吉　9, 29, 261, 279
津谷典子　223
都出比呂志　10, 29, 265, 271

て

寺内浩　56, 66, 215
寺崎保広　165

と

東野治之　55, 66
遠山茂樹　12, 30
戸田芳実　37, 62, 120, 121, 143, 146, 147, 152, 153, 160, 161, 166, 168, 169, 412, 429
土橋寛　184, 186, 196, 199, 202, 216, 219～22, 246～8, 256, 268, 270～4, 276～8, 432
虎尾俊哉　361, 362
鳥居幸雄　362

な

内藤英人　217
直木孝次郎　224, 225, 318, 393
中川ゆかり　346
中田興吉　37, 62, 161
中田祝夫　224, 432
中野高行　362
中林隆之　308, 318, 393, 427, 432
中村太一　369, 397
中村英重　362
中村順昭　309
中村生雄　316
中山太郎　216, 222
長山泰孝　164
成沢光　57, 66
南部曻　27, 265

に

新納泉　276
西嶋定生　31, 72, 106
西田長男　268
西野悠紀子　226, 276

西村元佑 106
西本昌弘 28, 318, 358, 363, 364, 427
西谷地晴美 115, 225
西山良平 29, 281, 309
仁藤敦史 318, 374, 395, 397

ぬ

布目順郎 109

の

野村忠夫 99, 114, 115
野本寛一 316

は

早川万年 27
速水融 223
原田信男 354, 362
原秀三郎 3, 25, 29
春名宏昭 26
春成秀爾 316

ひ

樋口忠彦 221
平石充 244, 245, 271
平井晶子 223
平川南 28, 167, 265
平野邦雄 270, 271
平野卓治 361, 362
平林章仁 316

ふ

ファリス、W 115, 210, 225
深谷克己 110
福井重雅 43, 63, 64
福岡猛志 160
福島繁次郎 44, 64, 106
服藤早苗 28, 215, 275
藤田徳太郎 223
古市晃 29, 167, 394, 404, 427, 428

ほ

保立道久 109, 225, 275
堀尾尚志 110
堀敏一 30, 31
本郷真紹 28

ま

真壁忠彦 345
真壁葭子 345
真下厚 220
松尾光 372, 394
松尾充晶 237
松下正和 397
松田和晃 397
松原弘宣 364
松前健 268
松村武雄 216, 268, 312, 362, 393
松本直子 276
松本信弘 112, 216, 268
黛弘道 345
丸山裕美子 26, 82, 110

み

三宅和朗 115, 225
三浦佑之 218
水林彪 26
三谷栄一 221, 272
三谷芳幸 107, 108
蓑島栄紀 32, 153, 168, 427, 429
宮瀧交二 28
宮田登 110
宮本常一 220, 221

む

武藤武美 221, 272
村井章介 362
村井康彦 169

も

茂木雅博 269, 271
森朝男 195, 208, 222, 224, 272
森公章 362
森浩一 344, 362
守屋俊彦 219

や

八木充　430
矢嶋泉　216, 220, 221, 344
柳田國男　206, 216～8, 221, 224, 249, 272～4, 297, 314, 328, 338, 344～6, 380, 396
山尾幸久　21, 25, 32, 33, 228, 231, 255, 265, 267, 276, 308, 313, 317, 345, 393, 416, 419, 427, 430, 431
山折哲雄　273
山口英男　28
山根清志　108
山本一也　215, 224
山本幸司　362
山本亮　373, 394

ゆ

弓削達　30

よ

横田健一　270, 315, 317, 361, 393, 394, 397
横田冬彦　110
吉井良隆　346, 361
義江彰夫　231, 267, 431
吉岡眞之　265
吉川聡　364
吉川真司　27, 115
吉田晶　5, 21, 25, 33, 114, 166, 228, 231～3, 265～8, 278, 280, 309, 310, 345, 363, 427
吉田孝　5～11, 14, 16, 19～21, 24～8, 30, 32, 33, 121, 122, 127, 130, 142, 143, 160, 161, 166, 229, 230, 232, 233, 235, 264, 266, 278, 428, 432
吉田靖雄　428
吉村武彦　25, 29, 109, 117, 122, 160, 162, 222, 239, 240, 269, 271～3, 397
米田雄介　364

り

李成市　31

わ

和歌森太郎　313
渡邊昭五　221, 272
渡辺信一郎　63, 74, 78, 79, 107～9, 111, 363